यौन दासियाँ

एशिया का सैक्स बाज़ार

यौन दासियाँ

एशिया का सेक्स बाज़ार

लुइज़ ब्राउन

अनुवादक

कल्पना वर्मा

वाणी प्रकाशन

प्रकाशन के उत्कृष्टतम 62 वर्ष

पेपरबैक पहला संस्करण : 2005
पेपरबैक दूसरा संस्करण : 2008
पेपरबैक तीसरा संस्करण : 2017
पेपरबैक चौथा संस्करण : 2025

vaniprakashan.com

वाणी प्रकाशन

4695, 21-ए, दरियागंज, नयी दिल्ली-110 002

फ़ोन : + 91 11 23273167, 23275710

शाखाएँ

अशोक राजपथ, पटना-800 004, बिहार

कॉफ़ी हाउस कैम्पस, महात्मा गांधी मार्ग, प्रयागराज-211 001, उत्तर प्रदेश

महात्मा गांधी अन्तरराष्ट्रीय हिन्दी विश्वविद्यालय, वर्धा-442 001, महाराष्ट्र

sales@vaniprakashan.in
vaniprakashan@gmail.com

Youn Dasiyan
Asia Ka Sex Bazar
by Louise Brown
Translated by Kalpana Verma

ISBN : 978-93-86799-99-9
Sociology

मूल्य : ₹ 395

जी.एस. ऑफ़सेट, दिल्ली-110 095 में मुद्रित।

वाणी प्रकाशन का लोगो मक़बूल फ़िदा हुसैन की कूची से

अनुक्रम

भूमिका

यह पुस्तक उन कई व्यक्तियों और संगठनों के सहयोग के बिना नहीं लिखी जा सकती थी, जो एशिया में वेश्यावृत्ति और देह व्यापार की समस्याओं पर काम कर रहे हैं। इनमें गैर-सरकारी संगठन, सरकारी संस्थाएँ, अंतरराष्ट्रीय एजेंसियाँ, मानवाधिकारवादी संगठन, राजनैतिक कार्यकर्ता, पत्रकार, वकील और स्वास्थ्य सेवा से जुड़े लोग शामिल हैं। इतने ज्यादा लोगों ने मेरी मदद करने के लिए अपना समय, अनुभव तथा संपर्कों का लाभ दिया कि मैं यहाँ सबका नाम नहीं ले सकती और केवल कुछ लोगों का नाम लूँ तो वह अनुचित होगा। कई लोगों ने राजनैतिक या पेशेगत कारणों अथवा निजी सुरक्षा की वजह से गुमनाम रहने की इच्छा जाहिर की। यहाँ मैं उन सबका धन्यवाद करना चाहूँगी, क्योंकि कोई भी लेखक जानता है कि कोई पुस्तक केवल एक व्यक्ति की कृति नहीं होती। मेरे काम में इतने ज्यादा लोगों ने इतना ज्यादा योगदान दिया है कि यह पुस्तक जितना मेरे अनुभवों और प्रयासों का फल है उतना ही उनके अनुभवों और प्रयासों का भी।

वेश्यावृत्ति ऐसा विषय नहीं है जिसे अनुसंधान की पारंपरिक कार्यप्रणाली से आसानी से निबटाया जा सके। अनुसंधान की मानक तकनीक खास तौर से देह व्यापार और यौन दासता के मामलों की पड़ताल के लिए अनुपयोगी थी क्योंकि यौन दासियों के ठेकेदार कतई नहीं चाहते थे कि वे बाहरी व्यक्ति से बातचीत करें, इसकी वजह भी थी। लडकियाँ अपने ग्राहकों के साथ किस तरह समय बिताती हैं, इस पर करीबी नज़र रखने का तो सवाल ही नहीं था। और, ग्राहकों से सीधे संपर्क करना जोखिम भरा था।

इस पुस्तक में वेश्याएँ सूचना की प्रमुख स्रोत हैं। बड़ी संख्या में ऐसी औरतों से बातचीत संक्षिप्त ही हुई। अकसर इसकी वजह यह होती कि उन्हें अपने काम पर जाना होता था, या वे दलाल या वेश्यालय चलाने वाली के नियंत्रण में होतीं। कई वेश्याओं ने अपने लिए थोड़ी आज़ादी

हासिल कर ली थी—ये वेश्याएँ मुझे अपने घर में ले जाकर पूरा समय देतीं और गर्मजोशी से बात करतीं। उन्हें ऐसा करने के बदले में कुछ मिलता नहीं था और उनकी अनुकंपा के लिए मैं कृतज्ञ हूँ कि उन्होंने मुझे यह समझने का मौका दिया कि उनका जीवन कैसा चल रहा था और वे इस धंधे में कैसे आ गईं। मेरे जीवन के कुछ बेहतरीन घंटे इन औरतों के साथ बीते। उन्हें मैं जितना भी धन्यवाद दूँ, वह अपर्याप्त ही होगा।

यौन दासता की यातना से गुजरने वाली लड़कियों और युवा स्त्रियों ने सबसे विस्तार में, और रोंगटे खड़े कर देने वाली सूचनाएँ दीं। आम तौर पर ये लड़कियाँ वे थीं जो वेश्यालयों से भाग गई थीं और जिन्होंने नारी निकेतनों में जगह ले ली थी। उन्होंने अपनी कहानियाँ दर्द भरे ब्यौरों के साथ सुनाईं। मैं उनकी ऋणी हूँ कि वे साहस का परिचय देते हुए उन यातनादायी घटनाओं की यादों को फिर से जीने को तैयार हुईं। यह पुस्तक उन लोगों की साहसिकता की देन है।

यौन दासियों की जिजीविषा ने एशियाई महिलाओं की खास कमजोरी और पराधीनता के बारे में बहुत कुछ सिखाया है। यह खासियत एक मिथक है। गरीब एशियाई औरतें असुरक्षित हो सकती हैं, वे भयावह दुर्व्यवहार की शिकार भले हों लेकिन वे कमजोर नहीं हैं। उनके बारे में इन दो विवरणों में काफी अंतर है। भीषण शारीरिक और भावनात्मक यातनाएँ झेलने वाली युवा स्त्रियों में मुझे असीम मानसिक शक्ति का दर्शन करने का सौभाग्य मिला। मैंने उन लड़कियों और युवा स्त्रियों का विनम्र आदर और उनकी भारी प्रशंसा करना सीखा है जिन्होंने अमानवीय व्यवहारों को झेलने और मवेशियों की तरह बेची जाने के बाद भी अपने जीवन को सँवारा। देह व्यापार और यौन दासता के इस ब्यौरे में सबसे बड़ा योगदान इन लड़कियों और युवा स्त्रियों ने दिया है। मैंने उनसे वादा किया था कि उनकी व्यथा-कथा तो ज्यों की त्यों प्रस्तुत की जाएगी मगर उनका वास्तविक नाम नहीं छपेगा, ताकि उनकी निजता बनी रहे और वे गुमनाम रहें। जहाँ भी संभव हुआ, उनकी कहानियाँ खुद अपने शब्दों में प्रस्तुत करने की कोशिश की है मैंने। मुझे उम्मीद है कि मैंने उनका विश्वास बनाए रखा है और प्रार्थना करती हूँ कि मैंने उनके साथ न्याय किया है।

मैं न्यू फील्ड फाउंडेशन के प्रति आभार व्यक्त करना चाहूँगी जिसने दक्षिण एशिया में मेरे शोध के लिए कोष मुहैया कराया। बर्मिंघम विश्वविद्यालय को भी मैं धन्यवाद देना चाहूँगी जिसने कुछ जरूरी दौरे करने के लिए अवकाश मंजूर किया। अपने माता-पिता जूली और पीटर ब्राउन का विशेष उल्लेख तो जरूरी ही है क्योंकि उन्होंने घर से महीनों मेरी अनुपस्थिति

में मेरे तीन छोटे-छोटे बच्चों की प्यार भरी देखभाल की। मैं अपने सहायकों रोज़ी, लोर्ना और जोसफ को धन्यवाद देना कैसे भूल सकती हूँ जिन्होंने एक व्यस्त माँ को बर्दाश्त किया जबकि मैं एक ऐसे विषय पर लेखन में जुटी रही जिसे वे समझ नहीं पाए थे।

मुझे निश्चित पता है कि यौन दासता और स्त्रियों के देह व्यापार पर लिखी गई इस पुस्तक और उसकी व्याख्याओं से उन लोगों में से भी कुछ लोग असहमत होंगे जिन्होंने इसमें महत्त्वपूर्ण योगदान दिया है। मेरे विचार उनमें से किसी संगठन को प्रतिध्वनित नहीं करते जिनसे मैं पेशेगत रूप से जुड़ी हूँ। पुस्तक के निष्कर्षों और उसकी कमजोरियों के लिए मैं ही उत्तरदायी हूँ।

अन्ततः यह दावे के साथ कहा जा सकता है कि यह पुस्तक ऐशिया में यौन-दासियों के क्रय-विक्रय व्यापार या कहें कि उनके व्यवहार की एक सकारात्मक उत्तेजक और गम्भीर छवि प्रस्तुत करती है।

बर्मिंघम, इंग्लैंड

1
बाज़ार

शहाना से मैं पहली बार तब मिली जब वह 19 साल की थी। इस अपढ़ नेपाली लड़की में दो अमूल्य विशेषताएँ थीं—वह युवा थी और सुंदर थी। उसके खूबसूरत चेहरे ने उसके परिवार को तब 50 पाउंड के बराबर की राशि की आमदनी करवाई थी, जब उसे भारत में एक वेश्यालय को बेचा गया था। तब उसकी उम्र केवल 12 साल थी। उसके खूबसूरत चेहरे ने उसे हर दिन दस ग्राहक भी दिलवाए, और एड्स भी। अब वह वेश्यावृत्ति नहीं करती। इसलिए नहीं कि उसे वेश्यालय से मुक्त करा लिया गया है या जीविका का कोई बेहतर साधन मिल गया है, बल्कि इसलिए कि अब वह मरणासन्न है। उसे मुम्बई के जेलनुमा वेश्यालय से निकाल दिया गया क्योंकि वह इतनी कृशकाय हो गई थी कि अब ग्राहकों को आकर्षित नहीं करती थी और वेश्यालय चलाने वाली बाई को लगता था कि उसके कारण उसका धंधा चौपट हो सकता था।

शहाना जैसी लड़कियों की कहानी अब घिसी-पिटी हो गई है। लेकिन यह एक सच भी है। दुनिया भर में स्त्रियों को बेचा जाता है, उन्हें धोखे में डालकर, लुभाकर, या जबरन वेश्यावृत्ति में धकेला जाता है। उन्हें वेश्यालयों में कैद कर दिया जाता है। छोटी बच्चियों को अनगिनत ग्राहकों को खुश करने पर मजबूर किया जाता है। वे ग्राहकों को इनकार नहीं कर सकतीं, जेल जैसे वेश्यालयों से भाग नहीं सकतीं। ये कहानियाँ कोई मिथक या उन पत्रकारों की कल्पना की उड़ान नहीं हैं जो पुरानी कहानी में नए कोण ढूँढ़ते हैं। ये प्राचीन भयावह कहानियाँ हैं, ये समकालीन कहानियाँ भी हैं, हजारों-लाखों लड़कियों और युवा स्त्रियों के संत्रास की।

ये स्त्रियाँ आधुनिक दौर की यौन दासियाँ हैं। खासतौर से एशिया में इनकी संख्या, दुर्भाग्य से, ज्यादा है। शायद ऐसा होना भी था। जिस समाज में नवजात बच्चियों को मार डाला जाता हो, जहाँ 'गुमशुदा' स्त्रियों की संख्या लाखों में हो, जहाँ अवांछित पुत्रियों के लिए बने अनाथाश्रमों में 'मृत्यु कक्ष' बने हों और जो समाज

स्त्रियों के साथ व्यवस्थित ढंग से भेदभाव करता हो तथा युवतियों को यौन दासता के लिए बेचता हो वहाँ उनकी संख्या ज्यादा है तो क्या आश्चर्य। आश्चर्यजनक जवाब जिस सवाल से मिलते हैं वह यह है कि उन युवतियों को खरीदता कौन है?

एशिया में स्त्रियों के देह व्यापार और यौन दासता की कुप्रथा पर अनुसंधान आँखें खोल देने वाला है क्योंकि यह एक समाज के वास्तविक कार्य-व्यापार की बेबाक जानकारी मुहैया कराता है। एक पिंजरानुमा बंद वेश्यालय से जो दृश्य उभरता है वह यौनाचार के बारे में एशियाई समाज के प्रवक्ताओं द्वारा पेश की जाने वाली खुशनुमा छवि से भिन्न है।

नब्बे के दशक के शुरू में मैं अपने परिवार के साथ नेपाल में रहती थी। खूबसूरत काठमांडो घाटी में दो साल के अपने प्रवास में मुझे इस बात की हल्की भनक लगी कि नेपाली लड़कियाँ उत्तर भारत के वेश्यालयों में भेजी जाती हैं। यह नेपाल की एक सबसे भयावह सामाजिक समस्या थी जिसे देश की भीषण गरीबी का नतीजा माना जाता था। जिन लोगों से मैं मिला करती थी उन्हीं की तरह मैं भी यही सोचती थी कि यह अपेक्षाकृत छोटी समस्या है। अब सोचती हूँ तो लगता है यह धारणा इस तथ्य से प्रभावित थी कि चूँकि लड़कियाँ गरीब, ग्रामीण, असहाय और मूक थीं इसलिए हम उन पर ज्यादा ध्यान नहीं देते थे। उनकी उपेक्षा की जाती थी क्योंकि काठमांडो के कुलीन राजनीतिक तबकों के लिए उनका कोई महत्त्व न था। आठ साल बाद, और दर्जनों नेपाली वेश्याओं से बात करने के बाद इन महिलाओं के जीवन के महत्त्व के बारे में मेरे विचार बदल गए हैं।

इंग्लैंड लौट कर मैं बर्मिंघम विश्वविद्यालय में जापान के इतिहास और राजनीति के बारे में पढ़ाने लगी। नेपाल और जापान की आर्थिक स्थितियों में भारी अंतर के बावजूद मुझे लगने लगा कि इन दोनों देशों में कुछ समानताएँ हैं। जापान एक स्वच्छ और अनुशासित समाज वाला देश माना जाता है। फिर, अखबारों में इस तरह की खबरें क्यों दिखती हैं कि जापानी सेक्स उद्योग में थाइ और फिलिपीनी महिलाओं का भारी शोषण होता है? और फिर, उनकी कहानियों और भारतीय वेश्यालयों में नेपाली महिलाओं के शोषण की कहानियों में समानता क्यों है? आखिर इसका कोई-न-कोई अर्थ है। इन कहानियों में समानता इसलिए है क्योंकि देह व्यापार और वेश्यावृत्ति विशाल विश्वव्यापी उद्योग का हिस्सा है। और आप पाएँगे कि एशिया में यह उद्योग उतना ही मजबूत और पोशीदा है।

एशिया में सेक्स का व्यापार काफी फैला हुआ है। शायद यह पश्चिम में इस व्यापार से ज्यादा ही विस्तृत है। फर्क यह है कि यह बेहद दबा-छिपा है। पश्चिम में सेक्स व्यापार काफी खुला हुआ है। नारी की कामुकता का उपयोग प्रायः हर चीज को बेचने में किया जाता है। सेक्स गलियों, वेश्यालयों से लेकर मालिश की दुकानों, क्लबों और विज्ञापनों तक में उपलब्ध है। एशिया में भी यह सब कुछ होता है मगर

यह कहाँ उपलब्ध है यह जानने के लिए आपको स्थानीय पुरुष होना होगा। इसीलिए इस क्षेत्र में सेक्स की बिक्री के बारे में लिखना काफी कठिन है, इसीलिए एशिया में देह व्यापार करने वाली औरतों और यौनरंजन के लिए बेची जाने वाली औरतों के अनुभवों से बाकी दुनिया को परिचित होना जरूरी है। यह खास तौर से इसलिए महत्त्वपूर्ण है क्योंकि इन स्त्रियों के उपभोक्ता वे मर्द हैं जिनके बारे में माना जाता है कि वे इतने नैतिक हैं कि ऐसी चीजें नहीं खरीदते।

दुनिया भर में देह व्यापार के निकृष्टतम रूपों को झेलने वाले वे लोग हैं जो जटिल, बहुआयामी समाज व्यवस्था के सबसे निचले पायदान पर हैं। वे स्त्रियाँ हैं, वे गरीब समुदायों के गरीब परिवारों की सदस्य हैं, वे निकृष्ट मानी गई नस्लों और जातीय अल्पसंख्यकों की सदस्य हैं। उन्हें अपमानित, शोषित किया जाता है, उनमें से कुछ को यौन दासता में धकेल दिया जाता है, सिर्फ इसलिए क्योंकि उनके साथ ऐसा किया जा सकता है, क्योंकि वे समाज के सबसे कमजोर लोग हैं। एशिया में यौन दासता की व्यवस्थाओं के निर्माण और पोषण के पर्याप्त अवसर उपलब्ध हैं क्योंकि अमीर और गरीब के बीच खाई काफी चौड़ी है और क्योंकि दुनिया भर में एशिया ऐसी जगह है जहाँ लिंग भेद कुछ सबसे विकृत रूपों में पाया जाता है। वेश्यावृत्ति के लिए स्त्रियों का देह व्यापार एक विश्वव्यापी धंधा है। सो, एशिया की ही आलोचना करना अनुचित होगा। पूर्व सोवियत संघ, पूर्वी यूरोप और लातिनी अमेरिका में वेश्यावृत्ति पर अनुसंधान से भी शायद ऐसे ही तथ्य सामने आएँगे। स्त्रियों की यौन दासता हर जगह प्रचलित है। लेकिन एशिया का विशेष उल्लेख इसलिए जरूरी है क्योंकि यहाँ इस उद्योग और देह व्यापार के तंत्र बहुत ही विकसित और सूक्ष्म हैं। विडंबना और आश्चर्य की बात यह है कि यह उस दुनिया का भी हिस्सा है, जहाँ माना जाता है कि स्थानीय पुरुष सेक्स की खरीदारी नहीं करते।

इसके अलावा, दक्षिण तथा मध्य अमेरिका के साथ-साथ एशिया एक ऐसा क्षेत्र है, जहाँ बाल वेश्यावृत्ति सबसे गंभीर रूप में है। और इसकी वजह यह नहीं हो सकती है कि पश्चिमी देशों के व्यभिचारी बाल वेश्याओं की खरीदारी के लिए एशियाई देशों में आते हैं। एशिया में बाल वेश्याओं की संख्या इतनी ज्यादा है कि उनकी माँग दूसरे, ज्यादा अहम हलके से आती होगी।

वेश्याओं के बीच काम करने वाले संगठनों द्वारा जुटाए गए सबूतों से पता चलता है कि पिछले दशक में एशिया में वेश्याओं की औसत उम्र गिरती गई है। इस क्षेत्र के बड़े हिस्से में वेश्यावृत्ति बचपन से ही शुरू हो जाती है। सेक्स उद्योग को सस्ते और लचीले कामगार पसंद हैं और ग्राहकों को रोग मुक्त किशोरवय वेश्याएँ। देह व्यापार का सबसे चिंताजनक और अस्वीकार्य पहलू, जिससे मेरा सामना हुआ, यह है कि एशियाई पुरुष सेक्स का सौदा करता है तो महिला की जगह युवती को खरीदना पसंद करता है। एशिया में वेश्याओं की सबसे उपयुक्त उम्र तेरह से सोलह

साल की मानी जाती है। अक्षत यौवना लड़कियों की माँग सबसे ज्यादा है। उनके लिए ग्राहक ऊँची से ऊँची कीमत देने को तैयार रहते हैं। दक्षिण एशिया में बाल वेश्याओं से बात करते समय मुझे पूरा एहसास था कि इन लड़कियों ने रजस्वला होने की उम्र या उससे भी पहले से यह धंधा शुरू किया होगा।

एशिया की निंदा करना पश्चिमी देशों में पिछले तीन-चार दशकों से एक शगल-सा बन गया है। 1997 के एशियाई संकट ने पश्चिमी आलोचकों को एशियाई देशों की अर्थव्यवस्था को बेजान कहने का बहाना जुटा दिया। कई जानकारों ने दंभपूर्वक कहा कि एशियाई अर्थव्यवस्था की अपराजेयता और उसके आर्थिक मॉडलों की श्रेष्ठता मिथक साबित हुई है। एशियाई देशों की अर्थव्यवस्था वित्तीय संकट से उबर रही है लेकिन एशिया के बारे में दूसरे बड़े मिथक हैं जिन्हें चुनौती देने की जरूरत है।

आम तौर पर माना जाता है कि एशिया संपूर्ण पारिवारिक मूल्यों और रूढ़ यौन नैतिकता की भूमि है। यह बेशक आह्लादकारी होता अगर महिलाओं, खासकर वेश्यावृत्ति को मजबूर की गई महिलाओं पर इसका असर इतना भयानक न होता। कुछ वर्ष पहले एक फैशनेबल-सी बहस चली इस मुद्दे पर कि दक्षिण-पूर्व और पूर्वी एशियाई अर्थव्यवस्थाओं की सफलता में 'एशियाई मूल्यों' का कितना महत्त्व है। हालाँकि यह बहस कभी पूरी तरह समझ में नहीं आई, खासकर इसलिए कि एशिया इतनी विविधताओं से भरा है, और कुछ मूल्यों को एशियाई मूल्य के रूप में चिह्नित किया गया। इन मूल्यों में शामिल थे—परिवार से व्यक्ति का लगाव, व्यवस्था के प्रति आदर, शिक्षा और मितव्ययिता को महत्त्व, स्थापित सामाजिक व्यवस्था के प्रति सम्मान, पारंपरिक सामाजिक और यौन आचार संहिताओं का पालन। एशियाई सेक्स उद्योग के अध्ययन के क्रम में मुझे यह ख्याल आने लगा कि इस सूची में से कुछ महत्त्वपूर्ण चीजें गायब हैं। शायद इसमें आडंबर और स्त्रियों के प्रति पुरुषों की नफरत को भी शामिल करना चाहिए।

पश्चिम को मैं सामाजिक और यौन नैतिकता के महान आदर्श के रूप में प्रस्तुत नहीं करना चाहती। वेश्यावृत्ति के मामले में एशियाई पुरुषों के आचरण का विश्लेषण करने का मकसद पश्चिम की यौन और सामाजिक नैतिकताओं का महिमामंडन नहीं है। हरेक समाज की अपनी समस्याएँ हैं और यूरोपीय तथा उत्तर अमेरिकी समाज की भी अगर दूसरों से ज्यादा न हों तो कम भी नहीं हैं लेकिन पश्चिमी समाज में हिंसा, सामाजिक गिरावट, देह व्यापार की दुनिया पूरे विश्व के सामने खुली है। उनकी आलोचना, भर्त्सना की जा सकती है। लेकिन एशियाई समाज अपनी समस्याओं को छिपाता है। दरअसल, उन्हें समस्याएँ माना ही नहीं जाता। मैं अपने काम के सिलसिले में कई बैठकों और सामाजिक आयोजनों में मौजूद रही हूँ जिनमें शिक्षित एशियाई पुरुषों ने इस बात का साफ खंडन किया है कि उनके अपने समाज में वेश्यावृत्ति होती है। उन्हें ज्यादा ईमानदार बनना चाहिए। हमें बताया गया है कि व्यभिचार

पतनशील पश्चिम के साथ जुड़ा है और एशिया की नैतिक और यौनाचार संहिताएँ श्रेष्ठतर हैं। यह संदेश एशिया के बंद दरवाजों वाले वेश्यालयों की यौन दासियों को बहस के लिए भेजा जाना चाहिए। दुर्भाग्य से कोई भी उन्हें यह संदेश लेने के लिए दरवाजे से बाहर नहीं निकलने देगा। और यही असली बात है।

हर समाज नैतिकता की बातें करता है। सो, अब तक हमें यह पता चल जाना चाहिए कि सार्वजनिक बहसों में जिसे सामान्य यौनाचरण बताया जाता है वह उस आचरण से भिन्न होता है जो लोग नितांत निजी तौर पर करते हैं। पश्चिमी नजरिए से देखने पर लगता है कि एशियाई समाज परिवार व्यवस्था पर जो जोर देता है और वहाँ के पुरुष जो यौनाचरण करते हैं, दोनों में भारी अंतर है। सिद्धांत और आचरण में अंतर की व्याख्या आंशिक तौर पर इस तथ्य से की जा सकती है कि हम समान चीजों की तुलना नहीं कर रहे। 'पारिवारिक मूल्य' जैसी अस्पष्ट-सी अवधारणा भिन्न-भिन्न सांस्कृतिक संदर्भों में भिन्न-भिन्न होगी। पश्चिमी समाज में एक मान्यता यह है कि विवाह के लिए वफादारी आवश्यक है। वैसे, अधिकतर एशियाई समाजों के अधिकांश वर्गों में यह मान्यता नहीं है, खासकर व्यवहार में तो नहीं ही। इस तरह, एशियाई पारिवारिक मूल्य व्यवस्था में कोई आडंबर नहीं है। पुरुष पारिवारिक मूल्यों को बहुत महत्त्व देते हैं लेकिन एशियाई व्यवस्था में पारिवारिक मूल्य का अर्थ है परिवार का स्थायित्व। इसका अर्थ है कि परिवार एकजुट रहे। तलाक को पसंद नहीं किया जाता। फिर भी सेक्स उद्योग का जो फैलाव है उसे देखकर तो यही लगता है कि इन मूल्यों का अर्थ यह नहीं है कि पति अपनी पत्नी के प्रति वफादार रहे ही। इस मामले में यह दावा झूठा और आडंबरपूर्ण लगता है कि सभी एशियाई पुरुष वफादारी और नैतिकता पर जोर देने वाली यौन संहिता का पालन करते हैं।

अधिकतर एशियाई समुदायों में सेक्स और परिवार पुरुष के जीवन के दो एकदम अलग पहलू हैं। विवाह, बच्चे पैदा करना और परिवार आर्थिक और सामाजिक करार की तरह हैं। इस करार में सेक्स एक शर्त है मगर जरूरी नहीं कि यह अच्छा हो, या मनोरंजक हो या निरंतर हो, बेशक इससे फर्क तो पड़ता है। सेक्स एक मनोरंजन, एक खेल है जिसे पुरुष, और केवल पुरुष विवाह के दायरे के बाहर स्वीकार्य रूप से जारी रख सकता है। रखैलों के साथ कारनामे या वेश्याओं के साथ अक्सर संबंधों को इस दायरे में सर्वप्रथम तो इसलिए बर्दाश्त किया जाता है क्योंकि पति के भटकावों से पत्नी को कोई वास्तविक खतरा नहीं होता। आखिर उनका वैवाहिक संबंध केवल सेक्स पर तो आधारित नहीं होता। दूसरी बात यह है कि पति के आचरण पर आपत्ति करके पत्नी कुछ कर भी तो नहीं सकती। यानी, पुरुष सेक्स की खरीदारी करके बेदाग बचकर निकल सकते हैं। अंतिम बात यह कि इन पुरुषों को सेक्स का खेल खेलने के लिए स्त्रियों की कमी नहीं है। शरीर का सौदा करने को इच्छुक युवतियों की संख्या ज्यादा नहीं है फिर भी कुछ तो इसके लिए तैयार होती ही हैं। फिर भी,

अनिच्छुकों को सेक्स उद्योग में शामिल करने की ताकत तो है ही। अधिकतर ग्राहकों को इच्छुक और अनिच्छुक का पता नहीं चलता और वे इसे जानना भी पसंद नहीं करते। कुछ के लिए तो स्त्री की अनिच्छा प्रेरणा का काम करती है।

ये पुरुष जिन वेश्याओं का उपभोग करते हैं वे कलंकित स्त्रियाँ होती हैं, यह दक्षिण एशिया के लिए खासतौर से सच है। हर काल में वेश्याओं ने खुद को 'समाज से बहिष्कृत' बताया है, उनका कहना सही भी है। उन्हें बहिष्कृत मान कर उनसे घृणा की जाती है। लेकिन विरोधाभास यह है कि वे समाज से बाहर नहीं बल्कि उसके केंद्र में हैं। वे सामाजिक व्यवस्था के हाशिये पर नहीं हैं क्योंकि उनके बिना यह समाज चलता नहीं है। वेश्यावृत्ति का विश्लेषण करके हम समाज के ढाँचे के बारे में काफी कुछ समझ सकते हैं। एशिया के मामले में, हमें यह मानने का काफी आधार मिलेगा कि पारिवारिक मूल्य और वेश्यावृत्ति एक ही सिक्के के दो पहलू हैं।

आज एशिया में सेक्स उद्योग कुछ ठोस और बेहद घृणित आधारों पर चल रहा है। स्त्रियाँ यहाँ पारंपरिक रूप से लेन-देन की वस्तु रही हैं। उन्नीसवीं सदी में एशियाई अर्थव्यवस्थाओं के तीव्र व्यापारीकरण के साथ इस वस्तु का बाजार मूल्य बनता गया है। पहली बार बड़े पैमाने पर देह व्यापार चीनी महिलाओं का हुआ, जिन्हें मलाया, सिंगापुर, और आज के थाइलैंड के वेश्यालयों को बेचा गया ताकि वे वहाँ काम कर रहे कुँवारे या पत्नी को छोड़कर गए चीनी पुरुषों की यौन तुष्टि करें। इसी काम के लिए स्त्रियों को अमेरिका तक भेजा गया। 1880 वाले दशक में कारायूकी-सान के नाम से मशहूर गरीब जापानी लड़कियों को वेश्यावृत्ति के लिए दक्षिण-पूर्व एशिया भेजा गया। अब जबकि जापान विश्व की दूसरी सबसे बड़ी अर्थव्यवस्था है, उसे अपनी स्त्रियों का निर्यात करने की जरूरत नहीं रह गई है। उलटे, उसने दिशा बदल दी है और वह दूसरे देशों से गरीब स्त्रियों का आयात करता है।

आधुनिक दौर में इस क्षेत्र में यौन दासता की सबसे चर्चित कहानी द्वितीय विश्वयुद्ध के दौरान जापान द्वारा 10,000 स्त्रियों की जबरन नियुक्ति की है। इन स्त्रियों को, जिनमें कोरियाइयों की संख्या सबसे ज्यादा थी, 'सुखदायी स्त्रियाँ' नाम दिया गया था। उन्हें सेना के वेश्यालयों[1] में वेश्यावृत्ति कराने के लिए पकड़ा गया था। उन्हें जब पकड़ा गया था तब उनमें से अधिकांश किशोरवय की या युवा थीं। उनमें से कई तो पूरी तरह वयस्क भी न बन पाई थीं। वे हर दिन लगभग सत्तर सैनिकों की हवस को शांत करती थीं, जो उनके कमरों के आगे कतार बनाकर खड़े रहते थे। कई लड़कियों को तो अपने बिस्तर से उठने का भी मौका नहीं मिलता था। आश्चर्य नहीं कि कई लड़कियों की मौत हो गई, कई ने आत्महत्या कर ली या जापानियों ने कई लड़कियों को तब मार डाला जब उन्हें लगने लगा कि वे युद्ध में हार जाएँगे। जो जीवित बच गईं वे इतनी दहशत और शर्म में थीं कि उन्होंने इस युद्ध अपराध की अपनी यातनाओं के बारे में मुँह तक नहीं खोला। कोई चालीस

साल बाद उनमें से कुछ ने, जो बूढ़ी हो चुकी थीं, अपनी व्यथा-कथा कहने की हिम्मत जुटाई। और सबसे गौर तलब बात यह है कि जापानी सेना जिसने यह घृणित कृत्य किया उसे माफ कर दिया गया।

युद्ध के बाद एशिया का सेक्स उद्योग मजबूत होता गया। इसमें बढ़ोतरी तीन वजहों से हुई। पहली और सबसे महत्त्वपूर्ण वजह है–इस क्षेत्र की आर्थिक स्थिति। पारंपरिक एशिया में वेश्यावृत्ति व्यापक स्तर पर नहीं फैली हुई थी। यह क्षेत्र गाँव प्रधान, सामंती और गरीब है। महिलाओं को चल संपत्ति माना जाता था और उनका यौन शोषण होता था मगर उन्हें आमतौर पर रखैल बनाकर रखा जाता था या जमींदार लोग स्थानीय खेतिहर मजदूरिनों से अपनी यौन हवस पूरी करते थे। लेकिन औपनिवेशिक काल के दौरान और द्वितीय विश्वयुद्ध के बाद इस स्थिति में नाटकीय परिवर्तन आ गया। इस क्षेत्र के कुछ हिस्से, खासकर पूर्वी और दक्षिण-पूर्वी एशिया, में ज्यादा समृद्धि आई। शहरीकण और उद्योगीकरण में तेजी आई और बड़ी संख्या में लोग गाँव से शहरों में आ गए। उद्योगों में कुछ महिलाओं को भी रोजगार मिले लेकिन ज्यादा संख्या में पुरुषों की आय ज्यादा बढ़ी। इन समृद्ध पुरुषों में से अच्छी-खासी संख्या उन लोगों की थी जो सेक्स खरीदने के लिए पैसे खर्च करने लगे। पहले ताकतवर लोग सेक्स के लिए महिलाओं का उपभोग करते थे, अब सेक्स ज्यादा से ज्यादा पुरुषों की पहुँच में आ गया और उन्होंने इस नए, रोमांचक अवसर का अधिकतम लाभ उठाया।

सेक्स उद्योग को दूसरा प्रोत्साहन सैनिकों के लिए वेश्यालयों के विस्तार से मिला। सैनिकों और उनके अफसरों को तैनाती के दौरान वेश्याएँ आम तौर पर उपलब्ध कराई जाती थीं। सेना जब युद्ध पर जाती थी तो वेश्याएँ उनके साथ जाती थीं। एशिया में पुराने दिनों में प्रायः हर किले या छावनी आदि की चारदीवारी के बाहर ही लाल बत्ती इलाका होता था। उनमें से कई वेश्या मोहल्ले आज भी बने हुए हैं। लेकिन एशिया में सैनिकों से जुड़ी वेश्यावृत्ति को असली बढ़ावा कोरियाई और वियतनामी युद्धों में शाहखर्च अमेरिकी सेनाओं के आने से मिला। साठ वाले दशक और सत्तर के दशक के शुरू में वियतनाम में तैनात अमेरिकी सैनिक आराम और मनोरंजन ('रेस्ट ऐंड रीक्रिएशन' 'आर ऐंड आर') के लिए थाइलैंड पहुँच जाते थे। 'आर ऐंड आर' दरअसल 'आइ ऐंड आइ' यानी 'इंटरकोर्स ऐंड इनटॉक्सिकेशन' यानी यौनाचार और नशाखोरी थी। सेक्स उद्योग का विशाल और आकर्षक हिस्सा सैनिकों को यौन सेवा मुहैया करवाकर फूलने-फलने लगा। जहाँ-जहाँ अमेरिकी सेना गई, यह उद्योग शुरू हो गया। कोरिया में सैनिक अड्डों के बगल में वेश्यालय बन गए। फिलिपीन्स में भी यही हुआ। वहाँ अमेरिकी सैनिक अड्डों में रहने वाले सैनिकों और दौरे पर आने वाले अमेरिकी नौसैनिक बेड़ों[2] के नाविकों की यौन सेवा में हजारों महिलाएँ झोंक दी गईं।

जब अमेरिकी सेना वियतनाम से हटी तो थाइलैंड में सेक्स उद्योग के मुनाफे

में चिंताजनक कमी आ गई। लेकिन बचाव के उपाय हाजिर थे। पर्यटन उद्योग और सरकार के साथ अनधिकृत साझीदारी से यौन व्यापार ने नए ग्राहकों को लुभाने का फैसला कर लिया। अब सैनिकों का स्थान पर्यटकों ने ले लिया। पश्चिम के विकसित देशों और जापान से ग्राहकों को पटाया जाने लगा। ये उपभोक्ता सेक्स उद्योग को बढ़ावा देने वाले तीसरे कारक बने। उन्होंने संदेश को सुना और उन्हें यह भा गया। युवा, खूबसूरत, समर्पणशील, कामुक और सस्ती थाइ लड़कियाँ उन पुरुषों की अधूरी जरूरतों को पूरा करने के लिए तैयार थीं, जिन्हें उग्र, आग्रही और अस्त्रियोचित पश्चिमी स्त्रियों के आचरणों से बेहतर आचरण की अपेक्षा थी। विज्ञापन सफल रहा और लाखों की संख्या[3] में ग्राहक पहुँच गए।

पश्चिमी मीडिया सेक्स पर्यटन को ऐसे पेश करता है मानो असंतुष्ट, विकृत पश्चिमी पुरुष ही एशियाई महिलाओं के यौन शोषण के लिए जिम्मेदार हैं। इसमें शक नहीं कि थाइ और फिलिपीनी वेश्याओं के ग्राहकों में पश्चिमी पुरुषों की संख्या लाखों में है। थाइलैंड और फिलिपीन्स के सेक्स पर्यटन ठिकानों में अपने देश और पश्चिम के उनके साथियों के कारनामों को मैंने कुछ हफ्तों तक अध्ययन किया। माना जाता है कि सेक्स पर्यटक मध्य वय के या उम्रदराज विकृत पुरुष होते हैं। इसके विपरीत मैंने पाया कि पट्टाया, बैंकॉक, एंजिलिस में खूबसूरत, युवा स्त्रियों के साथ घूम रहे पश्चिमी पुरुषों में हर वर्ग और उम्र के लोग थे। वे उनके पिता, पति, भाई और बेटे की उम्र के थे।

पश्चिम का सेक्स पर्यटन एशियाई घरेलू सेक्स बाजार से काफी अलग किस्म का है। यह जापानी सेक्स पर्यटन से भी भिन्न है। पश्चिम के सेक्स उपभोक्ता यह मानते हैं कि पैसे के लेन-देन के बदले सेक्स में चयन की सुविधा होती है। खरीदने से पहले वे जिन्स को अच्छी-खासी संख्या में देखना चाहते हैं। ये यह दिखावा करना पसंद करते हैं कि उन्नीस साल की खूबसूरत लड़की के साथ उनकी अच्छी 'जमी'। वे इस ख्याल में रहना चाहते हैं कि उस लड़की ने 'केवल पैसे के लिए' रोबरा नहीं किया बल्कि उसे भी मजा आया, कि उसके साथ उनका कुछ खास रिश्ता बन गया जिसे उम्र के भारी अंतर और आमदनी में बड़े फर्क से कोई अंतर नहीं पड़ता।

ग्राहक यह महसूस करे कि सौदे में विकल्प की गुंजाइश है और उसमें पैसे के अलावा आपसी आकर्षण का भी तत्व शामिल है, इसके लिए पूरे धंधे को खुला, अनौपचारिक और मनोरंजक दिखना चाहिए। इसलिए पश्चिम का सेक्स पर्यटन बेहद नुमाया किस्म का है। विशाल, खुली वेश्या बस्तियों की गलियों में पर्यटक किशोरवय लड़कियों के गले में बाँह डाले घूमते नजर आते हैं। वे 'द पुसी बार' या 'द हॉट गर्ल क्लब' जैसे नामों के क्लबों में जाते हैं। थाइलैंड के पट्टाया में ऐसे सैकड़ों बार और क्लब हैं जहाँ पश्चिमी पर्यटक लड़कियों को खरीदते हैं। देह व्यापार अविश्वसनीय रूप से भड़कीला है। प्रायः हर कोई देह बेचने की कोशिश में जुटा नजर आता है।

जो पुरुष अपनी साथी के साथ होते हैं और लड़कियों का सौदा नहीं करना चाहते उन्हें हर शाम दर्जनों प्रस्ताव किए जाते हैं। यहाँ तक कि होटलों के कमरों में मिनी बार में भी शराब, नमकीन के साथ कंडोम रखे होते हैं।

सैर-सपाटा करने आए लोग मयखानों में कामुक नृत्य का मजा लेते हैं। उन्हें क्लबों में अँधेरे कोनों में मुख मैथुन करते हुए पाया जा सकता है। उन्हें नृत्य करने वाली लड़कियों का अंग-अंग टटोलते देखा जा सकता है और अपनी पोती की उम्र की लड़कियों के साथ होटल के कमरे से निकलते देखा जा सकता है। फिलिपीन्स के एंजिलिस में एक शाम एक क्लब में मैंने तीन मर्दों को करीब आधा दर्जन किशोरवय वेश्याओं की इस तरह जाँच करते देखा मानो वे स्त्रियाँ नहीं, मवेशी हों। वे उन घबराई हुई लड़कियों के स्तनों के आकार की जाँच कर रहे थे। उसके बाद उन्होंने क्लब के मालिक को उन लड़कियों के लिए पैसे दिए और अपने माल के साथ चले गए। कुछ घंटे बाद मैंने उन्हें दूसरे बार में बेहद नशे में देखा। वे अपने सौदे के बारे में भद्दे गीत गा रहे थे और नस्लवादी जुमले कस रहे थे, जो जाहिरा तौर पर उन लड़कियों के बारे में ही थे।

इस तरह के व्यावसायिक सेक्स बाजार में आप किसी स्थानीय एशियाई पुरुष को सौदेबाजी करते शायद ही देखेंगे। पश्चिमी पुरुषों द्वारा सेक्स की खरीदारी का तरीका मामले की सही तस्वीर नहीं पेश करता क्योंकि सेक्स पर्यटक हमारी नजर पर चढ़े हुए हैं और हम उनकी निंदा करते हैं। इस वजह से, ज्यादा महत्त्वपूर्ण उपभोक्ता हमारी नजर से ओझल हो जाते हैं। पश्चिमी सेक्स पर्यटन में काफी पैसा है लेकिन एशिया में देह व्यापार की बड़ी माँग स्थानीय बाजार से उभरती है। अधिकतर एशियाई वेश्याएँ एशियाई पुरुषों को देह बेचती हैं। उनकी तुलना में पश्चिमी ग्राहकों की संख्या नगण्य है हालाँकि वे महत्त्वपूर्ण हैं क्योंकि औसतन वे ज्यादा भुगतान करते हैं। सेक्स पर्यटन व्यवसाय देसी देह बाजार से पैदा हुआ और उसी के सहारे बढ़ रहा है।

एशियाई देह व्यापार पश्चिमी सेक्स पर्यटन व्यवसाय से काफी भिन्न है। सो, अगर कोई प्रेक्षक मौज-मजे वाले मयखानों, और 'स्मोकिंग पुसी', पिंग-पोंग और रेज़र ब्लेड शो पेश करने वाले थाइ क्लबों में एशियाई पुरुषों की भीड़ देखना चाहे तो उसे निराशा ही हाथ लगेगी। एशियाई पुरुष भिन्न किस्म की व्यवस्था और जगह में सेक्स का सौदा करते हैं। अकसर ये इलाके ऐसे होते हैं जहाँ केवल एशियाई पुरुष आते हैं या फिर बंद दरवाजों के भीतर जो लोग स्थानीय एशियाई सेक्स बाजार के सबूत ढूँढ़ते हैं वे गलत कोशिश करते हैं।

सेक्स पर्यटन फिलिपीन्स में सर्वत्र व्याप्त है, स्थानीय पुरुषों द्वारा संरक्षित व्यावसायिक सेक्स बाजार भी, बशर्ते आपको पता हो कि वह कहाँ हो सकता है। मनीला और एंजिलिस में विदेशियों की खातिर चलने वाले सेक्स क्लबों की भरमार है। नियोन बत्तियों से जगमग, तेज संगीत से गूँजते इन क्लबों के बाहर अर्धनग्न

लड़कियाँ घूमती नजर आ जाएँगी। यह जान पाना मुश्किल है कि फिलिपीनी पुरुष सेक्स कहाँ खरीदते हैं। मनीला में मैं एक क्लब में गई जहाँ मध्यवर्गीय और समृद्ध नौकरीपेशा पुरुष जाते थे। उसके ग्राहकों में ड्राइवर, किरानी, छोटे व्यापारी थे। बाहर से देखने पर क्लब बिलकुल अलग जैसा दिखता था। ऐसा कोई संकेत नहीं नजर आता था कि उस मकान में देह व्यापार चलने का पता चले, कम-से-कम एक पश्चिमी महिला को तो नहीं ही, जो देह व्यापार के तौर-तरीकों की खासी जानकारी रखती हो। बाहर से देखने पर वह क्लब बड़े डिस्को जैसा दिखता था। हमने दाखिले के लिए फीस भ्रमित-से दिखने वाले दो लड़कों को दी और खलिहाननुमा कमरे में चले गए, जहाँ मेज-कुर्सी की कतारें लगी थीं। औसत किस्म का बैंड बजाने वाले संगीतकार ऊबे हुए-से तीन ग्राहकों को जब-जब इशारे करते, वे ताली बजाने लगते।

हमें बगल के दरवाजे से ले जाया गया। हम एक सँकरे, अँधेरे-से गलियारे से होकर गुजरे और आश्चर्यजनक रूप से बड़े कमरे में पहुँच गए। वहाँ इतनी भीड़ थी कि बैरे को हमारे लिए मेज खोजने में दिक्कत हुई। क्लब का बाहरी भाग जिस तरह खुला-खुला और खाली था, वह नाटकीय से कम नहीं था। गहमागहमी वाले उस कमरे के बीचोंबीच जमीन से तीन फुट ऊँचा एक मंच बना हुआ था जिसके चारों ओर मेजें लगी थीं। दस-दस मिनट के अंतराल पर दो-दो लड़कियाँ वहाँ बैठे मर्दों के बीच से होकर आतीं और मंच पर नाच पेश करतीं। उनमें से जो साहसी थीं वे अपने वस्त्र उतार देतीं। बाकी लड़कियाँ सख्त भाव से कामुक मुद्राएँ बनातीं और शरीर पर जितने वस्त्र अपने हाथों से पकड़े रह सकती थीं उन्हें पकड़े रहने की कोशिश करती रहतीं। अधिकतर मर्द उनकी मुद्राओं पर ध्यान नहीं देते और बियर गटकते हुए अपने दोस्तों से गप्प करते रहते। हर क्षण कोई-न-कोई मर्द उठता और लड़कियों के पीछे-पीछे ड्रेसिंग रूम में चला जाता और वापस नहीं आता। बाद में उस मकान के पीछे अँधेरे में खड़ी गाड़ियों में वे उन लड़कियों के साथ निकल जाते।

यह क्लब स्थानीय पुरुषों के लिए पश्चिमी ढंग का अड्डा था। लेकिन दूसरे ठेठ स्थानीय किस्म के अड्डे भी थे। उन्हें कासा कहा जाता है। ये ऐसे बंद वेश्यालय होते हैं जहाँ से वेश्याएँ भाग नहीं सकतीं। कासा का पता लगा पाना मुश्किल होता है क्योंकि वे गुप्त होते हैं। उनकी कोई पहचान नहीं होती। नए ग्राहक पुराने ग्राहकों के जरिए ही आते हैं। इनमें प्रवेश पाना विशिष्ट क्लब की सदस्यता पाने जैसा होता है।

हर जगह वेश्यालयों के बारे में टैक्सी चालकों को पूरा पता होता है। फिलिपीनी टैक्सी चालक कासा के विशेषज्ञ होते हैं। एक जानकार टैक्सी ड्राइवर मनीला में मुझे एक मकान में ले गया, जिसके बारे में उसका कहना था कि वह अमीरों का कासा है। यह बड़ा, बहुमंजिला आधुनिक मकान था जिसका अहाता झाड़ियों से घिरा

था। उसकी खिड़कियाँ काले शीशे की थीं। वह वेश्यालय जैसा नहीं दिखता था। टैक्सी चालक जोर देकर कह रहा था कि वह कासा ही है जबकि मुझे विश्वास नहीं हो रहा था। सो, मैंने रात में उस पर नजर रखने का फैसला किया। वह ठीक ही कह रहा था। हर शाम वहाँ महँगी कारों में मर्द आते, गाड़ियाँ भूतल में बने पार्किंग में लगाते और कुछ घंटे बिता कर उसी तरह चुपचाप चले जाते। वहाँ बस मर्दों का आना-जाना ही लगा रहता, कोई महिला वहाँ से आती-जाती नहीं दिखी।

फिलिपीन्स में वेश्यावृत्ति गैर-कानूनी है और हम पाते हैं कि दूसरे देशों में भी, जहाँ वेश्यावृत्ति प्रतिबंधित है, इस तरह की गतिविधियाँ चलती रहती हैं। जापान में भी वेश्यालयों की कोई पहचान नहीं होती लेकिन स्थानीय लोग उन्हें जानते हैं। मर्द लोग उनकी चर्चाएँ करते हैं, वहाँ जाते हैं, महिलाओं को भी उनका पता होता है लेकिन वे उसका जिक्र नहीं करतीं। अधिकृत तौर पर भी इस बारे में कोई बात नहीं होती। देह व्यापार मर्दों के लिए एक चुटकुला जैसा है जिसे समाज में चर्चा के काबिल विषय नहीं माना जाता। तोक्यो में इन क्लबों पर लगाए गए संकेत यह बताते हैं कि वहाँ केवल जापानी पुरुषों का मनोरंजन किया जाता है और वे स्पष्ट संदेश देते हैं कि वहाँ विदेशियों का प्रवेश निषिद्ध है। जाहिर है, जापान को अपनी प्रतिष्ठा की रक्षा करनी है।

पाकिस्तान के देह व्यापार क्षेत्र की भी यही स्थिति है। वहाँ वेश्यालय वेश्यालय नहीं हैं। वे या तो 'नृत्य विद्यालय' हैं या प्रतिष्ठित उपनगरों में फ्लैट और मकान हैं। कम ही लोग आपको सच बताएँगे क्योंकि चुप्पी की साजिश-सी है। नए ग्राहक पुराने और विश्वसनीय ग्राहकों के मार्फत ही बनते हैं। इन मर्दों पर पक्का यकीन होता है कि वे खेल का पर्दाफाश नहीं करेंगे। उनकी पत्नियाँ भी शिकायत नहीं करेंगी, इसकी गारंटी होती है। उनके लिए कोई उपाय भी नहीं है। अधिकतर अमीर पाकिस्तानी एक या ज्यादा तबका रखते हैं, और वे वेश्याओं के पास भी जाते हैं। उनकी पत्नियों उन सबको बर्दाश्त करने के अलावा कोई उपाय नहीं है क्योंकि एकमात्र विकल्प तलाक़ है, जो सामाजिक और आर्थिक रूप से भयावह है। शिकायतें करने वाली पत्नी का नाराज पति घर में दूसरी पत्नी भी ला सकता है। कम पैसे वाले मर्द रखैल का बोझ नहीं उठा सकते, तो वे वेश्याओं के पास तो जा ही सकते हैं। गरीब मर्दों की पत्नियों की कड़वाहट भरी नाराजगी को तो गहनों और सुंदर कपड़ों के उपहारों से दूर करने की भी गुंजाइश नहीं होती।

यौन दमन के शिकार समाजों में देह व्यापार अप्रत्याशित स्थानों पर भी होता है। उदाहरण के लिए, पाकिस्तान में पसंदीदा स्थान अस्पतालों के प्रतीक्षालय भी हैं क्योंकि ऐसी जगहों पर स्त्रियाँ वैध तरीके से ज़ा सकती हैं। या सड़कों के खास इलाके भी इसके लिए मुफीद होते हैं, खासकर ट्रैफिक बत्तियों वाले चौराहे या झाड़ीदार जगहें। जिनका उससे ताल्लुक नहीं है उनके लिए पाकिस्तानी वेश्यालय का पता लगाना

असंभव है। वहाँ वेश्यालय साधारण गलियों में साधारण मकानों जैसे होते हैं। मुझे इस्लामाबाद, लाहौर, कराची के रिहाइशी इलाकों में घुमाया गया, जहाँ वेश्यालय भरे हुए थे। लेकिन जब तक मुझे बताया नहीं गया, मैं पता नहीं लगा पाई कि वेश्यालय कौन थे और पारिवारिक घर कौन। कई गेस्ट हाउस और छोटे होटल वेश्यालय हैं लेकिन आपको जब तक बताया न जाए, आपको पता नहीं चलेगा। उनमें मिलने वाली सेवाओं का लाभ उठाने के लिए आपको उनकी मंडली का भरोसा हासिल करना होगा। इन स्थानों में रहने वाली स्त्रियाँ वहाँ चलने वाली गतिविधियों के बारे में कुछ नहीं कहेंगी क्योंकि उनमें से कई बाहर नहीं निकल सकतीं। और जो बाहर निकलती हैं वे देह व्यापार के बारे में नहीं बताएँगी क्योंकि ऐसा करना उनके लिए सामाजिक या व्यक्तिगत आत्महत्या करने जैसा होगा।

भारत में देह व्यापार को लेकर एक तरह की बेफिक्री है। फिर भी यह पश्चिम की तरह नुमायाँ नहीं है। इसका मतलब यह नहीं है कि यह आकार या महत्त्व के हिसाब से पश्चिम के देह व्यापार से कमतर है। बल्कि इससे उलटा ही है। भारत आने वाले व्यक्ति को यहाँ की सड़कों और दुकानों में बिकने वाली पत्र-पत्रिकाओं में अश्लील साहित्य के अनुपात में देह बाजार कम ही नजर आएगा। भारतीय महिलाएँ सलीके से कपड़े पहनती हैं और भारतीय सिनेमा अरुचिकर ढंग से अनुशासित है। लेकिन कलकत्ता के सोनागाछी, मुंबई के कमाठीपुरा और दिल्ली के जी. बी. रोड के दौरे से यह धारणा ध्वस्त हो जाएगी कि भारतीय पुरुष सेक्स की खरीदारी नहीं करते। इन जगहों पर ज्यादा सेक्स पर्यटक नहीं जाते।

आज भी भारत की पारंपरिक वेश्या बस्तियाँ साधारण लोगों की जरूरत उसी तरह पूरा कर रही हैं जैसे सदियों पहले करती थीं। भारत और बांग्लादेश में भी पारंपरिक शहरी वेश्यालय अकेली इमारत में नहीं बल्कि शहर की एक पूरी बस्ती में चलते हैं और उनकी संख्या एक से ज्यादा होती है। पुराने शहरों की वेश्या बस्तियाँ अँधेरी, तंग गलियों वाली होती हैं जिनमें सैकड़ों-हजारों की संख्या में औरतें देह बेचती हैं। आम तौर पर कई बड़ी, बहुमंजिली जर्जर इमारतों में अलग-अलग बँटे वेश्यालय चलते हैं जो एक-दूसरे से होड़ लेते हैं। ये वेश्यालय भी छोटे-छोटे, तंग कमरों में बँटे होते हैं जिनमें दो-तीन या ज्यादा वेश्याएँ कमाई करती हैं। इन जगहों को ग्लेमरस कतई नहीं कहा जा सकता। चूहों से भरे, गंदे, भीड़ भरे इन कमरों को कतई कामोत्तेजक नहीं कहा जा सकता। एशियाई यौन दासियाँ ऐसे ही घरों में रहती हैं।

देह व्यापार बड़ा धंधा है। दुनिया की तमाम जगहों की तरह एशिया में भी यह धंधा फैल रहा है और उग्र हो रहा है। इस पर निगरानी रखना मुश्किल है क्योंकि अकसर यह अवैध, संगठित अपराध से संबद्ध होता है और निरंतर अपना स्वरूप बदलता रहता है। इसके कई तरह के चेहरे हैं। दूसरे उद्योगों की तरह देह व्यापार के भी कई स्तर हैं और इसके कई संबद्ध क्षेत्र हैं। एक तरह का बुनियादी माल

तरह-तरह के उपभोक्ताओं की पसंद के लिहाज से पेश किया जाता है और लेन-देन अलग-अलग तरह के ठिकानों पर होता है।

एशियाई सेक्स बाजार की सबसे ऊँची दुकान कॉल गर्ल्स की उच्चस्तरीय वेश्यावृत्ति की है। ये लड़कियाँ महँगे होटलों, आलीशान फ्लैटों में अमीरों की हवस शांत करती हैं। जाहिर है, ये दुकानें एशिया के अमीर तबकों के लिए हैं। लेकिन गरीब तबकों में भी ये छोटे पैमाने पर चलती हैं। व्यापारियों की खातिर एक्जक्यूटिव क्लब हैं जहाँ वे कारोबारी कामों और यौनरंजन के लिए जाते हैं। उनके अलावा बार, नाइटक्लब, मालिश पार्लर, हेल्थ क्लब, रेस्तराँ और कराओके क्लब हैं जहाँ दूसरी तरह के मनोरंजन के अलावा सेक्स भी बिकता है। अर्धविकसित एशियाई समाजों में नूडल, चाय वगैरह की दुकानों के अलावा सड़क किनारे के ढाबों वगैरह में, जहाँ ट्रक रुका करते हैं, लड़कियों को बेचने का खासा धंधा चलता है। इन लड़कियों को चाय, खाना वगैरह परोसने के लिए कहा जाता है ताकि खरीदार उन्हें पसंद कर सकें। बाकी समय उन्हें कमरे में बंद रखा जाता है, खासकर यदि वे बहुत कम उम्र की हों तो। निचले स्तर पर वेश्यालय हैं या गलियों में होने वाली वेश्यावृत्ति है। इसमें भी सबसे सस्ता है गलियों में बच्चियों की या गंदगी भरी जगहों में बूढ़ी औरतों की वेश्यावृत्ति।

वेश्यालयों के भीतर की हालत संबंधित देश के आर्थिक विकास के स्तर के अनुरूप होती है। सो, जापान के निकृष्टतम वेश्यालय काफी साफ-सुथरे नजर आएँगे। लेकिन गरीबी से फटेहाल एशियाई देशों के वेश्यालयों की हालत अलग है। कंबोडिया, बांग्लादेश और भारत के सस्ते वेश्यालयों में काम करने वाली औरतें जिन हालात में रहती हैं उनकी तुलना दूसरे गरीब लोगों की हालत जैसी होती है। ये वेश्याएँ भीड़ भरे कमरों या छोटी खोलियों में अपने ग्राहकों को निबटाती हैं। सफाई की व्यवस्था नाममात्र की होती है। कई वेश्यालयों को तो नल का पानी तक नहीं मिलता।

सेक्स उद्योग का कोई एक तरह का ठिकाना नहीं होता, इसी तरह ठेठ 'एशियाई वेश्या' जैसी कोई चीज नहीं है। इस बेहद जटिल उद्योग को समझने के लिए इस क्षेत्र की वेश्याओं को विभिन्न वर्गों में बाँट सकते हैं। सबसे पहले तो दो वर्ग मान सकते हैं—पूर्णकालिक और अंशकालिक। कुछ औरतें छोटी अवधि के लिए, तो कुछ कई वर्षों के लिए वेश्यावृत्ति करती हैं, कुछ औरतें अपनी आर्थिक जरूरतों के लिए इस धंधे को अपनाती और छोड़ती रहती हैं।

वेश्यावृत्ति का ढाँचा पिरामिड के आकार जैसा है। शिखर पर अभिजात वेश्याओं की छोटी-सी आबादी है। इनमें से अधिकतर ने यह धंधा इसलिए चुना है क्योंकि वे देह बेच कर कम समय में मोटी कमाई कर सकती हैं। इनके ग्राहक चुनिंदा होते हैं और इन्हें कम ग्राहकों को निबटाना होता है। ये आमतौर पर असाधारण रूप से सुंदर, शिक्षित होती हैं और फर्राटे से अंग्रेजी बोल सकती हैं। ये मध्यवर्ग की

या संपन्न परिवारों की होती हैं और गरीबी या आजीविका की खातिर देह नहीं बेचतीं। एशिया के बड़े शहरों के आला होटलों और सैरगाहों के दौरे से मुझे पक्का विश्वास हो गया कि इन बेहद परिष्कृत युवतियों को अमीर पर्यटकों और व्यापारियों की सेवा करके अच्छी-खासी कमाई हो जाती है। फिर भी इन युवतियों को ठेठ वेश्या नहीं कहा जा सकता और वे आम वेश्याओं की प्रतिनिधि नहीं मानी जा सकतीं।

पिरामिड के मध्य भाग में बड़ी संख्या में वे वेश्याएँ हैं जो कम संपन्न ग्राहकों को निबटाती हैं। इस वर्ग में बड़ी संख्या उन औरतों की है जिन्होंने स्वेच्छा से वेश्यावृत्ति को नहीं चुना, बल्कि मजबूरी में चुना, क्योंकि उनके पास कोई उपाय न था। उन्हें आर्थिक दिक्कतों के कारण देह बेचने पर मजबूर होना पड़ा। इस पिरामिड को और नीचे देखें तो उस वर्ग की वेश्याओं के लिए चुनाव का सवाल और बेमानी नजर आता है। पिरामिड के आधार में व्यापक देह बाजार की लड़कियाँ और औरतें हैं। वेश्याओं में उनकी तादाद सबसे ज्यादा है और वे समाज के गरीब मर्दों की सेवा करती हैं। उनमें से ऐसी लड़कियों और औरतों की संख्या काफी कम होगी जिन्होंने स्वेच्छा से वेश्या बनने का फैसला किया होगा। अधिकांश को घोर गरीबी और बंदिशों के कारण मजबूर होकर देह बेचना पड़ा होगा। कुछ को शारीरिक रूप से दबाया गया होगा, तो कुछ को इस धंधे के लिए बेचा गया होगा।

सेक्स की बिक्री के प्रति लोगों का रवैया पूरे एशिया में अलग-अलग है। कुछ हिस्से में वेश्यावृत्ति गुप्त धंधे से अच्छे-खासे उद्योग में तब्दील हो रही है, जिसे समाज भी मान्यता दे रहा है। हालाँकि सरकारी बयानों में इस तथ्य का स्वीकार नहीं मिलता। इस क्षेत्र के कुछ समृद्ध इलाकों और कुछ उन इलाकों में, जहाँ वेश्यावृत्ति फैली हुई है, देह व्यापार एक और व्यापार बनता जा रहा है। जापान में पिछले कुछ वर्षों में 'एंडो कोसा' नामक प्रथा जोर पकड़ चुकी है। यह सेक्स बाजार में नए चलन का अच्छा उदाहरण है। मध्यवर्ग की पढ़ी-लिखी या स्कूली लड़कियाँ टेलीफोन क्लबों या अनौपचारिक सूत्रों के जरिए मध्यवय के व्यापारियों के साथ 'तारीखें' तय करती हैं। इन तारीखों पर सेक्स का धंधा होता है और लड़कियों को उपहार और नकदी मिल जाती है। कुछ लोगों का कहना है कि यह वेश्यावृत्ति नहीं बल्कि सिर्फ थोड़ी मौज-मस्ती है। ये लड़कियाँ गरीब नहीं होतीं, उन्हें कोई मजबूर नहीं करता। उन्हें पैसा चाहिए डिजाइनर हैंड बैग जैसी चीजें खरीदने के लिए ताकि वे अपनी सहेलियों से फैशन में आगे दिख सकें। यह प्रवृत्ति कोई चंद गिनी-चुनी लड़कियों में नहीं है बल्कि किशोरवय की लड़कियों में व्यापक रूप से फैली हुई है। यह भौतिकतावादी समाज के दबावों से निर्मित बेमानी-सी जीवन शैली को भले दर्शाता हो लेकिन इन लड़कियों को यही पसंद है। शायद ये लड़कियाँ दरअसल किसी दंतकथा[4] से सम्मोहित हैं।

वेश्यावृत्ति के बारे में काफी अनापशनाप लिखा जा चुका है और उस पर फिल्में भी बन चुकी हैं। ये सब सेक्स करोबार को कामयाब दरबारी नर्तकी की रोमानी

छवि से जोड़ते हैं और शक्तिशाली तथा आकर्षक पुरुषों के लिए सौम्य तथा बौद्धिक मनोरंजन पेश करते हुए गंभीर और संभवतः कलात्मक रूप से परिष्कृत सेक्स मुहैया कराते हैं। इस तरह के मिथक को मजबूती देना गैर-जिम्मेदाराना काम है। चंद कुलीन औरतें ही कुशल 'गीशा' या चमकती महकती रक्काशा बन सकीं जिन्हें अहम लोगों ने संरक्षण प्रदान किया। फिर भी उन रक्काशाओं का प्रभाव तभी तक रहा जब तक उनका सौंदर्य रहा, और उन अहम पुरुषों का आचरण समाज के निचले तबकों के पुरुषों जितना ही निकृष्ट रहा। आज की तरह पहले भी अधिकतर वेश्याओं का जीवन दुखद और कष्टप्रद रहा। उनमें से कई का तो भयावह रूप से पशुवत भी।

सामान्य वेश्याओं और उच्चवर्गीय वेश्याओं की दुनिया के बीच काफी फासला होता है। इस पुस्तक में सेक्स उद्योग के आम बाजार में व्यापक ज्यादतियों पर खास तौर से जोर दिया गया है। इसमें उन लड़कियों की कहानी कही गई है जिन्हें वेश्या बनाया गया, जिन्हें इस बाजार में बेचा गया और उन सबके अनुभव दर्ज किए गए हैं जिन्हें धोखे से इस धंधे में फँसाया गया। शोषण की कुछ बदतरीन दास्तान जान-बूझकर दर्ज नहीं की गई है। हमें मालूम है कि थाइलैंड के वेश्यालयों में किशोरवय की युवतियों को किस तरह बिस्तर से बाँध कर जला दिया गया और वयस्क पुरुषों को बेची गई बच्चियों के शरीर में किस तरह आंतरिक चोट पहुँचाई गई। लेकिन किसी धंधे का मूल्यांकन उसमें होने वाली भयावह मगर असामान्य त्रासदियों के आधार पर ही नहीं किया जा सकता। इसके बदले मैंने व्यापक प्रवृत्तियों को उभारने और सबसे बदनुमा और शर्मनाक व्यथा-कथाओं को सामने लाने की कोशिश की है। इस तरह मुझे उम्मीद है कि उन औरतों के अनुभवों, और जिस धंधे में वे हैं उन्हें सनसनीखेज बनाने से बचूँगी। दुख की बात यह है कि असलियत इतनी स्तब्धकारी है कि उसे लगभग अविश्वसनीय बनाने के लिए सनसनीखेज बनाने की जरूरत ही नहीं है।

इस पुस्तक में औरतों के देह व्यापार और वेश्यावृत्ति में इनके इस्तेमाल को मुख्य रूप से उभारा गया है क्योंकि इस धंधे में उनकी ही बहुतायत है। एशिया में पुरुष वेश्यावृत्ति भी होती है मगर वह इतने व्यापक पैमाने पर नहीं है और उसमें तथा महिला वेश्यावृत्ति में नाममात्र की ही समानता है। इसमें पाकिस्तान एक अपवाद हो सकता है, जहाँ लड़कों का देह व्यापार उतना ही—या शायद ज्यादा भी—व्यापक है जितना लड़कियों का।[5] दस से चौदह साल के लड़कों की बहुत माँग है। इसकी एक वजह शायद यह है कि पाकिस्तान में औरतों के आने-जाने पर काफी पाबंदी है। ये लड़के वेश्यालयों में काम नहीं करते बल्कि गराजों में, बसों में, ट्रक की दुकानों, छोटे ढाबों और सार्वजनिक गुसलखानों में सहायक के रूप में काम करते हैं। इन जगहों पर इन लड़कों का काम सहायक से ज्यादा ग्राहकों को पटाने का होता है।

पुरुष वेश्याओं की भर्ती की प्रक्रिया बहुत विकसित नहीं है। लड़कों को वेश्यावृत्ति के लिए बेचा या वेश्यालयों में बंद करके नहीं रखा जाता। उनकी भर्ती ज्यादा

अनौपचारिक तरीके से होती है। अविकसित एशिया में लड़के शहरों-कस्बों में पहुँचते हैं और उनमें से कुछ देह व्यापार में लग जाते हैं। वे अपने दोस्तों और गरीबी के दबाव में आ जाते हैं। उन्हें एहसास है कि वे भीख माँगने या किसी कारखाने अथवा दुकान में बेगारी करके उतना नहीं कमा सकते जितना देह बेच कर। स्त्री वेश्याओं की तरह उनके लिए भी विकल्प सीमित होते हैं लेकिन उन्हें चुनने की ज्यादा आजादी रहती है। खुली समलैंगिकता एशिया के अधिकतर भागों में नापसंद की जाती है और उसके अस्तित्व से भी इनकार किया जाता है, लेकिन समलैंगिक पुरुष वेश्या को उतनी नीची नजर से नहीं देखा जाता जितनी स्त्री वेश्या को। बंद वेश्यालयों में देह बेचने को मजबूर की गई वेश्याओं और पुरुष वेश्याओं में शायद ही कोई तुलना हो सकती है।

कुछ लड़कियों को सीधे वेश्यालयों को बेचा जाता है लेकिन संख्या के हिसाब से देखें तो देह दासता का सबसे आम रास्ता वह है जो गरीबी से भागने के लिए लड़कियाँ अपनाती हैं और वह सीधे वेश्यालयों तक पहुँचता है। विडंबना यह है कि ये लड़कियाँ अपनी हालत सुधारने के मामले में आमतौर पर बहुत उद्यमी और महत्वाकांक्षी होती हैं। सीधी-सी बात यह है कि लड़की या महिला को दूर कहीं, किसी शहर या दूसरे देश में रोजगार दिलाने की पेशकश की जाती है। जब वह वहाँ पहुँचती है तो पाती है कि उसे जो रोजगार दिलाने का वादा किया गया था उससे भिन्न तरह का काम दिया जाता है। गरीब परिवारों की लड़कियाँ सोचती हैं कि उन्हें किसी अमीर के घर में दाई आदि की नौकरी मिल जाएगी। लेकिन इसके बदले उन्हें एक दिन में पंद्रह-पंद्रह मर्दों की हवस पूरी करनी पड़ती है। एशिया के ज्यादा समृद्ध क्षेत्रों में कुछ औरतों को किसी आलीशान क्लब में चुनिंदा और अमीर लोगों के मनोरंजन के लिए होस्टेस या गायिका जैसे पदों पर रखा जाता है। लेकिन दरअसल वे चुनिंदा भद्रजन परपीड़क निकलते हैं, लड़कियों को मेहनताना नहीं दिया जाता और आलीशान क्लब कैद बन जाता है। यह एकाध लड़की के साथ होता तो भी बहुत बुरा होता मगर यह तो हजारों लड़कियों के साथ रोज होता है।

सेक्स उद्योग के बारे में लिखने में एक मुश्किल यह है कि इससे संबंधित सही आंकड़े नहीं मिल पाते। एशिया के बड़े हिस्से में वेश्यावृत्ति और देह व्यापार गैरकानूनी घोषित है। सेक्स बाजार के दुकानदारों और बेचे जाने वालों की संख्या का अनुमान लगाना कठिन है। इसकी अटकल लगाने से अपनी साख खोने का भी खतरा रहता है। जो भी आंकड़े पेश किए जाते हैं वे बस अटकलों से उपजे होते हैं और इनमें अतिशयोक्ति इतनी आम है कि इनसे अविश्वास ही बढ़ता है और नतीजतन, असली समस्या से ध्यान विचलित होता है। सरकारों के पास भी यौन दासता और देह व्यापार के बारे में पर्याप्त आंकड़े नहीं हैं। या तो वे उन आंकड़ों को जुटाने में अक्षम हैं या वे असली तौर पर विश्वसनीय आंकड़े नहीं चाहते क्योंकि

तब उन्हें इस समस्या के बारे में कुछ करना पड़ेगा। फिर भी इसमें शक नहीं कि इस बाजार से जुड़े लोगों की संख्या बहुत बड़ी है। एशिया में देह बेचने वाली औरतों की संख्या लाखों में है। उनमें से कुछ बच्चियाँ भी हैं, कुछ औरतें ऐसी भी हैं जिन्होंने देह बेचने की रजामंदी नहीं दी है। कुछ औरतें ऐसी हैं जो प्रचलित किस्म की दासता में कैद हैं। यह भयावह घोटाला है। औरतों की बिक्री और यौन दासता दो अलग मुद्दे हैं। लेकिन वे एक-दूसरे से जुड़े हुए हैं क्योंकि जिस औरत को बेचा जाता है वह सेक्स उद्योग का आसान शिकार बन जाती है और यौन दासता की सबसे विश्वसनीय आधार बनती है। मनुष्य की खरीद-बिक्री एक जटिल विषय है। यह नशीले पदार्थों और हथियारों की खरीद-बिक्री से ज्यादा जटिल है। इसकी एक जटिलता तो औरतों के आव्रजन और उनकी बिक्री को लेकर घालमेल और इन सबकी परिभाषाओं पर बहस के रूप में है। प्रवासी खासकर अवैध प्रवासी मजदूरों को शोषणकारी कार्य स्थितियों में जीना पड़ता है। इस तरह देखें तो वे भी खरीद-बिक्री के भुक्तभोगी हैं, लेकिन प्रवासी मजदूरों के साथ स्थान परिवर्तन के दौरान आमतौर पर धोखा या छल नहीं होतां। लेकिन अवैध व्यापार का मतलब है लोगों को जबरन, छल या ताकत के जोर पर देश के भीतर या अंतरराष्ट्रीय सीमा के बाहर इधर से उधर ले जाना।[6]

पुरुष, स्त्री और बच्चों का शोषण करके श्रम कराने के लिए अवैध व्यापार किया जाता है। इन लोगों का बड़े पैमाने पर व्यापार होता है क्योंकि ये गरीब होते हैं और स्थानीय मजदूरों के मुकाबले कम मजदूरी और बदतर कार्य स्थितियों में काम करने को मजबूर होते हैं। एशिया के निर्धनतम इलाकों में वे भोजन, कपड़ा और छत से ज्यादा की शायद ही अपेक्षा रखते हैं। लोगों को अपने घरों, और अकसर अपने देशों से बाहर भेजने का धंधा करने वाले धंधेबाज इन कमजोर लोगों को और कमजोर ही बना देते हैं। वे उन्हें उनके सामाजिक सुरक्षा तंत्र से निकाल देते हैं और ऐसे परिवेश में डाल देते हैं जहाँ की भाषा, रीति-रिवाज और काम के तौर-तरीके उनके लिए बिलकुल अपरिचित होते हैं। जिन लोगों को बेचा जाता है उनका शोषण करना आसान होता है क्योंकि उन्हें पराश्रित बना दिया जाता है। जब तक वे नए परिवेश से तालमेल बिठा पाते हैं तब तक वे अपने जीवन पर अपना काफी कुछ नियंत्रण खो बैठते हैं। यही वजह है कि सेक्स उद्योग बाहर से लाई गई लड़कियों को ज्यादा पसंद करता है। कभी-कभी बाहर से लाए गए शिकारों को मिठाई की दुकानों में या भवन निर्माण के काम में लगा दिया जाता है। कुछ को घरेलू नौकरानी या भिखारिन या वेश्या बना दिया जाता है। बेशक, बाहर से लाई गई सभी औरतों को वेश्या नहीं बनाया जाता। और ऐसा भी नहीं है कि वेश्या बनाई गई सभी औरतें बाहर से लाकर बेची गई होती हैं। लेकिन बाहर से लाकर बेची गई औरत खुद को बदतरीन शोषण के जाल में कैद पाती हैं।

औरतों के व्यापार की खबरें एक दशक से भी ज्यादा से एशिया और पश्चिम के मीडिया में आती रही हैं। इस मसले ने मानववादी एजेंसियों और मानवाधिकार संगठनों को भी उद्वेलित किया है और इस विषय पर रिपोर्टों का अंबार लग चुका है। दुर्भाग्य से इन सबके कारण देह व्यापार और यौन दासता के मामलों में गोपनीयता और बढ़ी है और सेक्स उद्योग अपने क्रूरतम पहलुओं को छिपाने को लेकर और सतर्क हो गया है। बाहर से लाई गई लड़कियों का दुर्भाग्य इस उद्योग का सबसे घृणित पहलू है क्योंकि ये लड़कियाँ इस उद्योग के सबसे निचले पायदान पर होती हैं। उन्हें इसमें शामिल इसलिए किया जाता है क्योंकि वे उपलब्ध हैं, सस्ती हैं और अबला हैं। त्रासदी यह है कि एशियाई सेक्स उद्योग ने भर्ती के तौर-तरीके को अच्छी तरह साध लिया है।

इस अवैध व्यापार के तरीके सीधे-सादे हैं। गरीब देशों और क्षेत्रों से लड़कियों और युवा स्त्रियों को ज्यादा समृद्ध क्षेत्रों में लाया जाता है। वेश्यावृत्ति के लिए लाई लड़कियाँ जिन्स बन जाती हैं, जिन्हें समृद्ध समाज के पुरुष खरीदते हैं। कई गैर-सरकारी संगठनों ने औरतों के अंतरराष्ट्रीय अवैध व्यापार के ऊपर खासा ध्यान दिया है और हाल में अंतरराष्ट्रीय एजेंसियों ने भी। इन हलकों में यह बड़ा मसला माना जाता है और इस पर लगातार सेमीनार और लेखन हो रहा है। फिर भी ऐसा लगता है कि एक ही देश के भीतर गरीब क्षेत्र से लाकर समृद्ध क्षेत्र में औरतों का अवैध व्यापार इसके अंतरराष्ट्रीय व्यापार से कम महत्त्वपूर्ण नहीं है। उन औरतों के लिए इसके नतीजे उतने ही भयावह होते हैं।

इस अंतरराष्ट्रीय व्यापार के विभिन्न चरण एशियाई देशों के आर्थिक वर्गीकरण के समानांतर हैं। सबसे निचले क्रम पर गरीब देश हैं। ये औरतों का निर्यात करने, 'भेजने' वाले' देश हैं। इनके उदाहरण हैं बांग्लादेश, वियतनाम और नेपाल। ये देश औरतों का आयात नहीं करते क्योंकि इतने गरीब दूसरे देश नहीं हैं कि वे इन गरीब समाजों में सेक्स की बिक्री को आर्थिक रूप से लाभदायी मानें। इस क्रम में सबसे ऊपर हैं 'पाने वाले' देश, अमीर समाज जो गरीब, 'भेजने वाले' देशों के सेक्स श्रमिकों की मेजबानी करते हैं। 'पाने वाले' देशों का सटीक उदाहरण है जापान, जो प्रायः हर कहीं से स्त्रियों का 'आयात' करता है।

इस अवैध अंतरराष्ट्रीय व्यापार के क्रम में मध्य स्तर पर वे देश हैं जो कई काम करते हैं—वे इस व्यापार में बिचौलियों वाली भूमिका निभाते हैं और 'भेजने' तथा 'पाने' दोनों तरह वे देशों की भूमिका निभाते हैं। ऐसे देशों के सर्वोत्तम उदाहरण हैं भारत और थाइलैंड। इन दोनों देशों में स्त्रियों का अच्छा-खासा व्यापार होता है। इस व्यापार का तंत्र कैसे काम करता है, इसके कुछ उदाहरण ये हैं—भारत में नेपाली वेश्याओं की संख्या एक लाख से ज्यादा मानी जाती है, थाइलैंड के वेश्यालयों में बर्मी औरतों की संख्या एक लाख से कम नहीं होगी, जापान में थाइ और फिलिपीनी

वेश्याओं की संख्या भी इससे कम नहीं है।[7] जापान में 'छोटे बैंकॉकों' और 'छोटे मनीलाओं' का अस्तित्व जाना-पहचाना है। 'छोटे कोलंबिया', 'छोटे रूस', 'छोटे रोमानिया' भी हैं। सूची लंबी है। आर्थिक समस्याओं, स्त्रियों के लिए सीमित अवसरों, फलते-फूलते अपराध जगत वाले किसी देश को लीजिए, और आप गारंटी दे सकते हैं कि वहाँ की कुछ स्त्रियाँ जापान के विशाल, सर्वग्राही सेक्स उद्योग में जरूर भर्ती हुई होंगी।

इतने ज्यादा जापानी पुरुष वेश्यागमन करते हैं कि उस देश को सेक्स के व्यवसाय के लिए स्त्रियों का थोक में आयात करना पड़ता है। बेशक, जापान में रोजगार के लिए जाने वाली सभी औरतों को वेश्यावृत्ति के लिए मजबूर नहीं किया जाता। कुछ स्त्रियाँ वेश्यावृत्ति के लिए जापान जाती हैं क्योंकि उन्हें वहाँ दूसरी जगहों से ज्यादा आमदनी हो सकती है। फिर भी कई औरतों को वहाँ ले जाया जाता है और वे वेश्यावृत्ति के लिए स्वतः मजबूर हो जाती हैं। जापान जाने वाली अधिकतर स्त्रियाँ 'जापायूकी' बन जाती है और लोगों का मनोरंजन करने लगती हैं। उन्हें पता नहीं होता कि उन्हें वेश्यावृत्ति के लिए बेचा जाएगा। अगर उन्हें अपने काम की प्रकृति का पता भी होता है तो उन्हें इस बात का कतई एहसास नहीं होता कि उन्हें किस तरह की वेश्यावृत्ति करनी पड़ेगी और किस तरह की स्थितियों में अपना शरीर बेचना पड़ेगा।[8]

सेक्स उद्योग के बारे में सबसे बड़ी पहेली यह है कि इस मसले पर बहस में अकसर ग्राहकों का पहलू गायब हो जाता है। गरीब और लाचार स्त्रियाँ तो इस उद्योग के लिए आसानी से उपलब्ध होती रहेंगी। इसमें कोई आश्चर्य की बात नहीं है। लेकिन इस उद्योग के आपूर्ति पक्ष के बरक्स माँग पक्ष का कम ही विश्लेषण किया गया है। इतनी ज्यादा बच्चियों और युवा स्त्रियों की देह खरीदने वाले ये अदृश्य ग्राहक आखिर कौन हैं? मेरा अनुमान है कि एशिया के बड़े भाग में अधिकतर पुरुष ये ग्राहक हैं। इनमें तमाम तरह की सामाजिक, धार्मिक और जातीय पृष्ठभूमि वाले मर्द शामिल हैं।

कई एशियाई समाजों में यह मान्यता है कि पुरुष वेश्यागमन करते हैं तो यह बहुत स्वाभाविक है। ऐसा पुरुष और स्त्री, दोनों मानते हैं। सामाजिक प्रतिष्ठा वाली औरतें, जिनसे पुरुष विवाह करते हैं और आर्थिक सुरक्षा देते हैं, सेक्स नापसंद करती हैं। पुरुष की यौन सहभागिनी अपनी वफादार पत्नी नहीं होती बल्कि वे स्त्रियाँ होती हैं जिन्हें ठंडी पत्नी या महिला मित्रों की कमी से निराश सेक्स उपभोक्ता खरीद सकते हैं।

हर एशियाई पुरुष वेश्यागमन नहीं करता और कुछ तो इसकी कल्पना तक नहीं कर सकते। यह दावा करना कि सभी एशियाई पुरुष वेश्यागमन करते हैं, उतना ही हास्यास्पद और असत्य होगा जितना यह मानना कि सभी एशियाई पुरुष सेक्स की नैतिक आचार संहिता का कड़ाई से पालन करते हैं। हमें इन नियमों और उनकी

नैतिकता के दावों को सही-सही समझना होगा। दरअसल, नियम दो तरह के हैं। पहला प्रकार सार्वजनिक आचार संहिता जैसा है जिसे दुनिया के सामने इस तरह पेश किया जाता है जैसे वह सामाजिक और यौन नैतिकता का महान आदर्श हो। दूसरा प्रकार अनधिकृत आचार संहिता जैसा है जो पुरुषों को यह संकेत देता है कि वे कई रखैल रख सकते हैं और खुले बाजार में सेक्स की खरीदारी कर सकते हैं। एकमात्र शर्त यह है कि पुरुष यह सब करते हुए पकड़े न जाएँ तो अति उत्तम।

गौरतलब है कि वेश्यावृत्ति, देह व्यापार और सेक्स बाजार के भीतर शोषण का स्तर समाज में यौन दमन और स्त्रियों पर नियंत्रण के स्तर से जुड़ा हुआ है। यह कोई संयोग नहीं है कि गरीब पाकिस्तानी वेश्याओं का जीवन बदहाल इसलिए है क्योंकि अधिकतर पाकिस्तानी औरतों का जीवन काफी कठिन है। सीधा-सा समीकरण है—कठोर यौनाचार संहिता और पुरुष वर्चस्व वाले समाजों में यौन दासता और सेक्स बाजार में स्त्रियों की नियमित आमद व्यापक है। इन बदनुमा तथ्यों के साथ जब गरीबी और व्यापक आय असमानता जुड़ जाती है तो अबला स्त्रियों के लिए नतीजे भयावह होते हैं।

वेश्याओं के संगठनों और नारीवादी आंदोलनकारियों का ध्यान जब देह व्यापार और जबरन वेश्यावृत्ति की ओर दिलाया जाता है तो वे चिढ़ जाते हैं। उनका दावा है कि इस धंधे के घिनौने पहलुओं को ज्यादा तवज्जो देना पूरे धंधे को ही बदनाम करना है, जबकि वास्तव में इस व्यापार के कुछ पहलू काफी अच्छे हैं, महिलाओं की बिक्री के किस्से भुक्तभोगियों के किस्से होते हैं और वे मामले का अधूरा और विकृत चित्र प्रस्तुत करते हैं।[9] बेशक सभी वेश्याएँ भुक्तभोगी नहीं होतीं और सबको देह बेचने पर मजबूर नहीं किया जाता। कुछ औरतें अपने इस पेशे को पसंद करती हैं लेकिन उनकी संख्या ज्यादा नहीं है। हम सवाल कर सकते हैं कि अगर समाज ने उन्हें कोई उचित विकल्प दिया होता तो भी क्या वे वेश्यावृत्ति को चुनतीं।

वेश्यावृत्ति में पड़ने वाली अधिकतर महिलाओं, खासकर अभावग्रस्त एशिया की महिलाओं के लिए यह अस्तित्व रक्षा का मामला है। कुछ गरीब और वंचित महिलाओं के लिए गंदा वेश्यालय भी अच्छा होता है क्योंकि इससे उन्हें भूख मिटाने का साधन मिलता है। भारी मेकअप और चटख रंगों के कपड़ों में सजी-धजी जो लड़कियाँ या महिलाएँ भारत की वेश्या बस्तियों की गलियों में खड़ी नजर आती हैं उन्होंने शायद ही वेश्यावृत्ति को स्वेच्छा से चुना होता है। पाकिस्तान में मैंने एक शाम एक वेश्या के घर में बिताया जिसे यौन दासी शायद ही कहा जा सकता है। लाहौर की पुरानी हीरा मंडी वेश्या बस्ती में उसका अपना घर है, वह नियमित तौर पर मंझोले किस्म के कई व्यापारियों का मनोरंजन करती है। वह अमीर नहीं है मगर पर्याप्त आजीविका कमा लेती है। उसे अपने धंधे को लेकर शायद ही कोई संशय है। उसने कहा कि उसने देह बेचने का धंधा चुना और मेरा मानना है कि उसने

सच कहा—वह संतुष्ट और आत्मतुष्ट-सी दिखी। उसने मुझे दरबारी नर्तकी के कुछ नृत्य सिखाने शुरू कर दिए और यह भी बताया कि बिलकुल सही समय पर दर्जन भर कंगनों को किस तरह सही तरह से बजाया जाता है। तीस से ऊपर की यह महिला सुंदर थी मगर उसके चेहरे पर समय की मार के निशान भी देखे जा सकते थे। उसे पता था कि वह उम्रदराज हो रही है। उसके कुछ ग्राहक अब पहले की तरह मेहरबान नहीं रह गए थे और उसकी आमदनी घटने लगी थी। मैंने उससे पूछा कि वह भविष्य में क्या करेगी। जब मैं यह सवाल कर रही थी तभी उसकी दो बेटियाँ कमरे में आ गईं। एक तेरह साल की थी और काफी सरल तथा शांत थी। दूसरी आठ साल की थी और सुंदर थी तथा माँ की तरह ही बिंदास थी। यही लड़की माँ का भविष्य बनने वाली थी। कुछ ही वर्षों में वह वेश्यावृत्ति में उतरने वाली थी। उसे इसके लिए तैयार किया जा रहा था। वह बच्ची थी मगर उसे युवा वेश्याओं वाले कपड़े पहनाए जाते थे। मैं सोच रही थी कि इस माँ और उसकी छोटी-सी बेटी के पास विकल्प भी क्या है।

सेक्स उद्योग ने उन नव-उदार आर्थिक सिद्धांतों के साथ सुखद और लाभप्रद रिश्ता जोड़ लिया है जिन्होंने पिछले करीब दो दशकों से दुनिया को मोहित रखा है। इस आर्थिक एजेंडा के मुताबिक हर चीज की एक कीमत है और मुक्त बाजार को ही यह कीमत तय करनी है। बड़ी संख्या में गरीबों और खासकर गरीब महिलाओं के जीवन में इस बाज़ार ने अभी अपना जादू नहीं किया है। लेकिन इसने सेक्स उद्योग को जरूर नई ताकत दी है। इसने इस धंधे में शामिल महिलाओं और ग्राहकों की संख्या बढ़ाई है। ज्यादा समृद्ध समाजों में इस उद्योग ने गंभीर और उचित कारोबार का रूप धर लिया है। इसका नियंत्रण और नियमन ऐसे कुशल लोगों के हाथों में है जिन्हें एमबीए की डिग्री दी जा सकती है। इसे प्रभावी जनसंपर्क प्रयास के जरिए संरक्षण और बढ़ावा मिलता है।

आर्थिक उदारीकरण की नीतियों के कारण एशिया में कुछ लोग और गरीब हुए हैं तो, कुछ काफी अमीर लोग एक देश से दूसरे देश आसानी से आ-जा रहे हैं, क्योंकि सीमा पार करने के नियम ढीले हुए हैं और लोग आजीविका के लिए देशांतरण करते हैं। महिलाओं की तस्करी एक तरह से इस देशांतरण और सामाजिक बदलाव की व्यापक प्रक्रिया का ही हिस्सा है। ज्यादा से ज्यादा लोगों की हताशा बढ़ रही है, ज्यादा से ज्यादा लोग जगह बदल रहे हैं, ज्यादा महिलाएँ गतिमान हो गई हैं, क्योंकि उनके लिए अवसर बढ़ गए हैं और ज्यादा पुरुषों के पास सेक्स की खरीदारी करने के लिए पैसे आ गए हैं।

भौतिकतावादी और विषमतामूलक होती जा रही दुनिया में वेश्याओं की और उनके ग्राहकों की संख्या में बढ़ोतरी अपरिहार्य है। एशिया की पारंपरिक संस्कृतियाँ आधुनिक उपभोक्तावादी संस्कृति की चपेट में तेजी से आती जा रही हैं। यह सेक्स

उद्योग के लिए भारी बोनस के समान है क्योंकि एशियाई समाजों में स्त्री की नीची हैसियत के कारण अबला औरतों का पुरुषों का मनोरंजन करने और सेक्स व्यापार से कमाई करवाने में उपयोग आसान हो जाता है। वेश्यावृत्ति कुछ अभावग्रस्त महिलाओं को अपनी आर्थिक हालत सुधारने और कुछ हद तक सामाजिक और आर्थिक गतिशीलता हासिल करने में मदद करती है। वैसे तो यह सब उनके लिए शायद नामुमकिन होता। यद्यपि यह सच है मगर हमारा पहला सवाल उस सत्ता तंत्र की नैतिकता पर होना चाहिए जो आर्थिक सुरक्षा और खुद को तथा अपने परिवार को गरीबी से उबारने की इच्छुक स्त्री के लिए वेश्यावृत्ति ही एकमात्र विकल्प के रूप में पेश करता है।

वेश्यावृत्ति उन जगहों पर आसान कमाई का रास्ता है, जहाँ आर्थिक विकास की विषमतापूर्ण स्थितियों ने गरीबों को उपभोक्तावाद में उछाल से उपजी खुशियों से वंचित कर रखा है। देह बेचना या सेक्स के लिए बेचा जाना ऐसा रोजगार है जिसे गरीब और अशिक्षित लोग आसानी से अपना सकते हैं। इस रोजगार के लिए एक ही योग्यता है—जवानी और आकर्षक शरीर। वेश्यावृत्ति एक ऐसा रोजगार है जिसमें कुछ भाग्यशाली गरीबों को छोड़ बाकी सारे गरीब गरीब ही रहते हैं और अशिक्षित भी। फिर भी रोजगार या अस्तित्व रक्षा का यह उपाय एशिया के बड़े भाग में तेजी से मान्यता प्राप्त करता जा रहा है। यह थाइलैंड और फिलीपींस जैसे देशों में मान्य है, जहाँ देश की स्त्री की बिक्री को विकास नीति का हिस्सा माना जाता है। कुछ परिवारों में यह मान्य है और वे अपने बच्चों को वेश्यावृत्ति के लिए बेचते हैं। यह उन लड़कियों को मान्य है जिन्हें बाकी किसी काम से ज्यादा इसी के लिए पाला-पोसा जाता है। यह उन औरतों को मान्य है, जो इसे कमाऊ केरियर मानती हैं।

एशिया के वेश्यालयों में इस तरह की यौन दासियों में नेपाली महिलाओं की प्रमुखता है। भारतीय, बांग्लादेशी, थाइ, बर्मी, पाकिस्तानी, कंबोडियाई और फिलिपीनी महिलाएँ भी प्रमुखता से पाई जाती हैं। यौन उत्पीड़न की शिकार और उससे उबरी महिलाओं की व्यथा-कथाएँ सामने आती रहती हैं। इनमें से कई महिलाओं के पास उनके भाग्य का फैसला करने वाले सीमित विकल्पों के मामले में कुछ कर पाने की गुंजाइश नहीं होती। कुछ के पास तो कोई उपाय ही नहीं होता। कुछ व्यथा-कथाएँ तबाह जीवन का ब्यौरा बयान करती हैं। लेकिन अधिकतर कथाएँ शोषण से लड़ने और खुद्दारी के साथ जीवन बचाने की महिला शक्ति का प्रमाण हैं।

यह किताब मैंने एशिया भर में लड़कियों और महिलाओं की भयावह कहानी सुन कर लिखी है। यह कहानी बयान करती है कि मानवता का कितना पतन हो सकता है। बल्कि ज्यादा सही तो यह कहना होगा कि कुछ मर्द कितना गिर सकते हैं और इसमें महिलाएँ उन्हें किस तरह उकसाती हैं। मेरा ख्याल है यह यौन नैतिकता के उपदेश देने वाले समाजों के ढोंग का अंदाजा देगी। वे समाज पवित्र नारीत्व की

पूजा तो करते हैं लेकिन साथ ही साथ युवा और अबला स्त्रियों को यौन मनोरंजन की वस्तु के रूप में इस्तेमाल करते हैं। उन्हें ऐसी जैव वस्तु मानते हैं जिस पर पुरुष अपन वर्चस्व लाद कर आनंद उठा सकते हैं। वेश्यावृत्ति को रोजगार के रूप में बढ़ावा देने वाले लोग हों या उसके धुर विरोधी लोग हों, कोई भी शायद इस किताब को पसंद नहीं करेगा। कई एशियाई पुरुष—और खासी संख्या में महिलाएँ भी—इससे नफरत करेंगी। और यह बात इस किताब को लिखने की जरूरत को और बढ़ाती है।

टिप्पणियाँ

1. इस दुखद प्रकरण का सबसे अच्छा विवरण प्रस्तुत करती है जॉर्ज हिक्स की पुस्तक 'द कम्फर्ट वुमेन : जापान्स ब्रुटल रिजाइम ऑफ एनफोर्स्ड प्रॉस्टिट्यूशन इन द सेकंड वर्ल्ड वार' (न्यूयॉर्क : डब्ल्यू. डब्ल्यू. नॉर्टन, 1995)। खुद औरतों के प्रत्यक्ष अनुभवों के विवरण के लिए देखें कीथ हॉवर्ड (संपा.) 'ट्रु स्टोरीज़ ऑफ द कोरियन कम्फर्ट वुमेन' (न्यूयॉर्क : कैसेल, 1995)।
2. एशिया में सैनिकों की खातिर वेश्यावृत्ति पर कई पुस्तकें हैं, उनमें सर्वश्रेष्ठ और आसानी से उपलब्ध है सॉण्ड्रा पोलक स्टर्डेवांट और ब्रेंडा स्टॉल्फस की 'लेट द गुड टाइम्स रॉल : प्रॉस्टिट्यूशन ऐंड द यू एस मिलिटरी इन एशिया' (न्यूयॉर्क : द न्यू प्रेस, 1992), और कैथरीन एच. एस. मून की 'सेक्स एमंग एलाइज़ : मिलिटरी प्रॉस्टिट्यूशन इन यूएस-कोरिया रिलेशंस' (न्यूयॉर्क : कोलंबिया यूनिवर्सिटी प्रेस, 1997)।
3. सेक्स पर्यटन व्यापार पर कई उम्दा रिपोर्टें लिखी गई हैं, उनमें सर्वश्रेष्ठ और सबसे महत्त्वपूर्ण पुस्तकें हैं—थान्ह डैम ट्रु ओंग की 'सेक्स, मनी ऐंड मॉरलिटी : प्रॉस्टिट्यूशन ऐंड टूरिज्म इन साउथ-ईस्ट एशिया' (लंदन : ज़ेड बुक्स, 1990), र्‌यान बिशप और लिलियन एस. रॉबिन्सन की 'नाइट मार्केट : सेक्सुअल कल्चर्स ऐंड द थाइ इकोनॉमिक्स मिरैकल' (लंदन : राउतलेज़, 1998) और जेरेमि सीब्रुक की 'ट्रैवल्स इन द स्किन ट्रेड : टूरिज्म ऐंड द सेक्स इंडस्ट्री' (लंदन : प्लुटो प्रेस, 1996)।
4. इस प्रक्रिया के बारे में विस्तार से जानकारियाँ मुहैया कराने के लिए मैं आभारी हूँ—टोक्यो के एशिया-जापान वुमेन्स रिसोर्स सेंटर के निदेशक यायोरि मात्सुइ और टोक्यो के हेल्प एशियन वुमेन्स शेल्टर की निदेशक रुत्सुको शोजी की।
5. राष्ट्रीय बाल कल्याण और विकास आयोग, महिला मामलों का मंत्रालय, 'कंबैटिंग चाइल्ड ट्रैफिकिंग, सेक्सुअल एक्सप्लायटेशन ऐंड इन्वॉल्वमेंट ऑफ चिल्ड्रन इन इनटॉलरेबल फॉर्म्स ऑफ चाइल्ड लेबर : कंट्री रिपोर्ट ऑन पाकिस्तान' (इस्लामाबाद, पाकिस्तान सरकार, 1998)।
6. परिभाषाएँ ली गई हैं, मार्जान वाइजर्स और लिन लैप-चिउ की पुस्तक 'ट्रैफिकिंग इन वुमेन, फोर्स्ड लेबर ऐंड स्लेवरी—लाइक प्रैक्टिसेज़ इन मैरेज, डेमोस्टिक लेबर ऐंड प्रॉस्टिट्यूशन' (उट्रेक्ट : फाउंडेशन एगेंस्ट ट्रैफिकिंग इन वुमेन, 1997)।
7. औरतों की संख्या के बारे में कोई आम सहमति नहीं है, इसलिए मैंने औसत के आँकड़े सबसे विश्वसनीय अध्ययनों से लिये हैं।

8. वेड प्रो, मनीला के कर्मचारियों और एडा सैंटॉस से बातचीत के आधार पर।
9. सेक्स समर्थक समूहों और व्यक्तियों के नज़रिए से वेश्यावृत्ति पर सर्वश्रेष्ठ किताब है कमला केम्पाडू और जो डोएज़ेमा की 'ग्लोबल सेक्स वर्कर्स : राइट्स, रेजिस्टेंस, एंड रीडेफिनिशन' (लंदन : राउतलेज़, 1998)।

2
जिन्स

वेश्यावृत्ति आमदनी कराती है। यह कई लोगों को फायदा पहुँचाती है लेकिन जिन लड़कियों और स्त्रियों की देह बिकती है उन्हें भी पहुँचाती हो, यह जरूरी नहीं। एशिया के कुछ निर्धनतम परिवार अगर अपनी बेटी को इस धंधे में लगाते हैं तो इससे उनके जीवन में सिर्फ इतना फर्क आता है कि वे घोर विपन्नता की जगह बस इतना पैसा पा लेते हैं कि अपने हिस्से की छोटी-सी, कम उपजाऊ जमीन पर अपना जीवन किसी तरह बचा सकें। कुछ औरतों के लिए वेश्यावृत्ति उनके लिए सीमित विकल्पों की दुनिया में अपना अस्तित्व बचा लेने का एकमात्र उपाय होता है। अशिक्षित और अकुशल कामगारों के लिए आमदनी के मामले में देह व्यापार में प्रतिस्पर्धी कम ही होते हैं। कुछ औरतें पैसे के लिए वेश्या बनती हैं मगर वेश्या बनने वाली अधिकांश औरतों के पास कोई विकल्प नहीं होता। उनकी परवरिश भेदभाव वाले समाज में गरीबी के बीच हुई होती है और उन्हें कमतर विकल्पों को कबूल कर लेने की आदत डाल दी गई होती है। देह व्यापार में उतरने में उन्होंने 'चयन' के अधिकार का प्रयोग नहीं किया होता है। वे कमजोर होती हैं और उनकी इस कमजोरी और कामुकता को उपभोग और व्यापार के साधन में बदल दिया जाता है ताकि उन्हें सेक्स के बाजार में बेचा जा सके।

गरीबी, वेश्यावृत्ति और औरतों की तस्करी में संबंध जटिल है। मैं स्पष्ट कर देना चाहती हूँ कि वेश्यावृत्ति की एकमात्र वजह गरीबी नहीं है। थाइलैंड जैसे कुछ अपेक्षाकृत अधिक विकसित देशों में युवा स्त्रियाँ अब केवल गरीबी के कारण वेश्यावृत्ति को नहीं अपनातीं। उत्तरी थाइलैंड में तो वेश्यावृत्ति कई लड़कियों के लिए रोजगार का एक साधन है। अगर वे इसमें कामयाब होती हैं तो घर खरीद सकती हैं, उपभोक्ता सामान खरीद सकती हैं और अपने परिवार और पड़ोस का सम्मान खरीद सकती हैं। कई वेश्याएँ गरीब हैं मगर उनकी गरीबी सापेक्षिक है। उन्हें घोर गरीब नहीं कहा जा सकता। अगर वेश्यावृत्ति का ताल्लुक सिर्फ गरीबी से होता तो हम पाते कि जिन

देशों की अर्थव्यवस्था तेजी से विकास कर रही है उनमें सेक्स उद्योग सिकुड़ रहा है। लेकिन अस्सी और नब्बे के दशकों में थाइलैंड, फिलिपीन्स, मलेशिया और इंडोनेशिया जैसे देशों में आबादी के बड़े तबके के जीवन स्तर में सुधार हुआ परंतु वहाँ सेक्स उद्योग भी फैला। कई ऐसे गरीब समुदाय और परिवार हैं जो अपनी संतान को देह व्यापार में नहीं धकेलते। लेकिन मुझे आशंका है कि ऐसे परिवारों की संख्या बढ़ रही है जो अपनी बेटियों को वेश्यावृत्ति अपनाने को प्रोत्साहित या मजबूर करते हैं। एशिया के कुछ ग्रामीण इलाकों में वेश्यावृत्ति के लिए लड़कियों को तैयार करना एक तरह का अच्छा-खासा कुटीर उद्योग बन गया है।[1]

एशिया में सभी सामाजिक और आर्थिक वर्गों की स्त्रियों के साथ पुरुषों के मुकाबले भेदभाव किया जाता है। इसका मतलब यह नहीं है कि सभी स्त्रियाँ भेदभाव के समान बोझ से त्रस्त हैं। वेश्यावृत्ति के जाल में फँसी लड़कियाँ विशिष्ट या मध्यवर्गीय परिवारों की नहीं होतीं। वे आमतौर पर निर्धनतम समुदायों की होती हैं और अकसर जातीय अल्पसंख्यकों की होती हैं। दक्षिण एशिया में वे अछूत जातियों और जनजातीय वर्गों की होती हैं और लगभग निरपवाद तौर पर अल्पशिक्षित या निरक्षर होती हैं। बदतरीन किस्म की वेश्यावृत्ति में उनका शोषण होता है तो सिर्फ इसलिए कि उनका शोषण करना आसान है। वे निर्धनतम होती हैं और मुख्यतः अधिकार विहीन समुदायों की सबसे कमजोर सदस्य होती हैं।

एशिया के पारंपरिक और आधुनिक, दोनों समाजों में लिंग भेद गहरा है। आर्थिक प्रगति कर चुके एशिया में बदलाव आ रहा है लेकिन यहाँ भी औरत की स्थिति में सुधार कीमत देकर आया है और पश्चिम की तरह भेदभाव के पुराने रूपों में इस तरह बदलाव किया जा रहा है कि पुरुषों का यौन विशेषाधिकार सुरक्षित रहे। समकालीन एशिया के कई भागों में औरत को पुरुष की संपत्ति के रूप में देखा जाता है। समाज में औरत की भूमिका और मान्यता पुरुष के साथ उसके संबंध के आधार पर होती है—पहले अपने पिता के साथ, फिर पति के साथ और उसके बाद बेटे के साथ। धर्म, सांस्कृतिक रस्मों और आर्थिक मामलों का पेचीदा मेल औरत के खिलाफ भेदभावमूलक है। दक्षिण एशिया के अधिकतर गरीब इलाकों में कन्या के जन्म का स्वागत नहीं किया जाता क्योंकि औरत को आर्थिक बोझ माना जाता है। दहेज प्रथा इसके मूल में है। लड़की के विवाह के लिए परिवार दहेज देते हैं और उसके वर की हैसियत दहेज के आकार से तय होती है। बांग्लादेश जैसे देशों में भी, जहाँ दहेज पारंपरिक रूप से प्रचलन में नहीं था, यह तेजी से फैल रहा है।[2] और जिन समाजों में इसकी रस्म है वहाँ दहेज की कीमत चढ़ रही है। इसलिए कन्या के जन्म से उभरने वाली आर्थिक परेशानियाँ बहुत बड़ी नजर आती हैं।

लड़की की सम्मानजनक शादी करनी है तो दहेज देने के कर्त्तव्य से बचा नहीं जा सकता। इस तरह परिवार की प्रतिष्ठा भी बढ़ती है। शादी के बाद लड़की पति

के परिवार की संपत्ति हो जाती है। इस तरह, लड़की के परिवार को उसका लालन-पालन ही नहीं करना पड़ता, उसकी शादी पर भी काफी खर्च करना पड़ता है। जब वह परिवार के लिए आर्थिक योगदान करने की अवस्था में पहुँचती है तभी उसे दूसरे के घर भेज दिया जाता है और उसके पति का परिवार उस पर कब्जा करके उसके श्रम का लाभ उठाता है। यही कारण है कि दक्षिण एशिया में लड़की को पिता के घर का मेहमान कहा जाता है।

एशिया के सभी समुदायों में दहेज की कुप्रथा नहीं है। कुछ समुदायों में दूल्हे का परिवार ही लड़की के माता-पिता को भुगतान करता है। सिद्धांत रूप में यह दहेज का कुछ अर्थों में नया रूप है। कम-से-कम यह इस बात का स्वीकार है कि एक औरत का भी कोई मोल है और यह तथ्य इस बात पर असर डालता है कि औरत के साथ किस तरह का सलूक किया जाना चाहिए। दुलहन की कीमत पाकिस्तान के कुछ कबायली समुदायों में भी दी जाती है। यहाँ लड़की को एक संपत्ति माना जाता है और उसकी शादी तक उसका ख्याल रखना, उसे अच्छी तरह खिलाना उसके परिवार के हित में ही है।[3] कोई भी भावी पति दुबली-पतली, थकी-मांदी और अस्वस्थ पत्नी के लिए बढ़िया भुगतान नहीं करेगा। वैसे, यह प्रथा दोनों प्रथाओं के मुकाबले कम बुरी है क्योंकि दुलहन की कीमत लगाना एक तरह से यह स्वीकार करना है कि स्त्री व्यापार की वस्तु है।

जो लोग दहेज नहीं दे सकते उनके लिए विकल्प दो ही हैं—कमतर संभावनाओं वाले लड़के से शादी या कुँआरी ही रह जाना। कोलकाता के एक वेश्यालय की 16 वर्षीया वेश्या ने बताया कि किस तरह वह एक साल पहले बांग्लादेश के एक पिछड़े गाँव से उस शहर में आई थी—

"मेरी माँ तीन साल पहले गुजर गई और उसके मरने के बाद ही मेरे बाप ने फिर शादी कर ली। मेरी नई माँ मुझे पसंद नहीं करती थी। उसे बेटा हो गया उसके बाद तो वह मुझे और भी नापसंद करने लगी। मेरे चाचा-चाची भी मुझे नहीं पसंद करते थे क्योंकि कोई भी मेरी शादी का खर्च नहीं उठाना चाहता था। इसलिए मुझे काम ढूँढ़ने के लिए शहर भेज दिया गया। इस तरह उन्होंने साफ कर दिया कि वे मुझे खाना भी नहीं देना चाहते थे।"

भारत की जनगणना से लाखों औरतें 'गायब' हैं क्योंकि या तो उन्हें गर्भ में या जन्म के तुरंत बाद मार दिया गया या वे उपेक्षा के कारण मर गईं। अनुमान है कि दक्षिण एशिया में कुल मिलाकर 7.4 करोड़ बच्चे 'गायब' हैं।[4] चीन में भी स्त्री-पुरुष अनुपात असंतुलित है। चीन की सरकार ने 1979 में 'सिर्फ एक संतान' की नीति लागू की थी ताकि देश में जनसंख्या विस्फोट को काबू में किया जा सके। यह नीति काफी सफल तो रही मगर इसका अवांछित नतीजा यह भी हुआ कि दंपतियों ने केवल एक संतान पैदा करने की अपील पर बेटे को ही तरजीह दी जिसे समाज

में बेटी से ज्यादा मूल्यवान माना जाता है। इस नीति के लागू होने के दस साल बाद प्रत्येक 100 लड़कियों के मुकाबले 114 लड़के पैदा हुए और पंजीकृत कराए गए।[5] शिशु कन्या का वध चीन में पुरानी परंपरा रही है और 'एक संतान' नीति ने इसे खत्म करने में कोई मदद नहीं की।

एशिया के सभी भागों में समाज द्वारा लड़कियों को कम मूल्यवान माना जाता है। इस क्षेत्र के गरीब, अविकसित भागों में स्थिति और भी नाज़ुक है। दुनिया में स्त्रियों के विकास के संकेतकों के मामले में दक्षिण एशिया की स्थिति सबसे बुरी है और यहाँ लड़कियों के साथ जन्म से ही भेदभाव किया जाता है।[6] उन्हें अपने भाइयों से कम प्यार, कम भोजन, कम स्वास्थ्य सुविधाएँ दी जाती हैं। मध्य-पूर्व के देशों के बारे में माना जाता है कि वहाँ महिलाओं से सबसे बदतर किस्म का व्यवहार किया जाता है लेकिन स्त्री-पुरुष संबंधी आंकड़ों पर गौर करने से पता चलता है कि पाकिस्तान को सबसे ज्यादा महिला विरोधी समाज का खिताब मिलना चाहिए। वहाँ महिला साक्षरता दर मात्र 23 फीसदी है जबकि पुरुष साक्षरता दर 49 फीसदी है। एक से चार साल की उम्र की लड़कियों में मृत्युदर 12 फीसदी है, जो इस आयु वर्ग के लड़कों में मृत्यु दर से कहीं ज्यादा है। कमाई कराने वाली आर्थिक गतिविधियों में महिलाओं की भागीदारी, प्रशासन तथा प्रबंधन के ऊँचे पदों तक उनकी पहुँच, राष्ट्रीय संसद में उनका प्रतिनिधित्व नगण्य है।[7] पाकिस्तान के एक सम्मानित अर्थशास्त्री और समाजशास्त्री के मुताबिक, दक्षिण एशिया में औरत होना 'व्यक्तिवहीन' होने जैसा है।[8]

बच्चों और स्त्रियों को पारंपरिक एशियाई परिवार में जायदाद के समान माना जाता है। कई देशों में जातीय अल्पसंख्यकों, नीची जातियों और महिलाओं के अधिकारों की सुरक्षा के लिए कानूनी व्यवस्थाएँ बनाई गई हैं मगर कानूनों ने गहरे पैठे सांस्कृतिक पूर्वाग्रहों को दूर नहीं किया है। 1949 में विजय के बाद साम्यवादियों ने चीन में स्त्री-पुरुष भेदभाव, बहुविवाह, वेश्यावृत्ति और औरतों की बिक्री पर रोक लगाने की कोशिशें की। कागज पर तो ये कोशिशें काफी सफल नजर आईं मगर व्यवहार में पुरानी प्रथाएँ तमाम प्रचार के बावजूद जारी रहीं। और सत्तर के दशक में साम्यवादी पार्टी ने अर्थव्यवस्था पर नियंत्रण को थोड़ा ढीला किया तो वे प्रथाएँ लौट आईं। चीन आज औरतों और लड़कियों की खरीद-बिक्री उसी तरह करता है जिस तरह सदियों पहले करता था। अब केवल फर्क यह आया है कि यह काम खुली बाजार व्यवस्था के नाम पर हो रहा है। औरतों और लड़कियों को जायदाद इसलिए माना जाता है क्योंकि वे आर्थिक और सामाजिक तौर पर मर्दों पर निर्भर होती हैं, क्योंकि परिवार के दायरे के बाहर जीवन बनाने के अवसर उनके लिए कम हैं। लड़कियों को दोयम दर्जे की हैसियत कबूल करने के लिए सामाजिक तौर पर तैयार किया गया है और अपनी हैसियत के लिए मर्दों की ओर ताकने के लिए तैयार किया गया

है। एशिया में अधिकतर औरतों के लिए विवाह ही आजीविका और सामाजिक हैसियत का प्रमुख स्रोत है। नेपाल की तरह एशिया के कुछ अविकसित क्षेत्रों में स्त्रियों को जायदाद और उत्तराधिकार के अधिकारों से वंचित किया जाता है और उन्हें वेतन देने वाले रोजगार से वंचित किया जाता है। लेकिन इस क्षेत्र के विकसित देशों में स्थिति बदल रही है और महिलाओं को घर से बाहर अच्छे वेतन वाले रोजगार मिल रहे हैं। निर्धनतम देशों में भी स्थिति बदल रही है मगर धीरे-धीरे।

थाइलैंड में लड़कियों को परिवार की देखभाल की भूमिका सौंपी जाती है। इसी तरह बाकी दक्षिण-पूर्व एशिया में लड़कियों से अपने दूध का हक़ अदा करने की उम्मीद की जाती है। फिलिपीन्स में लड़कियों से—कम-से-कम मानसिक तौर पर ही सही—अपने माता-पिता को 'उटांग ना लूब' (अनुग्रह का कर्ज) का भुगतान करने की उम्मीद की जाती है। चीन के परिवारों के बच्चों को अपने माता-पिता का ऋणी बताया जाता है क्योंकि उन्होंने उन्हें जीवन दिया।[9] माता-पिता के प्रति कर्तव्य और उनके कुशलक्षेम की देखभाल करने वाले समाज के बुनियादी मूल्य होते हैं। लेकिन कुछ परिवार मुख्यतः गरीबी के कारण और कोई-कोई लालच के कारण इन उत्तरदायित्वों की कोई सीमा नहीं मानते। जिन इलाकों में लड़कियों की वेश्यावृत्ति का स्थापित चलन है वहाँ परिवार अपनी सुंदर बेटियों से वेश्यावृत्ति करने की भी उम्मीद करते हैं। तायवान के कुछ इलाकों में वेश्यावृत्ति करके अपने माता-पिता की मदद करना स्वीकार्य चलन है।[10] नेपाल, इंडोनेशिया, फिलिपीन्स, थाइलैंड, भारत और दक्षिणी चीन के उन इलाकों में भी यह स्वीकार्य है जहाँ से लड़कियों को वेश्यावृत्ति के लिए लाया जाता है।

परिवार सुरक्षा तो देता है लेकिन वह कैद भी साबित हो सकता है, जहाँ भीषण यातना दी जाती है। यह सार्वभौमिक सत्य है। लेकिन एशिया के शोषित-दलित बच्चे के लिए मुक्ति का कोई रास्ता नहीं है क्योंकि परिवार को ही स्त्री और बच्चे का एकमात्र संरक्षक माना जाता है। इसका दूसरा पहलू यह है कि परिवार जब विफल होता है तो लड़कियाँ आसान शिकार बन जाती हैं। कोई आर्थिक सुरक्षा नहीं है, कोई सामाजिक हैसियत नहीं है। जब वे किसी एक मर्द की नहीं होतीं तो विचित्र संयोग से वे सबकी हो जाती हैं। एशिया में वेश्याओं में ऐसी स्त्रियाँ ही बहुतायत में हैं।

यह एक मिथक है कि एशियाई परिवार अपने लोगों को हमेशा सुरक्षा देता है। दक्षिण एशिया की वेश्या बस्तियों में ऐसी वेश्याओं की बहुतायत है जो विधवा हो चुकी हैं या तलाकशुदा हैं या परित्यक्ता हैं और जिनके बच्चे हैं जिनका पालन-पोषण करना होता है। इन स्त्रियों को अपने माता-पिता या पति के परिवार से कोई सहारा नहीं मिला और वे वेश्यावृत्ति को अपनाने को अभिशप्त हो गईं। इसी तरह, दक्षिण-पूर्व एशिया में ऐसी वेश्याओं की संख्या अच्छी-खासी है जो कुँवारी या तलाकशुदा माँएँ

हैं जिनके पास अपने और अपने बच्चों का जीवन चलाने के साधन नहीं होते। महिलाएँ दोयम दर्जे की नागरिक भले हों, विरोधाभास यह है कि वे बहुत महत्त्वपूर्ण हैं। उनका महत्त्व परिवार को सँभालने, बच्चे जनने और नई पीढ़ी का लालन-पालन करने की उनकी भूमिका से भी ज्यादा है। महिलाएँ समुदाय और सामाजिक श्रेणीबद्धता को स्वरूप देती हैं। सभी समाजों में अपनी श्रेणियाँ होती हैं और एशियाई समाज तो काफी औपचारिक तौर पर श्रेणीबद्ध समाज है। पुरुष इन श्रेणियों को जिन प्रमुख साधनों से परिभाषित करते हैं उनमें एक है स्त्री पर नियंत्रण और उस तक पहुँच।

विवाह में स्त्रियों की अदलाबदली होती है। इसका अर्थ यह हुआ कि विवाह दो परिवारों का मेल है, सिर्फ दो व्यक्तियों का नहीं। यह आर्थिक और सामाजिक करार है। बेशक, स्त्री को इससे लाभ होता है। उसे आर्थिक सुरक्षा और सामाजिक हैसियत मिलती है। लेकिन उसे भारी तकलीफ मिल सकती है, क्योंकि वह लेन-देन का हिस्सा होती है। वह उपभोग की वस्तु है और विवाह के बाजार में मूल्यवान वस्तु होने के लिए जरूरी है कि विवाह से उसका कोई स्वामी न रहा हो।

एशिया की मूल्य व्यवस्था में कौमार्य और पवित्रता मुख्य तत्त्व है। इसका सटीक उदाहरण है कोरिया की यह कहावत कि ''औरत की पवित्रता उसके जीवन से ज्यादा मूल्यवान होती है।''[11] आदर्श इंग्लैंड के विक्टोरियाई युग के मध्यवर्गीय आदर्श से मिलता-जुलता है जिसमें दो तरह की औरतें होती थीं—'अच्छी' औरत और 'बुरी' औरत। यह व्यभिचारिणी और मरियम के बीच के फर्क का ही एक रूप है, जो ईसाई विचार सरणि में प्रमुखता पा चुका है। औरतों को लेकर यह विभेद सार्वभौमिक रूप से लागू है क्योंकि यह उन पर 'शालीन' या 'व्यभिचारिणी' का ठप्पा लगाने का अधिकार पुरुषों को देकर उन्हें नियंत्रित करने का साधन बनता है। पहले, 'अच्छी' औरतों को देखें। ये वो औरतें हैं जिन्हें पुरुष ब्याहते हैं, ये अच्छी पत्नियाँ और आज्ञाकारिणी बेटियाँ होती हैं, ये ऐसी औरतें हैं जिनका लेन-देन करके परिवार अपनी सामाजिक हैसियत बढ़ाते हैं। फिर, 'खराब' औरतें होती हैं। ये वेश्याएँ हैं, जो परिवार व्यवस्था से बाहर दिखती हैं। वे किसी एक परिवार या एक पुरुष की नहीं होतीं। इस तरह हर कोई उनका उपभोग कर सकता है। ऐसी औरतों का अस्तित्व इस बात का आश्वासन है कि पुरुष कई स्त्रियों से उस समाज के दायरे में रहते हुए यौन संबंध बना सकते हैं जिस समाज में स्त्री के यौन संबंधों पर कड़ी नजर रखी जाती है। यह सब पुरुषों के अपने पारिवारिक ढाँचे में कोई छेड़छाड़ किए बिना किया जाता है।

अपना कौमार्य गँवा चुकी लड़की हमेशा के लिए बदल जाती है। विवाह के बाद कौमार्य भंग पत्नी पर पति के अधिकार का प्रतीक माना जाता है। विवाह के बिना कौमार्य भंग स्त्री के लिए उपहास का कारण बन जाता है। अधिकतर एशियाई समाजों के मूल्यों के संदर्भ में ऐसी स्त्री को 'नुक्स वाला माल' माना जाता है। दिल्ली के जी. बी. रोड के एक बड़े वेश्यालय की एक 30 वर्षीया वेश्या ने बताया कि

किस अभिशाप के कारण उसे इस धंधे में आना पड़ा—

"मैं एक बड़े परिवार की थी। तेरह की उम्र में मुझे अपने शहर के एक लड़के से प्यार हो गया। उसने मुझसे शादी करने का वादा किया तो मैंने उससे यौन संबंध बनाया क्योंकि मुझे लगा कि इसमें कोई हर्ज नहीं है क्योंकि वह जल्द ही मेरा पति बन जाएगा। फिर मैं गर्भवती हो गई। मेरे प्रेमी ने कहा कि हमें घर से भाग कर शादी कर लेनी चाहिए। हम दोनों भाग कर दिल्ली आ गए। उसने यहाँ मुझे इस वेश्यालय के हाथों बेच दिया। मुझे यहीं रहना पड़ा। मैं बरबाद हो गई। मेरे परिवार ने मुझे कबूल नहीं किया और चूँकि मैं गर्भवती थी इसलिए किसी ने मुझसे शादी नहीं की। यहाँ मैं सत्रह वर्षों से हूँ।"

कौमार्य को लेकर यह जुनून पुरुष प्रधान व्यवस्था में सम्मान और हैसियत के साथ जुड़ा हुआ है। स्त्री का आचरण, उसे 'सुरक्षा' प्रदान करने की परिवार की क्षमता, सम्मानजनक विवाह करने की उसकी योग्यता ऐसे तत्त्व हैं जो परिवारों की हैसियत और पुरुष की ताकत को परिभाषित करते हैं। पुरुषों के बीच यह प्रतिस्पर्धा स्त्री पर ताकत आजमाने से ज्यादा दूसरे पुरुषों पर वर्चस्व स्थापित करने की होती है। उदाहरण के लिए, पाकिस्तान में पुरुषों और उनके परिवारों की इज्जत की निरंतर पुष्टि होती रहनी चाहिए—मुख्यतः स्त्रियों पर उनके नियंत्रण के जरिए। दक्षिण एशिया हो या दक्षिण-पूर्व या पूर्वी एशिया, परिवार की हैसियत जितनी ऊँची होती है, उसकी स्त्रियों पर परिवार का नियंत्रण आम तौर पर उतना सख्त होता है। यानी, परिवार की इज्जत चूँकि उसकी स्त्रियों पर निर्भर होती है, ऊँची हैसियत वाले परिवार की स्त्री अगर स्थापित नियम-कायदों से विचलित होती है तो उसे ज्यादा नुकसान होता है। विशेषाधिकार प्राप्त अधिकांश स्त्रियाँ इन सीमाओं का उल्लंघन नहीं करतीं क्योंकि वे अपने सामाजिक और आर्थिक विशेषाधिकारों को गँवाना नहीं चाहतीं, भले ही उनके लिए उन्हें बंधनों में जीना पड़े। कुछ स्त्रियों को परिवार की सीमाओं को लाँघने की भारी कीमत चुकानी पड़ती है। उदाहरण के लिए, पाकिस्तान में अगर किसी लड़की पर बेहद थोथे या हास्यास्पद कारणों से भी किसी के साथ अवैध संबंध रखने का शक होता है तो उसके भाई या पिता या चाचा द्वारा उसकी हत्या जैसी वारदात आम बात है। 1996 में तीन महीने के भीतर अकेले सिंध प्रांत में ही 'करो करी' (इज्जत के लिए सज़ा-ए-मौत) के 66 मामलों की खबर अखबारों में छपी थी।[12] कत्ल करने वाले रिश्तेदारों के नज़रिए से वे हत्याएँ सम्मानजनक थीं क्योंकि उन्हें परिवार की प्रतिष्ठा बचाने का काम माना जाता है।

वेश्याओं के जीवन की कहानियों में अकसर ऐसी ही खास बातों का असर होता है। फिलिपीन्स, बांग्लादेश और कंबोडिया जैसे दूर-दूर के देशों में एक समानता पाई गई। सब जगहों पर बलात्कार वेश्यावृत्ति का एक बड़ा कारण पाया गया। जिन समाजों में स्त्री-पुरुष में मेलजोल कम होता है और विवाह से बाहर कोई संबंध बनाना

बेहद मुश्किल है, वहाँ कौमार्य को अक्षुण्ण स्त्रीत्व के प्रतीक के तौर पर काफी मूल्यवान माना जाता है। इन समाजों में वेश्याओं की भी काफी माँग होती है और लड़की के कौमार्य और उसकी 'ताजगी' को खरीदना काफी मूल्यवान माना जाता है।[13] इसका दूसरा पहलू यह है कि लड़की का कौमार्य भंग होते ही उसे 'जूठी' मान लिया जाता है। इन समाजों में बलात्कार की शिकार को भी पतित मान लिया जाता है। इसका भयावह उदाहरण बांग्लादेश में बलात्कार की शिकार औरतों के साथ होने वाला बरताव है। सत्तर के दशक के शुरू में बांग्लादेश के मुक्ति संग्राम के दौरान पाकिस्तानी सैनिकों ने 30 हजार से ज्यादा स्त्रियों और लड़कियों का बलात्कार किया।[14] बलात्कार को युद्ध का एक हथियार बनाया गया। यह बांग्लादेश के समाज के मूल पर हमला था क्योंकि स्त्रियों को उसकी इज्जत और पुरुषों की हैसियत का प्रतीक माना जाता है। युद्ध के बाद सरकार ने उन औरतों को वीरांगना कहा। लेकिन समाज के स्तर पर उन्हें अपवित्र माना गया। परिवारों ने बलात्कार की शिकार अपनी बेटियों, बहनों, पत्नियों और माँओं की ओर से मुँह फेर लिये। घरों में उन्हें जगह नहीं दी गई क्योंकि परिवार अपने बीच अपवित्र स्त्री के होने की शर्म और उसका अपमान नहीं झेल सकते थे।

तीस वर्ष बाद भी वही रवैया है। ढाका की गलियों में खड़ी होने वाली वेश्याएँ बताती हैं कि उन्हें किस तरह बलात्कार का शिकार होने के बाद वेश्यावृत्ति अपनानी पड़ी। खुले नाले के पास खड़ी होकर अपने ग्राहकों को संतुष्ट करने वाली 20 वर्षीया एक वेश्या ने बताया कि वह इस शहर में तब आई थी जब बच्ची थी :

"मुझे नहीं मालूम मेरी उम्र उस समय क्या थी लेकिन तब मेरी छातियों में उभार नहीं शुरू हुआ था और मैं बहुत छोटी थी। मैं यहाँ आई थी क्योंकि घर पर मेरी देखभाल करने वाला कोई न था। एक औरत ने, जो मेरे चाचा को जानती थी, कहा कि वह मुझे किसी घर में दाई का काम दिलवा देगी। मुझे एक अच्छे-से घर में छोटे बच्चों को देखने और सफाई का काम मिल गया था। लेकिन कुछ दिनों बाद घर का मालिक मेरे पीछे पड़ गया। उसने मुझसे बलात्कार किया, और उसकी पत्नी को पता चला तो मुझे पीटा गया और घर से निकाल दिया गया। मैं टूट गई थी। क्या करती? न मुझे रहने का ठौर था, न खाने को कुछ था। मैं एक औरत के साथ वेश्यालय गई। उसने मुझे वहाँ बेच दिया। तब से इसी धंधे में हूँ।"

इस वेश्या की तरह लड़कियों और औरतों ने अच्छी-बुरी औरत के भेद को आत्मसात कर लिया है। फिलिपीन्स में भी ऐसा ही कुछ देखा-पाया जा सकता है। हालाँकि वहाँ आर्थिक विकास का स्तर ऊँचा है। वैध यौन संबंध—कम-से-कम स्त्रियों के लिए—विवाह में ही बनता है। फिलिपीन्स के कैथॅलिकवाद में 'घर, चूल्हा और स्वर्ग' का मिथक काफी मजबूत है, और कौमार्य की अक्षुण्णता का विचार भी। जिस लड़की के साथ बलात्कार होता है या जिसके विवाह-पूर्व के संबंध खराब हो जाते

हैं उसे कौमार्य भंग के आरोप और शर्म से लाद दिया जाता है। ऐसी कुछ लड़कियों को शर्म वेश्यावृत्ति के लिए मजबूर कर देती है क्योंकि वे भी यह मान बैठती हैं कि वे किसी शालीन पुरुष की पत्नी बनने के लायक नहीं रह गईं।

एशिया में यौन मामले में सबसे दमित समाजों में बलात्कार भी वेश्यावृत्ति में प्रवेश का कारण बनता है। बलात्कार की शिकार लड़की विवाह के आयोग्य मान ली जाती है क्योंकि उसका कौमार्य भंग हो गया होता है। ऐसी लड़कियाँ वेश्यावृत्ति को मजबूर होती हैं क्योंकि उनके लिए यही रोजगार उपलब्ध होता है और क्योंकि अकेली औरत के रूप में जीवन बिताना उनके लिए असंभव हो जाता है। विडंबना यह है कि बलात्कार की पीड़ा और उसके बाद की घटनाएँ कभी-कभी उन्हें बलात्कारी से बाँध देती हैं। उसका अपराधी इसके लिए दलाल या उसका विक्रेता बन जाता है। दूसरे शब्दों में, वह वेश्या का निर्माण करता है और फिर उससे मुनाफा कमाता है।

उन दमनकारी समाजों में औरत के प्रति व्यवहार के पीछे एक भयावह किस्म का तर्क होता है। औरतों को परभक्षी पुरुषों से बचाना होता है या उन्हें उनसे अलग रखना होता है ताकि उनका आकर्षण पुरुषों को लुभाए नहीं। बांग्लादेश में बाल विवाह के पीछे यही तर्क दिया जाता है[16] कि इसे बाल उत्पीड़न के खिलाफ रोकथाम का उपाय कहा जाता है। कहा जाता है कि युवा, कुँवारी लड़की का होना ही पुरुष को बलात्कार के लिए उकसा सकता है। स्त्रियों को अपनी जगह पर डर के साथ रखा जाता है। अगर वे अपनी पारंपरिक भूमिका से हटने की कोशिश करती हैं तो इसे उचित माना जाता है, लेकिन साथ ही अगर वे अपने पारंपरिक दायरे में रहती हैं तो उनका दमन करने वाली व्यवस्था को औचित्य और पुष्टि हासिल होती है।

दुनिया के सभी धर्मों और विचारधाराओं में औरत के खिलाफ सिद्धांततः भले भेदभाव न किया जाता हो, व्यवहार में तो किया जाता है। एशिया की प्रमुख धार्मिक परंपराएँ लिंगभेद को प्रतिबिंबित और मजबूत करती हैं। ऐसा करते हुए वे वेश्यावृत्ति जैसी व्यवस्थाओं को मजबूत करने में मदद करती हैं, भले ही उनमें से अधिकतर परम्पराएँ देह की बिक्री को प्रकटतः प्रोत्साहित न करती हों। कुछ उदाहरण तो वास्तव में वेश्यावृत्ति को प्रोत्साहित करने के हैं ही।

बौद्ध ग्रंथों में तो आपको यह विश्वास दिलाया गया है कि स्त्रियाँ भी पुरुषों की तरह आध्यात्मिक लक्ष्य पाने में सक्षम हैं। लेकिन दुर्भाग्य यह है कि यह संवेदनशील विचार सामाजिक व्यवहार में परिलक्षित नहीं होता। स्त्रियों को आध्यात्मिक श्रेष्ठता के मामले में कमतर माना जाता है क्योंकि अपनी प्रजनन क्षमता के कारण उन्हें आध्यात्मिकता से परे भौतिक जगत से जुड़ा हुआ माना जाता है। माना जाता है बुरे कर्मों के कारण स्त्री योनि में जन्म होता है। इस कमजोरी से मुक्ति पाने के लिए स्त्री को पुरुष से ज्यादा धार्मिक कर्म करने पड़ते हैं। थाइलैंड और बर्मा के

तेरावदा बौद्ध परंपरा के मुताबिक बेटा तो कुछ महीनों के लिए भिक्षु बनकर धार्मिक योग्यता हासिल कर सकता है लेकिन बेटी के लिए ऐसा कोई प्रावधान नहीं है। बल्कि उसे अपने माता-पिता की सेवा करके यह योग्यता हासिल करने को प्रोत्साहित किया जाता है। कहा जाता है कि अगर वह यह काम अच्छी तरह करे और परिवार के लिए पैसे कमाए तो वह अगली बार पुरुष योनि में जन्म ले सकती है। परिवार की सहायता करने की इस इच्छा को थाइलैंड में वेश्यावृत्ति को बढ़ावा देने वाला एक बड़ा कारण माना गया है।[17]

हिंदू धर्म स्त्री की पवित्रता और शुचिता पर जोर देता है। माना जाता है कि स्त्री का दोहरा चरित्र होता है—एक पक्ष दैवी, वात्सल्यपूर्ण और रचनात्मक है, तो दूसरा खतरनाक, कुटिल और दैहिक है। उसे नियंत्रित और शांत करने के लिए पुरुष अपरिहार्य है। केवल पुरुष ही उसकी प्रकृति के सकारात्मक पहलुओं को उभार, और नकारात्मक पहलुओं को दबा सकता है। इसलिए स्त्रियों की पूजा भी की जाती है और उनका अपमान भी किया जाता है। वे वात्सल्यपूर्ण, समर्पित और मातृत्व भाव से भरी होती हैं या वे विनाशकारी, अराजक और बेहद कामुक होती हैं। वे पत्नियाँ और माँएँ होती हैं या अति व्यभिचारिणी।

यह कोई विरोधाभास नहीं है बल्कि एक अपरिहार्यता है कि हिंदू धर्म संस्थागत वेश्यावृत्ति की गुंजाइश रखता है। वेश्यावृत्ति के इस रूप पर धार्मिक मुलम्मा चढ़ा है ताकि इसे सम्मान हासिल हो। दक्षिण भारतीय देवदासी प्रथा इसका सटीक उदाहरण है।[18] हालाँकि यह तकनीकी तौर पर अवैध है लेकिन रजस्वला होने से पहले लड़की को देवता को समर्पित करना आज भी जारी है। यह प्रथा इस तरह चलती है—अमीर ग्राहक गरीब परिवार की बच्ची को खरीदता है और देवता से उसका विवाह करवा के मंदिर को समर्पित कर देता है। ऐसा वह अपने और परिवार के लिए पुण्य कमाने की कथित उम्मीद में करता है। उसके बाद लड़की का किसी से विवाह निषिद्ध कर दिया जाता है। जब वह रजस्वला होने को होती है तो उसके कौमार्य की नीलामी होती है और सबसे ऊँची बोली लगाने वाले को उसका कौमार्य भंग करने का अधिकार मिलता है। आम तौर पर वह शख्स इलाके का प्रभावशाली व्यक्ति होता है और वही होता है जिसने उसे मंदिर को समर्पित किया था। चूँकि देवदासी विवाह नहीं कर सकती और परिवार का सुख और आर्थिक सुरक्षा चाहती है इसलिए उसे धार्मिक वेश्यावृत्ति के जीवन में धकेल दिया जाता है। और फिर उसकी बेटियाँ भी उसके पदचिह्नों पर चलते हुए देवदासी बन जाती हैं।

हिंदू जातिप्रथा में भी वेश्या जाति का समावेश है। पश्चिमी नेपाल में बादिया एक अछूत जाति है जिसकी आबादी 7000 है।[19] इस जाति की औरतें पारंपरिक रूप से मनोरंजन किया करती थीं और अपने ग्राहकों के लिए कार्यक्रम पेश करती थीं और यौन सेवा भी देती थीं। अब उनका काम ज्यादा नीची श्रेणी का है। बेटियाँ

अपनी माँओं का अनुसरण करते हुए वेश्या बन जाती हैं। उनके बेटे दलाल बन जाते हैं। इस मामले में पारंपरिक दक्षिण एशिया बेटी के जन्म पर शोक मनाता है और बेटे के जन्म पर आयोजन उलट दिया जाता है। सुंदर बेटी बोझ नहीं मानी जाती। शरीर बेचने के कारण उसे संपत्ति माना जाता है। एक समय, मान्य व्यवहारों का पलटना एशिया के गरीबों में ही प्रचलित था मगर आज यह स्थिति बदल रही है। गरीबी में बढ़ोतरी, भौतिक साधनों की बढ़ती आकांक्षा और आर्थिक अवसरों के बारे में बढ़ती जागरूकता का अर्थ है कि अविकसित एशिया के गरीब समुदाय अपनी लड़कियों को आजीविका और आरामदेह जीवन के साधन के रूप में देखते हैं।

ईसाई धर्म ने एशिया में ज्यादा पैठ नहीं बनाई। लेकिन फिलिपीन्स जैसे देशों में, जहाँ उसने अच्छी जगह बनाई, उसने काफी उत्साह से यह किया। फिलिपीन्स में पारंपरिक कैथॅलिकवाद के सभी दमनकारी तत्त्व विद्यमान हैं मगर एशियाई सामूहिकता वाली मानसिकता भी अच्छी-खासी मौजूद है। यह मेल फिलिपीन्स महिलाओं के लिए तो कम-से-कम काफी तकलीफदेह है।[20] सेक्स को पाप माना जाता है, कम-से-कम महिलाओं के लिए तो यही कहा जाता है। उनके लिए उचित यौन संबंध केवल विवाह के दायरे में ही मान्य है। फिलिपीन्स में एक लड़की की प्रतिष्ठा सेक्स के बारे में उसकी अनभिज्ञता और उसके यौनाचरण (जो कि होना ही नहीं चाहिए) से तय होती है। अगर उसे अपवित्र विचार आते भी हों तो उसे इस विषय के बारे में पूछना भी नहीं चाहिए। अगर वह एड्स या उसके कारणों के बारे में जानती हो तो उसकी सामाजिक हैसियत को खतरा हो सकता है।

महिलाओं के प्रति इस्लाम के अनुचित आचरण की सफाई देने वाले यह तर्क देते हैं कि इस्लाम विचार या शरीर के मामलों में स्त्री को पुरुष से कमतर नहीं मानता। कुरान दोनों को एक-दूसरे का पूरक बताता है और स्त्री-पुरुष समानता की बात करता है। अफसोस की बात यह है कि पुरुषों के साथ अपने संबंधों में कई मुस्लिम महिलाएँ इसका अनुभव नहीं करतीं।

मुस्लिम समाज इस सिद्धांत को मानता है कि पुरुष स्त्री से बेहतर और प्रभुत्वशाली होता है। समाज का ढाँचा इस तरह का है जिससे यह भावना प्रकट भी होती है। इसलिए बांग्लादेश और पाकिस्तान जैसे देशों में पुरुष उम्र में छोटी स्त्री से विवाह करते हैं जो अपनी किशोरावस्था को बस पार ही करती है। पुरुष इसे अपनी श्रेष्ठता बताते हुए उचित ठहराते हैं। लेकिन यह बेहद असंतुलित सत्ता संतुलन वाले संबंध को जन्म देकर इस श्रेष्ठता को और स्थापित करता है।[21]

इस्लाम स्त्री को विनाशकारी मानता है। स्त्री फितनागर होती है यानी उसके पास उच्छृंखल यौन शक्ति होती है जिसे नियंत्रित किया जाना जरूरी है ताकि वह समाज में अराजकता न फैला सके। पुरुषों को इस यौन शक्ति से बचाना होगा ताकि

वे सद्‌मार्ग से विचलित न हों। इस दृष्टि से पुरुषों को सदा स्त्री कामुकता का शिकार माना जाता है।[22] मुस्लिम दुनिया की एक प्रमुख महिलावादी विद्वान का कहना है कि ''पूरे मुस्लिम सामाजिक ढाँचे को स्त्री कामुकता पर आक्रमण और उससे सुरक्षा के प्रयास के तौर पर देखा जा सकता है।''[23] माना जाता है कि समाधान स्त्रियों पर निगरानी और स्त्री-पुरुष में दूरी रखना है। अमीर लोग अपनी स्त्रियों को विाह योग्य होते ही परदे में डाल देते हैं। रूढ़िवादी लोग जो परदे की विलासिता नहीं अपना सकते, घर से बाहर निकलने वाली स्त्रियों को बुर्का पहनने को मजबूर करते हैं।

चीन, कोरिया और जापान में एक समान कन्फूशियन परंपरा चलती है जो कि अनुशासन, समरसता और श्रेणीबद्धता के आधारों पर निर्मित है। पूर्व-आधुनिक पूर्वी एशिया में हर व्यक्ति के लिए खास दर्जा तय है। बच्चे आज्ञाकारी होते हैं और माता-पिता की इज्जत करते हैं। लोग राजा के प्रति वफादार होते हैं, और स्त्रियाँ अपने पति का सम्मान करती हैं। निष्ठा के इन सिद्धांतों पर सवाल उठाना पूरी समाज व्यवस्था को चुनौती देना है।

चीन में स्त्री को उपभोग की वस्तु मानना पुरानी परंपरा रही है। अमीर पुरुषों की कई पत्नियाँ और रखैल होती थीं; बेटियों को परिवार की संपत्ति माना जाता था, एक ऐसी चीज जिसे उसका पिता अपनी पसंद से शादी करता था। इसके उलट बेटों को अहमियत दी जाती थी। वे अपने परिवार के साथ रहते थे और किसी परिवार की वंश परंपरा पुरुषों के कारण चलती रही है। स्त्रियाँ तो परायी हो जाती हैं। उनका शरीर वह जरिया है जिस पर पितृसत्तात्मक परिवार अपनी मजबूती हासिल करता है।

गरीब परिवारों के बच्चों—खासकर लड़कियों—को आड़े वक्त में घरेलू नौकरों के रूप में बेचा जाता है।[24] सुंदर लड़कियाँ वेश्या बन जातीं। फसल बरबाद होने और अकाल की स्थिति में बाजार में गरीब घरों के बच्चों की भीड़ लगती और उनकी कीमत गिर जाती है। बीसवीं सदी के शुरू में लड़कियों की बिक्री के स्वरूप में बारीक बदलाव आ गया। उन्हें सीधे नहीं बेचा जाता बल्कि उन्हें माता-पिता को 'कर्ज' देकर गिरवी रखा जाता है।[25] यह व्यवस्था आज भी एशिया के बड़े भाग में जारी है। उदाहरण के लिए, थाइलैंड और नेपाल में माता-पिता वेश्यावृत्ति से कमाई करने वाली अपनी बेटी के एवज में 'अग्रिम' भुगतान लेते हैं।

1950 में सत्ता में आई चीनी कम्युनिस्ट पार्टी ने विवाह कानून बनाया। इसके तहत बहुविवाह, रखैल रखने और जबरन विवाह जैसी कुप्रथाओं पर रोक लगाई गई, यह कम-से-कम कागज पर तो हुआ ही। चीनी सरकार ने वेश्यावृत्ति पर रोक लगा दी। लेकिन असलियत में ये कुप्रथाएँ पूरी तरह खत्म नहीं हुईं और पुरानी कुप्रथाएँ सत्तर के दशक में फिर लौट आईं। खास तौर से गरीब और दूरदराज के पहाड़ी प्रांतों में स्त्रियों का देह व्यापार फिर से शुरू हो गया। इन क्षेत्रों की कई स्त्रियों ने

बेहतर जीवन की खातिर समृद्ध प्रांतों के पुरुषों से शादी कर ली और वहीं चली गईं। दुर्भाग्य से पुरुष घरों में रह गए और उन्होंने परंपरा के तहत माता-पिता की देखभाल और परिवार के खेतों में कमाई करते हुए पारिवारिक पेशे को जारी रखा। लेकिन स्त्री की अनुपस्थिति में विवाह और सहवास के साथ-साथ वंश को आगे बढ़ाना मुश्किल हो रहा था। स्त्रियों के अभाव का परिणाम यह था कि साथ बची स्त्रियाँ विवाह के लिए ऊँची कीमत माँगने लगीं और कुछ ही परिवार इतनी कीमत दे पाने की स्थिति में थे। इन उत्सुक दूल्हों की समस्याओं का समाधान बाजार में पाया गया। दलाल विवाह के लिए दुलहनें जुटाने लगे। वे चालू दर से एक चौथाई कीमत पर पत्नी मुहैया कराने लगे।

इनमें से कुछ दुलहनें गरीब समुदायों से भी होती थीं और वे आर्थिक सुरक्षा की उम्मीद में अनजान पुरुष से भी शादी करने को राजी हो जाती थीं। लेकिन कई लड़कियों को धोखा देकर शादी कराया जाता था। पत्नी खरीदने की प्रथा चीन में दूरदराज के इलाकों में प्रचलित है। इन समुदायों में इस प्रथा को निंदनीय नहीं माना जाता क्योंकि यह पारंपरिक आचरण को पुष्ट करती है। विवाह कराने वाले और बिचौलिए चीन के पारंपरिक समाज में जाने पहचाने चरित्र थे। आज स्त्रियों की बिक्री करने वालों की एक वैध सामाजिक परंपरा है और स्त्री को खरीदने वाले भी यह नहीं मानते कि मनुष्य को बेचने वाले एजेंट की सेवाएँ लेकर वे कोई गलत काम कर रहे हैं।[26]

स्त्री से यौनाचार पुरुष वर्चस्व के विशेषाधिकार और उसकी सत्ता का प्रतीक माना जाता है। इसलिए एशियाई समाज में शासक और स्थानीय कुलीन वर्ग दूसरे समाजों की तरह ही स्त्री शरीर पर नियंत्रण के जरिए अपनी ताकत का प्रदर्शन और उपभोग करते रहे। चंद लोगों के हरम होते, कई लोग एक से ज्यादा पत्नियाँ रखते, कई लोग रखैलें रखते और अधिकतर लोग स्थानीय लड़कियों और गरीब शहरी स्त्रियों का उपभोग करते। हालात बहुत बदले नहीं हैं।

उन्नीसवीं सदी के नेपाल में हिमालय क्षेत्र की हजारों पहाड़ी जनजातीय लड़कियों को शासक राणा परिवार के पुरुषों की यौन संतुष्टि के लिए काठमांडो लाया जाता था। सामंती इंडोनेशिया में राजा की शक्ति का अंदाजा उसकी रखैलों की संख्या से लगाया जाता था।[27] स्त्री को जिन्स और एक तरह से मुद्रा माना जाता था। इन बातों ने आज के व्यावसायिक सेक्स उद्योग की मजबूत और विस्तृत नींव तैयार की। पूँजीवाद ने लिंग भेद के आधार पर शोषण के पारंपरिक पहलुओं में अपनी असमताओं और अन्यायों को जोड़ दिया। फलस्वरूप दासता और शोषण के पारंपरिक पहलुओं ने नया स्वरूप ग्रहण कर लिया। इसने विशेषाधिकार के पारंपरिक ढाँचों को और मजबूत किया है।

भूमंडलीकरण और आर्थिक उदारीकरण की ताकतों ने दुनिया भर में ज्यादा

से ज्यादा गरीब लड़कियों को वेश्यावृत्ति की ओर धकेला है। अनियंत्रित पूँजीवाद एशिया के बड़े हिस्से में उभर रहा है और यह कमजोर और वंचित लोगों के साथ कोई रियायत नहीं बरत रहा। इस तरह वह एशिया में निचले तबकों के प्रति पारंपरिक घृणा के साथ पूरा तालमेल बिठा रहा है। पूँजीवाद का सबसे क्रूर और हिंसक पहलू, जिसमें सेक्स उद्योग भी शामिल है, कमजोरों के बूते फल-फूल रहा है। इसका एक उदाहरण वियतनाम में मिलता है, जहाँ देह व्यापार और वेश्यावृत्ति में बढ़ोतरी हुई है। इसकी एक व्याख्या यह है कि स्त्री के प्रति पारंपरिक बरताव फिर से उभर रहा है क्योंकि वियतनामी आंदोलन के आदर्श नियंत्रित अर्थव्यवस्था की विफलता और वैश्विक पूँजीवाद के फैलाव के दबावों के कारण मुरझा गए हैं। इस तथ्य के साथ ही, व्यापक पैमाने पर वेश्यावृत्ति में फिर से उभार की वजहें हैं—अमीरों और गरीबों के बीच बढ़ती खाई और आर्थिक उदारीकरण के थपेड़ों से परिवार का टूटता ढाँचा।[28] यही सब कंबोडिया में हो रहा है जहाँ नब्बे के दशक के शुरू में मुक्त बाजार वाली अर्थव्यवस्था लागू होने से न केवल खुशनुमा आर्थिक आजादियाँ मिलीं बल्कि खुले बाजार में लड़कियों का व्यापार करने की भी आजादी हासिल हो गई। आज कंबोडिया में ऐसी कोई चीज नहीं है जिसे आप पैसे से खरीद नहीं सकते।

एशिया में अधिकतर वेश्याएँ गरीब समुदायों, जनजातीय समूहों, निचली जातियों और जातीय अल्पसंख्यकों के बीच से आई हैं। उनके मूल को उतना ही हेय माना जाता है जितना उनके पेशे को। इस क्षेत्र के अविकसित हिस्सों में ये वेश्याएँ पैदा हुई थीं और निर्धन ग्रामीण इलाकों में उनका बचपन बीता। भारत में वेश्यावृत्ति करने वाली दो तिहाई लड़कियाँ और स्त्रियाँ अकाल पीड़ित रहने वाले क्षेत्रों की हैं।[29] अविकसित एशिया भर में देह बेचने वाली अधिकतर लड़कियाँ गरीब और अनपढ़ होती हैं। सेक्स उद्योग उन्हें इसलिए पसंद करता है कि उनकी जवानी और उनकी अशिक्षा उन्हें बरगलाने और नियंत्रित करने की सुविधा देती है। उनकी एक और विशेषता होती है। चूँकि वे दूरदराज के इलाकों से आती हैं और युवा होती हैं इसलिए ग्राहकों को भरोसा होता है कि उन्हें कोई संक्रामक यौन रोग या एड्स वगैरह नहीं होगा। कुछ ग्राहक, खासकर जापान वाले, इन रोगों से मुक्त लड़कियों का इतना आग्रह रखते हैं कि वे ताजा, सुरक्षित और सस्ती लड़की की तलाश में गाँवों तक में पहुँच जाते हैं।[30]

भारत में वेश्याओं की अधिकतम संख्या दलित जातियों और आदिवासी स्त्रियों की है।[31] ये स्त्रियाँ शोषण की तिहरी मार की शिकार होती हैं—वे गरीब होती हैं, अछूत होती हैं और स्त्री तो हैं ही। कुछ स्त्रियों के लिए यह खतरनाक मेल काफी मारक होता है। मैं कलकत्ता के वेश्यालय में एक युवा वेश्या से मिली, जो अछूत जाति की थी। वह पंद्रह की उम्र की रही होगी लेकिन उसका दावा था कि वह 19 साल की है। वह बेहद दुबली, मरियल-सी लड़की थी जिसने पश्चिमी ढंग के कपड़े

पहन रखे थे और उसे देखकर ऐसा लगता था कि वह वक्त की बहुत बुरी मार झेल चुकी है। उसकी कहानी यह है–

"मेरा गाँव पश्चिम बंगाल में यहाँ से काफी दूर है। मेरा परिवार बहुत ही गरीब है, परिवार में चार बच्चे थे। पिता गुजर चुके हैं, माँ मेरा और मेरे भाई-बहनों का पेट नहीं पाल सकती थी। हमारा घर भी ढंग का नहीं था। हम हमेशा भूखे रहते थे। गाँव में हर कोई हमें नीची नजर से देखता था क्योंकि हम गरीब और नीची जाति के हैं।

जब मैं तेरह साल की थी, गाँव के कुछ लड़के मुझे गाँव से दूर खेत में ले गए और मेरे साथ बलात्कार किया। वे पाँच थे और ऊँची जाति के थे। मैं रोती हुई गाँव में लौटी मगर उन लड़कों ने कह दिया कि मैं उनके साथ अपनी मर्जी से गई थी। गाँव की पंचायत ने मुझे चरित्रहीन ठहरा दिया और कहा कि मुझे उन लड़कों के बारे में झूठ नहीं बोलना चाहिए था। उन्होंने मेरी माँ से कहा कि मुझे गाँव छोड़ना होगा क्योंकि गाँव पर मेरा बुरा असर पड़ेगा। मुझसे शादी करने को कोई तैयार नहीं था। मेरी माँ दहेज कहाँ से देती। इसलिए वह मुझे यहाँ ले आई। और कोई ठौर नहीं था। अब मैं माँ को कुछ पैसे भेज सकती हूँ। वह खुश होती है। इससे भाई-बहनों को खाना मिलता है। मैं गाँव नहीं लौट सकती क्योंकि वे मुझे बुरी औरत मानते हैं। उन्हें पता है कि मैं क्या करती हूँ। अब यही मेरा घर है क्योंकि मैं कहीं और नहीं जा सकती। यही काम करती रहूँगी, जब तक ग्राहक मुझे चाहेंगे।"

नेपाल में बढ़ती गरीबी कई जातियों, यहाँ तक कि ऊँची जातियों की औरतों को भी देह बेचने पर मजबूर कर रही है।[32] लेकिन अधिकतर वेश्याएँ राजनैतिक रूप से हाशिये पर पड़ी पहाड़ी जनजातियों की हैं। उत्तर भारत के वेश्यालयों में भरी लड़कियाँ तमांग, लामा, मागर और गुरुंग जनजातीय अल्पसंख्यकों में से हैं।[33] उनकी दूसरी विशेषता यह है कि उनमें से आधी लड़कियाँ अपने ही समुदायों के अपेक्षाकृत गरीब परिवार की हैं।[34] नेपाल में अधिकतर नेपाल परिवार बेहद गरीब हैं।

नेपाल का सौंदर्य उसकी गरीबी को ढँक देता है। सैलानी वहाँ सुंदर पहाड़ों, रमणीक गाँवों, लुभावने बच्चों की तस्वीरें उतारते घूमते रहते हैं। मुस्कराहटों पर तो नजर जाती है मगर उस गरीबी पर नहीं जाती, जो वहाँ के आधे बच्चों को कुपोषण का शिकार बनाकर उनके विकास को बाधित करती है।[35] विश्व बैंक के मुताबिक, वहाँ 40 फीसदी आबादी घोर विपन्नता में जी रही है। दूसरे शब्दों में, उनकी आय इतनी नहीं है कि वे न्यूनतम आवश्यक कैलरी का भोजन जुटा सकें। विकास की दौड़ में कई नेपाली पिछड़ गए हैं। प्रतिव्यक्ति राष्ट्रीय आय का आंकड़ा तो यह बताता है कि औसत नेपाली का जीवन स्तर तीस वर्ष पहले वाले स्तर से सुधरा है, लेकिन कई गरीब नेपाली इसका खंडन करेंगे, और किस्से तो यही संकेत देते हैं कि गरीब और गरीब ही हुए हैं। बेशक, धनवानों और निर्धनों के बीच खाई साल दर साल चौड़ी

होती जा रही है। इन जैसे समुदायों की लड़कियाँ ही भारतीय वेश्यालयों में अधिक संख्या में हैं और उनकी देह की बिक्री से सेक्स उद्योग काफी फल-फूल रहा है।

थाइलैंड में उत्तर और उत्तर-पूर्व के अभावग्रस्त इलाके ही सेक्स उद्योग के लिए कामगार जुटाते रहे हैं। थाइलैंड के ये इलाके मध्य और दक्षिण के इलाकों के मुकाबले अधिक समृद्ध हैं। ये वे इलाके हैं जिनमें पारंपरिक ग्रामीण अर्थव्यवस्था दशकों से पिछड़ती रहने के कारण कमजोर पड़ चुकी है। एशिया के अधिकांश देशों की तरह यहाँ भी शहरी और ग्रामीण क्षेत्रों के बीच एक गहरी खाई है। शहरी क्षेत्र अमीर हुए, ग्रामीण क्षेत्र ठहर-से गए हैं या उनका पतन ही हुआ। इस खाई का प्रमुख लाभ सेक्स उद्योग को मिला। थाइलैंड में ग्रामीण क्षेत्र की बुरी तरह उपेक्षा हुई है। उसी तरह जिस तरह नेपाल के रमणीक गाँव और पारंपरिक किस्म के मकान आकर्षक लगते हैं लेकिन उनमें जीवन गुजारना दुश्वार है। खेतों में काम करती लड़कियों की पोस्टकार्ड तस्वीरें सुंदर लगती हैं लेकिन वे दिन भर हाड़तोड़ मेहनत करने के बाद भी जीवन जीने की बुनियादी सुविधाएँ भी शायद ही जुटा पाती हैं। करीब 30 साल पहले देश के चावल उगाने वाले क्षेत्र में नकदी की अर्थव्यवस्था लागू करने से थाइ की कृषि चौपट हो गई। इसने देश के निर्धन इलाकों में खेती से जीवन- यापन को और कठिन बना दिया। तब से गाँवों से युवाओं का पलायन शहरों की ओर होने लगा है। कुछ युवा कारखानों और सेवा क्षेत्र में रोजगार करने लगे हैं। कई लड़कियों को थाइ और विदेशी पुरुषों की यौन जरूरतें पूरी करने के लिए भेजा जाता है। नेपाल की लड़कियाँ जिस तरह की सेवा देती हैं वैसी सेवाओं के प्रावधान से पारिवारिक खेती को सहारा मिलता है, जो यों तो आर्थिक रूप से लाभकारी नहीं है।

दो या तीन दशकों से थाइलैंड के उत्तर और उत्तर-पूर्वी इलाकों से बड़ी संख्या में लड़कियाँ घर से निकलकर सेक्स उद्योग में आ रही हैं। लड़कियों और उनके परिवारों को इस उद्योग के तौर-तरीके मालूम हैं और वे इसमें अपनी जगह बनाना जानती हैं। इसलिए वेश्यालय चलाने वाले यह सोचने लगे कि थाइ लड़कियाँ इस धंधे में अच्छा करने के लिए कुछ ज्यादा ही खुला बरताव करने लगी हैं। वे रंगरूटों के नए स्रोत की तलाश करने लगे थे और उन्हें उत्तरी थाइलैंड की पहाड़ी जनजातियों में वे उपलब्ध हो गईं। ये समूह ऐसे हैं जिन्हें विकास प्रक्रिया ने शायद ही छुआ है। ये लोग थाइ समाज के हाशिये पर के लोग हैं—जातीय रूप से, सांस्कृतिक रूप से, राजनैतिक और आर्थिक रूप से भी। इनमें से कई लोग तो एक राज्य की भौगोलिक सीमा में भी नहीं रहते लेकिन थाइ-बर्मी सीमा पर जंगल के आर-पार आते-जाते रहते हैं। उनकी संस्कृतियों को थाइ राज्य में हावी संस्कृति उपेक्षित करती रहती है। सो, उनकी सांस्कृतिक और आर्थिक एकता कमजोर होती जा रही है। सेक्स उद्योग इन समुदायों की लड़कियों को इसलिए निशाना बनाता है क्योंकि वे कमजोर लोगों के बीच कमजोर इकाइयाँ होती हैं। हाल तक पहाड़ी जनजातीय लड़कियाँ स्कूल नहीं

जाती थीं। वे गरीबी से तबाह परिवारों की होती हैं जिनमें बेरोजगारी और नशाखोरी की दर बहुत ऊँची होती है।

आदिवासी लड़कियों का शोषण इतना खुल्लमखुल्ला और वीभत्स था कि थाइ सरकारी एजेंसियों और गैर-सरकारी संगठनों, दोनों ने वेश्यालयों में लड़कियों की आमद को रोकने के कदम उठाए। उन्होंने कमजोर लड़कियों की पहचान करने और उन्हें सुरक्षा, शिक्षा तथा रोजगारपरक प्रशिक्षण देकर उनकी मदद करने के कार्यक्रम बनाए। समुदायों में ऐसे अभियान चलाए गए कि अपने समुदाय से अलग होने वाली युवतियों को पेश आने वाले खतरों के प्रति जागरूकता पैदा हो। इन सबका सकारात्मक असर पड़ा और थाइलैंड के वेश्यालयों में आने वाली लड़कियों की संख्या में कुछ कमी आई। लेकिन सेक्स उद्योग के बारे में एक चीज बहुत स्पष्ट है। यह उसे नियंत्रित करने की कोशिश करने वालों से हमेशा दो कदम आगे रहता है। बर्मा के अलावा दक्षिणी चीन और कंबोडिया तक से नई लड़कियाँ लाई गईं। वे सस्ती थीं और बड़ी संख्या में उपलब्ध थीं और बर्मी लड़कियाँ इस धंधे के लिए राजी भी थीं। सो, दूसरे देशों से आने वाली लड़कियाँ की संख्या जैसे-जैसे बढ़ती गई, थाइ सेक्स उद्योग में देश के उत्तरी हिस्से से आने वाली लड़कियों की संख्या घटती गई। पाँच-दस साल पहले उत्तरी थाइलैंड में च्यांग-माइ वेश्यालयों में 50 फीसदी वेश्याएँ बर्मा की होती थीं। अब वेश्यालयों में शत-प्रतिशत वेश्याएँ बर्मी हैं।[36] इन औरतों, खासकर याइ थाइ समुदाय की औरतों की उजली त्वचा और नाजुक नाक-नक्श के कारण काफी माँग है। ये सभी अनपढ़ होती हैं।

युन्नान चीन का पहाड़ी, सुदूरवर्ती क्षेत्र है। चीनी मानदंडों के मुकाबले यहाँ के लोगों का जीवन स्तर नीचा है और शिक्षा तथा मानव विकास के आम आंकड़ों में यह क्षेत्र शेष देश से पिछड़ा हुआ है। युन्नान सेक्स उद्योग के लिए कामगार जुटाने का प्रमुख केंद्र इसलिए है क्योंकि यह थाइलैंड के करीब है, जहाँ ताजा देह की माँग बढ़ती ही रही है। नब्बे के दशक से युन्नान-बर्मा सीमा क्षेत्र के आदिवासी समुदायों की लड़कियाँ थाइलैंड भेजी जाती रही हैं।[37] सरकारी आंकड़ों के मुताबिक, करीब 2500 महिलाओं को अकेले 1995 में युन्नान से बाहर भेजा गया।[38] वैसे, यह संख्या असली से कम ही होगी। उनके मुख्य गंतव्य चीनी विवाह बाजार और थाइलैंड के वेश्यालय थे।

तानाशाही फौजी हुकूमत के अधीन गृहयुद्ध और राजनैतिक दमन के कटु दौर में लाखों लोग बेघर हुए और करोड़ों लोग दहशत और घोर गरीबी में जी रहे हैं। सेक्स उद्योग के दलालों के लिए यह स्थिति सपने के समान है। हजारों युवा स्त्रियाँ बेघर हैं और आजीविका के साधन से वंचित हैं और बर्मी सेना की लूटपाट से निजात पाना चाहती हैं। उनके पास कोई बेहतर विकल्प नहीं है। थाइलैंड में धंधा कर रही एक बर्मी वेश्या ने कहा, "हम बर्मा में क्यों रहें? बर्मी सैनिकों से बलात्कार करवाने

के लिए? थाइलैंड में भी हमारा बलात्कार ही होता है मगर पैसे मिलते हैं, ज्यादातर बार।" थाइ-बर्मी सीमा पर शरणार्थी शिविर वेश्याओं की भर्ती के बड़े केंद्र हैं।[39] 80 के दशक के शुरू में बर्मा से आसपास के देशों में गए करीब 20 लाख लोगों ने सस्ते प्रवासी मजदूरों और उनकी सेवा करने वाली वेश्याओं की एक सेना बना ली है।[40]

युवा बर्मी स्त्रियों के लिए थाइलैंड में काम करने के आकर्षण भी हैं। थाइलैंड से बर्मा में प्रवेश करने पर इमारतों और सड़कों के ढाँचे में खास फर्क नहीं दिखता। लेकिन हताशा साफ नजर आती है। बर्मी इलाके में 10 किमी अंदर जाने पर गरीबी सदमे में डालती है। उत्तरी थाइलैंड की सीमा पर बर्मी पहाड़ के ऊपर से सुंदर खेत, आधुनिक शहर और दक्षिण की ओर जाने वाली सड़क नजर आती है। गरीबों, देश के भविष्य में विश्वास खो चुके लोगों के लिए यह संभावनाओं की जमीन नजर आती होगी। कुछ औरतों के लिए यह स्वर्ग नजर आता होगा और बाकी कई औरतों के लिए नरक।

हर जगह वंचितों की एक ही कहानी है। उनके पास लड़ने को शायद ही कुछ होता है और उनके लिए लड़ने वाले भी कुछ ही होते हैं। सेक्स उद्योग को मजबूती देने वाले तत्त्व उनके इर्द-गिर्द मँडराते रहते हैं। मसलन, वे नब्बे के दशक के शुरू में भूटान से निकाले गए करीब एक लाख नेपालियों के इर्द-गिर्द मँडराते हैं। उन नेपालियों को जातिवादी मुहिम के तहत निकाला गया था, जिसके बारे में दुनिया को कम ही जानकारी है। आज वे लोग नेपाल के पूरब में शरणार्थी शिविरों में बदहाल जीवन जी रहे हैं। उनका कोई स्थायी घर नहीं है, उनकी कोई राष्ट्रीयता नहीं है। उनकी फिक्र किसी को नहीं है, सिवा सेक्स उद्योग के दलालों के।

जातीय अल्पसंख्यक और आदिवासी लोग सेक्स उद्योग के लिए रंगरूट मुहैया कराने के उम्दा स्रोत हैं क्योंकि इनमें से कई समुदायों में महिलाओं की आजादी उतनी सीमित नहीं है जितनी प्रमुख राष्ट्रीय संस्कृतियों वाले समुदायों में है। इन महिलाओं को ज्यादा आर्थिक ताकत, सामाजिक दर्जा प्राप्त है और यौन नैतिकता उतनी प्रतिबंधित नहीं है। उदाहरण के लिए नेपाल के तमांग समुदाय में विवाह-पूर्व यौन संबंध वर्जित नहीं माना जाता। उत्तरी थाइलैंड के कई खेतिहर समुदायों में स्त्री की पवित्रता और उसके कौमार्य को लेकर उतना आग्रह नहीं है जितना मध्य या उच्च वर्गों में है। इसका अर्थ यह नहीं है कि इन समुदायों में वेश्यावृत्ति को पारंपरिक मान्यता प्राप्त है। विडंबना यह है कि इन समुदायों में महिला को अपनी बेहतर हैसियत और आजादी के लिए कीमत चुकानी पड़ती है क्योंकि सेक्स उद्योग और उसके दलाल उनकी आजादी का और समुदायों की गरीबी का बेजा फायदा उठाते हैं। यह इस सार्वभौमिक सत्य का एक और उदाहरण है कि मुख्यधारा की संस्कृतियाँ अल्पसंख्यक संस्कृतियों का अपने लाभ के लिए शोषण करती हैं।

शहरों की गरीब झोंपड़पट्टियाँ भी सेक्स उद्योग के लिए कामगारों को जुटाने का लाभकारी केंद्र हैं। फिर भी वेश्यालयों की वेश्याएँ और गलियों में धंधा करने वाली औरतें ज्यादातर गाँवों से आई हुई होती हैं। शहरों की ओर लड़कियाँ कई तरह से आती हैं और उनकी तस्करी के कई साधन हैं। अस्सी और नब्बे के दशकों में विश्व भर में महिलाओं का एक से दूसरे देश में जाना बढ़ा। एशिया में यह महिलाओं के लिए ज्यादा अवसरों का और उनकी गरीबी का प्रतिबिम्ब जैसा है। महत्त्वपूर्ण बात यह है कि जिस समाज में औरतों को पुरुषों की संपत्ति या कई लोगों द्वारा इस्तेमाल किए जाने वाले शारीरिक अंगों का संकलन माना जाता है, विदेश गमन के इस महिलाकरण ने लाखों औरतों के लिए यौन दुर्व्यवहार और आम आर्थिक शोषण का खतरा पैदा कर दिया है। वेश्यावृत्ति के लिए जिन लड़कियों की तस्करी की जाती है वे शोषित औरतों में से भी अति शोषित होती हैं।

वेश्यावृत्ति करने वाली लड़कियाँ और औरतें इस धंधे में आने की प्रायः एक ही तरह की कहानी सुनाती हैं। वे बताती हैं कि उनके परिवारों ने उन्हें बाहर भेजा या कम-से-कम घर छोड़ने की इजाजत दी। परिवार उन्हें यह सोच कर खुशी-खुशी विदा करता है कि उनकी लड़की बड़े शहर में जाकर किसी कारखाने में नौकरी करेगी या किसी घर में नौकरानी का काम। कई परिवारों के मन में कोई कपट नहीं होता। वे यही सोचते हैं कि उनकी बेटी गाँव की गरीबी से दूर बेहतर जीवन जिएगी। लेकिन यह मानना जरा मुश्किल है कि उनकी बेटी को जिन कठिनाइयों का सामना करना पड़ेगा, उनका उन्हें कोई इल्म नहीं होता होगा। उत्तरी और उत्तर-पूर्वी थाइलैंड, नेपाल इंडोनेशिया, चीन, बर्मा और भारत के कई हिस्सों में कई परिवारों को पता होता है कि उनकी बेटी देह व्यापार में फँस जाएगी। शायद उन्हें इस धंधे के नतीजों का पूरा एहसास नहीं होता। कई परिवार तो मानते हैं कि यह आसान कमाई है। उन्हें उन हालात का गलत अनुमान होता है जिनसे उनकी बेटी को गुजरना पड़ेगा। लेकिन उन्हें पता होता है कि वह केवल बेयरा या नर्तकी या किसी अमीर के घर की नौकरानी भर नहीं बन कर रह पाएगी। लड़कियों की तस्करी इतने बड़े पैमाने पर होती है कि उनकी उपेक्षा या अनदेखी नहीं की जा सकती। कुछ परिवार लड़की को वेश्यावृत्ति के धंधे की शर्म से बचने के लिए अनभिज्ञता का दिखावा करते हैं। लेकिन यह तय है कि अधिकतर परिवारों के लिए यह अनकहा सत्य है। अफवाहें तो हिमालय में बसे नेपाल के दूरदराज गाँवों तक पहुँच जाती हैं। सो, शायद ही कुछ लोग इस बात से अनभिज्ञ रह जाते होंगे कि मुंबई जाने वाली लड़कियों के साथ क्या होता है।

सेक्स के बाजार में कुछ गरीब समुदायों में बेटियों को मूल्यवान जिन्स माना जाता है। एक गैर-सरकारी संगठन में थाइ अधिकारी ने बताया, ''बात यहाँ पर आकर ठहरती है कि थाइ की ग्रामीण महिलाओं को एक तरह की फसल माना जाता है।''[41]

उत्तरी थाइलैंड में कई बेटियों वाले परिवार को भाग्यशाली माना जाता है। च्यांग माइ प्रांत के रिम मोन में एक सामुदायिक नेता ने शिकायत की, "कुछ माता-पिता हाथ पर हाथ धरे बैठे रहते हैं और अपनी बेटियों के पैसे का इंतजार करते रहते हैं।"[42] इसी तरह नेपाल और भारत में वेश्या जातियों में बेटी की पैदाइश चिंता का कारण नहीं बनती। देह व्यापार ने उनका बाजार मूल्य बना दिया है।[43]

लड़कियों को 13 से 14 की उम्र में वेश्यावृत्ति के लिए भेजना उत्तरी थाइलैंड के च्यांग माइ और च्यांग राइ जैसे प्रांतों में शर्मनाक नहीं माना जाता।[44] पूरा समुदाय देह व्यापार को मान्यता देता है। इसमें सरकारी अधिकारी और धार्मिक संगठन भी शामिल हैं क्योंकि इस व्यापार से अंततः उन्हें कमाई होती है। थाइलैंड, नेपाल और इंडोनेशिया के अलावा अन्य स्थानों से मिले सबूत बताते हैं कि वेश्यावृत्ति के प्रति नजरिए में बदलाव तब आता है जब गरीब समुदाय की औरतें वर्षों तक इस धंधे में लगी रहती हैं। पहला असर तो प्रदर्शन से संबंधित है। लड़कियाँ पैसे कमा कर गाँव आती हैं। पैसा उपलब्ध कराना ही पर्याप्त है। गरीब समुदाय को मामूली रकम भी काफी होती है। लड़की की शर्म की अनदेखी की जाती है क्योंकि वह सफल मानी जाती है और उसका पैसा उसके लिए मान्यता खरीद देता है।

एक निर्णायक मोड़ तब आता है जब पूर्व वेश्याओं की बेटियों को देह बेचने के लिए शहर भेजा जाता है। एक-दो पीढ़ी में वेश्यावृत्ति एक पेशा बन जाती है और उन गरीब समुदायों की लड़कियों के लिए कैरियर का 'विकल्प' बन जाती है जो कम शिक्षित और कम कौशल वाली होती हैं। यह प्रक्रिया एशिया भर में केवल कुछ क्षेत्रों में हुई मगर यह फैल रही है, और ज्यादा से ज्यादा लड़कियों को वेश्यावृत्ति के लिए तैयार किया जाता है।

नेपाल के तमांगों में लड़कियों की खरीद-फरोख्त एक खुला रहस्य है।[45] सिंधु पाल चौक के इचौक जैसे गाँवों में 13 से 20 साल की लड़कियाँ हैं ही नहीं।[46] इसी तरह उत्तरी थाइलैंड और उत्तरी फिलिपीन्स के कुछ हिस्सों में ऐसे समुदाय हैं जिनमें हर परिवार की एक-न-एक बेटी वेश्या है। शुरू में लड़कियों को सेक्स उद्योग में बेचा गया क्योंकि परिवारों के पास खास विकल्प नहीं था। वे बेहद गरीब होते हैं और बच्चे की बिक्री परिवार को भूखों मरने से बचाती है। इन लड़कियों की 'बलि' चढ़ाई जाती है ताकि दूसरे जी सकें। एशिया के कुछ भागों में अभी भी यही स्थिति है लेकिन जिन इलाकों में 13-14 साल की लड़कियों के लिए वेश्यावृत्ति एक रोजगार जैसा है, वहाँ एक जटिलता है। गरीब और हाशिये पर के समुदाय समृद्ध समाज के मूल्यों, आकांक्षाओं और भौतिकतावाद से प्रभावित होते हैं और वंचित तबके हैसियत के उन्हीं प्रतीकों को हासिल करने की आकांक्षा रखते हैं। आधुनिक जीवन शैली की कुछ चीजों को हासिल करने का एक रास्ता अपनी बेटी को यौन दासता के लिए बेचना भी है।

थाइलैंड में यह लेनदेन की अच्छी-खासी व्यवस्था बन चुका है। 'तोक खिएव' (हरी फसल) नामक एक प्रथा देह व्यापारी की खातिर भी अपना ली गई है। इस मूल प्रथा में किसान कर्ज के लिए खेत में लगी धान की फसल को गिरवी रख देते थे। अब यही चीज लड़कियों पर लागू हो रही है—12-13 साल की लड़कियों पर या इससे कम उम्र की सुंदर लड़कियों (जो बड़ी होकर बेहद आकर्षक हो सकती हैं) पर। दलाल एकमुश्त रकम की पेशकश करते हैं। इस रकम के बदले लड़की को देह व्यापार के हवाले कर दिया जाता है।

1990 में यह जानने के लिए सर्वेक्षण किया गया कि कुछ थाइ परिवार अपनी लड़कियों को वेश्यावृत्ति अपनाने के लिए प्रोत्साहित क्यों करते हैं।

सर्वेक्षण के कुछ निराशाजनक नतीजे निकले। पाया गया कि अपनी बेटियों को वेश्यालय में भेजने वाले 60 फीसदी परिवार घोर गरीबी के कारण नहीं, बल्कि इसलिए ऐसा करने पर मजबूर हुए थे, कि वे टीवी और वीडियो जैसी उपभोक्ता सामग्रियाँ खरीदने की ख्वाहिश रखते थे।[47] घरेलू चीजें खरीदने के लिए परिवारों में होड़ देखी गई। यह उपभोक्तावाद आडंबर पर जोर देने वाले पारंपरिक मूल्यों को ही संतुष्ट करता है।[48] सभी युवा थाइ लड़कियों को, जो पतन का रास्ता पकड़ती हैं, वेश्यालय की ओर जबरन घसीट कर नहीं ले जाया जाता। उन्हें शायद ही नजरबंद करके रखा जाता है। उनमें से अधिकतर यह नहीं कह सकतीं कि उन्हें मजबूर किया गया या उनके साथ जबरदस्ती की गई। बल्कि उनके पास विकल्प इतने कम होते हैं और वे इतनी कमसिन होती हैं कि उनका राजी होना ही जबरदस्ती के बराबर है।

इसके लिए केवल माता-पिता को दोष नहीं दिया जा सकता। थाइलैंड जैसे देशों में लड़कियों की वेश्यावृत्ति को बढ़ावा केवल व्यक्तियों से नहीं बल्कि पूरी सामाजिक, राजनैतिक और आर्थिक व्यवस्था से मिल रहा है। आर्थिक विकास के खोट के कारण पूरा समुदाय आधुनिक समाज को उपलब्ध सुविधाओं से वंचित रह जाता है और उन सुविधाओं के लिए लालायित रहता है। ऐसी सामाजिक और यौन व्यवस्थाएँ हैं जो सेक्स के मामले में औरत की उपयोगिता को घटाती हैं। सामाजीकरण की ऐसी प्रक्रिया है जो औरत को इस मानसिकता में ढालती है कि उन्हें हर संभव साधन से परिवार की सहायता करनी चाहिए। ऐसे पुरुष हैं जो चाहते हैं कि उन्हें औरत के साथ ताकत का रिश्ता खरीदने का अधिकार मिले और ऐसा उद्योग मौजूद है जो इस माँग को पूरा करने और उससे लाभ उठाने को तैयार है। विशाल सामाजिक, आर्थिक और राजनैतिक शक्तियों के द्वारा तैयार व्यापार के बड़े तामझाम में माता-पिता और समुदाय तो छोटे खिलाड़ी हैं।

पटाया नाइटक्लब में मेरी मुलाकात एक अनिंद्य सुंदरी से हुई, वहाँ वह छोटी-सी बिकनी में नाच पेश करती थी और विदेशी मेहमानों को देह बेचती थी। जब उसने

यह आश्वस्त कर लिया कि मैं उसकी देह की खरीदार नहीं हूँ तो उसने अपने इस पेशे के बारे में बताया कि उसने खुद अपने और अपने परिवार के लिए कितना कमाया—

"मैं उत्तरी थाइलैंड की हूँ, एक छोटे-से गाँव की। हम न अमीर थे, न गरीब। जब वियतनाम की लड़ाई चल रही थी, मेरी माँ बैंकॉक में वेश्या थी। मेरी दो बहनें और एक भाई है। जब मैं स्कूल में थी तब किसी दफ्तर में नौकरी करने के बारे में सोचा करती थी क्योंकि मैं पढ़ाई में अच्छी थी। लेकिन जब मैं 14 साल की थी तभी इस धंधे में आ गई। मेरे परिवार का कहना था कि मैं इसमें ज्यादा पैसे कमा सकती हूँ। मैं बैंकॉक चली गई और मसाज पार्लर में कुछ दिन काम किया लेकिन यह काम बढ़िया नहीं था। ग्राहक अच्छे नहीं थे और पैसा कम मिलता था। मैंने तीन साल तक काम किया और अपना कर्ज सधाया। चूँकि ग्राहक मुझे पसंद करते हैं और मैं उन्हें बढ़िया सेवा देती हूँ, मुझे बार में काम मिल गया, जहाँ मैं काफी विदेशियों की सेवा करती थी। एक बार मैं कुछ महीने के लिए जापान गई और काफी पैसे कमाए। यह मेरे लिए अच्छा काम है क्योंकि मैं अपने परिवार को पैसा भेज सकती हूँ। मेरे भाई के पास मोटरबाइक है। एक दिन हम कार भी खरीद सकते हैं। मेरे परिवार ने मेरे भेजे पैसों से मकान में एक और कमरा बनवा लिया है। वे खूब खुश हैं और गर्व करते हैं कि मैं अपने गाँव की दूसरी लड़कियों से ज्यादा कामयाब हूँ।"

नेपाल में सिंधुपाल चौक और नुवाकोट के गाँवों में आप ऐसे परिवारों से मिल सकते हैं जिनकी लड़कियाँ भारत के वेश्यालयों में काम कर रही हैं। उनके घर टिन की छत वाले हैं। जहाँ पुरुष छाया में बैठे ताश खेलते और रेडियो सुनते नजर आएँगे। यह आराम और बेफिक्री अपनी बहनों और बेटियों की देह बेच कर हासिल की गई है। मुंबई के वेश्या मोहल्ले कमाठीपुरा में मैं एक नेपाली वेश्या से मिली, जो करीब 23 साल की थी लेकिन वह खुद को 35 की बता रही थी। वह आत्मविश्वास से भरी थी। भारी मेकअप करने वाली उस औरत ने बताया—

"मैं नेपाल के सिंधुपाल चौक की हूँ। मेरी बहन भी यहाँ धंधा करती है। यहाँ एक ही जगह की कई लड़कियाँ काम करती हैं। मैं गाँव से यहाँ करीब दस साल पहले एक 'घरवाली' के साथ आई थी।"

इस युवा स्त्री की बातों से साफ है कि वेश्यावृत्ति करने के लिए उसका शारीरिक उत्पीड़न नहीं किया गया, कि उसने बचपन में ही इस धंधे को अपना लिया था।

गरीबी, सफल वेश्याओं और उपभोक्ता संस्कृति ने एशिया के कुछ हिस्सों में वेश्यावृत्ति के प्रति सामाजिक मूल्यों में नाटकीय परिवर्तन ला दिया है। लेकिन अधिकतर लोगों, अधिकतर समुदायों के लिए यह अस्वीकार्य धंधा है। फिर भी यह बेहद गरीब लोगों को अपने बच्चों को बेचने की कोशिश करने और उसमें सफल होने से नहीं

रोक सकता। कंबोडिया में गरीब परिवारों को पता है कि वे अपनी बेटियों के कौमार्य की बड़ी कीमत माँग सकते हैं और पा सकते हैं, और बेटियों को एहसास है कि वे इस तरह अपने परिवार की सहायता कर सकती हैं। मेकोंग डेल्टा में ऐसे मामलों के ब्यौरे उपलब्ध हैं कि माता-पिता बच्चों को बेचने में प्रत्यक्ष या अप्रत्यक्ष रूप से शामिल रहे हैं—बारह साल की उम्र के भी बच्चों को वेश्यावृत्ति के लिए बेचने में।[49] ऐसे मामले इंडोनेशिया में भी पाए जा सकते हैं, हालांकि यह असामान्य बात है।[50] निर्धनतम समुदायों में तो परिवार अपनी बेटियों को बेचने की कीमत पाने के लिए भी बहुत चिंतित नहीं दिखते। बांग्लादेश में दलाल लड़कियों को नौकरी दिलाने के बहाने परिवार से ले जाते हैं। इनमें से कुछ माता-पिता तो इतने गरीब होते हैं कि यह भी नहीं देखते कि उनकी बेटियों से क्या काम करवाया जाएगा। वे तो इस बात से खुश होते हैं कि उन्हें एक और मुँह के लिए खाना, और एक और लड़की के लिए दहेज नहीं जुटाना पड़ेगा।[51]

एशिया में तस्करी से ले जाई गई कई लड़कियों और वेश्यावृत्ति के लिए सीधे मजबूर की गई औरतों में कई समानताएँ हैं। पहली तो यह कि वे बहुत कम पढ़ी-लिखी होती हैं। दक्षिण-पूर्व एशिया में अंतरराष्ट्रीय श्रम संगठन के एक अध्ययन में पाया गया कि देह व्यापार करने वाली औरतें सामान्य औरतों से कम पढ़ी-लिखी हैं।[52] भारत में, जहाँ स्त्रियों में साक्षरता बेहद कम है, वेश्यालयों और गलियों की वेश्याएँ आमतौर पर निरक्षर हैं या बेहद कम पढ़ी-लिखी हैं।[53] कलकत्ता की सबसे बड़ी वेश्या बस्ती सोनागाछी में केवल 15 प्रतिशत वेश्याएँ ही साक्षर हैं। यही हाल पूरे दक्षिण एशिया में है।

सोमपॉप जांत्रक थाइ-बर्मा सीमा क्षेत्रों में डॉटर्स एजुकेशन प्रोग्राम चलाते हैं और वेश्यावृत्ति के लिए तस्करी से लाई गई औरतों के बीच काम करते हैं। उनका संगठन लड़कियों के व्यापार पर रोक लगाने के लिए उन लड़कियों की पहचान करता है जिनकी तस्करी की जाती है। इन लड़कियों को प्रारंभिक शिक्षा और प्रशिक्षण देता है ताकि उन्हें दूसरा रोजगार मिल सके। जिन लड़कियों पर खतरा एकदम आसन्न है उन्हें आश्रय प्रदान किया जाता है। यह कार्यक्रम उन समान किस्म के खतरों की पहचान करता है जिनसे लड़कियों की तस्करी और वेश्यावृत्ति बढ़ती है, खासकर जनजातीय समुदायों की लड़कियों में। जिस लड़की की बहन या कोई रिश्तेदार इस धंधे में होती है उसके लिए खतरा ज्यादा होता है। यह खतरा तब और बढ़ जाता है जब नशाखोरी, तलाक या माता-पिता में से किसी की मौत के कारण परिवार हिल जाता है। ये बातें तब होती हैं जब लड़की 12-13 साल की उम्र में अपनी अनिवार्य शिक्षा पूरी ही करती है। उत्तरी थाइलैंड की ऐसी लड़कियाँ शिक्षा पूरी होते ही पतन के रास्ते पर चल देती हैं।

केवल गरीबी नहीं, बल्कि पारिवारिक समस्याएँ लड़कियों को वेश्यावृत्ति में

धकेलने वाली सबसे बड़ी वजहें हैं। यह समय-दर-समय उन औरतों के अनुभवों से स्पष्ट हो चुका है जिन्हें आर्थिक तंगी के कारण वेश्यावृत्ति करने पर मजबूर होना पड़ा है और उन लड़कियों के अनुभवों से भी, जिन्हें तस्करी से बाहर भेज कर वेश्यावृत्ति के लिए बेच दिया गया है। उदाहरण के लिए कलकत्ता में बेची गई लड़कियाँ प्रायः 12 से 15 साल की होती हैं। बेची गई हिंदू बंगाली लड़कियाँ उन परिवारों की होती हैं जिनमें उनके माता या पिता की मृत्यु हो गई और जीवित बचे पिता या माता ने दूसरी शादी कर ली।[54] फिर लड़की को सौतेला अभिभावक सताने लगता है, बंगाली मुसलमानों में स्थिति थोड़ी भिन्न है। बंगाली मुसलमान मर्दों की कई पत्नियाँ होती हैं और कई बच्चे होते हैं जिनकी परवरिश मुश्किल होती है। चूँकि तलाक के बाद बच्चे पिता के पास रहते हैं, नई पत्नियाँ पिछली पत्नियों से हुए बच्चों के साथ भेदभाव करती हैं। लड़कियाँ बताती हैं कि वे भूख और पिटाई से तंग आकर घर से भाग गईं।[55] घर से भागने के बाद मानव तस्करों की जाल में फँसने और वेश्यालय में पहुँचने का फासला बस कदम भर का ही रह जाता है। 1962 में मुंबई की वेश्याओं के बीच किए गए एक अध्ययन के मुताबिक, लड़की के अभिभावक की मृत्यु और रिश्तेदारों की प्रताड़ना उन्हें वेश्यावृत्ति में धकेलने का सबसे बड़ा कारण था।[56] करीब 40 साल बाद भी स्थितियाँ जस की तस हैं। 1996 में मुंबई के वेश्यालयों पर मारे गए छापों में बरामद लड़कियों की बातचीत से पता चला कि उनमें से आधी लड़कियाँ ऐसे परिवारों में जवान हुईं जिनमें एक या दोनों अभिभावक गुजर चुके थे। उनका घरेलू जीवन पारिवारिक परंपराओं के टूटने से भी तबाह हुआ था। उदाहरण के लिए कुछ परिवारों में अपनी बेटियों का विवाह करने की क्षमता या इच्छा खत्म हो चुकी थी।

बारह साल की उम्र में ही टान बाजार वेश्यालय में बेची गई एक औरत का, जो अब ढाका की सड़कों पर देह बेचती है, अनुभव पूरे दक्षिण एशिया में वेश्यावृत्ति कर रहीं औरतों के अनुभव जैसा है—"जब मैं बच्ची थी तभी मेरी माँ मर गई और बाप ने दूसरी शादी कर ली। मेरी सौतेली माँ मेरे और मेरे भाई के प्रति बहुत क्रूर थी। भाई किस्मत वाला था। उसे मेरी मामी पालने के लिए ले गई। मुझे सौतेली माँ के साथ रहना पड़ा। मैं घर का सारा काम करती और नन्हे सौतेले भाइयों को भी देखती। मगर सौतेली माँ मुझे बेवजह पीटती रहती, मुझे खाना नहीं देती। मैं हमेशा भूखी रहती। एक दिन यह सब बर्दाश्त से बाहर हो गया और मैं घर से भाग गई। मैं बस पैदल चलती गई। सड़क पर मुझे एक औरत मिली। उसने कहा कि वह शहर में मुझे नौकरी दिला देगी। वह अच्छी, दयालु औरत लगी। मैं उसके साथ चली गई। उसने मुझे वेश्यालय में बेच दिया।"

शादियाँ विफल हो जाती हैं और माता-पिता भी। इनका सबसे भारी खामियाजा लड़कियों और औरतों को भुगतना पड़ता है। उत्तरी थाइलैंड में 60 प्रतिशत लड़कियाँ

माता-पिता की मदद करने के लिए वेश्यावृत्ति को अपनाती हैं। थाइलैंड के उत्तर-पूर्वी भाग की वेश्याओं में अधिकतर वे हैं जिनका विवाह विफल और जिन्हें बच्चों की परवरिश का बोझ उठाना पड़ा।[58]

हर जगह यही कहानी है। कंबोडिया वर्षों के युद्ध और नरसंहार का भुक्तभोगी रहा है। पोल पॉट के राज में बुनियादी पारिवारिक रिश्ते यातना के शिकार हो गए। बच्चे माता-पिता की खुफियागीरी करते थे, तो माता-पिता बच्चों की। परिवारों के बिखरने से कंबोडियाई समाज का बुनियादी ताना-बाना छिन्न-छिन्न हो गया। अब तक स्थिति सुधर नहीं पाई है। यह बच्चों की बिक्री और लोगों की खरीद-फरोख्त को आसान बनाती है।

परेशानहाल परिवार देह व्यापारियों के लिए खुले मैदान जैसे हैं। गरीब, हाशिये पर धकेले गए तथा संकटग्रस्त समुदायों के गरीब परिवार सस्ती लड़कियों के विश्वसनीय स्रोत बन जाते हैं। युद्ध और प्राकृतिक आपदाएँ सेक्स उद्योग के लिए चाँदी काटने के मौके बन जाते हैं। अकालग्रस्त उत्तरी कोरिया अपने लोगों को खाना नहीं खिला सकता। वह भोजन की तलाश में चीनी सीमा के पार जाने वाली लड़कियों को खाना नहीं खिला सकता। ये लड़कियाँ सेक्स उद्योग के उद्यमियों के हाथ में पड़ जाती हैं, जो उन्हें चीन के शहरों में पहुँचा देते हैं।[59] जब फिलिपीन्स में माउंट पिनातुबो ज्वालामुखी फटी थी और हजारों लोग बेघर हो गए थे तब उनसे सबसे पहले हमदर्दी जताने वालों में देह व्यापार के दलाल ही थे और उन्होंने शरणार्थी शिविरों में उनकी मदद अपनी तरह से की थी। कामयाब व्यापारियों की तरह उनकी नजर मुनाफे पर थी।

लेकिन हमें यह सोचने की गलती नहीं करनी चाहिए कि वेश्यावृत्ति के लिए सिर्फ गरीबी ही जिम्मेदार है। यह ऐसा धंधा है जो तमाम तरह की विषमताओं को अपना औजार बनाता है। यह स्त्री-पुरुष, अमीर-गरीब, अल्पसंख्यक-बहुसंख्यक के संबंधों में शक्ति असंतुलन की बुनियाद पर चलता है। सेक्स उद्योग पैसे बनाता है क्योंकि वह सस्ता कच्चा माल हासिल करता है और उसे सजा कर बेचता है। यह कमजोरी को उपभोग की वस्तु बनाकर उससे मुनाफा कमाता है।

टिप्पणियाँ

1. जॉन फ्रेडरिक की 'रीस्ट्रक्चरिंग गीता,' हिमालय, अक्तूबर, 1998।
2. सारा सी. व्हाइट की 'आर्गुइंग विद द क्रोकोडाइल : जेंडर ऐंड क्लास इन बांग्लादेश' (ढाका : यूनिवर्सिटी प्रेस, 1992), 102-7।
3. खवार मुमताज और फरीदा शाहिद की 'वुमेन ऑफ पाकिस्तान : टू स्टेप्स फॉरवर्ड, वन स्टेप बैक' (लंदन : ज़ेड प्रेस, 1987), 72।
4. महबूबुल हक़ की 'ह्यूमन डेवलपमेंट इन साउथ एशिया 1997' (ऑक्सफोर्ड : ऑक्सफोर्ड

यूनिवर्सिटी प्रेस, 1997), 23।
5. चाइना डाटा सेंटर, यूनिवर्सिटी ऑफ मिशिगन, 1998, आंकड़े चाइनाज़ नेशनल ब्यूरो ऑफ स्टैटिस्टिक्स से।
6. हक़ की 'ह्यूमन डेवलपमेंट इन साउथ एशिया', 1997, 20-4।
7. वही, 21-2, 40-41।
8. वही, 20।
9. मार्जरी वुल्फ की 'वुमेन ऐंड द फेमिली इन रूरल तायवान' (स्टैनफोर्ड, कैलिफोर्निया, स्टैनफोर्ड यूनिवर्सिटी प्रेस, 1972), 14।
10. वुल्फ की 'वुमेन ऐंड द फेमिली,' 207-8।
11. मून की 'सेक्स एमंग एलाइज़' में उद्धृत, 40।
12. पाकिस्तान सरकार की 'रिपोर्ट ऑफ द कमीशन ऑफ एन्क्वायरी फॉर वुमेन' (इस्लामाबाद, अगस्त 1997), 88।
13. ज्यां दा कुन्हा की 'द लीगलाइजेशन ऑफ प्रॉस्टिट्यूशन : अ सोशियोलॉजिकल एन्क्वायरी इनटु द लॉज़ इन रिलेशन टु प्रॉस्टिट्यूशन इन इंडिया ऐंड द वेस्ट' (बंगलूर, वर्डमेकर्स, 1991), 31-2।
14. दीना एम. सिद्दीक़ी का 'तसलीमा नसरीन ऐंड अदर्स : द कंटेस्ट ओवर जेंडर इन बांग्लादेश' नामक लेख हरबर्ट एल. वॉडमैन ऐंड हेयरेह तोहिदी (संपादित) 'वुमेन इन मुस्लिम सोसाइटीज़ : डाइवर्सिटी विदिन युनिटी' (बाउल्डर, कोलोरैंडर : लिन्न रीनर, 1998), 208-9। 'प्यूरिटी ऐंड कम्युनल बाउंड्रीज : वुमेन ऐंड सोशल चेंज इन अ बांग्लादेशी विलेज' (सिडनी : एलेन ऐंड अन्विन, 1992), 104-5 में सांती रोज़ारियो ने दो से चार लाख बलात्कारों का आँकड़ा दिया है।
15. बांग्लादेश नेशनल वुमेन लायर्स एसोसिएशन का 'सर्वे इन द एरिया ऑफ चाइल्ड ऐंड वुमेन ट्रैफिकिंग' (ढाका, 1997), 36-7।
16. वही, 33।
17. मार्जरी मुएक की 'मदर सोल्ड फूड, डॉटर सेल्स हर बॅडी : द कल्चरल कंटिन्यूटि ऑफ प्रॉस्टिट्यूशन' (सोशल साइंस ऐंड मेडिसिन, अंक 35, 1992), 891-6।
18. संयुक्त महिला कार्यक्रम, 'बनही : प्रॉस्टिट्यूशन विद रेलिजियस सैंक्सन। द देवदासी प्रॉब्लम, वेंकटसनी/जोगिनी ऐंड द बसवी कल्ट', तीसरा संस्करण (दिल्ली, 1998)। मैं मुम्बई की संस्था प्रेरणा की पृथी पाटक की आभारी हूँ कि उन्होंने देवदासी प्रथा और कमाठीपुरा में वेश्यावृत्ति के बारे में बताया।
19. थॉमस कॉक्स की 'द बादी : प्रॉस्टिट्यूशन ऐज अ सोशल नॉर्म एमंग एन अनटचेबल कास्ट ऑफ वेस्ट नेपाल' (अप्रकाशित पांडुलिपि, तारीख नहीं)।
20. इन विचारों के लिए मैं एटेनिओ डि मनीला यूनिवर्सिटी की एम्मा पोरियो और एटेकिओ मानवाधिकार केंद्र, मनीला की आपरिता एस. स्टा. मारिया से विचार-विमर्श को श्रेय देती हूँ।
21. आर्नो टिमट और जेहोएडा सोफर (संपा.) 'सेक्सुअलिटी ऐंड इटोटिसिज्म एमंग मेल्स इन

मुस्लिम सोसाइटीज़' (न्यूयॉर्क : हावर्थ प्रेस, 1992), 3।

22. आफिया शहरबानो ज़िया की 'सेक्स क्राइम इन इस्लामिक कंटेक्स्ट : रेप, क्लास ऐंड जेंडर इन पाकिस्तान' (लाहौर : ए एस आर पब्लिकेशन, 1994), 15।
23. फातिमा मेर्निसिन की 'बियोंड द वेल : मेल-फीमेल डायनामिक्स इन अ मॉडर्न मुस्लिम सोसाइटी (न्यूयॉर्क : जॉन विले, 1975), 14।
24. इसके दिलचस्प विश्लेषण के लिए देखें मारिया जैस्चॉक और सुज़ेन मियर्स (संपादित) 'वुमेन ऐंड चाइनीज़ पैट्रिआर्की : सबमिशन, सर्विट्यूड ऐंड एस्केप' (लंदन : ज़ेड प्रेस, 1994), और मारिया जैस्चॉक की 'कनक्युबाइन्स ऐंड बोंड सर्वेंट्स : द सोशल हिस्टरी ऑफ अ चाइनीज़ कस्टम' (लंदन : ज़ेड प्रेस, 1988)।
25. गेल हर्शैटर की 'डैंजरस प्लेज़र्स : प्रॉस्टिट्यूशन ऐंड मॉडर्निटी इन द ट्वेंटिएथ सेंचुरी शांघाई' (बर्कले, यूनिवर्सिटी ऑफ कैलिफोर्निया प्रेस, 1997), 196-7।
26. झिया पीजन की 'कंट्री रिपोर्ट ऑन चाइना'—जून 1998 में ढाका में कोलिशन अगेंस्ट ट्रैफिकिंग इन वुमेन की क्षेत्रीय बैठक में पढ़ा गया पर्चा।
27. लिन लीन लिम (संपादित) 'द सेक्स सेक्टर : इकोनॉमिक ऐंड सोशल बेसेज़ ऑफ प्रॉस्टिट्यूशन इन साउथईस्ट एशिया' (जेनेवा : इंटरनेशनल लेबर ऑर्गेनाइजेशन, 1998), 29।
28. अन्नुस्का डेर्क्स की 'ट्रैफिकिंग ऑफ वियतनामीज़ वुमेन ऐंड चिल्ड्रन टु कंबोडिया' (जेनेवा : इंटरनेशनल ऑर्गनाइजेशन फॉर माइग्रेशन, 1998), 9।
29. राष्ट्रीय महिला आयोग की 'द वेलवेट ब्लाउज़' (नई दिल्ली : भारत सरकार, 1997), 9।
30. सिरिपोर्न स्क्रोबानेक की 'ट्रैफिक इन वुमेन : ह्यूमन रिअलिटीज़ ऑफ़ द इंटरनेशनल सेक्स ट्रेड' (लंदन : ज़ेड बुक्स, 1997), 34।
31. राष्ट्रीय महिला आयोग की 'सोशल वायलेंस ऑन वुमेन ऐंड चिल्ड्रन इन प्रॉस्टिट्यूशन' (नई दिल्ली : भारत सरकार, 1996), 12।
32. युनिसेफ की 'अ सिचुएशन एनालिसिस ऑफ सेक्स वर्क ऐंड ट्रैफिकिंग इन नेपाल विद रेफरेंस टु चिल्ड्रन' (काठमांडो : जून 1998), 19-20, 36।
33. युनिसेफ की 'अ सिचुएशन एनालिसिस,' 51, 56।
34. वही, 51, 59।
35. युनिसेफ की 'चिल्ड्रन ऐंड वुमेन ऑफ नेपाल : अ सिचुएशन एनालिसिस, 1992' (काठमांडो : युनिसेफ, राष्ट्रीय योजना आयोग, नेपाल सरकार), 64।
36. जैकी पलिक से साक्षात्कार, 'एम्पावर,' च्यांग माय, थाइलैंड।
37. कृताया अर्चावानित्कुल की 'ट्रैफिकिंग इन चिल्ड्रन फॉर लेबर एक्स्प्लायटेशन इनक्लुडिंग चाइल्ड प्रॉस्टिट्यूशन इन द मेकांग डेल्टा' बैंकॉक : इंस्टीट्यूट फॉर पॉपुलेशन ऐंड सोशल रिसर्च, माहिडोल यूनिवर्सिटी, आइएलओ-आइपेक, जुलाई 1998), 34।
38. माइ साइ, थाइलैंड में एक सेमीनार (नवम्बर 1997) में ही—झिक्सियांग (युन्नान अकादमी ऑफ सोशल साइंसेज़) का व्याख्यान।

39. अर्चावानित्कुल की 'ट्रैफिकिंग इन चिल्ड्रन,' 28।
40. वही, 28, 3।
41. इंटरनेशनल मूवमेंट अगेंस्ट ऑल फॉर्म्स ऑफ डिस्क्रिमिनेशन ऐंड रेसिज्म की 'ट्रैफिकिंग इन वुमेन इन एशिया : अ रेफरेंस मैनुअल फॉर पब्लिक ऑफिसियल ऐंड प्राइवेट सिटिजन्स' (टोक्यो, तारीख नहीं), 12।
42. स्क्रोबार्नक, 'ट्रैफिकिंग इन वुमेन', 74।
43. थान-डैन ट्रुओंग की 'सेक्स, मनी ऐंड मॉरलिटी', 74।
44. इन मुद्दों पर सफाई के लिए मैं माय साय के डॉटर्स एजुकेशन प्रोग्राम की सॉम्पॉप जांत्रका की आभारी हूँ।
45. 'गर्ल ट्रैफिकिंग इन सिंधुपाल चौक : अ सिचुएशन एनालिसिस रिपोर्ट ऑन महनकल ऐंड हन चौक विलेज डेवलपमेंट कमेटी' (एबीसी नेपाल, तारीख नहीं), 6।
46. चाइल्ड वर्कर्स इन नेपाल (स्विन) की 'द रोड टु बॉम्बे' 'वायसेज़ ऑफ चाइल्ड वर्कर्स' (काठमांडो, दिसंबर 1992), 52।
47. इक्युमेनिकल काउंसिल ऑन थर्ड वर्ल्ड टूरिज्म की 'कॉट इन मॉडर्न स्लेवरी : टूरिज्म ऐंड चाइल्ड प्रॉस्टिट्यूशन इन एशिया' (बैंकॉक, 1992), 41।
48. वारुणी फोंकेइव का 'सेक्सुअलिटी ऐंड जेंडर नॉर्म्स एमंग थाइ टीनेजर्स'—जुलाई 1996 में थाइलैंड में समाज विज्ञान और प्रजनन स्वास्थ्य पर क्षेत्रीय कार्यशाला में पढ़ा गया पर्चा, 3-4।
49. अर्चावानित्कुल की 'ट्रैफिकिंग इन चिल्ड्रन,' 69।
50. लिन लीन लिम की 'द सेक्स सेक्टर,' 39।
51. ढाका के बांग्लादेश नेशनल वुमेन लायर्स एसोसिएशन की निदेशक सलमा अली के साथ बातचीत में।
52. लिन लीन लिम की 'द सेक्स सेक्टर,' 3।
53. युनिसेफ की 'अ सिचुएशन एनालिसिस,' 91।
54. ऑल इंडिया हाइजीन ऐंड पब्लिक हेल्थ के महामारी विज्ञान विभाग की 'एसेसमेंट ऑफ द सेक्स ट्रेड इन कोलकाता ऐंड हावड़ा,' तारीख नहीं, 52।
55. इस सूचना के लिए इंद्राणी सिन्हा और 'संलाप' के कर्मचारियों की आभारी हूँ।
56. एस. डी. पुणेकर और कमला राव की 'अ स्टडी ऑफ प्रॉस्टिट्यूशन इन बॉम्बे : विद रेफरेंस टु फेमिली बैकग्राउंड' (मुम्बई : लालवाणी पब्लिशिंग हाउस, 1962)।
57. ग्रेसी फर्नांडीस का 'रिपोर्ट ऑन द रेस्कु ऑफ कमर्शियल सेक्स वर्कर्स' नामक पर्चा, जो एशिया और प्रशांत में औरतों की तस्करी, जबरन मजदूरी और दासता आदि पर फरवरी 1997 में बैंकॉक में हुए सम्मेलन में पेश किया गया। सम्मेलन का आयोजन 'ग्लोबल एलाएंस अगेंस्ट द ट्रैफिक इन वुमेन' ने किया था।
58. लिन लीन लिम, 'द सेक्स सेक्टर,' 147-9।
59. फार ईस्टर्न इकोनॉमिक रिव्यू, 29 अप्रैल, 1999।

3
दलाल

वेश्यावृत्ति के लिए औरतों की तस्करी और खरीद-फरोख्त कई तरह के लोगों के विशाल समूह के द्वारा चलाया जा रहा फैलता धंधा है। उनमें से कुछ लोग सेक्स उद्योग के अनुभवी धंधेबाज हैं और कुछ लोग छोटे धंधेबाज हैं, जो बच्चों और युवा स्त्रियों की देह का सौदा करते हैं।

सेक्स उद्योग में औरत का शोषण मुख्यतः इस पर निर्भर करता है कि उसे इस धंधे में किस तरह शामिल किया गया। लड़कियों की तस्करी और उन्हें वेश्यावृत्ति में जबरन धकेलना एशियाई देह बाजार में नए रंगरूटों की भरती करने का आम तरीका है। लेकिन बच्चों और औरतों को वेश्यावृत्ति में धकेलने का एक ही तरीका नहीं है। इस क्षेत्र के अर्धविकसित हिस्सों में शहरी झोंपड़पट्टियाँ सेक्स उद्योग के लिए तैयार की जानेवाली लड़कियों के ठिकाने हैं। एशियाई शहरों में फुटपाथों पर घोर गरीबी में जीने वाली लाखों बच्चियाँ भी सस्ते में उपलब्ध देहों का बड़ा भंडार हैं। देह बेचना ही इन गरीब बच्चियों के लिए अपना जीवन बचाने का एकमात्र उपाय है।

देहों की तस्करी इसलिए होती है क्योंकि सस्ते, खरीदे जाने वाले सेक्स की माँग है। भारत और पाकिस्तान जैसे कुछ एशियाई देशों में यह माँग औरतों पर लगे प्रतिबंधों और पुरुष के साथ उनके सीमित संपर्कों के कारण बढ़ जाती है। जापान जैसे दूसरे देशों में ऐसी स्थानीय औरतों की कमी है जो कम मेहनताने पर सेक्स उद्योग के लिए काम करने को तैयार हों। अधिकतर औरतें या तो सम्मानजनक विवाह करके सुरक्षित जीवन जी रही हैं या अलग पेशों में लगी हैं। इस कमी को दूसरे देशों से औरतों की तस्करी करके पूरी की जा सकती है। इस तस्करी का लाभ यह है कि ऐसी औरतें स्थानीय औरतों से सस्ती होती हैं।

आम धारणा के विपरीत ऐसी लड़कियों की तादाद कम ही है जिन्हें अपहृत करके या नशीले पदार्थ खिलाकर वेश्यावृत्ति में धकेला जाता है। दलालों को यह

सब करने की नौबत नहीं आती। अपहरण का जोखिम उठाए बिना वेश्यालयों के लिए उम्मीदवारों की आमद बनी रहती है। अपहरण चीन के कुछ भागों में किया जाता है। लेकिन ऐसा लगता है कि यह वेश्यावृत्ति करवाने से ज्यादा शादी करवाने के लिए किया जाता है। ऐसे मामलों में युवा स्त्री की देह कई पुरुषों के लिए नहीं बल्कि एक ही पुरुष के लिए खरीदी जाती है।

तस्करी की जाने वाली औरतें आम तौर पर बदतरीन वेश्यालय या क्लब में पहुँचा दी जाती हैं, जहाँ वे बेहद कम पैसे पर बड़ी संख्या में ग्राहकों की सेवा करने पर मजबूर की जाती हैं। कुछ को तो पैसे भी नहीं दिए जाते। इस उद्योग का ढाँचा और औरतों को इस धंधे में लाने के तौर-तरीके इस बात पर निर्भर करते हैं कि संबंधित क्षेत्र में यह धंधा कितना विकसित हो चुका है। देह व्यापार का तंत्र किस तरह चलाया जाता है, इसे समझने के लिए एशिया में इस बाजार को दो भागों में बाँटा जा सकता है, पहला है दक्षिण एशियाई बाजार, जिसकी धुरी भारत है। दूसरा है दक्षिणी-पूर्वी और पूर्वी बाजार, जिसकी धुरी है थाइलैंड। इन दोनों विशाल बाजारों का स्तर अलग-अलग है, और यह उस क्षेत्र के आर्थिक विकास और सांस्कृतिक तथा सामाजिक संदर्भों के आम स्तर पर निर्भर है। दक्षिण-पूर्वी एशियाई बाजार में देह व्यापार ने पूरे उद्योग का रूप ले लिया है और इस क्षेत्र के कई भागों में यह 'सामान्य' उद्योग का दर्जा हासिल करने की स्थिति में है। दक्षिण एशियाई बाजार कम विकसित है और यहाँ सेक्स की बिक्री के प्रति सांस्कृतिक विरोध कहीं ज्यादा है। फिर भी हम यहाँ देख सकते हैं कि यह उद्योग दक्षिण-पूर्वी या पूर्वी एशियाई बाजारों की तरह सामान्य दर्जा पाने की राह पर है।

पहले यह देखें कि दक्षिण एशियाई लड़कियाँ किस तरह अपने घर छोड़ कर वेश्यालयों तक पहुँचती हैं। दक्षिण एशिया में सेक्स उद्योग में कितनी औरतें लगी हुई हैं, इस पर कोई आम राय नहीं है। सभी आंकड़े अनुमान के हैं और इसलिए भरोसे लायक नहीं है। फिर भी इसमें शक नहीं है कि इस उद्योग में हर साल लाखों की संख्या में नई औरतें शामिल होती हैं। उनमें से बहुसंख्या औरतों की नहीं, बल्कि लड़कियों की होती हैं, जिनमें से अधिकतर तो नाबालिग ही होती हैं। लड़कियों को नेपाल और बांग्लादेश से भारत लाया जाता है। दिल्ली में राष्ट्रीय महिला आयोग का अनुमान है कि पश्चिम बंगाल के वेश्यालयों में करीब 50 फीसदी लड़कियाँ और औरतें बांग्लादेश की होती हैं।[1] ऐसी औरतों की अंतरराष्ट्रीय स्तर पर तस्करी होती है और उनकी बदहाली ने लोगों और मीडिया का ध्यान अपनी ओर खींचा है। लेकिन एक देश के भीतर ही औरतों की तस्करी ज्यादा व्यापक है और इसकी शिकार औरतों को एक ही तरह के शोषण से दो-चार होना पड़ता है। मसलन, पाकिस्तान के भीतर ही वेश्यावृत्ति के लिए लड़कियों की तस्करी बांग्लादेशी, भारतीय और अफगानी औरतों की तस्करी से ज्यादा आम है। भारतीय वेश्यालयों में नेपाली औरतों की तादाद बड़ी

है लेकिन भारत में यौन दासता के जाल में फँसी औरतों में विशाल बहुमत भारतीय औरतों का है। बांग्लादेश और नेपाल में तस्करी का बड़ा जरिया नहीं हैं। वहाँ वेश्याओं में बहुसंख्या स्थानीय औरतों की है और इन गरीब देशों में देह व्यापार से लाभ उठाने को उतावला कोई नहीं है।

जिन गाँवों-कस्बों में ये औरतें पलती-बढ़ती हैं उनमें देह व्यापार का कोई सुपरिभाषित संगठन शायद ही होता है। लड़कियों को देह व्यापार में आम तौर पर वही घसीटता है जो उनका परिचित होता है। ऐसा व्यक्ति आम तौर पर कोई बूढ़ी औरत होती है, जो परिचित या रिश्तेदार होती है और लड़की तथा उसके परिवार का भरोसा हासिल किए होती है। इनमें से कुछ औरतें छोटा धंधा चलाती हैं जिसमें लड़कियों को अकसर शामिल किया जाता है। कुछ औरतें एक ही लड़की को पटा कर वेश्यालय के हवाले कर देती हैं। पश्चिम बंगाल के मुर्शिदाबाद की 14 साल की एक लड़की कोलकाता के वेश्यालय में किस तरह पहुँची, इसका ब्यौरा उसने यह दिया—''गाँव में एक औरत थी जो मुझसे 10 साल बड़ी थी। वह दस साल पहले ही गाँव छोड़कर जा चुकी थी। एक दिन वह अपने पति के साथ गाँव लौटी। उसने बढ़िया कपड़े पहन रखे थे। उसने बताया कि वह और उसका पति कलकत्ता में अच्छी नौकरी कर रहे हैं और उनके पास सुंदर घर, गहने, अच्छे कपड़े वगैरह हैं। उसने मुझसे कहा—'कलकत्ता चलो, मैं तुम्हें अच्छी नौकरी दिलवा दूँगी ताकि तुम अपने परिवार की मदद कर सको।' मेरी माँ ने पहले तो मना कर दिया मगर अंततः राजी हो गई क्योंकि मैं कुछ और नहीं कर सकती थी और पिता के मरने के बाद हम लोगों को खाने-पीने की भी दिक्कत हो गई थी।''

इस लड़की की बातचीत से पता चला कि जो औरत फुसलाकर उसे कोलकाता लाई, वह खुद वेश्या थी और उसका पति दरअसल उसका नियमित ग्राहक था जिसे बाबू कहा जाता है। इस जोड़े ने इस लड़की के कौमार्य को अपने एक पसंदीदा ग्राहक को बेच दिया और बाद में उसका सौदा कलकत्ता की वेश्या बस्ती बऊ बाजार के एक बड़े वेश्यालय के साथ कर लिया।

वेश्याओं की भरती करने वाली अधिकतर औरतें खुद वेश्यावृत्ति नहीं कर रही होतीं बल्कि कर चुकी होती हैं और उन्हें इस धंधे का पूरा हिसाब-किताब पता होता है और नई लड़कियों को फँसाने का तरीका भी। नेपाल के देह व्यापार के अहम हिस्से को सँभालने वाली औरतें इस तरह की भरती का उदाहरण हैं। हिमालय की पर्वतीय जनजातियों की नेपाली लड़कियाँ भारतीय शहरों के वेश्यालयों में बड़ी संख्या में पाई जाती हैं। छोटी लड़कियों को नजरबंद करके रखा जाता है ताकि उन्हें कोई देख न ले। बड़ी लड़कियाँ गाल की ऊँची हड्डियों और मंगोलियाई ढंग की आँखों के कारण पहचानी जाती हैं। वे उन्हीं वेश्यालयों में काम करती हैं जिनमें केवल नेपाली लड़कियाँ होती हैं। वे भारतीय वेश्याओं से ज्यादा पैसे वाली दिखती हैं। नेपाली लड़कियों

की अधिकता का अर्थ यह है कि ग्राहक गोरी चमड़ी और पूर्वी नाक-नक्श वाली आज्ञाकारी लड़कियों की ज्यादा माँग तो करते ही हैं, नेपाली वेश्यालयों के मालिक और घरवालियाँ लड़कियों की भरती और तस्करी की कुशल व्यवस्था चलाती हैं। हिमालय के क्षेत्र से लड़कियों की तस्करी दशकों से चल रही है। जो लड़कियाँ शुरू में भारत गईं वे अब बुजुर्ग हो गई हैं और उनमें से कुछ तो सफल होकर अपना वेश्यालय चला रही हैं। ये औरतें पुरानी वेश्याओं को अपने पहाड़ी गाँवों में वापस भेजती हैं ताकि नई लड़कियों की बहाली की जा सके। ऐसा शायद ही होता है कि गाँव जाने वाली ये वेश्याएँ नई लड़कियों और युवा स्त्रियों की अच्छी खासी जमात के साथ नहीं लौटतीं।

इन औरतों जैसे दूसरे लोग पेशेवर होते हैं। लेकिन दक्षिण एशिया में बच्चियों और स्त्रियों की बिक्री में संख्या के लिहाज से एक और महत्त्वपूर्ण समूह है साधारण लोगों का। ये लोग लड़की के चाचा-चाची, मौसा-मौसी, चचेरे-मौसरे भाई-बहन, पति, ससुराल वाले से लेकर खुद माता-पिता तक हो सकते हैं। वे पड़ोसी और मित्र भी हो सकते हैं। महत्त्वपूर्ण बात यह है कि ये लोग वही होते हैं जिन पर भुक्तभोगी को पूरा भरोसा होता है। अस्सी के दशक में भारत में देह बेचने वालों के एक अध्ययन से पता चला कि 33 फीसदी को वेश्यावृत्ति में उनके करीबी मित्र या परिवार ने धकेला।[2]

कर्नाटक की एक 20 वर्षीया औरत ने बताया कि सालों पहले वह मुंबई में वेश्यावृत्ति के लिए कैसे पहुँची—''एक दिन मैंने खेत पर काम खत्म ही किया था कि मेरी माँ की एक सहेली ने सुझाया कि हम बस से शहर देखने चलें। मैंने शहर नहीं देखा था, सो, काफी उत्साहित हो गई मैं। बस में सफर के दौरान हम खूब बातें करते रहे और नमकीन वगैरह खाते रहे। शहर पहुँचकर हम अपनी उस आंटी की सहेली से मिलने गए। शुरू में यह सब बहुत अच्छा लगा। हम चाय पी रहे थे और आंटी अचानक गायब हो गई तो फिर लौटी ही नहीं। उन्होंने मुझे इस वेश्यालय को बेच दिया था।''

दक्षिण एशिया में युवा स्त्रियों को सेक्स उद्योग में लाने का आम बहाना है—नौकरी दिलाने का वादा। कुछ को पता होता है कि उन्हें क्या काम करना होगा लेकिन मेरा ख्याल है, अधिकतर को शायद इसका पता नहीं होता। उनसे किसी घर में नौकरानी का काम दिलाने का वादा किया जाता है। नेपाल में लड़कियों को काठमांडो की कालीन मिलों में नौकरी दिलाने का प्रलोभन दिया जाता है। बांग्लादेश में ग्रामीण लड़कियों को सिले-सिलाए वस्त्रों के कारखानों में रोजगार दिलाने का लालच देकर फँसाया जाता है। उनमें से कुछ को तो नौकरी दिलाई जाती है लेकिन अधिकतर लड़कियों की यह नौकरी कुछ दिनों में छूट जाती है। ये नौकरियाँ इन लड़कियों के लिए वेश्यालय से पहले का पड़ाव साबित होती हैं। एक बार लड़की घर, परिवार

और समुदाय की सुरक्षा से बाहर होती है तो वह निरंतर कमज़ोर पड़ती जाती है और देह व्यापार की दुनिया से बस कदम भर दूर रह जाती है।

भारत में काम कर रहीं नेपाली वेश्याओं के बीच हाल में हुए एक यूनीसेफ सर्वे से पता चला है कि उनमें से 86 फीसदी को यह पता नहीं था कि घर छोड़ते वक्त वे वेश्यालय की राह पर चल पड़ी थीं।[3] वेश्यावृत्ति में डाली गई 82 फीसदी को रोजगार का वादा किया गया था।[4] अस्सी के दशक में किए गए सर्वेक्षण की पुष्टि करते हुए इस सर्वेक्षण ने जाहिर किया कि बड़ी संख्या में लड़कियों ने बताया कि उन्हें परिवार की करीबी महिला या काफी जान-पहचान वाले व्यक्ति ने वेश्यावृत्ति में फँसाया।[5]

दक्षिण एशिया की काफी कम वेश्याएँ ही ऐसी हैं जिन्होंने इस धंधे को जान-बूझकर चुना। दिल्ली में मानव तस्करी के खिलाफ राष्ट्रीय अभियान चलाने वाली ललिता नायक का मानना है कि भारत में वेश्यावृत्ति करने वाली लगभग सभी लड़कियों को या तो धोखे से इसमें डाला गया या गरीबी के चलते जबरन इसमें धकेला गया। मुंबई की कुख्यात वेश्या बस्ती कमाठीपुरा में नाबालिग वेश्याओं की सहायता के लिए पिछले दस साल से स्वयंसेवी संस्था चला रहीं पृथि पाटक भी नायक से सहमत हैं। वे कहती हैं, ''कमाठीपुरा में 95 फीसदी लड़कियाँ ऐसी हैं जिन्हें इस धंधे में जबरन डाला गया। उन्होंने इसे चुना नहीं। शेष 5 फीसदी भले ही स्वेच्छा से इसमें आई हों मगर उनके लिए भी यह नकारात्मक पसंद थी क्योंकि उनके लिए कोई विकल्प था ही नहीं।''

बांग्लादेश में जिन वेश्याओं से मैंने बात की उन सबने यही बताया कि उन्होंने शहर में रोजगार का वादा किए जाने के कारण स्वेच्छा से घर छोड़ा था। कोई निरंतर पिटाई से बचना चाहती थी, कोई भूख से छुटकारा पाने के लिए पैसे कमाना चाहती थी, कुछ को घर से निकल जाने को कह दिया गया था। और सबने किसी परिचित या भरोसेमंद व्यक्ति के साथ घर छोड़ा था।

बांग्लादेश के निर्धनतम परिवारों को अपनी बेटी के एवज में उस भुगतान से संतुष्ट करने की जरूरत नहीं पड़ती, जिसे दूसरे देशों में लड़की की कमाई का 'अग्रिम भुगतान' कहा जाता है। गरीबी के बोझ के ऊपर बेटियों के भार से दबे परिवार बेटियों को शहर जाते देख खुश होते हैं कि वे भरपेट भोजन पा सकेंगी और कुछ पैसे घर भी भेज सकेंगी।

अभागी बांग्लादेशी लड़कियों के लिए कभी-कभी बेरोजगारी से ज्यादा विवाह ही वेश्यावृत्ति का रास्ता बन जाता है। ढाका में सेंटर फॉर वुमेन ऐंड चिल्ड्रेंस स्टडीज की प्रो. इशरत शमीम ने एक कहानी सुनाई और कहा कि लड़कियों को देह व्यापार में धकेलने में विवाह किस तरह एक कारण बनता है, यह कहानी इसकी मिसाल है। कहानी यों है—एक गरीब रिक्शावाले रूपचंद की तीन बेटियाँ थीं। एक भारतीय

औरत उसके घर आकर उसके परिवार से मिली और उसे सुझाया कि वे अपनी 14 वर्षीया बेटी फातिमा की शादी एक भारतीय से कर दें जिसे वह जानती है और जो दुलहन की तलाश कर रहा है। रूपचंद ने यह सोच कर इस पेशकश को कबूल कर लिया कि यह तो उसके लिए सुनहरा मौका है। फातिमा भारत चली गई और उसके बाद उसकी कोई खबर नहीं मिली। कुछ साल बाद वह भारतीय औरत फिर उस इलाके में आई। तब तक रूपचंद की मृत्यु हो चुकी थी और उसकी विधवा को फातिमा के लापता होने पर संदेह हुआ। उस औरत ने उसे बताया कि फातिमा अच्छी तरह रह रही है, लेकिन उसकी माँ को यकीन नहीं हुआ। उसे लग रहा था कि फातिमा को बेच दिया गया है। फिर भी उसे पुलिस में खबर करना बेमानी लग रहा था क्योंकि उसका परिवार बेहद गरीब और शक्तिहीन है।

पाकिस्तान में सेक्स उद्योग में नई भरती आमतौर पर विवाह के रास्ते ही होती है। ऊपर से यह देश सेक्स के मामले में काफी रूढ़िवादी दिखता है। कराची और लाहौर की कुछ अलग-थलग पड़ीं, मृतप्राय वेश्या बस्तियों को छोड़ दें तो भारत और बांग्लादेश में जैसे बड़े वेश्यालय हैं वैसे पाकिस्तान में नहीं हैं। पाकिस्तान में उच्च और मध्य वर्ग की वेश्यावृत्ति व्यापक और फैलता हुआ धंधा है, जो उपनगरों में पोशीदा वेश्यालयों में चलता है। लेकिन निचले स्तर पर, जहाँ वेश्याओं की बहुतायत है, वेश्यावृत्ति बहुत कुछ 'पारिवारिक' किस्म का मामला है। यह तंत्र इस तरह काम करता है—पाकिस्तानी औरत विवाह करते ही पति की जायदाद बन जाती है। इस मिल्कियत का स्वरूप इलाके, जाति और सामाजिक-आर्थिक वर्ग के मुताबिक तय होता है। कई पत्नियाँ अपने पति की मर्जी की गुलाम होती हैं और यह बात उन इलाकों के लिए भी लागू होती है जहाँ पुरुष पैसे देकर पत्नी खरीदता है। देह व्यापार के धंधेबाज औरत से शादी करके उसे बेच देते हैं। गौरतलब यह है कि वे इस तरह चार-चार शादियाँ वैध रूप से कर सकते हैं। जब पत्नी/वेश्या ग्राहकों को लुभाने का आकर्षण खो देती है तो उससे घर में नौकरानी का काम करवाया जा सकता है या तलाक देकर नई पत्नी लाई जा सकती है।

लाहौर की पुरानी वेश्या बस्ती हीरा मंडी में मैंने वर्षों से वेश्यावृत्ति कर रही एक औरत से बात की, जिसे कई लोगों ने अपनी दासी बनाया था। जैसे-जैसे वह उम्रदराज होती गई, उसके 'पति' उसे खारिज करते गए और दूसरे 'पति' हाथ थामते गए तथा उसे निचले स्तर की वेश्यावृत्ति कराते रहे। अब वह पचास से ऊपर की हो चुकी है और टीबी से परेशान है। फटी सलवार-कमीज पहनने वाली यह औरत अब पानी-बिजली से वंचित खोली में रहती है। अँधेरे में उपयुक्त स्थान पर मोमबत्ती जला कर वह ग्राहकों की सेवा करके कुछ पैसे कमाने की कोशिश करती रहती है। और उसका नया 'पति' उसमें से भी अपना हिस्सा वसूलता रहता है।

वेश्याओं में अच्छी-खासी संख्या उन लड़कियों की भी है जो प्रेमी के साथ

भागीं और बाद में पाया कि वे ससुराल के बदले वेश्यालय में पहुँच गई हैं। कुँवारी माँओं और बलात्कार की शिकार स्त्रियों की भी खासी संख्या है वेश्याओं में। उनकी संख्या महत्त्वपूर्ण है क्योंकि वे निजी त्रासदी की शिकार तो हैं ही, उनकी किस्मत दक्षिण एशियाई समाज की कुछ कड़वी सचाइयों को भी उजागर करती है। उनमें से एक सबसे अहम सचाई यह है कि देह व्यापार की शिकार कई महिलाएँ इतनी भोली हैं कि वे सबके ऊपर तुरंत भरोसा कर लेती हैं। वे उन पुरुषों पर भरोसा कर लेती हैं जो उनसे शादी करने का वादा करते हैं लेकिन अंततः उन्हें बरबादी के रास्ते पर धकेल देते हैं। इस भरोसे और भोलेपन की वजह यह है कि वे ऐसे समाज में पलती-बढ़ती हैं जिसमें लड़कियों को पुरुषों को उतना आदरणीय और मूल्यवान मानना सिखाया जाता है जितना कि वे खुद को मूल्यवान नहीं मानते। इसलिए जब कोई पुरुष किसी लड़की को फुसलाता है या उस पर ध्यान देता है तब वह खुद को भाग्यवान मानने लगती है, खासकर अगर वह वंचित तबके की हो। उसे आसानी से धोखा दिया जा सकता है।[6]

असफल रोमांस की वेश्यावृत्ति में परिणति दक्षिण एशिया में आम कहानी है। एक कहानी है सुदूर पूर्वी नेपाल की 16 वर्षीया लिंबु की। देह व्यापार में धकेली गई लड़कियों के विपरीत वह थोड़ी पढ़ी-लिखी है और बहुत गरीब नहीं है–

''मेरा काम परिवार के लिए सब्जियाँ खरीद कर लाना था। मैं रोज बाजार जाती थी। एक दिन वहाँ कुछ नए लोग चाय पी रहे थे। वे भारतीय सेना के नेपाली जवान थे। उनमें एक बहुत सुंदर था। वह मुझसे बात करने लगा। मैं भाग गई क्योंकि मैं समझ नहीं पाई कि उससे क्या बात करूँ। अगले दिन वह अकेले वहाँ आया और उसने मुझसे कहा कि वह मेरा इंतजार कर रहा था। मुझे वह बहुत अच्छा लगा, वह मुझसे बहुत प्यार से बात कर रहा था। उसने मुझसे कहा कि वह मुझसे प्यार करता है और शादी करना चाहता है। मैं हर रोज उससे बाजार में मिलती। मैं भी उससे प्यार करने लगी थी। करीब एक सप्ताह बाद उसने कहा कि वह सेना के काम से कश्मीर जा रहा है। उसने मुझे साथ चलने को कहा, क्योंकि शादी करने का समय नहीं था। उसने मुझे अपने माता-पिता से कुछ नहीं कहने की हिदायत दी। उसने वादा किया कि वह मुझसे कश्मीर में शादी कर लेगा–मैं मूर्ख थी जो मैंने उसकी बातों पर यकीन कर लिया। वह मुझे कश्मीर नहीं, मुंबई ले गया। मुझे नहीं पता था कि यह कश्मीर नहीं है। वह मुझसे कहता था कि वह मुझसे प्यार करता है लेकिन दरअसल वह मुझे वेश्या बनाना चाहता था।''

लड़कियों को हासिल करने और उनकी तस्करी करने में सीधे-सीधे बल प्रयोग की जगह प्रेम और दोस्ती की चाल ज्यादा प्रचलित है। काठमांडो के कालीन कारखानों या बांग्लादेश के परिधान कारखानों में नौकरी के लिए गाँवों से आने वाली महिला कामगारों की संख्या अकसर भटकी हुई बच्चियों से ज्यादा होती है। वे इतने कम

पैसे पर काम करती हैं जिनसे उनके रहने-खाने का खर्च भी पूरा नहीं होता। कारखानों के पुराने कामगार और प्रबंधक लोग प्रायः उनका यौन शोषण करते हैं। इसलिए आश्चर्य नहीं कि उनमें घर को लेकर काफी मोह होता है, चाहे उनका घर-परिवार कितना ही गरीब क्यों न हो। फिर मानो किसी चमत्कार से उन्हें कोई खास दोस्त मिल जाता है जो उन्हें सहानुभूति और मानसिक सहारा देता है। यह व्यक्ति उन्हें पैसा कमाने का बेहतर रास्ता बता कर उनके आर्थिक संकट का समाधान भी सुझाता है। लड़की को बस इतना करना होता है कि वह दूसरे शहर या सीमा पार दूसरे कारखाने में काम करने के लिए उसके साथ जाने को तैयार हो जाए। इस वक्त तक लड़की को पता नहीं होता कि उस कारखाने में कालीन या परिधान नहीं बनते बल्कि लड़कियों को वेश्यावृत्ति के लिए तैयार किया जाता है।

लड़कियों और युवा औरतों को दलाल उनके गाँवों से लाते हैं। दलाल ही वेश्यालयों के लिए नई भरती करने वालों की शृंखला की पहली कड़ी होते हैं। गाँव के स्तर पर जो भरती की जाती है वह बड़े शहरों की वेश्या बस्तियों की किसी बड़ी योजना का हिस्सा नहीं होती। यह कुल मिलाकर अनौपचारिक प्रक्रिया होती है। सेक्स उद्योग लड़कियों को उनके घर से खींचने में सीधी तरह से शरीक नहीं होता। समुदाय में ही ऐसे लोगों की अच्छी-खासी संख्या होती है जो यह काम करने को तैयार रहते हैं। और फिर, स्थानीय लोग इस भरती की प्रक्रिया में ज्यादा बेहतर भूमिका निभाते हैं। उन्हें इलाके की प्रत्यक्ष और निजी जानकारी होती है। उन्हें पता होता है कि किस परिवार को निशाना बनाया जा सकता है, कौन परिवार गरीब है, किस परिवार में लड़कियों की संख्या ज्यादा है, किस परिवार में माता या पिता की मृत्यु हुई है, कौन परिवार कमाई करने वाले की गंभीर बीमारी से परेशान है, किस परिवार में पिता नशेबाज है, किसका हाल बदहाल है। यानी कौन परिवार अपनी बेटियों की सुरक्षा नहीं कर सकता या नहीं करेगा।

सबसे सफल दलाल मुसीबतों के दौरान सक्रिय होते हैं। मसलन, बांग्लादेश में वे जून से अगस्त के बीच ज्यादा सक्रिय रहते हैं, जब भोजन का संकट रहता है। पूरे दक्षिण एशिया में यही होता है। नेपाल में लड़कियों को नौकरी दिलाने का वादा करने वाले, परिवारों को उनकी आमदनी का 'अग्रिम' देने वाले दलाल मुख्य फसल से पहले गरमी में अच्छा धंधा करते हैं जब परिवारों को अन्न संकट का सामना करना पड़ता है। कुछ दलाल तो भुगतान की पेशकश भी नहीं करते। गरीब परिवार की लड़की को केवल रोजगार दिलाने का आश्वासन देते हैं। कुछ दलाल लड़की की उम्र, खूबसूरती और कौमार्य के आधार पर भुगतान करते हैं। निर्धन परिवार अगर काफी मोहताज है तो उसे पता होता है कि उसे कम पैसा मिलेगा। नेपाल के गरीब परिवार को अपनी बेटी के लिए कुछ सौ से लेकर कुछ हजार रुपये तक मिल सकते हैं। यह जीरे के बराबर है मगर घोर गरीबी में यह भी मूल्यवान होता है।

छोटे दलाल लड़की को गाँव से शहर तक पहुँचाते हैं या सीधे वेश्यालय को भी बेच सकते हैं लेकिन वे उसे देश की सीमा से पार शायद ही ले जाते हैं। यह काम मानव तस्करों के ज्यादा संगठित गिरोहों के लिए छोड़ दिया जाता है। कोई लड़की अपने घर से जितनी ज्यादा दूर जाती है, पेशेवर धंधेबाजों के हाथों में पड़ने का खतरा उसके लिए उतना ही बढ़ जाता है। इन धंधेबाजों की भूमिका जटिल होती है। दलालों और मानव तस्करों की भर्त्सना की जाती है, मगर हर जगह नहीं। वे जिन लड़कियों को ले जाते हैं उनका भयानक शोषण भले किया जाए मगर ग्रामीण समुदाय में ऐसे भी कुछ लोग होते हैं जो इन दलालों की काफी इज्जत करते हैं। भारत में इन दलालों की छवि आम तौर पर खराब है मगर बांग्लादेश और पाकिस्तान में उन्हें रोजगार एजेंट और ऐसे व्यक्ति के रूप में देखा जाता है जो अपने हाथ में पड़ने वाले लोगों का जीवन बेहतर करने का मौका मुहैया कराते हैं। शायद यह विचार अनिच्छुक वेश्याओं के लिए होता है।

बांग्लादेश और नेपाल के जिन हिस्सों से वेश्याओं की भरती नहीं होती, वहाँ लड़कियों की उनके घरों से उगाही कराने वाले ले जाते हैं और किसी दलाल को सौंप देते हैं। दलाल उन्हें अगले सफर पर ले जाता है। आम तौर पर वे बस से या पैदल सफर करते हैं। लड़कियों को कभी-कभी छोटे समूहों में, तो कभी अकेले ले जाया जाता है ताकि कोई संदेह न करे।

मानव तस्करी में सबसे खतरनाक होता है सीमा पार करवाना। लेकिन दक्षिण एशिया में देशों की सीमाओं पर आमतौर से बहुत सख्त पहरा नहीं होता और सीमाओं की चौकसी करने वाले लोग तस्करी की जा रही लड़की और स्थानीय लड़की में फर्क नहीं कर पाते। या फिर उन्हें अनदेखी करने के लिए नकद या दूसरी तरह की घूस दी जाती है। उदाहरण के लिए, बांग्लादेश से बाहर ले जाई जाने वाली लड़कियाँ बताती हैं कि उन्हें गिरफ्तारी से बचने के लिए सीमा के रखवालों को यौन सेवा देनी पड़ती है।

भारत-बांग्लादेश सीमा से तस्करी किए जाने वालों को 'धूर' कहा जाता है। उनमें वेश्यावृत्ति के लिए तस्करी की जाने वाली लड़कियों और औरतों के अलावा दूसरे तरह के श्रमिक होते हैं। एक समूह भारत में रोजगार तलाशने वाले गरीब मर्दों और उम्रदराज औरतों का होता है, जो देश छोड़ने के लिए पासपोर्ट बनवाने का खर्च नहीं उठा सकते। सीमा पार करने की इस प्रक्रिया को एक उद्योग जैसा ही बना दिया गया है जिसमें स्थानीय उद्यमी प्रवेश ठिकानों या 'घाटों' के मालिक और प्रबंधक बन बैठे हैं। सीमा अधिकृत तौर पर तो खुली हुई नहीं है मगर सतखीरा, जेस्सोर, मेहरपुर और चपइ नवाबगंज जैसी जगहों में घाट के लोगों की मदद से सीमा पार करना आसान है। कुछ जगहों पर तो खेतों के बीच चल कर या नदियों को पैदल पार करके सीमा पार किया जा सकता है।

भारत-बांग्लादेश सीमा पर बेनापोल चौकी इस बात की गवाही देती है कि अवैध आवाजाही आम बात है, और इस बात की भी कि सीमा पार कराने का धंधा कितना संगठित है। सीमा क्षेत्र पर झोंपड़ियों जैसे मकान बने हैं। दिन में ये सूने लगते हैं मगर रात होते ही इनमें गतिविधियाँ बढ़ जाती हैं। इनमें खूब खाना बनाया जाता है मानो मेहमान आने वाले हों। ये मेहमान 'धूर' होते हैं जिनमें लड़कियाँ भी होती हैं जो भारत में देह बाजार की ओर जा रही होती हैं। उनमें से कुछ पाकिस्तान तक जाती हैं। वे इन मकानों में इंतजार करती हैं कि घाट वाले लोग उन्हें सीमा पार करा दें। इसके एवज में धूर 500 टका (सात डॉलर) का भुगतान करते हैं जो सिले-सिलाए वस्त्रों के किसी कारखाने में महिला मजदूर के औसत वेतन का आधा होता है। यह रकम उन लड़कियों पर कर्ज के रूप में चढ़ जाती है जिसे उन्हें देह बेच कर भुगतान करना होता है।

नेपाल से लड़कियों की तस्करी अवैध है लेकिन भारत-नेपाल सीमा पर आवाजाही आसान है क्योंकि सीमा अधिकृत तौर पर खुली है और भारत तथा नेपाल के लोग बिना पासपोर्ट के इधर से उधर आ-जा सकते हैं। 500 मील की इस खुली सीमा पर मानव तस्करी को रोकने में कई व्यावहारिक कठिनाइयाँ हैं। वैसे, अधिकतर मानव तस्करी सीमा पर प्रमुख पंद्रह ठिकानों से होती है। सिद्धांततः तो सीमा पुलिस चौकियों से आने-जाने वालों पर नजर रखती है लेकिन व्यवहार में ऐसा होता नहीं। उदाहरण के लिए काकाविता सुदूर पूर्वी नेपाल का सीमावर्ती शहर है, जहाँ से सैकड़ों क्या हजारों नेपाली लड़कियाँ सीमा पार करके भारत जा चुकी हैं। चौकी पर तैनात युवा और उत्साही पुलिस अधिकारी भारत में इन लड़कियों की आमद रोकने की पूरी कोशिश करते हैं और लड़कियों की तस्करी कराने की कोशिश करने वालों की गिरफ्तारी भी की गई है। लेकिन दुर्भाग्य से इन तस्करों को सीमा चौकियों पर हमेशा मुश्किलों का सामना नहीं करना पड़ता। वे शहर से हटकर चाय बागानों को पार करके दोनों देशों को बाँटने वाली चौड़ी मेही नदी के किनारे-किनारे चलते हुए या तो किसी पुल से सीमा पार करते हैं या गरमी के दिनों में नदी को पैदल ही पार कर लेते हैं। काकाविता में सीमा पार करके भारत आने में जो आसानी है वह भारत-नेपाल की पूरी सीमा पर है। मैंने भारत में जिन नेपाली वेश्याओं से बात की उनमें से अधिकतर को इस सवाल पर मैंने उलझन में पड़ते देखा कि सीमा पार करने में उन्हें क्या परेशानी हुई। अधिकतर ने बताया कि उन्हें रटा दिया गया था कि सीमा पुलिस के सवालों का जवाब क्या देना है और उन्हें बताना है कि वे तस्करों की रिश्तेदार हैं और भारत में अपने रिश्तेदारों से मिलने जा रही हैं।

लड़कियों के साथ शहरों में आने वाले दलाल तेज होते हैं। वे जानते हैं कि मानव तस्करी को रोकने में जुटे अधिकारियों और संगठनों से किस तरह बचना है। वे लड़कियों को सीधे या खुले मार्गों से नहीं ले जाते। कुछ जगहों पर वे घूम कर

जाते हैं और कहीं कुछ दिनों या हफ्तों के लिए ठहर जाते हैं ताकि यह शक न हो कि वे लड़कियों को बेचने ले जा रहे हैं। जब भी दलालों को लगता है कि उनकी गतिविधियों पर संदेह हो रहा है, वे रास्ता बदल देते हैं। एक बांग्लादेशी औरत ने अपनी यह आपबीती सुनाई—"शादी के कुछ दिनों बाद मेरे पति ने कहा कि हमें काम की तलाश में भारत जाना होगा। हमने ढाका का अपना घर छोड़ा और सीमा पार कर गए। उसके बाद बसों में शहर-शहर, गाँव-गाँव घूमते रहे। मेरे पति की अच्छी खासी जान-पहचान थी इन जगहों के लोगों से। हम छोटे होटलों में ठहरते। मेरा पति अपने दोस्तों को मेरा इस्तेमाल करने की छूट देता और पैसे लेता। शुरू में मैंने विरोध किया तो उसने मुझे पीटा। जब मैं उसे पैसे कमा कर देती तो वह खुश होता। कुछ सप्ताह बाद हम कलकत्ता आए, यहाँ उसने मुझे एक वेश्यालय को बेच दिया। यहाँ भी वही काम करना पड़ता है जो शादी के बाद करना पड़ता था।"

मानव तस्करी में कई एजेंट जुड़े होते हैं। वे लड़की को एक-दूसरे के हवाले करते रहते हैं। सफर के हर चरण में लड़की की कीमत बढ़ती जाती है क्योंकि हरेक तस्कर उससे मुनाफा कमाना चाहता है। जब तक वह वेश्यालय में पहुँचती है, उसकी कीमत उस कीमत से सौ गुना ज्यादा बढ़ सकती है, जो उसके परिवार को मिली थी।

छोटे दलालों के विपरीत मानव तस्करों की बड़ी तादाद पूर्णकालिक पेशेवरों की है। वे प्रायः वेश्याओं के बेटे होते हैं। कुछ कम पेशेवर तस्कर सफर के दौरान लड़कियों का यौन शोषण करते हैं, मगर ऐसे कम ही होते हैं। यह लड़कियों के प्रति आदर से ज्यादा अपनी साख बनाए रखने के लिए जरूरी है। देह बाजार में अगर वे कीमती कुँवारी लड़कियाँ देने के नाम पर इस्तेमाल की गई लड़कियाँ बेचेंगे तो उनकी साख बुरी तरह घट सकती है।

वेश्यालयों तक के सफर के बारे में लड़कियों के अनुभव मिले-जुले हैं, खासकर सफर अगर लंबा रहा हो तो। कुछ ने कहा कि शहर जाने की सोच कर वे काफी रोमांचित थीं, कुछ को नई दुनिया सुहानी लग रही थी तो कुछ को डर लग रहा था। विडंबना यह है कि कई लड़कियों ने तस्करों में भरोसा रखने की बात की। तस्कर उन्हें अजनबी माहौल में मदद करते हैं, उन्हें खाना खिलाते हैं, आने-जाने का इंतजाम करते हैं, उनके साथ सोने और अपरिचित भाषा समझाने के लिए किसी को साथ रख देते हैं। कई लड़कियों ने कहा कि वे मौका मिलने के बावजूद भाग नहीं सकती थीं क्योंकि उन्हें पता नहीं होता कि वे कहाँ ठहराई गई हैं, किससे बात करें और फिर वहाँ की भाषा से भी वे अपरिचित होती हैं।

वेश्यालयों में वेश्यावृत्ति के लिए मजबूर की गई सभी लड़कियाँ गाँवों से दलालों के द्वारा लाई गई ही नहीं होतीं। कुछ खुद ही वहाँ पहुँचती हैं। वे शहरों में काम

की तलाश में आने वाली ग्रामीण शहरी प्रवासी होती हैं। वे खुद को देह व्यापार की गिरफ्त में पाती हैं क्योंकि वे युवा, भोली कमजोर होती हैं। दक्षिण एशियाई शहरों के बस अड्डों और रेलवे स्टेशनों पर जाकर पता चल जाता है कि धूर्त दलालों के लिए कितने सुनहरे मौके उपलब्ध रहते हैं। कोलकाता के हावड़ा स्टेशन और एस्पेलेनेड बस अड्डे पर गाँवों से आई थकी, हारी नाबालिग लड़कियाँ दिख जाती हैं। कोई अकेली होती है, तो कोई किसी के साथ। उनका इंतजार कर रही होती हैं सभ्य दिखनेवाली अधेड़ उम्र की औरतें, जिनका दावा होता है कि वे नई आई लड़कियों को काम दिला सकती हैं। इन लड़कियों के लिए तो वे वरदान जैसी होती हैं जो उन्हें नए जीवन की राह पर चला सकती हैं। 18 साल की एक लड़की ने बताया कि हावड़ा स्टेशन पर उसके साथ क्या हुआ—"मैं पहले बस और फिर रेलगाड़ी से सफर करके गाँव से यहाँ आई। मेरे साथ मेरी सहेली भी थी। सफर खत्म होने के बाद हम समझ नहीं पा रही थीं कि क्या करें। मेरी सहेली ने कहा कि हम कलकत्ता में उसके चाचा के घर जाकर ठहर सकती हैं, और वे हमारे लिए नौकरी ढूँढ़ सकते हैं। लेकिन हमें वहाँ जाने का रास्ता नहीं मालूम था। तभी एक औरत ने हमसे बात करना शुरू किया। वह काफी दोस्ताना व्यवहार कर रही थी। वह भली औरत जैसी दिख रही थी क्योंकि उसने अच्छे कपड़े-गहने पहन रखे थे और माथे पर सिंदूर लगाए थी। उसने हमसे वादा किया कि वह मुझे अमीर घरों में काम दिला देगी, जहाँ हम अच्छा पैसा कमा सकती हैं। काम मुंबई में था और उसने कहा कि वह हमारा रेल भाड़ा भी दे देगी। हम उसके साथ चले गए लेकिन जब हम मुंबई पहुँचे तो अमीर घरों में कोई काम नहीं मिला। उसने मुझे एक वेश्यालय में और मेरी सहेली को दूसरे वेश्यालय में बेच दिया। यह चार साल पहले की बात है। एक ग्राहक ने वेश्यालय से भागने में मेरी मदद की लेकिन मेरी सहेली अभी भी वहीं है। मैं भागने में उसकी मदद करना चाहती हूँ पर मुझे पता नहीं है कि वह कहाँ है।"

तस्करी से लाई गई लड़कियों को पहले अस्थायी अड्डों में ले जाया जाता है। ये अड्डे बड़े निकासी अड्डों की तरह काम करते हैं। यहाँ से एजेंट लोग लड़कियों को उपयुक्त बाजारों में भेजते हैं। भारत में आगरा, कलकत्ता और बनारस जैसे शहरों में, तो पाकिस्तान में कराची और लाहौर जैसे शहरों में अस्थायी अड्डे हैं।

आम धारणा यह है कि दूसरे देशों से लाई गईं लड़कियों और औरतों को बड़े शहरों के वेश्यालयों में ही भेजा जाता है। यह सही नहीं है। उनमें से कई को तो भेजा जाता है मगर बड़ी संख्या ऐसी लड़कियों और औरतों की है जो इतनी दूर तक नहीं पहुँच पातीं। सभी भारतीय शहरों में वेश्यालय हैं और वेश्याएँ भारतीय राजमार्गों के किनारे सस्ते में और आसानी से उपलब्ध हैं। इन राजमार्गों पर बना लगभग हर ढाबा रास्ते से गुजरने वाले ट्रक ड्राइवरों तथा दूसरे यात्रियों को लड़कियाँ मुहैया कराने का अच्छा-खासा धंधा चलाता है। सबसे खूबसूरत लड़कियाँ तो मुंबई

और कोलकाता जैसे बड़े शहरों में भेज दी जाती हैं लेकिन साधारण दिखने वाली लड़कियों को इन ढाबों से जुड़े वेश्यालयों और छोटे शहरों की वेश्या बस्तियों में बेच दिया जाता है। हर किसी को पता है कि मुंबई, कलकत्ता और दिल्ली के वेश्यालयों में हजारों नेपाली वेश्याएँ मौजूद हैं लेकिन कुछ ही लोगों को पता है कि नेपाल से दक्षिण की ओर के राजमार्गों और दर्जनों उत्तर भारतीय शहरों के वेश्यालयों में हजारों वेश्याएँ देह व्यापार करने को मजबूर हैं।

मानव तस्करों के लिए लाजिमी है कि वे अलग-अलग क्षेत्रों में फैलें और बड़े शहरों में युवा वेश्याओं के चंद बाजारों पर निर्भर न रहें। मानव तस्करी के बारे में इन शहरों में जागरूकता बढ़ रही है। जानी-मानी वेश्या बस्तियों में स्वयंसेवी संस्थाएँ मानव तस्करी और नाबालिग वेश्याओं के मसलों को लेकर सक्रिय हैं। ये संस्थाएँ आकार और संख्या में कम हैं लेकिन सेक्स उद्योग के लिए परेशानी के सबब बन सकती हैं। यहाँ तक कि पुलिस के कुछ महकमे भी इन मसलों को लेकर सजग हैं। इन दोनों का मेल मानव तस्करों के लिए समस्याएँ पैदा कर सकता है। सो, कई एजेंट अब अपना माल गैर-पारंपरिक वेश्या बस्तियों की ओर रवाना कर रहे हैं। छोटे शहरों-कस्बों और राजमार्गों पर बने पोशीदा वेश्यालयों में पुलिस का दखल नगण्य है। वहाँ कोई स्वयंसेवी संस्था भी सक्रिय नहीं है। शहरों के भीतर भी ये संस्थाएँ कुछ ही इलाकों में सक्रिय होती हैं। इस बीच वेश्यावृत्ति का स्वरूप बदल रहा है। उदाहरण के लिए, मुंबई में प्रायः सभी स्वयंसेवी संस्थाएँ कमाठीपुरा में केंद्रित हैं। लेकिन शहर में देह व्यापार के सर्वे से पता चला है कि पारंपरिक केंद्रों से अलग भी वेश्या बस्तियाँ फैल रही हैं और अब इस शहर में वेश्यालय आधारित देह व्यापार के 33 ठिकाने उभर आए हैं।[7] दक्षिण एशिया भर में तमाम तरह के स्थानों पर वेश्याओं की माँग काफी बढ़ गई है। मानव तस्कर पैर फैला कर और बड़े बाजार को निशाना बना कर इस माँग को पूरा करने में जुटे हैं।

नई लड़कियों के साथ शहरों-कस्बों में पहुँचने वाले दलालों का खास वेश्यालय से करार होता है। कुछ एजेंट किसी एक वेश्यालय से जुड़े होते हैं। दूसरों को सौदेबाजी करनी पड़ती है। वे वेश्या बस्तियों में अपने सूत्रों के पास लड़कियों को ले जाते हैं और पता करते हैं कि कौन खरीदारी को तैयार है। माल का निरीक्षण किया जाता है और कीमत तय की जाती है। बांग्लादेश के एक वेश्यालय की एक नाबालिग वेश्या ने अपना यह अनुभव सुनाया—"दलाल मुझे वेश्यालय ले गया। यह बहुत बड़ी इमारत थी जिसके हर कमरे में दो या तीन लड़कियाँ थीं। मुझे भी एक कमरे में रख दिया गया। कुछ देर बाद कुछ लोग मुझे देखने और पूछताछ करने आए। एक औरत ने मुझे चिकोटी काट कर कहा कि मैं बहुत दुबली हूँ। वे लोग कमरे से बाहर चले गए। मैंने सुना, दलाल दरवाजे के बाहर उन लोगों से बातें कर रहा था। फिर वह मुझे दूसरे वेश्यालय ले गया। वह बहुत गुस्से में था। उसने मेरी बाँह मरोड़ कर

मुझे थप्पड़ मार कर कहा कि मुझे उन लोगों के सामने मुस्कराना चाहिए था। दूसरे वेश्यालय पर वह खुश हो गया क्योंकि उसने मुझे उस औरत को बेच दिया, जो दूसरी लड़कियों से वेश्यावृत्ति करवा रही थी।"

दक्षिण एशिया के बड़े हिस्से में दुलहन खरीदी जाती है। पाकिस्तान के कुछ इलाकों में दुलहन की कीमत देने की रस्म की जगह सीधे औरत को खरीदना सस्ता सौदा है। बांग्लादेशी औरतों को भारत के पंजाब में दुलहन के रूप में बेचा जाता है। इनमें से कुछ औरतें इस सौदे से खुश होती हैं और अपने मायके से ज्यादा नए परिवार में सुखी जीवन बिताती हैं। कई औरतों को यह सुख नसीब नहीं होता। उन्हें अपरिचित और आक्रामक जगह में यौन और घरेलू शोषण से त्रस्त जीवन जीना पड़ता है। इन औरतों को यौन दासी के रूप में न तो जाना जाता है, न इस श्रेणी में गिना जाता है। लाहौर में मानवाधिकारवादी वकील हिना जिलानी का मानना है कि अस्सी और फिर नब्बे के दशक के शुरू में पाकिस्तान में तस्करी से लाई गईं मानवाधिकारवादी बांग्लादेशी औरतों को जबरन वेश्या बनाया गया। अब वे पाकिस्तान के ग्रामीण इलाकों में घोर विपन्नता और दासता का जीवन जी रही हैं। बताया जाता है कि उस उपमहादेश में लाखों औरतों को इधर से उधर किया गया लेकिन अब वे 'लापता हैं। कुछ समय तक वेश्यावृत्ति के बाद ये औरतें इतनी उम्रदराज हो गई हैं कि दलाल उन्हें ग्राहकों के लिए आकर्षक नहीं मानते। एक मान्यता यह है कि उन्हें पाकिस्तान के ग्रामीण मर्दों को पत्नी/दासी के रूप में बेच दिया गया है। बदकिस्मती की इससे बदतर मिसाल कम ही होगी।

पाकिस्तान के पश्चिमोत्तर सूबे में गुप्त नीलामी होती है। लड़कियाँ और औरतें ऊँची बोली लगाने वालों को बेची जाती हैं। प्रत्यक्षतः तो उन्हें शादी के लिए बेचा जाता है और नीलामी को दुलहन की पारंपरिक कीमत लगाना बताया जाता है। यह सस्ता भी है। इस प्रक्रिया को इस तर्क से सही ठहराया जाता है कि मेहनतकश मर्द दुलहन की तलाश और उसके लिए सौदेबाजी के लिए ज्यादा समय नहीं निकाल सकते। नीलामी से काम जल्दी हो जाता है। इसका एक फायदा यह भी है कि नीलामी से हासिल लड़कियाँ कमजोर होती हैं, उनके बारे में बाद में कोई पूछताछ नहीं करने वाला। ये लड़कियाँ किसी भी काम के लिए खरीदी जा सकती हैं। और व्यवहार में ऐसा ही होता है।[8]

सेक्स उद्योग केवल एक उत्पाद को बाजार में नहीं उतारता। वेश्यालयों में भी तरह-तरह की लड़कियाँ और औरतें होती हैं। उनकी कीमत उम्र, सुंदरता, जाति, कौमार्य, उनके बच्चों, उनकी सेवा के मुताबिक तय होती है। बीस की उम्र के आसपास वेश्यावृत्ति शुरू करने वाली की कीमत कम होती है क्योंकि वे ज्यादा समय तक नहीं चल सकती। नौ साल की या उससे कम की लड़की की कीमत होती है क्योंकि उससे नियमित तौर पर अच्छी कमाई एक-दो साल बाद ही हो सकती है और तब

तक उसका खर्च उठाना पड़ता है। किसी लड़की को वेश्यालय जो कीमत देता है वह इन कारकों पर निर्भर होती है। यह माँग और आपूर्ति की स्थिति के हिसाब से भी कम-ज्यादा हो सकती है। जब बाजार में लड़कियों की बहुतायत होती है तो कीमत गिर जाती है। ऐसा तब होता है जब ग्रामीण इलाकों में किसी संकट के कारण ज्यादा युवा महिलाएँ शहरों में आने लगती हैं। कीमतें तब भी गिरती हैं जब गाँवों में अनाज संकट के कारण उगाही दरें बढ़ जाती हैं। माँग के स्वरूप के मुताबिक भी कीमतों में उतार-चढ़ाव होता है। मसलन, दिल्ली और मुंबई में कीमतें कोलकाता जैसे कम समृद्ध शहर वाली कीमतों से कम होती हैं। यानी दक्षिण एशिया के वेश्यालयों में लड़कियों के लिए समान कीमत नहीं दी जाती। कलकत्ता में लड़कियाँ कुछ सौ रुपयों से लेकर 10,000 रुपये तक में बेची जाती हैं। सौदेबाज लोग कीमतें इस तरह तय करते हैं—लड़की को उसके माता-पिता से 200 से लेकर 2000 रुपये तक में खरीदा जा सकता है। इसके ऊपर से 'मूल्य' जोड़ा जाता है। लड़की को फँसाने वाला अपनी सेवाओं के लिए एक से दो हजार रुपये तक लेता है। पुलिस और सीमा पुलिस को घूस देने में कुछ सौ रुपये खर्च हो सकते हैं। इसके बाद मानव तस्कर अपनी फीस के एक से तीन हजार रुपये तक जोड़ता है। इन सबको जोड़ कर लड़की की कीमत तय होती है। मुंबई में भी यही हिसाब-किताब अपनाया जाता है लेकिन यहाँ लड़की की कुल कीमत 30,000 रु. तक जा सकती है। नेपाली लड़कियों की कीमत 50,000 रु. तक पहुँचने की भी खबर आई है लेकिन कमाठीपुरा में सक्रिय स्वयंसेवी संस्था प्रेरणा को 25,000 रु. से ज्यादा कीमत दिए जाने की बात सामने नहीं आई है। भारत में यौन दासी की आज यही कीमत है। उसे अपनी कीमत अपने मालिक की सेवा करके चुकानी पड़ती है।

वेश्याओं की भरती, तस्करी, बिक्री और शोषण का जो सिलसिला दक्षिण एशिया में चलता है, लगभग वही दक्षिण-पूर्व और पूर्वी एशिया में चलता है। इस क्षेत्र के गरीब और अमीर देशों में भारी अंतर है। एक तरफ जापान है तो दूसरी तरफ बर्मा। अर्धविकसित दक्षिण-पूर्व एशिया में देह व्यापार औरतों के शारीरिक शोषण, बदहाल रहन-सहन के मामले में दक्षिण एशिया में चलने वाले देह व्यापार से काफी समानता रखता है। लेकिन इन क्षेत्रों के आर्थिक रूप से विकसित भागों में देह व्यापार का स्वरूप कुछ भिन्न है। धंधे में काफी सफाई है। गंदगी कम है, इस धंधे को मान्य आर्थिक कारोबार का दर्जा मिला हुआ है। देह व्यापार को औरतों के लिए केरियर माना जाता है। लेकिन धंधे का उसूल समान है। अपेक्षाकृत समृद्ध पुरुष गरीब औरतों और लकड़ियों की देह खरीदने के लिए पैसे की ताकत का प्रयोग करते हैं। औरतों को वंचित इलाकों और गरीब देशों से अमीर इलाकों और देशों में लाया जाता है। पूरा धंधा इस उसूल पर चलता है कि सेक्स और औरत खरीदी जाने वाली जिन्स है।

दक्षिण-पूर्व एशिया में कुछ औरतें स्वेच्छा से वेश्या बनती हैं, दक्षिण एशिया

में कम औरतें ऐसा करती हैं। दक्षिण-पूर्व और पूर्वी एशिया में दरअसल ज्यादा अनुपात में औरतें देह बेच कर पैसा कमाने का सोचा-समझा फैसला करती हैं। कुछ को बचपन में वेश्यावृत्ति के लिए तैयार किया जाता है और कुछ और को शारीरिक रूप से इसके लिए मजबूर किया जाता है। देह व्यापार में केरियर के अवसरों की कोई कमी नहीं है। दक्षिण-पूर्व और पूर्वी एशिया में देह व्यापार काफी विकसित हो चुका है और इसकी पहुँच तथा स्वरूप काफी भयानक है।

इस उद्योग के लिए सबसे सस्ती औरतें इस क्षेत्र के निर्धनतम देशों से मिलती हैं। बर्मा और वियतनाम जैसे विपन्न देश इस क्षेत्र में आर्थिक स्तर के अनुसार सबसे निचले पायदान पर हैं। ये स्रोत देश हैं जहाँ से औरतें निर्यात होती हैं। उत्तरी वियतनाम की लड़कियाँ दुलहन के रूप में चीन भेजी जाती है। दक्षिणी वियतनाम की लड़कियाँ कंबोडिया में देह बाजार में पहुँचाई जाती है। 1991 से 1994 के बीच वियतनाम के श्रम, विकलांग और सामाजिक मामलों के मंत्रालय ने अनुमान लगाया कि पाँच हजार वियतनामी औरतों की तस्करी करके चीन भेजा गया ताकि वे ऐसे मर्दों से शादी कर सकें जिन्हें वे जानती तक नहीं थीं। अमीर देश, जिनका अगुआ जापान है, लड़कियाँ पाने वाले देश हैं। उनके मध्य क्रम पर थाइलैंड है जो दक्षिण-पूर्वी एशियाई देह बाजार का केंद्र है।

थाइलैंड दुनिया के वेश्यालय के रूप में जाना जाता है। इसका घरेलू बाजार काफी बड़ा है जिसके उत्साही उपभोक्ता थाइ पुरुष हैं। यह तमाम अमीर देशों से भारी संख्या में आने वाले, देह के भूखे सैलानियों की माँग भी पूरी करता है, जो थाइ औरतों और बच्चियों तक की देह खरीदते हैं। थाइलैंड में सस्ती युवा देह की इतनी माँग है कि मेकॉन्ग नदी क्षेत्र से औरतें इस धंधे में जज्ब कर ली जाती हैं। वे मुख्यतः बर्मा, कंबोडिया और दक्षिणी चीन से आती हैं और उन हजारों थाइ लड़कियों के साथ थाइ और विदेशी पुरुषों को देह बेचने लगती हैं। मेकॉन्ग क्षेत्र में लड़कियों और औरतों की आमद पिछले दशक में तेज हुई है। सेक्स उद्योग देशों की सीमाओं के खुलने और राजनैतिक संबंधों में सुधार के कारण भी फला-फूला है। मानव तस्करी एक दशक पहले की तुलना में आज आसान है। बुनियादी सुविधाएँ और परिवहन सेवाएँ बेहतर हैं और व्यापार फैला है। दुर्भाग्य से इस व्यापार में देह व्यापार भी शामिल है।

थाइलैंड पड़ाव के रूप में भी काम करता है। उदाहरण के लिए, चीनी लड़कियाँ मलेशिया, सिंगापुर, ताइवान और उससे भी दूर के देशों में वेश्यावृत्ति या वैवाहिक सौदों के लिए थाइलैंड के जरिए भेजी जाती हैं। थाइलैंड खुद ही लड़कियाँ भेजने का काम करता है। वह पूरे विश्व और खासकर जापान को लड़कियाँ निर्यात करता है। कुछ साल पहले थाइ लड़कियाँ मध्य-पूर्व जाती थीं मगर अब दक्षिण-पूर्वी तथा पूर्वी एशियाई देशों की अर्थव्यवस्था के विकास के साथ माँग का स्वरूप बदल गया

है। अस्सी और नब्बे के दशकों में एशिया की आर्थिक शक्तियों की मजबूती के साथ सेक्स की खरीद-बिक्री की माँग भी बढ़ी है। तेजी से विकास कर रहे एशियाई देशों के मर्दों ने अपनी आय में वृद्धि को औरतों की खरीद पर खर्च करने का फैसला किया है। नब्बे के दशक के उत्तरार्ध में संकट के कारण आर्थिक चमत्कार भले ही फीका पड़ा हो लेकिन वेश्यालयों की वेश्याओं के धंधे में खास कमी नहीं आई है। ऐसा लगता है कि एशियाई मर्द अगर कमखर्ची करेंगे तो सेक्स सेवाओं पर खर्चे में शायद ही कटौती करेंगे।

जापान इस क्षेत्र में लड़कियाँ हासिल करने वाला सबसे महत्त्वपूर्ण देश है। इसकी विशाल अर्थव्यवस्था बड़े घरेलू सेक्स उद्योग को सहारा देती है। पिछले पंद्रह वर्षों में यहाँ इस उद्योग का मूल तत्त्व भले न बदला हो मगर इसका स्वरूप काफी बदल गया है। अस्सी के दशक के उत्तरार्ध तक देह की खरीदारी के लिए पर्यटन जापानी पुरुषों की सेक्स खुराक की आम चीज थी। इसे पुरुषों के वर्चस्व वाली संस्कृति से सहारा मिलता था। कंपनियाँ अपने कर्मचारियों को कोरिया, थाइलैंड, फिलिपीन्स के सेक्स दौरे पर भेज कर अनुग्रहीत करती थीं। इस विशिष्ट बोनस में हवाई टिकट, ठहरने के खर्च के अलावा स्थानीय वेश्याओं की सेवा पर होने वाला खर्च भी शामिल होता था। इस तरह के दौरे गोपनीय किस्म के संगठन या बदनाम किस्म की फर्में नहीं चलाती थीं, न उनके उच्छृंखल किस्म के कर्मचारी इन दौरों पर जाते थे। यह एक खुला, बड़ा व्यापार था जिसमें प्रतिष्ठित कंपनियां और उनके पुरुष कर्मचारी बड़ी संख्या में शामिल होते थे। आश्चर्य नहीं कि जापानी और कोरियाई नारीवादी कार्यकर्त्ताओं ने इस गतिविधि पर आपत्ति की और इस पर रोक लगाने के लिए जबरदस्त अभियान छेड़ा। सेक्स सफारी से लौटने वाले कंपनी अधिकारियों को जापानी हवाई अड्डों पर परेशान किया गया और उनके दौरों की तीव्र भर्त्सना पत्र-पत्रिकाओं में की गई।

इसका अनुकूल असर पड़ा। इस तरह के दौरे अब गोपनीय किस्म से किए जाने लगे और उनका स्वरूप बदल दिया गया। पुरुषों ने समूह में दौरा बंद कर दिया। अब वे चार-पाँच दोस्तों के साथ जाते हैं। वे ऐसे पैकेज टुअर खरीदते हैं जिनमें सैर-सपाटे में एअर कंडीशनिंग या होटल के कमरे में मिनी बार से जुड़ी सेवाएँ देने वाली लड़कियाँ शामिल होती हैं। वे अनौपचारिक किस्म के प्रबंध करते हैं और माँग पर सेक्स खरीदते हैं। कंपनी प्रायोजित इन दौरों को बंद करने की माँग का दूसरा असर भी हुआ। जापानी पुरुषों ने सेक्स की खरीदारी के लिए दूसरे देशों में जाना कम किया तो सेक्स उद्योग ने औरतों को जापान में ही पहुँचाने का फैसला कर लिया। इसलिए अस्सी के दशक के उत्तरार्ध में हजारों थाइ और फिलिपीनी औरतों का आयात होने लगा। इस आयात रणनीति को अमली जामा पहनाना सेक्स उद्योग के लिए मुश्किल नहीं था, क्योंकि औरतें उन देशों से आती थीं जहाँ जापान सेक्स

सैलानियों के कारण मशहूर था और जहाँ सेक्स उद्योग ने लड़कियाँ हासिल करने, तस्करी करने और उनकी बिक्री की चाक-चौबंद व्यवस्था तैयार कर दी थी। फिलीपीन्स में जापानी वेश्यालयों और क्लबों के लिए औरतों की भरती फिलीपीन्स सरकार की विकास नीति के तहत श्रम रणनीति के चलते आसान हो गई। लेकिन बड़ी संख्या में फिलीपीन्स औरतों के लिए इस विकास नीति ने यौन दासता का रास्ता खोल दिया।

दक्षिण-पूर्वी एशिया के उन भागों में वेश्याओं की भरती प्रायः खुले तौर पर होती है। वहाँ तीस से ज्यादा वर्षों से सेक्स का व्यापार बड़े पैमाने पर चल रहा है। यह खास तौर से उत्तरी थाइलैंड में चल रहा है। यहाँ वेश्यावृत्ति के लिए लड़कियों की भरती और परिवहन को मानव तस्करी कहना ठीक नहीं होगा। इस व्यापार को रोजगार एजेंटों के जाल की सहायता से गाँवों से शहरों की ओर आव्रजन कहा जा सकता है। इसमें जोर-जबरदस्ती शायद ही की जाती है और लड़कियों को धोखा नहीं दिया जाता। फिर भी, दबाव न होने के बावजूद देह व्यापार नैतिक रूप से वैध नहीं हो जाता। यह बात तब भी लागू होती है जब बिक्री बच्चियों की होती हो या औरतों की। किसी औरत का देह बेचना परिवार या खुद उसके लिए अल्पकालिक तौर पर आर्थिक महत्त्व रख सकता है। लेकिन मानव गरिमा और उन सभी औरतों की अस्मिता के लिए यह एक त्रासदी है, जिन्हें कीमत के तमगे वाली योनि से ज्यादा कुछ बनने की आजादी दी जानी चाहिए।

थाइलैंड में वेश्याओं की भरती का स्वरूप पिछले 10 वर्षों में बदल गया है। करीब एक दशक पहले लड़कियाँ रोजगार की तलाश में शहरों का रुख करती थीं। उस समय जब उन्हें रोजगार मिलने की उम्मीद न रहती या जब उन्हें लगता कि कपड़े सिलने से ज्यादा कमाई देह बेचने से हो सकती है तब वे सेक्स उद्योग की ओर कदम बढ़ाती थीं। अब दो कदम की जगह एक कदम में ही सेक्स उद्योग तक की मंजिल तय हो जाती है। लड़कियों को उनके घरों से सीधे वेश्यालयों में पहुँचाया जाता है। उत्तरी थाइलैंड से लड़कियों की आपूर्ति करने वाले दलाल दक्षिण एशिया के दलालों से ज्यादा संगठित हैं लेकिन लड़कियाँ हासिल करने वालों, दलालों और वेश्यालयों के मालिकों की शायद ही एक अकेली शृंखला हो। ऐसा लगता है कि एजेंटों और उप-एजेंटों के कई समूह हैं और उनमें आपस में तालमेल भी है। यही नहीं, वेश्यालयों और क्लबों से उनके अच्छे तालमेल हैं। देश के उत्तर-पूर्वी भाग में भरती की प्रक्रिया कम व्यवस्थित है, इसकी वजह शायद यह है कि सेक्स के व्यापार के प्रति यहाँ विरोध ज्यादा है।[9] यहाँ बेटियाँ देह व्यापार कर सकती हैं मगर वे नहीं चाहेंगी कि उनका परिवार इसके बारे में जाने।

उत्तरी थाइलैंड में परिवारों को उनकी बेटियों की कमाई के लिए 'एडवांस' यानी अग्रिम भुगतान दिया जाता है। तर्क यह दिया जाता है कि यह बिक्री नहीं

है। लेकिन व्यवहार में यह बिक्री ही है और हमें शब्दों के खेल से भ्रमित नहीं होना चाहिए। इस धंधे में भरती होने वाली लड़कियाँ बंधुआ मजदूर होती हैं और उन्हें अपनी कमाई के 'एडवांस' का भुगतान करना होता है। उन्हें ऐसी शर्तों में अपनी देह बेचना पड़ता है कि न कहने की कोई गुंजाइश नहीं होती।

थाइलैंड में 'डॉटर्स एडुकेशन प्रोग्राम' चलाने वाले सॉम्पॉप जांत्रक उन फायदों का जिक्र करते हैं जिनका जाल उन्हें वेश्यावृत्ति में जकड़कर उनका खून पीता रहता है। यह स्थिति का सटीक वर्णन है। इस क्षेत्र में इस धंधे के बारे में उन्हें गहरी जानकारी है, वे बताते हैं कि समुदाय के बड़े तबके किस तरह देह व्यापार में प्रत्यक्ष या परोक्ष रूप से जुड़े हैं। दलाल गाँवों में खुल कर काम करते हैं और सौदे पटाने में एक-दूसरे से होड़ करते हैं। अपनी बेटियों का सर्वोत्तम सौदा करने के लिए अभिभावक इसका फायदा उठाते हैं। कभी-कभी तो वे दो दलालों को अपनी बेटी बेच देते हैं, पैसे खर्च डालते हैं और सौदे पर हुआ झगड़ा निबटाने का जिम्मा दलालों पर छोड़ देते हैं। थाइलैंड के कुछ इलाकों और वियतनाम जैसे देशों में भी परिवार इस बात की चिंता नहीं करते कि अपनी बेटियों को वेश्यावृत्ति में पड़ने से कैसे बचाएँ। इसके बदले उनकी बड़ी चिंता यह होती है कि उनकी बेटियाँ किस तरह के वेश्यालय में काम करें। चिंता का विषय वेश्यालय की साख और उस दलाल की विश्वसनीयता होती है जो लड़की को वहाँ ले जाता है। चतुर पिता तो अपनी लड़की को खुद वेश्यालय ले जाते हैं। इस तरह वे बिचौलियों से बच कर ज्यादा मुनाफा कमा सकते हैं। फिर, माँएँ खुद वेश्या रह चुकी होती हैं और वे अपनी बेटियों को सीधे देह व्यापार में उतारती हैं। इस तरह की कहानियाँ दुखद हैं और उस समाज की छवि धूमिल करती हैं, जो अपनी लड़कियों के लिए बेहद सीमित विकल्प मुहैया कराता है। यह उस दुष्चक्र की बदसूरती भी उजागर करता है जिसमें पड़ कर माता-पिता अपनी संतानों को उन्हीं दबावों और अपमानों में डालते हैं जिनके वे खुद भुक्तभोगी रह चुके हैं।

लड़कियों को बचपन या किशोरवय में ही गाँवों से इकट्ठा करके वैन या ट्रक के पीछे लाद लिया जाता है। शहरों के वेश्यालयों से 'फौरी ऑर्डर' मिलने के कारण लड़कियों की माँग में बढ़ोतरी पर निगरानी रखने में जांत्रक होशियार हैं। ऐसे मौकों पर लड़कियाँ समूहों में गाँवों से जाती हैं। खास खूबसूरत लड़कियों के लिए पेशगी जमा की जाती है और उन अमीर ग्राहकों से सौदा किया जाता है जो एकदम कुँवारी लड़की का भोग करना चाहते हैं। जो परिवार अपनी लड़कियों से वेश्यावृत्ति कराने में संकोच करते हैं उनके लिए अब ज्यादा अनुकूल और सामाजिक रूप से मान्य विकल्प उपलब्ध है। किशोरवय लड़कियों की शादियाँ एक के बाद एक कई बूढ़े लोगों से कराई जाती हैं। 16 साल की लड़की की शादी 60 साल के बूढ़े से कराना असामान्य बात नहीं है। ऐसी शादी ज्यादा दिन तक नहीं टिकती और इस अल्पकालिक

वैवाहिक सुख के लिए 500 बाहृत (8.30 पाउंड) कीमत देनी पड़ती है।

मेकॉन्ग नदी क्षेत्र में बच्चियों की तस्करी पर हाल के एक अध्ययन में पाया गया कि दलाल अपने माल को बेचने की कई तरकीबें अपनाते हैं।[10] कुछ ऑर्डर पर माल पहुँचाते हैं, तो कुछ दलाल बच्चियों की बिक्री के लिए नियोक्ताओं से संपर्क करते हैं और कुछ दलाल बच्चियों को वैन पर लाद कर घूमते हुए बिक्री करते हैं। खुदरा बिक्री में जो माल बच जाता है उसकी कीमत घटा कर बेचने की कोशिश की जाती है। कुछ दलाल बच्चियों को रोजगार एजेंसियों के पास ले जाते हैं, जहाँ बच्चियाँ नियोक्ता द्वारा चुने जाने का इंतजार करती हैं।

वेश्यावृत्ति करने वाली हरेक थाइ औरत ऐसी नहीं है जिसे इस धंधे के लिए खास तौर से तैयार किया गया हो। देह व्यापार करने वाली सभी लड़कियों के परिवारों ने अपनी ओर से उन्हें इस तरह कमाई करने के लिए नहीं भेजा होता है। कुछ ने सचमुच वेश्यावृत्ति को चुना होता है। दूसरी ओर, कुछ ऐसी होती हैं जिन्हें यह जरा भी पता नहीं होता कि उन्हें शहर में या दूसरे देश में जाकर देह बेचना पड़ेगा। जिन लड़कियों को अपने नए पेशे को चुनने का कोई विकल्प उपलब्ध नहीं होता उन्हें वैसे ही गड़बड़ उपायों से वेश्यावृत्ति में डाला जाता है जो उपाय दक्षिण एशिया में प्रचलित हैं। दलाल गाँवों से अपनी किस्मत आजमाने के लिए शहर आने वाली लड़कियों का इंतजार बस अड्डों और रेलवे स्टेशनों पर करते हैं। कई लड़कियाँ तो पेट पालने और आश्रय की खातिर शहर आती हैं। जिन इलाकों में वेश्यावृत्ति को अनुचित माना जाता है वहाँ दलाल किस्म के लोग वैसी ही कहानियाँ और झूठ गढ़ते हैं जिनसे वे गरीब नेपाली, भारतीय और बांग्लादेशी लड़कियों को पटाते हैं। वे उन्हें रोजगार दिलाने या उनके परिवार की मदद का उपाय करने के वादे करते हैं। तस्करी से जापान भेजी गई और वेश्यावृत्ति में डाली गई ग्रामीण थाइ लड़की की कहानी कैसी हो सकती है, इसका एक उदाहरण एक पर्चे में छपी इस कहानी से मिलता है। यह पर्चा दूसरी लड़कियों को सावधान करने के लिए जारी किया गया था—"दलाल ने हमसे कहा कि उसकी अपनी बेटी जापान गई है और हर महीने उसे 10,000 बाहृत भेजती है। उसने हमें उसके फोटो और पत्र दिखाए जिसमें लिखा था कि वह लड़की खुश है और उसकी चिंता करने की जरूरत नहीं है। दलाल ने हमें यह समझाने की कोशिश की कि युवा लड़कियों को जापान जाना चाहिए क्योंकि थाइलैंड में अमीर बनने में बहुत समय लग जाता है। इसलिए हमें वहाँ जाकर अपने लिए पति की तलाश करनी चाहिए और अपने माता-पिता को नया घर बनाने के लिए पैसे भेजने चाहिए। मैं अपने माता-पिता को कमा कर खूब पैसे भेजने के सपने देखा करती थी। मैंने सोचा यह अच्छा मौका है क्योंकि मैं पढ़ी-लिखी नहीं हूँ। सो, मैं इस तरह उन्हें सुखी जीवन जीने में मदद कर सकती हूँ।"[11]

सुंदर लड़कियों को बाहर ले जाने के लिए सौंदर्य प्रतियोगिताओं का बहाना

आम और पसंदीदा है। प्रतियोगिता जीतने वाली को नकद इनाम, तमगा तो दिया जाता ही है, प्रेस में फोटो छपने का प्रलोभन भी रहता है। और इन सबके साथ वेश्यावृत्ति की दुनिया का टिकट भी। कुछ नए सोच वाले दलाल अपना धंधा बढ़ाने के लिए कुछ दूसरे चतुर उपाय अपनाते हैं। वे लड़कियों की तस्वीरें खींच कर चयन के लिए वेश्यालयों को भेज देते हैं। ग्राहकों और सेक्स सैलानियों को फँसाने के लिए लड़कियों का विज्ञापन इंटरनेट भी पर दिया जाता है। देह व्यापार को 21वीं सदी की आधुनिकता के अनुरूप आम, पेशेवर और तकनीकी लिहाज से नफीस कारोबार बनाने में थाइलैंड अग्रणी है।

लड़कियों की तस्करी दक्षिण-पूर्व एशिया में ज्यादा आसान है। बर्मा से थाइलैंड में तस्करी खास तौर से आसान है। प्रवेश के तीन बड़े रास्ते हैं—थाइलैंड के उत्तर में ताशिलेक-मेसाइ और म्यावाड़ी-मेसोट का चौराहा, दक्षिण में कॉचॉन्ग और रानोंग के बीच। उत्तर में प्रवासी औरतें मुख्यतः अल्पसंख्यक समूहों और अखा, लाहू, तै यै जैसी जनजातियों और शान प्रांत की होती हैं। दक्षिण में वे मुख्यतः भारतीय-बर्मी और दक्षिणी बर्मा के प्रांतों की औरतें होती हैं। कई औरतें रानोंग में या आसपास काम करती हैं, तो कई को थाइ-मलेशियाई सीमा पर वेश्यालयों में भेज दिया जाता है। कई बर्मी औरतों को ट्रकों में खुले तौर पर सीमा पार से लाया जाता है। ऐसा करने के लिए दलालों और स्थानीय सीमा पुलिस में 'तालमेल' किया जाता है। अफसरों से बचने के लिए दलाल लड़कियों को जंगल के रास्ते सीमा पार कराते हैं। थाइलैंड की कंबोडियाई सीमा पर भी ऐसा ही होता है। लड़कियों को कोम्पोंग सोत्र शहर के सामने पोइपेट और कोह कोंग द्वीप के रास्ते थाइलैंड में लाया जाता है। इनके अलावा कई छोटे-छोटे प्रवेश स्थल हैं जहाँ शायद ही कोई निगरानी होती है। कंबोडिया, लाओस, वियतनाम, चीन तथा बर्मा के कुछ हिस्सों वाला मेकॉन्ग नदी क्षेत्र, जिसकी आर्थिक धुरी थाइलैंड है, कई नदियों और जंगलों से भरा है। नावों, बसों और ट्रकों से इस क्षेत्र में लड़कियों की सफलतापूर्वक तस्करी की जाती है। इसके आसपास के गरीब देशों के लोगों के लिए थाइलैंड चुंबक की तरह है और इसकी सीमा काफी खुली हुई है। थाइलैंड में घुसना आसान है। ऐसा ही इसका देह व्यापार है।

सस्ते थाइ वेश्यालयों में काम करने वाली प्रायः सभी लड़कियाँ बर्मा से आती हैं। वे बाजार के सबसे कमखर्ची वाले वेश्यालय हैं। बेहतर पैसे पाने वाली कॉलगर्ल और मधुशालाओं की लड़कियों में थाइ लड़कियों का बोलबाला है। कुछ बर्मी लड़कियों को पता होता है कि अपना घर छोड़ने के बाद उन्हें वेश्यावृत्ति करनी होगी लेकिन उनमें से बहुत कम को वेश्यालयों की भयानक स्थितियों का पता होता है। कई लड़कियों को अपने काम के स्वरूप और उसकी स्थितियों के बारे में धोखे में रखा जाता है।[12] सीमावर्ती शहरों में कुछ हताश माता-पिता खुद लड़कियों को वेश्यालय में पहुँचाते हैं।[13] दलालों का बृहद जाल औरतों को थाइ-बर्मी सीमा पार कराता है। उत्तरी थाइलैंड

में सक्रिय दलालों की तरह वे हमेशा मानव तस्कर नहीं होते। अधिकतर दलाल 'इच्छुक' औरतों को ले जाते हैं जिसके लिए औरतें उन्हें पैसे देती हैं। इन लोगों को 'कैरीमेन' यानी वाहक कहा जाता है और वे लड़कियों को थाइलैंड पहुँचाने के लिए तीन से पाँच बाह्त (50 से 83 पाउंड) तक लेते हैं। उत्तरी थाइलैंड में मैंने जिन बर्मी वेश्याओं से बात की उन्होंने तस्करों को मददगार बताया, जो सीमा पार करने में उनकी मदद करते हैं।

ये तस्कर इलाके के स्थानीय लोग ही होते हैं। वे प्रायः थाइ-बर्मी मिश्रित मूल के होते हैं और उन समुदायों के होते हैं जो आज की सीमाओं के आर-पार आते-जाते रहते हैं। उनमें से कई औरतें होती हैं। उन्हें भूगोल, संस्कृति और भाषा की जानकारी होती है क्योंकि वे वहीं पले-बढ़े होते हैं। उन्हें इलाके की इतनी अच्छी जानकारी होती है कि वे अच्छे दलाल बन जाते हैं। मानव तस्करी और सीमा का अवैध अतिक्रमण उनके लिए आसान होता है क्योंकि वे यही करते रहते हैं। इनमें से कई दलाल दूसरे अवैध कामों में लिप्त होते हैं। वे नशीले पदार्थों और जवाहरात की तस्करी करते हैं। और उन्हीं सूत्रों का इस्तेमाल मानव तस्करी में भी करते हैं। अपुष्ट खबरों से पता चलता है कि इन समूहों को चलाने वाले बर्मा के फौजी शासकों से भी जुड़े होते हैं।

ऐसी ही बात दक्षिणी चीन के युन्नान में पाई जाती है जहाँ घर की गरीबी से पलायन के लिए उत्सुक लड़कियों की राजी-खुशी से तस्करी बढ़ती जा रही है।[14] वहाँ भी दलाल स्थानीय होते हैं और उन्हें इलाके की अच्छी जानकारी होती है। यह उन्हें उस क्षेत्र का सबसे प्रभावी दलाल बनाता है जो मानव तस्करी के सबसे अज्ञात ठिकानों में से है।

कंबोडिया में तस्वीर कम जटिल है। इसकी एक वजह यह भी है कि यहाँ धंधा प्रायः घरेलू और अविकसित है। कंबोडियाई सेक्स उद्योग वाकई भयावह है। थाइलैंड में ज्यादा समृद्धि इस उद्योग के ऊँचे तबके को यह व्यपस्थित और खुशनुमा रूप देती है जो कंबोडियाई सेक्स उद्योग को हासिल नहीं है। जिन कुछ कंबोडियाई लड़कियों से मैंने बात की उन्हें यह अंदाजा नहीं था कि वे वेश्या बन जाएँगी। अधिकतर लड़कियाँ उस काम से घृणा करती थीं जो उन्हें करने पर मजबूर किया जाता है। उनमें से अधिकतर तो तब बच्ची ही थीं जब उन्होंने देह के धंधे में कदम रखा था।

कंबोडियाई वेश्यालयों में बेची गईं पचास फीसदी युवा स्त्रियों पता था कि उन्हें उनके परिचित व्यक्ति ने बेचा।[15] नवंबर 1997 में पुलिस ने नॉम पेन्ह के वेश्यालयों पर छापा मारा और 439 औरतों और बच्चों को बरामद किया। इनमें से आधी लड़कियों को कंबोडियाई महिला समस्या केंद्र भेजा गया जहाँ पूछताछ से पता चला कि 86 फीसदी लड़कियों को धोखे से या बेच कर वेश्यावृत्ति के लिए मजबूर किया गया।[16] बरामद औरतों में यह कहने की प्रवृत्ति पाई गई कि उन्हें वेश्यावृत्ति के लिए मजबूर

किया गया। यह उन्हें कुछ शर्म से तो बचाता है क्योंकि वे दावा कर सकती हैं कि उनके सामने कोई विकल्प नहीं था। लेकिन अगर हम इस आंकड़े में थोड़ी वृद्धि की छूट दें तो भी यह पता चलता है कि अच्छे खासे अनुपात में उन औरतों को बेचा गया और कंबोडियाई सेक्स उद्योग में जबरन शामिल किया गया। यह वेश्यावृत्ति कर रहीं लड़कियाँ और युवा स्त्रियों के अनुभवों से भी पुष्ट होता है। पंद्रह साल की एक लड़की ने बताया कि उसे किस तरह मूर्ख बना कर घर से निकाला गया—''मैं काम्पोंग छाँग के एक छोटे-से गाँव में अपनी माँ के साथ रहती थी। मेरे पिता ने हमें छोड़ दिया था और हम मुश्किल में थे। मेरी माँ सड़क के किनारे सत्तू बेचती थी मगर हमें कभी भरपेट खाना नहीं नसीब होता था। हम सब भूखे ही रहते थे। एक औरत अकसर हमारे गाँव आती थी। वह गहनों से लदी होती थी, अच्छे कपड़े पहनती थी। वह कहा करती कि वह हममें से कुछ लड़कियों के लिए शहर में अच्छी नौकरी खोज देगी। मैं उसके साथ जाना चाहती थी। सो, एक बार जब वह गाँव आई तो मैं कुछ लड़कियों के साथ उससे मिलने गई। उसके साथ दो मर्द थे और उन्होंने हमसे कई सवाल पूछे। मैं काफी खुश थी कि उन्होंने मुझे और दो लड़कियों को नौकरी दिलाने के लिए चुना था। अगले दिन हम उनके साथ टैक्सी में नॉम पेन्ह के लिए रवाना हो गए। हमने सोचा था कि हम किसी दुकान में काम करेंगी। लेकिन उन्होंने हमें अलग-अलग वेश्यालयों को बेच दिया।''

कंबोडिया के सेक्स उद्योग के स्वरूप को लेकर विवाद है। कुछ प्रेक्षकों का मानना है कि यह काफी संगठित है, खासकर प्रांतीय राजधानियों में। दूसरों का मानना है कि यह अनौपचारिक, ढीला-ढाला-सा है और गाँवों में कुछ ही संगठित समूह हैं जो देह व्यापार चलाते हैं। दूसरी धारणा शायद सही है। ऐसा लगता है कि कई छोटे-छोटे स्वतंत्र धंधेबाज अकेले या समूहों के रूप में सक्रिय हैं। कंबोडिया में सेक्स उद्योग को सफल होने के लिए बहुत संगठित होने की जरूरत नहीं है। हजारों ऐसी गरीब और कमजोर लड़कियाँ हैं जो आसान शिकार बन सकती है। किसी सैनिक संगठन की तरह काम करने या भरती की मुहिम चलाने की जरूरत नहीं है। थाइ सीमा के पार भेजी जाने वाली औरतों और लड़कियों की तस्करी में भी लगता नहीं कि कोई बेहद संगठित गिरोह काम कर रहा हो।[17]

फिलिपीन्स में वेश्यावृत्ति और लड़कियों की तस्करी भी दक्षिण-पूर्व एशिया में जारी इस धंधे की तरह चलती है। सेक्स उद्योग में जबरन धकेली जाने वाली औरतों और लड़कियों की बड़ी तादाद बड़े शहरों की झोंपड़पट्टियों से आती है लेकिन लड़कियों की तस्करी मुख्यतः ग्रामीण इलाकों से होती है। मामा-सान के नाम से पुकारी जाने वाली एक वेश्यालय ने बताया कि तस्करी इस तरह होती है—''कभी-कभी मानव तस्करों को एक वेश्यालय काम पर रखता है और वे अपने धंधे के लिए लड़कियों की तलाश के वास्ते गाँवों में जाते हैं। लेकिन अधिकतर मानव तस्कर स्वतंत्र रूप

से काम करते हैं। वे हरेक लड़की की बिक्री पर करीब 500 पेसो पाते हैं। वे लड़कियों को झुण्डों में भरती करते हैं, झुण्डों में बाहर भेजते हैं और क्लबों, मधुशालाओं और बंद वेश्यालयों यानी कासा को बेच देते हैं।''

दलाल ग्रामीण इलाकों का दौरा करते हैं। फिलिपीन्स के कुछ हिस्सों में देह व्यापार को मान्यता प्राप्त है और वहाँ नौकरी के बारे में झूठे किस्से गढ़ने की जरूरत नहीं पड़ती। लेकिन एशिया के दूसरे भागों की तरह यहाँ भी लड़कियों को सम्मानजनक रोजगार दिलाने का वादा करके फँसाया जाता है। फिलिपीन्स में उन्हें आम तौर पर घरेलू काम से बेहतर काम दिलाने का वादा किया जाता है। शहर के किसी क्लब में बेयरा या गायिका बनने का प्रस्ताव पेश किया जाता है।

कुछ लड़कियाँ तस्करी से विदेश भेजी जाती हैं, खासकर जापान। जहाँ माना जाता है कि हजारों फिलिपीन्स स्त्रियाँ सेक्स मनोरंजन के धंधे में लगी हैं। कुछ लड़कियाँ जापान के लिए रवाना होने से पहले ही वेश्यावृत्ति कर रही होती हैं और उन्हें पता होता है कि उन्हें कौन-सा रोजगार मिलेगा। लेकिन मानव तस्कर आम तौर पर उन्हीं औरतों की भरती और तस्करी करना चाहते हैं जिन्हें सेक्स उद्योग का अनुभव नहीं होता। अनुभवी और जानकार औरतों को, जिन्हें धंधे के पेंच मालूम होते हैं, बहलाना मुश्किल होता है।

मनीला में अतेनिओ मानव अधिकार केंद्र की निदेशक अम्परिता सेंट मारिया उस दल की प्रमुख रह चुकी हैं जिसने फिलिपीनी औरतों की जापान में तस्करी के धंधे पर शोध किया है। मारिया का कहना है कि जापान जाने वाली कई लड़कियों को पता होता है कि वे कोई खतरा मोल लेने जा रही हैं। लेकिन वे खुद को दिलासा देती हैं कि कोई बुरी बात उनके साथ नहीं होगी। मारिया का मानना है कि जापान भेजी जाने के लिए भरती की जानेवाली लड़कियों में से लगभग पचास फीसदी को कोई अंदाजा नहीं होता कि उनका क्या भविष्य है। और तो और, तस्करी से भेजी जाने के बाद भी अधिकतर लड़कियों को कोई पता नहीं होता कि उन्हें कौन-सा संगठन जापान ले आया और वहाँ ले जाकर उनसे मुनाफा कमाया।

मैं मनीला से दो घंटे में कार से एक छोटे-से शहर गई जहाँ उन युवा स्त्रियों के एक समूह से मिली जिन्हें नाइजीरिया में एशियाई व्यापारियों के एक क्लब में काम करने के लिए भेजा गया था। वह एक गरीब शहर था और वे औरतें खुद को तथा अपने परिवार को गरीबी से उबारने के लिए बेहतर कमाई करना चाहती थीं। सो, जब शहर की एक बुजुर्ग औरत ने नाइजीरिया में अपने जर्मन पति के एक रेस्तराँ में रोजगार दिलाने की पेशकश की तो वे राजी हो गईं। इसके बारे में एक औरत का कहना था—''मेरे पिता को यह पेशकश पसंद न आई लेकिन मैंने उनसे कहा कि गाँव की आठ और लड़कियाँ साथ जा रही हैं इसलिए सब ठीक रहेगा और हम सुरक्षित रहेंगी। मैंने सुन रखा था कि विदेश जाना लड़कियों के लिए

खतरनाक है लेकिन मैंने सोचा कि मेरे साथ कुछ नहीं होगा, खासकर इसलिए कि मैं अकेली नहीं जा रही। मैंने कुछ वर्षों के लिए काम किया था लेकिन मैंने पाया कि कितनी भी मेहनत कर लूँ, मेरा जीवन बेहतर नहीं होने वाला। इसलिए मैंने जाने का फैसला कर लिया क्योंकि यह सबसे सुंदर सपना लग रहा था।''

लेकिन यह दुःस्वप्न साबित हुआ। वहाँ कोई रेस्तराँ नहीं था। उसकी जगह एक क्लब था, जहाँ स्त्रियों को देह बेचने पर मजबूर किया जाता था। उन्हें शुरू में प्रति महीने 350 डॉलर और बेयरा का काम करने पर टिप्स दिए जाते थे। दरअसल, उन्हें एक व्यापारी के हवाले कर दिया गया जिसने उन औरतों से कहा कि उनके फिलिपीनी दलाल ने उन्हें 21,000 डॉलर प्रति औरत के हिसाब से उसके हाथ बेच दिया है। सो, उन्हें यह कीमत ग्राहकों का मनोरंजन करके अदा करनी होगी। शुरू के चार महीने उन्हें इस काम के लिए कोई पैसे नहीं मिले। उसके बाद 25 डॉलर प्रति महीने दिए गए।

दक्षिण-पूर्व और पूर्वी एशियाई देशों में सेक्स उद्योग दक्षिण एशियाई देशों के सेक्स उद्योग से भिन्न है। देह बेचने वालियों की कीमतों में काफी अंतर है। जापानी कॉलगर्ल की कीमत सबसे ऊँची है, तो थाइ-बर्मी सीमा पर बर्मी वेश्याओं की नगण्य। इसलिए अच्छे बाजार और अच्छी कीमत के लिए इन लड़कियों की काफी आवाजाही लगी रहती है। उदाहरण के लिए, चीनी लड़कियाँ युन्नान से उत्तरी बर्मा के रास्ते थाइलैंड भेजी जाती हैं, फिर दक्षिण के उन प्रांतों में जहाँ चीनी सैलानी आते हैं। कई लड़कियों को मलेशिया और सिंगापुर भेजा जाता है। इसके पीछे ठोस आर्थिक कारण होता है। चीनी मर्द चीनी लड़कियों के उपभोग के लिए ऊँची कीमत देते हैं। वे गोरी-चिट्टी चीनी सुंदरियों के लिए और भी ऊँची कीमत देने को तैयार रहते हैं। किशोरवय या उससे कम की कुँवारियों के लिए तो वे कुछ दे सकते हैं। दलालों को यह पता होता है और वे लड़कियों की कीमत उनकी पसंद के मुताबिक रखते हैं और उपयुक्त बाजार में भेजते हैं। 'ए' ग्रेड यानी अव्वल वर्ग की चीनी कुँवारियों के लिए मलेशिया में चीनी मूल के नौकरीपेशा मर्दों से 50 हजार से 1 लाख बाह्त (830-1660 पाउंड) तक कीमत मिल जाती है। सो, काली कंबोडियाई लड़कियों को उतनी दूर भेजना लाभदायी नहीं हो सकता। वे तो थाइलैंड के सस्ते वेश्यालयों में अपने दलालों और मालिकों की अच्छी कमाई करा सकती हैं।

औरतों को तस्करी से जापान में भेजना काफी कठिन है। लेकिन वहाँ मिलने वाली कीमत मानव तस्करों और सेक्स उद्योग को लुभाती रहती है। देह बेचने के इरादे से कितनी लड़कियाँ जापान जाती हैं, इसका अनुमान लगाना कठिन है। उनमें अच्छी-खासी संख्या में लड़कियाँ यह सोचती हैं कि वे बेयरा या गायिका बनने के लिए वहाँ जा रही हैं, देह बेचने के लिए नहीं। एक कंबोडियाई औरत ने आश्चर्यजनक ढंग से यह सोचा था कि वह मछुआरन बनने के लिए जापान जा रही है।[18]

यह तो निश्चित है कि जापान में रोजगार के लिए भेजी जाने वाली कुछ औरतों को पता होता है कि वे क्या करने जा रही हैं। उन्हें धंधे का पता होता है और किस्मत साथ देती है तो वे देह बेच कर अच्छे रहन-सहन लायक कमाई कर लेती हैं। लेकिन कई ऐसी होती हैं जो इतनी खुशकिस्मत नहीं होतीं। यद्यपि कुछ औरतों को एहसास होता है कि वे वेश्या बनने वाली हैं मगर जापान जाने के बाद उन्हें पता चल पाता है कि उन्हें भीषण शोषण का शिकार बनना पड़ता है, जो यौन दासता के बराबर होता है। ऐसी औरतों को 'मासूम' नहीं माना जाता और उन्हें कोई हमदर्दी नहीं मिलती। उन्हें अपमान और शोषण के लायक ही माना जाता है क्योंकि वे वेश्या होती हैं। इस नजरिए के अनुसार वेश्याएँ मानवाधिकार की हकदार नहीं हैं। घर छोड़ने वाली दूसरी लड़कियों और औरतों को कोई इल्म नहीं होता कि उनके भाग्य में क्या लिखा है। लेकिन यह कोई मतलब नहीं रखता कि वे देह बेचती हैं या नहीं। भयानक शोषण का शिकार होते ही उनके मानवाधिकार का उल्लंघन हो जाता है। कोई यौन दासी नहीं बनना चाहती, न यह किसी को बनना चाहिए।

चूँकि जापान द्वीपों का देश है, वहाँ प्रवेश नौका या हवाई जहाज के जरिए ही हो सकता है। प्रवेश के रास्ते कम हैं और उन पर कड़ी नजर रखी जाती है। वेश्या बन चुकी औरतें आम तौर पर सैलानी या मनोरंजन कलाकार के रूप में वैध वीसा के साथ जापान में प्रवेश करती हैं। ऐसे वीसा पर वे तीन महीने ही रह सकती हैं और इस वीसा की अवधि अधिकतम छह महीने तक बढ़ाई जा सकती है। इनमें से कुछ औरतें वीसा खत्म होने पर लापता हो जाती हैं और अवैध रूप से टिक जाती हैं। बाकी औरतें लौट जाती हैं। फिर दूसरा समूह महँगे, जाली पासपोर्ट पर प्रवेश करता है। ये पासपोर्ट अपराधी गिरोहों के द्वारा तैयार किए जाते हैं। ऐसा थाइ औरतों के साथ ज्यादा होता है और इसलिए वे भारी कर्ज में डूबी रहती हैं।

जापान भेजी जाने वाली थाइ और फिलिपीनी औरतों की बड़ी तादाद को यह एहसास होता है कि उन्हें वहाँ पहुँचने के बाद ही बेचा जाता है। आमतौर पर उन्हें नारिता हवाई अड्डे पर उतरने के बाद पास के ही किसी बड़े होटल में ले जाया जाता है। वहाँ उनकी सौदेबाजी होती है और वे बिक्री की वस्तु बनती हैं। वे पाती हैं कि वे 'स्नैक' को बेची जाती हैं। 'स्नैक' उस वेश्यालय या बार को कहा जाता है जहाँ सेक्स शराब की तरह मुहैया कराई जाती है। देह व्यापार के लिए जापान जाने को सहमत होने वाली औरतों से भी धोखा किया जाता है क्योंकि उन्हें उनके गंतव्य स्थल पर पहुँचने के बाद ही बताया जाता है कि दलाल की फीस कितनी ऊँची है। तब तक इन औरतों के लिए अपना फैसला बदलना मुश्किल हो जाता है।

जापान जाने का जोखिम लेने वाली कुछ औरतों को उसकी भरपाई ऊँची कीमत से हो जाती है। टोक्यो पहुँचाई गई एक रोमानियाई औरत ने मुझे अपनी जो कहानी सुनाई वह जापान जाने वाली औरतों द्वारा खेले गए जुआ का उदाहरण है—''मैं तीसरी

बार जापान आई हूँ। पहले दोनों दौरे अच्छे रहे। मुझसे जबरन मेरी नापसंदगी का काम नहीं करवाया गया। सब कुछ का बढ़िया इंतजाम था और जिस संगठन के लिए मैंने काम किया उसने मेरी यात्रा के सारे इंतजाम किए। मैं फिर से जापान आई क्योंकि यहाँ अच्छा पैसा मिलता है। लेकिन इस बार मामला अलग है। लड़कियों को देह बेचने के लिए मजबूर किया गया।''

टोक्यो में एशियाई महिलाओं के आश्रय 'हेल्प' की रुत्सुको शोजी ने एक थाइ औरत की कहानी सुनाई, जिसे जापान में एक दफ्तर में नौकरी दिलाने का वादा किया गया था। उस औरत ने नौकरी कबूल कर ली। हालाँकि यह बैंकॉक की उसकी नौकरी जैसी ही थी। लेकिन जापान में वेतन काफी ऊँचा था। इस नौकरी के लिए जापान जाने की व्यवस्था करने के लिए उसने एक दलाल को 4 लाख येन (2350 पाउंड) दिए, एक जापानी मर्द उसके साथ टोक्यो गया। आव्रजन दफ्तर से इजाजत के बाद उसे एक होटल में ले जाया गया, जहाँ एक और जापानी मर्द और तायवानी 'मामा-सान' ने उसे एक कमरे में घेर लिया। इन तीनों ने उसे 40 लाख येन (23500 पाउंड) उस व्यक्ति को देने को मजबूर किया जो उसे जापान लाया था। सदमे में पड़ी उस औरत को, जिसने अपने दलाल को पैसे दिए थे, जापानी माफिया याकुजा ने वेश्यालयों में वेश्यावृत्ति करके 40 लाख येन चुकाने पर मजबूर किया।

यह थाइ औरत खासी महँगी थी। नई भरती के लिए कीमत 15 लाख से 40 लाख येन (8800-23500 पाउंड) के बीच होती है। कुल कीमत औरत की कमाई की क्षमता और उसे जापान भेजने के खर्च पर निर्भर होती है। जापान में काम करने वाली कोलंबियाई औरतों की संख्या कम है और उनकी हवाई यात्रा पर ऊँचे खर्चे के कारण वे काफी महँगी होती हैं। मध्यवर्ती आय वाले थाइलैंड में लड़कियों की कीमत नस्ल, सुंदरता, जवानी और कुँवारेपन के हिसाब से अलग-अलग होती है। लेकिन सस्ते वेश्यालयों में एक बर्मी लड़की 10 से 30 हजार बाहृत (170-500 डॉलर) के बीच कमा सकती है। ग्रामीण थाइ लड़की ज्यादा कमा सकती है। गरीब कंबोडिया में कीमत और भी कम है और वेश्यालयों के मालिक 150 से 500 डॉलर के बीच सौदा पटाते हैं। अगर लड़की से अच्छे धंधे की उम्मीद हो तो ज्यादा पैसे भी देते हैं।

इन लड़कियों को जापानी कंपनी अधिकारियों के आलीशान क्लबों से लेकर कंबोडिया में लकड़ी से घिरे छोटे-छोटे कमरों वाले शेड जैसे वेश्यालयों में काम करना पड़ता है। सभी जगह बिक्री एक ही चीज की होती है। और सबको तब तक धंधे में जुटे रहना पड़ता है जब तक उनकी खरीद की कीमत वापस नहीं मिल जाती। उनकी पहली चुनौती अपनी आजादी हासिल करने की होती है। उन्हें अनजान मर्दों को अपना शरीर परोसने की आदत डालनी होती है। खराब हालात, मालिकों और ग्राहकों के बुरे बरतावों के कारण वे धंधा नहीं छोड़ सकतीं। गुलामों के लिए कोई विकल्प नहीं होता।

टिप्पणियाँ

1. राष्ट्रीय महिला आयोग की 'द वेलवेट ब्लाउज़,' 3।
2. रीता रोज़ारियो की 'ट्रैफिकिंग इन वुमेन ऐंड चिल्ड्रन इन इंडिया' (नई दिल्ली : उप्पल पब्लिशिंग हाउस, 1986), 117।
3. युनिसेफ की 'अ सिचुएशन एनालिसिस,' 68।
4. वही, 86।
5. वही, 87।
6. इन टिप्पणियों के लिए मुम्बई के सेंट कैथरीन्स होम के सीनियर फर्नांडीस की आभारी हूँ। यह होम मुसीबतज़दा लड़कियों और वेश्यावृत्ति छोड़ने वाली औरतों के लिए आश्रय घर चलाता है।
7. कमिटेड कम्युनिटीज़ डेवलपमेंट ट्रस्ट, मुंबई। मुंबई में वेश्यालय आधारित देह व्यापार पर रिपोर्ट का मसौदा, 1999।
8. पाकिस्तान के मानवाधिकार आयोग के अध्यक्ष आइ. ए. रहमान से लाहौर में बातचीत के आधार पर।
9. स्क्रोबानेक की 'ट्रैफिक इन वुमेन,' 30।
10. अर्चावानित्कुल की 'ट्रैफिकिंग इन चिल्ड्रन,' 46-67।
11. फाउंडेशन फॉर वुमेन की 'अवर लाइव्स, अवर स्टोरीज़' (बैंकॉक, 1995), 71-3।
12. 'एम्पावर,' चियांग माइ और मे साय के कर्मचारियों से बातचीत के आधार पर।
13. इस सूचना के लिए वर्ल्ड विज़न एस. टी. डी./एच. आइ. वी. नियंत्रण कार्यक्रम के कर्मचारियों से बातचीत के आधार पर।
14. अर्चावानित्कुल की 'ट्रैफिकिंग इन चिल्ड्रन,' iii।
15. कंबोडियाई वुमेन्स क्राइसिस सेंटर के निदेशक चांथोल आउंग से बातचीत के आधार पर।
16. कंबोडियाई वुमेन्स क्राइसिस सेंटर की वार्षिक रिपोर्ट 1997-98, नॉम पेन्ह, 22।
17. इंटरनेशनल ऑर्गनाइजेशन फॉर माइग्रेशन ऐंड द ग्लोबल अलाएंस अगेंस्ट द ट्रैफिक इन वुमेन की 'क्वालिटेटिव सर्वे ऑफ ब्राथेल्स ऑन द थाइ-कंबोडियन बॉर्डर,' 1998।
18. टोक्यो के एशियन वुमेन्स शेल्टर 'होम' के कर्मचारियों और औरतों से बातचीत के आधार पर।

4
सिझाई

किसी सस्ते एशियाई वेश्यालय में काम करने वाली गरीब लड़की से बदनसीब दुनिया में दूसरा कोई नहीं होगा। यह जीवन दुःस्वप्नों से भरा होता है। हर रोज हजारों लड़कियों और औरतों को शारीरिक और मानसिक हिंसा के जरिए वेश्यावृत्ति में धकेला जाता है। और हर दिन मर्द लोग इस हिंसा को बढ़ावा देने के लिए पैसे खर्च करते हैं। ये भयावह तथ्य एशियाई यौन संहिता के दोहरेपन की वास्तविकता के बारे में हमें क्या बताते हैं?

प्रायः सभी पेशे में अनुभव को लाभदायी माना जाता है। लेकिन विरोधाभास यह है कि एशिया में उस वेश्या की कीमत ज्यादा होती है जो इस धंधे में कम अनुभवी हो और सेक्स के बारे में ज्यादा से ज्यादा अनभिज्ञ हो। ऐसा पश्चिमी देह व्यापार में नहीं है। पश्चिम में वेश्या आम तौर पर युवा और आकर्षक होनी चाहिए और उसे उन तकनीकों की जानकारी होनी चाहिए जिनसे ग्राहक खुश होते हों। लेकिन एशिया में सेक्स के मामले में अनुभवी और जानकार औरत से वेश्यालयों के ग्राहक घबराते हैं। वे पश्चिमी ग्राहकों की तरह औरत के यौन अनुभव की खरीदारी नहीं करना चाहते। इसकी जगह वे ऐसी लड़की से यौनरंजन करना चाहेंगे जिस पर वे नियंत्रण और दबदबा रख सकें। कुँवारी लड़की उनके लिए सबसे अच्छी है। वह मुख्यतः अनजान होती है, हमेशा सहमी होती है और उससे एड्स का खतरा नहीं रहता। ऐसा यौन विशेषाधिकार कीमंत माँगता है—और महँगा भी होता है।

बड़ी संख्या में वेश्याओं की माँग को पूरा करने के लिए लड़कियाँ और औरतें मुहैया कराने के लिए काफी जोर-जबरदस्ती की जरूरत पड़ती है। यह दक्षिण एशियाई समाज जैसे समाजों के लिए खास तौर से सच है जिनमें महिलाओं के लिए यौन आचरणों के बहुत कड़े नियम लागू हैं। यह ऐसा काम नहीं है जिसे कई विकल्पों के रहते हुए औरतें करना चाहेंगी। औसत औरत को इच्छुक वेश्या में तब्दील करने के लिए उसे काफी सिखाने-पढ़ाने की जरूरत होती है। इसे 'सिझाना' कहते हैं।

यह ऐसा ही है जैसे खाने के लिए मांस को सिझाया जाता है। यहाँ ग्राहक के लिए लड़की को 'सिझाया' जाता है। 'सीझने' के बाद अनिच्छुक वेश्या अपने धंधे को कबूल कर लेती है। कई जगहों पर उसके लिए कोई विकल्प नहीं होता।

वेश्या को कई तरह से तैयार किया जाता है। यह धंधे की जगह, वहाँ लड़की के पहुँचने के तरीके, उसके अपने आचार-व्यवहार पर निर्भर होता है। फिर भी हर तरह की तैयारी में जोर-जबरदस्ती थोड़ी-बहुत होती ही है। कभी-कभी लड़की को देह बेचने के लिए शारीरिक यंत्रणा दी जाती है ताकि वह रास्ते पर आए। कई मर्द उसका बलात्कार करते हैं ताकि उसकी प्रतिरोध इच्छा मर जाए। बेहद पारंपरिक समाजों में औरत का बलात्कार उसकी जीवनी शक्ति को नष्ट कर देता है। इसलिए औरतें वेश्यावृत्ति को अपनी नियति मान लेती हैं क्योंकि वे बलात्कार की शर्म से उत्पन्न मानसिक कैद के दायरे से निकल नहीं पातीं।

कुछ औरतों को कर्ज के बोझ से बने आर्थिक दबावों के कारण देह बेचने पर मजबूर किया जाता है। एक बार वेश्यालय को बेचे जाने के बाद उसका मालिक औरतों की खरीद पर हुए खर्च की वसूली के लिए उसे ग्राहकों को संतुष्ट करके कमाई करने पर मजबूर करता है। इस तरह वह कर्ज के शोषक मकड़जाल में उलझ जाती है, जो अपने बदतरीन रूप में दासता से भिन्न नहीं होता।

वेश्यावृत्ति का शुरुआती दौर और सिझाई की प्रक्रिया अलग-अलग जगहों पर चलती है। कभी यह पारंपरिक वेश्या बस्तियों में चलती है। लेकिन युवा लड़कियों से देह के धंधे की शुरुआत इससे कम खुली जगहों—सुरक्षित घरों या होटल के कमरों में करवाई जाती है।

लड़कियाँ और औरतें पहली बार खुद को जिस माहौल में पाती हैं वह देश के मुताबिक होता है। वेश्यावृत्ति के लिए तस्करी की शिकार महिलाओं की भरती आम तौर पर वेश्यालयों के लिए की जाती है। इसका अर्थ यह होता है कि उन्हें सेक्स उद्योग के सबसे बदहाल क्षेत्र में इस्तेमाल किया जाएगा और वे उन ग्राहकों को संतुष्ट करेंगी जिनकी व्यय क्षमता काफी कम होती है। जाहिर है, जो देश जितना गरीब होगा वहाँ वेश्याओं के लिए माहौल उतना बदहाल होगा। गरीब बांग्लादेशी होने का अर्थ है कठिन जीवन जीना, गरीब बांग्लादेशी औरत होने का अर्थ है उससे भी कठिन जीवन जीना। सो, बांग्लादेशी वेश्या होने का हश्र क्या हो सकता है, इसकी कल्पना ही की जा सकती है। ये औरतें जिन भौतिक स्थितियों में काम करती हैं उतनी भयावह स्थितियाँ मैंने पहले नहीं देखी थीं। उनकी कल्पना तक नहीं की जा सकती। वेश्यालय भीड़ भरे और गंदे हैं, गटर जैसी जगहों में वेश्याएँ धंधा करती हैं और उन्हें नहाने और अपनी साफ-सफाई के लिए जगह नहीं मिलती। हालाँकि विकासशील एशियाई देशों का गंदा परिवेश भयावह है लेकिन यह दूसरे लोगों के रहन-सहन की स्थितियों जैसा ही है और कुछ युवा वेश्याओं के लिए तो उनके उस

परिवेश से बेहतर ही है जिसमें वे रह चुकी हैं। आम गरीबी के मद्देनजर वेश्यालयों की स्थितियाँ ऐसी नहीं हैं जिन्हें काबिले गौर माना जाए। बल्कि गौरतलब यह है कि इतने सारे मर्द सेक्स की खातिर इन बदहाल औरतों के पास जाते हैं और उन औरतों को हेय दृष्टि से देखते हैं जो उनका मनोरंजन करती हैं।

भारत में वेश्यालयों की संख्या काफी है। प्रायः हर शहर-कस्बे में लाल बत्ती क्षेत्र हैं। वेश्यालय प्रायः बस अड्डों और रेलवे स्टेशनों के पास हैं। चाय की दुकानों या राजमार्गों के ढाबों के पीछे छोटे-छोटे कमरे होते हैं जहाँ देह व्यापार चलता है। कुछ ढाबों में लड़के भी उपलब्ध कराए जाते हैं। बड़े शहरों में वेश्यालय काफी पुराने हैं, कुछ तो सदियों पुराने।

मुंबई भारत का व्यावसायिक केंद्र है और जीवंत फिल्म उद्योग का केंद्र भी। सो, यह सेक्स उद्योग की राजधानी भी है। शहर के कमाठीपुरा और फॉकलैंड रोड के वेश्यालयों पर काफी शोध हो चुका है और बहुत कुछ लिखा जा चुका है। कमाठीपुरा की गलियों में वेश्यालयों की कतार लगी है। उनमें से अधिकतर छोटे हैं। उनमें सड़क की ओर खुला एक कमरा होता है जिसमें छोटी बेंचें लगी होती हैं। घर के दरवाजे पर छह से दस तक लड़कियाँ ग्राहकों के इंतजार में खड़ी या बैठी होती हैं। बाहर के इस कमरे के पीछे लकड़ी से घिरे छोटे-छोटे खाने होते हैं जिनकी लंबाई औसतन दो मीटर और चौड़ाई एक मीटर होती है। इनमें पतली दरी-सी बिछी होती है जो कल्पनाशून्य यौन क्रिया के लिए जगह जुटाती है। छत से एक टिमटिमाता बल्ब लटका होता है। कुछ बेहतर वेश्यालयों में पंखा भी लगा होता है। वेश्याएँ माहौल को आकर्षक बनाने की कोशिश करती हैं। लकड़ी की दीवारों पर भारतीय फिल्मी हीरोइन की उत्तेजक तस्वीरें चिपकी होती हैं, दरी के पास कुछ नकली फूल और गहने रखे होते हैं। लकड़ी के इन खानों में दरवाजा लगा होता है या परदा टँगा होता है। लेकिन आवाजें खूब आती रहती हैं, यौन क्रियाओं की, खासकर तब जब वेश्याओं की माँग बढ़ी होती है और ग्राहकों की खरीद बढ़ जाती है। दूसरे वेश्यालय कुछ ज्यादा नफीस होते हैं लेकिन वे उनके निवासियों के लिए जेल जैसे हैं। कुछ वेश्यालयों में बस एक ही दरवाजा होता है जिस पर पहरेदार तैनात रहता है और एक घंटी लगी होती है। इसकी वेश्याएँ बाहर नहीं निकलतीं। वे ग्राहकों का इंतजार करने के लिए बेंच पर नहीं बैठतीं। ग्राहक उनके पास आते हैं। कमाठीपुरा के वेश्यालयों में करीब 2000 वेश्याएँ काम करती हैं।[1]

फॉकलैंड रोड और उसकी गलियाँ कमाठीपुरा के पास ही हैं। ये दोनों इलाके मिलकर एक बड़े सेक्स बाजार का निर्माण करते हैं। फॉकलैंड रोड को कमाठीपुरा से कमतर वेश्या इलाका माना जाता है। यहाँ वेश्याओं को शायद लकड़ी के खाने भी नसीब नहीं हैं। बिस्तरों के बीच परदे लगे होते हैं और कुछ कमरे तो भीड़ भरे डॉरमिटरी जैसे लगते हैं। गलियों में खड़ी वेश्याएँ ग्राहकों को सस्ते में हर तरह की

यौन क्रिया का आनंद लेने के लिए चीख-चीख कर बुलाती हैं। कुछ तो पाँच रु. में भी सेवा देने को तैयार रहती हैं। इससे कम कीमत वाला या उदास माल शायद कहीं और ही मिलेगा।

फॉकलैंड रोड की अंदर की गलियों और पहुँच से दूर के वेश्यालयों में नई हासिल की गई औरतों के लिए विशेष आरक्षित कमरे होते हैं। बच्चों को अटारी में रखा जाता है। इसे साबित करना बहुत कठिन है क्योंकि यह धंधा बेहद गोपनीय चलता है। इस मामले में सूचना के सर्वश्रेष्ठ सूत्र खुद वेश्याएँ हैं। मैंने बाल वेश्यावृत्ति के बारे में एकदम स्वतंत्र सूत्रों से जानकारी हासिल की है। उनमें से कुछ तो खुद बाल वेश्याएँ थीं, कुछ औरतें थीं। कुछ वेश्याओं ने बाल वेश्याओं की जिंदगी पर पीड़ा जाहिर की। मुंबई में कई वर्षों से वेश्यावृत्ति कर रही एक नेपाली औरत ने मुझे बताया—"अधिकांश समय आप बच्चियों को नहीं देख पाते। उन्हें बाकी लड़कियों से अलग रखा जाता है। लंबे समय तक मैंने किसी बच्ची को नहीं देखा लेकिन फिर उन्हें कभी-कभी रातों में देखती, उनकी आवाज सुनती। उन्हें छत पर जाकर खेलने की इजाजत थी। मैं उनकी आवाजें सुनती। वे बहुत छोटी बच्चियाँ थीं। जब भी हम उनके बारे में पूछतीं, हमें बताया जाता कि वहाँ कोई नहीं है और हमें वहम हो गया है....लेकिन एक बार करीब 11 साल की एक लड़की हमारे साथ थी। उसे हमेशा अंदर रखा जाता था और अगर घरवाली को लगता कि वहाँ छापा पड़ने वाला है तो उस लड़की को फर्श के नीचे बने छोटे-से तहखाने में डाल दिया जाता। उसे कहा जाता कि अगर उसने शोर मचाया तो मार डाली जाएगी।"

कमाठीपुरा और फॉकलैंड रोड में लड़कियों और जवान औरतों को 'बंद' वेश्यालयों में रखा जाता है। ऐसा काफी युवा या तस्करी से या जबरन धंधे में लाई गई लड़कियों के साथ किया जाता है। इस वर्ग में नेपाली लड़कियाँ ज्यादा आती हैं। उन्हें आम तौर पर बेहतर वेश्यालयों में रखा जाता है, जहाँ पानी, एयर कंडीशनिंग आदि की व्यवस्था होती है और नई, किशोरवय लड़कियों की खासी आमद होती है। ऐसी वेश्याओं को मुंबई में 'पिंजरे वाली वेश्याएँ' कहा जाता है। वे पिंजरे में तो नहीं रहतीं मगर उनका जीवन पिंजरे के जीवन जैसा ही होता है। गली से अँधेरी, सँकरी सीढ़ियाँ ऊपर लोहे की जालियों वाले कमरों में जाती हैं। दरवाजे पर पहरेदार तैनात होते हैं। जालियों से झाँकती लड़कियाँ भी कभी-कभार दिख जाती हैं। जब तक उनकी 'सिझाई' नहीं हो जाती, बाहरी दुनिया से उनका संपर्क बस इतने भर का होता है। 'सिझाई' कुछ लड़कियों के लिए वर्षों चल सकती है।

भारत के बड़े शहरों के वेश्यालय थोड़े-बहुत अंतर के साथ प्रायः ऐसे ही हैं, कलकत्ता में स्थितियाँ थोड़ी ही बेहतर हैं लेकिन वेश्याओं को मुंबई की वेश्याओं से कम पैसे मिलते हैं। कलकत्ता में सोनागाछी सबसे बड़ी वेश्या बस्ती है। यहाँ की वेश्याओं को तीन वर्गों में बाँटा जा सकता है—क, ख और ग। सबसे ऊँचे 'क'

वर्ग की वेश्याएँ जवान और सुंदर होती हैं, उनके कमरों में अच्छे फर्नीचर होते हैं और सफाई भी रहती है। लेकिन लड़कियाँ बहुत दिनों तक 'क' वर्ग में नहीं रहतीं क्योंकि बाजार में आने वाली नई और जवान लड़कियों से होड़ लगी रहती है। सो, इस वर्ग से वे 'ख' और फिर 'ग' वर्ग में चली जाती हैं। निचले वर्ग की लड़कियों को आम तौर पर छह गुना दस फुट का कमरा मिलता है। कमरा दो-तीन वेश्याओं का होता है जो चूहों से भरा होता है। यही उनका घर भी होता है और काम करने की जगह भी। उनके बिस्तर परदों से बँटे होते हैं। अगर ऐसा संभव नहीं होता तो वेश्याएँ और ग्राहक बारी-बारी से कमरे का इस्तेमाल करते हैं। पैसे पर सेक्स का यह कारोबार जल्दी-जल्दी में निबटाया जाता है। उन्हें बहुत ज्यादा इंतजार नहीं करना पड़ता।

सोनागाछी दो-तीन मंजिला मकानों से भरी गलियों वाला इलाका है। सँकरी, ऊबड़खाबड़ गलियारे छोटे-छोटे कमरों तक पहुँचाते हैं। हरेक खस्ताहाल मकान के बीच में अँधेरा, सीलन भरा आँगन होता है जहाँ पानी के नल लगे होते हैं और जहाँ उसके निवासी नहाना-धोना करते हैं। करीब बीस औरतों के लिए एक शौचालय होता है। और वे खाना अपने कमरे में बनाती हैं। शहर की दूसरी वेश्या बस्तियों की तरह यहाँ भी वेश्याएँ सज-धजकर, चमकीली साड़ियाँ और पश्चिमी पोशाक पहनकर गलियों में सवेरे-सवेरे खड़ी हो जाती हैं। वे ग्राहकों को पुकारती हैं, उन्हें अंदर चलने की मनुहार करती हैं, दलाल भी ग्राहकों की तलाश में घूमते रहते हैं। वे उन्हें बताते हैं कि अंदर कमरे में युवा, खूबसूरत लड़की बैठी है जो बेहद कम पैसे पर उपलब्ध है। कुछ लोग बताते हैं कि सोनागाछी में बाल वेश्यावृत्ति अतीत की बात हो गई है। यह वहम है। यकीन न हो तो एक बाल वेश्या की ये बातें सुनिए—"मुझे 12 वर्ष की उम्र में वेश्यालय को बेचा गया और मैंने तुरंत काम शुरू कर दिया। मेरी जैसी दूसरी लड़कियाँ भी थीं लेकिन मालकिन हमें छिपा कर रखती थी। वह हमें कहती थीं कि हम अपनी उम्र अठारह बताएँ। कुछ लड़कियाँ तो मुझसे भी छोटी थीं। वे बच्चियों जैसी थीं लेकिन उन्हें अलग रखा जाता था और हम उन्हें कभी-कभार ही देख पाते थे।"

दिल्ली थोड़ा अलग चित्र पेश करता है लेकिन यह बताता है कि दक्षिण एशियाई शहरों में सेक्स बाजार किस दिशा में जा रहा है। जी. बी. रोड पारंपरिक किस्म की वेश्या बस्ती है जहाँ की तीन-चार मंजिली इमारतों में करीब 85 वेश्यालयों में करीब चार हजार वेश्याएँ रहती हैं।[2] हर वेश्यालय में सँकरी, नीम अँधेरी गलियों और खतरनाक सीढ़ियों से पहुँचा जा सकता है। ऊपर की मंजिलों पर 25 वर्ग मीटर का कमरा होता है जिसमें सोने के लिए तख्त बिछा होता है, मुख्य कमरे के बाहर शौचालय, रसोई घर होता है। छह-आठ कमरे होते हैं जिनमें कोई खिड़की नहीं होती और कमरे में केवल एक छोटा बिस्तर आ सकता है। ऐसे मकानों में 25 से 30 वेश्याएँ रहती

हैं। यही उनके रहने की जगह है और ग्राहकों को पटाने की भी। लड़कियाँ जमीन पर बैठ जाती हैं और ग्राहक उनका चुनाव करते हैं। यह मुझे ऐसा ही लगा जैसे मवेशियों का बाजार लगा हो और ग्राहक रंग-बिरंगे जानवर की खरीदारी कर रहे हों। इसके बाद लड़कियाँ और ग्राहक छोटे कमरे में कुछ देर के लिए गुम हो जाते हैं। ग्राहक इसके लिए 70 रु. देते हैं।

दिल्ली के सेक्स उद्योग में आनेवाली लड़कियों को अकसर जी. बी. रोड में 'सिझाया' नहीं जाता। तस्करी से लाई गई लड़कियाँ वहीं पहुँचती हैं मगर वे इधर-उधर फैल जाती हैं, उन जगहों में जो सुरक्षित हैं और जहाँ स्वयंसेवी संगठनों या पुलिस के हस्तक्षेप की संभावना कम से कम हो। यह इस उद्योग में नए रुझान के अनुकूल होता है। वेश्यावृत्ति का स्वरूप काफी बदल रहा है और परिष्कृत हो रहा है और यह अपने पारंपरिक स्थानों से अलग भी फैल रहा है। कई कारणों से इसका आकलन मुश्किल होता जा रहा है। यह शोषण को भी काफी आसान बनाता है क्योंकि इस पर कम ही लोगों की नजर होती है और भुक्तभोगी पूरी तरह अलग-थलग पड़ी होती हैं। किसी को उनके अस्तित्व का भी पता नहीं होता। निचले स्तर के सेक्स बाजार में भी देह व्यापार अब केवल पारंपरिक वेश्या बस्तियों में सीमित नहीं रह गया है बल्कि यह उनसे बाहर पूरे शहर में फैल रहा है। यह 'सम्मानित' इलाकों में भी पाया जाता है। वेश्यालय भी जरूरी नहीं कि पारंपरिक वेश्यालयों जैसे दिखें। लेकिन उनमें भरी यौन दासियों के लिए 'सिझाई' का अनुभव वैसा ही होता है जैसा जी. बी. रोड या मध्यवर्गीय उपनगरों के वेश्यालयों में। वेश्यावृत्ति की यह विविधता और फैलाव—इस धंधे के निचले तबकों के स्तर पर भी पूरे एशिया में है।

इस धंधे में बढ़ती जटिलता का अच्छा उदाहरण कंबोडिया में देखा जा सकता है। कई कंबोडियाई वेश्यालय हड़बड़ी में तैयार की गई खोलियों जैसे होते हैं। उनकी डिजाइन वैसी ही उपयोगी किस्म की होती है। इनमें एक बड़ा कमरा होता है जिसमें लड़कियों को परखा और चुना जाता है। इस कमरे के पीछे कई खाने जैसे कमरे होते हैं। ये खाने लड़कियों के रहने और काम करने की जगह भी होती हैं। नॉम पेन्ह के कुछ इलाके एकदम नई लड़कियाँ, यानी ग्राहकों को आकर्षित करने वाली चीजों की आपूर्ति के लिए कुख्यात हैं। शहर के ठीक बाहर स्वे पार्क वियतनामी किशोरियों के लिए कुख्यात हैं। शहर से बाहर जाने वाली कारें इसकी तस्दीक करती हैं। स्वे पार्क के दौरे में मैंने पाया कि महँगी कारों और मिनी बसों में चीनी और जापानी मर्द झुण्ड के झुण्ड आते थे और पार्किंग की समस्या पैदा हो जाती थी। नॉम पेन्ह का 7 जनवरी मार्केट खमेर की कुँआरी लड़कियों के लिए मशहूर है। गड्ढों और कीचड़ से भरे टॉल कोर्क मार्ग पर दर्जनों छोटे-छोटे शेडों में वेश्यालय चलते हैं जहाँ हर चीज उपलब्ध होती है। उनमें पहरेदार और दलाल लड़कियों पर नजर रखते हैं और उनका भाग निकलना मुश्किल होता है।

कंबोडियाई सेक्स उद्योग ने नई युवा लड़कियों को वेश्यालयों में 'सिझाने' की पीड़ादायी प्रक्रिया के बिना धंधे में उतारने का लाभदायी उपाय अपना लिया है। तेरह से भी कम उम्र की लड़कियों और सेक्सी दिखने वाली बड़ी लड़कियों को अलग-अलग जगहों पर रखा जाता है। यह कलम पकड़ने जैसा है। वेश्यालयों के प्रबंधक ग्राहकों से सौदा करते हैं और उन्हें शील भंग करने के लिए लड़कियाँ मुहैया करते हैं। व्यापारी आम तौर पर लड़की को केवल कुँवारेपन की वजह से नहीं खरीदते बल्कि उसे कुछ दिनों या सप्ताह भर के लिए रखना चाहते हैं। इस अवधि में वे लड़की के साथ निरंतर संभोग करते हैं, इस जानकारी के साथ कि उसे एड्स या किसी यौन रोग का संक्रमण नहीं लगा है। नॉम पेन्ह के एक बड़े आलीशान होटल के एक बड़े अधिकारी ने बताया कि व्यापारी, खासकर चीनी व्यापारी आम तौर पर लड़कियों का सौदा करके उन्हें होटल में लाते हैं। लड़की होटल के उसके कमरे में पहरे में रहती है, जब तक कि सप्ताह पूरा नहीं हो जाता। ये लड़कियाँ आम तौर पर गाँवों की होती हैं और 15 से कम उम्र की होती हैं, और ग्राहक आम तौर पर मध्यवय के अमीर मर्द होते हैं। होटल के कर्मचारियों को इस सौदे का पता होता है क्योंकि उन्हें कमरे की सफाई करनी होती है और लड़की के लिए खाना लाना होता है। ऐसा कोई इक्का-दुक्का मामला नहीं होता। कंबोडिया में यह आज खास चलन बन गया है। यह इस क्षेत्र के बाकी हिस्सों में भी दिखता है। ये लोग जिन लड़कियों का उपभोग करते हैं वे आम बाजार के लिए भेजी जाती हैं। वे कुलीन वेश्याएँ नहीं होतीं लेकिन कुछ समय के लिए वे चुनिंदा ग्राहकों के लिए होती हैं। जब वे कुँवारी होती हैं, उनकी कीमत ज्यादा होती है। एक बार उनका यौन उपभोग हो जाता है, उनकी कीमत गिर जाती है। कंबोडिया में कुँवारी लड़की की कीमत करीब 500 डॉलर होती है। वेश्यावृत्ति के शुरू के दो महीनों में लड़की के उपभोग की कीमत 10 डॉलर के आसपास होती है। इसके बाद उसकी कीमत एक बोतल बियर के बराबर होती है। धनी और सम्मानित मर्द उन निचले तबके के वेश्यालयों में जाने की कल्पना तक नहीं कर सकते जिनमें अंततः ये लड़कियाँ पहुँच जाती हैं। ये मर्द उन वेश्यालयों को अपनी शान के खिलाफ मानेंगे। लेकिन उन लड़कियों का कौमार्य खरीदना और आलीशान होटल के कमरे में उनका उपभोग करना उनकी शान के खिलाफ नहीं होता।

इस बात को स्पष्ट करने के लिए उत्तरी थाइलैंड के मे साय में देह व्यापार का हवाला देना ठीक होगा। मे साय थाइलैंड और बर्मा की सीमा पर का बेरौनक शहर है। वहाँ लोगों के जाने की एकमात्र वजह सीमा के दोनों ओर के बाजार में खरीदारी होती है, जहाँ सस्ते में चीजें और हस्तशिल्प की वस्तुएँ मिल जाती हैं। यह शहर बर्मा की तानाशाही फौजी सरकार और गरीबी से पलायन करने वाली लड़कियों के लिए थाइलैंड का प्रवेश द्वार-सा है। उन लड़कियों में कुछ अवैध प्रवासी होती

हैं, कुछ शरणार्थी और कुछ मानव तस्करी की शिकार। कोई नहीं बता सकता कि इन वर्गों के बीच सीमा रेखा कहाँ है। औरतें एक से ज्यादा वर्गों में होती हैं। कुछ औरतें सभी वर्गों में आती हैं। उनमें से कई अंततः देह व्यापार में फँस जाती हैं। स्वेच्छा से देह व्यापार के लिए जाने वाली कई लड़कियों को उन भयावह स्थितियों का अंदाजा नहीं होता जिनमें उन्हें काम करना होगा।

मे साय उनके सफर का पड़ाव है। कुछ लड़कियाँ दक्षिण के वेश्यालयों में सीधे चली जाती हैं। कुछ इस शहर में छह महीने तक गुजारने के बाद चियांग माइ या बैंकॉक और फुकेत के वेश्यालयों में जाती हैं। मे साय में 22 से ज्यादा उम्र की वेश्याएँ नहीं मिलतीं क्योंकि उनकी कोई माँग नहीं है।[3] कुँवारी लड़कियों की खरीदारी करने वाले मर्दों के लिए मे साय चुंबक जैसा है। यह पुस्तक लिखने के समय लड़की की कीमत 25 से 30 हजार बाहृत (420 से 500 डॉलर) के बीच है।

देह व्यापार वेश्यालयों या मयखानों में नहीं बल्कि होटलों में होता है। इस शहर में छह बड़े होटल और गेस्ट हाउस हैं। उनमें से ज्यादा संगठित ठिकानों में देह व्यापार के लिए अलग मंजिलें बनी हुई हैं। कुछ मंजिलें पर्यटकों के लिए होती हैं ताकि वे आसपास और स्थानीय संस्कृति का नजारा ले सकें। कुछ मंजिलें थाइ मर्दों और उन पर्यटकों के लिए होती हैं जो स्थानीय वेश्यालयों की लड़कियों की देह खरीदना चाहते हैं। बर्मी कुँवारी लड़कियों को कौन खरीदता है? इस सवाल पर मे साय के देह व्यापार से जुड़ी औरतें हँस देती हैं। एक ने कहा ''हर कोई खरीदता है—थाइ मर्द, और अलबत्ता विदेशी और पश्चिमी देशों के लोग लेकिन खास तौर से जापानी मर्द, वे अव्वल हैं।''

बंद वेश्यालय पूरे एशिया में हैं। ऐसा कोई एशियाई देश नहीं है जहाँ वेश्यालयों का जाल नहीं है और उनमें 'बंद' वेश्यालयों की संख्या खासी है। बंद वेश्यालय वे हैं जो ग्राहकों के लिए तो खुले होते हैं मगर उसके निवासियों के पलायन के लिए बंद। थाइलेंड के वेश्यालयों में बर्मी और थाइ पहाड़ी जनजाति औरतों की बहुतायत है। ये औरतें थाइलैंड में यौन दासता की प्रमुख शिकार हैं। स्थानीय थाइ औरतें बेहतर अभिजात क्लबों और मयखानों में काम करती हैं। लेकिन इसका अर्थ यह नहीं है कि वे शारीरिक दुर्व्यवहार या शोषण से बच जाती हैं। वेश्यालयों के आकार भिन्न-भिन्न होते हैं। किन्हीं में गिनती की वेश्याएँ होती हैं, किन्हीं में सौ से ज्यादा। हालाँकि इनमें लड़कियों को दक्षिण एशियाई वेश्याओं से बेहतर माहौल मिलता है लेकिन नियंत्रण और आर्थिक तथा यौन शोषण के तौर-तरीके एक जैसे ही होते हैं। दक्षिण एशियाई वेश्यालयों की तरह यहाँ के वेश्यालयों में भी 'कुँवारी लड़कियों के अनावरण' के लिए अलग कमरा होता है। नई लड़कियाँ पीछे के कमरे में बेंच पर बैठती हैं। उनके रोग मुक्त होने की गारंटी होती है और उनकी कीमत काफी ऊँची होती है।

फिलिपीन्स में बंद वेश्यालयों को 'कासा' कहा जाता है। वे गो-गो बार और क्लबों से इस मायने में भिन्न होते हैं कि वे खास तौर से स्थानीय मर्दों की सेवा करते हैं। विदेशी मर्द तभी दाखिला पा सकते हैं जब उनकी पहचान स्थानीय नियमित ग्राहक कराएँ। जापानी वेश्यालय बेहतर होने का दिखावा करते हैं—सफल कंपनी अधिकारियों के क्लब या काराओके बार या कैबरे क्लब होने का। यह ग्राहकों को यह सोचने पर विवश करता है कि वे अतीत के उन ताकतवर लोगों के वारिस हैं जिन्हें उन गीशाओं का साथ मिला था। लेकिन प्रशिक्षित गीशाओं के विपरीत आज के समुरइ दहशतजदा थाइ या फिलिपीनी औरतों के लिए कीमत अदा करते हैं जिन्हें धोखे में डाल कर इस धंधे में फँसाया गया।

तस्करी से जापान भेजी जाने वाली या यौन दासता में फँसाई जाने वाली औरतें मुख्य वेश्या बस्तियों में नहीं जमा की जातीं। बताया जाता है कि टोक्यो के प्रमुख और जीवंत सेक्स बाजार काबुकिशो में कुछ यौन दासियाँ होती हैं लेकिन अधिकांश को जापानी द्वीपों में फैले 'स्नैक्स' के नाम से मशहूर वेश्यालयों में फैला दिया जाता है। 'स्नैक्स' हर जगह हैं। छोटे शहरों में भी, खासकर गरम झरने वाले पर्यटन स्थलों ओनसेन के आसपास। इनमें से कुछ छोटे होते हैं और केवल छह-सात लड़कियों की सेवा उपलब्ध कराते हैं। कुछ पचास लड़कियाँ तक मुहैया कराते हैं। इनमें भौतिक स्थितियाँ दक्षिण एशिया के वेश्यालयों से एकदम भिन्न होती हैं। जापानी लोग तुनुकमिजाज होते हैं और उन्हें खोली जैसी जगह में सेक्स बेचना अच्छा धंधा नहीं हो सकता। लेकिन अगर समृद्धि से पैदा हुए मुलम्मे को हटा लें तो 'सिझाई' और नियंत्रण, कर्ज की बंधुआ प्रथा सब जगह एक जैसी है चाहे वह भारत हो या कंबोडिया या जापान।

नई लड़कियाँ जब देह के धंधे में प्रवेश करती हैं तो उन्हें शुरू में हैरत, अविश्वास और सदमे का ही अनुभव होता है। वे प्रायः पूरी तरह भ्रांति की शिकार होती हैं। जबकि वे अस्थिर होती हैं तभी उनकी 'सिझाई' शुरू होती है। यहाँ मैं 20 वर्षीया कंबोडियाई महिला का जिक्र करना चाहूँगी, जो काम की तलाश में गाँव से निकली और खुद को सेक्स उद्योग के भँवर में फँसता हुआ पाया। यह ऐसी कहानी है जो मैंने पूरे एशिया में कई बार सुनी। वह बट्टामबंग के पास पैदा हुई थी। उसके पिता कचरा बीनते थे, जिनकी मृत्यु तभी हो गई जब वह 13 वर्ष की थी। उसके नौ भाई-बहन थे। उसकी माँ सब्जियाँ बेचती थी। उसका परिवार कड़ी मेहनत करता था मगर पर्याप्त कमाई नहीं कर पाता था। इसलिए जब वह 15 की हुई तो वह और उसकी बहन ने घर से निकलकर शहर में काम ढूँढ़ने का फैसला किया। वे देर शाम शहर पहुँचे और उनके लिए ठहरने की कोई जगह नहीं थी। एक हमदर्द-सा दिखने वाला आदमी और एक औरत ने उनकी मदद की पेशकश की। उन्होंने उन्हें खाना खिलाया और रात में अपने घर ठहराया। शहर पहुँची उस औरत ने बाद

में मुझे बताया, "जब हम उस घर में पहुँचे तो वहाँ की औरत ने मुझे और मेरी बहन को अलग-अलग कमरे में ठहराया। रात में वह आदमी मेरे कमरे में आया और मुझसे बलात्कार किया। उसके दोस्त ने मेरी बहन से बलात्कार किया। अगले दिन वे हमें कार में थाइ-कंबोडियाई सीमा पर पोइपेट ले गए। उन्होंने हमें एक वेश्यालय को एक लाख बाह्त (1600 डॉलर) में बेच दिया।[1] मुझे एक कमरे में तीन-चार दिनों तक ताला बंद करके रखा गया। उसके बाद मुझे एक कमरे में कुछ लड़कियों के साथ रखा गया। एक थाइ आदमी वहाँ आया और उसने मुझे चुना। वह मुझे कार में बिठा कर थाइलैंड ले गया और मुझे वहाँ प्रवेश कराने के लिए पुलिस को पैसे दिए।

हम एक होटल में गए लेकिन मुझे उस जगह का नाम नहीं मालूम क्योंकि मैं बहुत डरी हुई थी। उस आदमी ने मुझे कह दिया था कि मैंने भागने की कोशिश की तो पुलिस मुझे पकड़कर जेल में डाल देगी क्योंकि मेरे पास पासपोर्ट और कागजात नहीं थे। उस आदमी ने और उसके कई दोस्तों ने चार दिनों तक मेरे साथ रोज कई-कई बार बलात्कार किया। उसके पाँच-छह दोस्त रहे होंगे। उनमें कुछ पुलिसवाले भी थे।"

इस तरह की कहानियों में थोड़ा-बहुत ही फर्क होता है। घटनाएँ लगभग एक जैसी होती हैं और नतीजा भी लगभग एक ही होता है। एक वेश्या ने 15 की उम्र में वेश्यावृत्ति में पड़ने के वाकये के बारे में बताया—"जब मैं कलकत्ता पहुँची तो मेरी सहेली मुझे उस औरत के घर ले गई। मुझे हैरानी हुई कि मेरी सहेली वहाँ केवल ब्लाउज और पेटीकोट में हमेशा घूमती रहती थी। मैंने इस बारे में उससे पूछा तो बोली, मैं साड़ी क्यों पहनूँ, यह तो अपना घर है, यहाँ मैं सहज रह सकती हूँ और जो चाहूँ पहन सकती हूँ।

"उसने कुछ खाना बनाना भी शुरू किया लेकिन फिर एक आदमी आया और उसने उससे पूछा कि क्या उसके पास उसके (आदमी) के लिए समय है? सहेली ने हाँ में जवाब दिया और उसके साथ एक कमरे में चली गई और दरवाजा लगा लिया, मुझे नहीं मालूम था कि वे अंदर क्या कर रहे थे और जब बाहर आए तो मैंने कहा, वह आदमी कौन था? तुम क्या कर रही थीं? और तुम्हारे पति कहाँ गए? वह हँस पड़ी और बोली, यहाँ कोई पति नहीं है। वह आदमी मेरा पति नहीं, मेरा बाबू (ग्राहक) था। फिर दूसरा आदमी आया और वह मेरी सहेली से बात करने लगा। सहेली ने मुझसे कहा, 'इस आदमी के साथ उस कमरे में जाओ और वही करो जो वह चाहे। यह कहता है कि तुम सुंदर हो। यह तुमसे शादी करना चाहता है। वह बाद में पैसे देगा।'

"उसने मुझे कमरे में धकेल दिया उस आदमी के साथ, और बाहर से बंद कर दिया ताकि मैं बाहर न आ सकूँ। उस आदमी ने मुझे छूना शुरू कर दिया और

कहने लगा कि वह मुझसे शादी करना चाहता है। लेकिन बोला कि 'पहले तुम्हें जान तो लूँ कि तुम कैसी हो।' उसके बाद उस आदमी ने मुझसे बलात्कार किया।

''उसने मुझे पचास रुपए दिए और चला गया। फिर दूसरा आदमी आया। मैं बहुत परेशान हुई और रोने लगी। लेकिन मेरी सहेली ने कहा, 'इस आदमी के साथ जाओ![2] मैंने कहा, 'लेकिन पहले वाला आदमी मुझसे शादी करना चाहता है और अगर यह आदमी मुझे छुएगा तो वह नाराज हो जाएगा।' मेरी सहेली फिर हँस पड़ी। मैंने कह दिया कि मैं यह नहीं कर सकती, और घर लौटना चाहती हूँ। लेकिन सहेली ने कहा, 'यह अच्छा काम है। देखो मेरे पास कितने जेवर हैं। अगर तुम उसके साथ जाओगी तो सोचो कितना पैसा कमाओगी और मेरी तरह अच्छी-अच्छी चीजें पा सकोगी।' मैं यह नहीं करना चाहती थी लेकिन उन लोगों ने मुझे कमरे में धकेल दिया और दूसरे आदमी ने भी मुझसे बलात्कार किया।

''फिर तीसरा आदमी घर में आया और मैंने उसका मनोरंजन करने से मना कर दिया। मेरी सहेली ने कहा कि अगर मैंने वैसा नहीं किया तो वह मेरे परिवार को बता देगी कि मैं वेश्या बन गई हूँ। और तब मेरे परिवार को गाँव में शर्मिंदगी उठानी पड़ेगी। मैं परिवार के लिए ऐसा नहीं चाहती थी इसलिए ग्राहकों का मनोरंजन करने लगी और फिर कभी मना नहीं किया।''

लड़की के वेश्या बनने के बारे में उसके परिवार को बता देने की धमकियाँ उसे इस धंधे में फँसा डालने का एक हथकंडा है। यह उन लड़कियों पर भी अपनाया जाता है जिन्हें इस धंधे में जबरन धकेला गया हो। जिन लड़कियों के परिवार उसकी कमाई पर 'अग्रिम' ले लेते हैं वे लड़कियाँ अगर इस धंधे को नापसंद करने या इसे छोड़ने की बात करती हैं तो उनके परिवार को खतरा पहुँचाए जाने की धमकी दी जाती है। उन्हें धमकाया जाता है कि उनके परिवार को पैसा लौटाना होगा और उनके परिजनों पर हमला भी हो सकता है।

नई लड़कियों की 'सिझाई' के लिए वेश्यालयों की मालकिन वगैरह तरह-तरह की क्रूरताएँ करते हैं। आरती का ही उदाहरण लें। अभी वह बालिग भी नहीं हुई थी कि उसे वेश्यावृत्ति के लिए मुंबई में बेच दिया गया। नौ साल की उम्र में ही इस धंधे में डाली गई आरती आज एड्स की पूरी गिरफ्त में है। वेश्यालय से मुक्त कराई गई आरती ने बताया, ''मालकिन नेपाल की थी और बहुत बदमाश थी। वह मुझे बहुत सताती थी। मेरी एड़ियों में चेन बाँध कर अँधेरे कमरे में डाल दिया गया। मैं कमरे से केवल शौचालय के लिए बाहर जा सकती थी। उस समय पहरेदार मेरी चेन खोलता और मुझ पर नजर रखता। या फिर जब ग्राहक आते तब मुझे खोला जाता। मेरा ग्राहक बहुत बूढ़ा था। वह मेरी बहुत पिटाई करता और फिर यौनाचार करता। कुछ ग्राहक क्रूर नहीं थे मगर कुछ ऐसे थे जो मेरी पिटाई करना पसंद करते थे। मालकिन मुझे कई बार पीटती ताकि मैं ग्राहकों को खुश रखूँ।''

आरती को इसी तरह पाँच साल तक कमरे में चेन से बाँध कर रखा गया। वह कभी पूरी तक रम नहीं पाई और अब वयस्क का जीवन जीने के लिए जिंदा रहने की उसकी संभावना भी मिट चुकी थी। उसकी कहानी मुझे सबसे त्रासदीपूर्ण लगी। लेकिन वह कोई अलग नहीं थी। वह भयावह निजी त्रासदी थी। अगर इसे कोई अलग-सी डरावनी कहानी माने तो हम इसे कुछ बीमार दिमागों की करतूत कह सकते हैं। सदमे वाली बात यह है कि आरती जिन अनुभवों से गुजरी वैसे अनुभवों से गुजरने वाले कई हैं पूरे एशिया में, जिनके दहशत की अनगिनत गूँज सुनी जा सकती है। इन लड़कियों के अनुभवों को खौफनाक कह कर हम खारिज नहीं कर सकते। न ही इन्हें अपवाद बता सकते हैं, जो हमें देह व्यापार के व्यापक स्वरूपों और विषय वस्तुओं के विश्लेषण से विरत करते हैं। वेश्यावृत्ति के अर्थशास्त्र पर जोर देना अक्षम्य है। मानो इस धंधे के कगार पर स्थित लोग बड़े परिदृश्य पर से ध्यान हटाने वाले बुरे तत्त्व हैं। दरअसल, वे ही बड़ा परिदृश्य प्रस्तुत करते हैं। यौन दासता ऐसी चीज नहीं है जिसे केवल आंकड़ों के आधार पर विश्लेषित किया जा सकता है। मानवीय त्रासदी को किसी ग्राफ पर आंकड़े लिख कर नहीं मापा जा सकता। आरती जैसी लड़कियों और औरतों की कहानियों का विश्लेषण किया जाए तो उसका परिणाम वेश्यावृत्ति और उसे पोषण देने वाले सिद्धांतों की भर्त्सना के रूप में ही निकलेगा।

यहाँ मैं बांग्लादेश के ढाका में एक युवती की कहानी भी कहना चाहूँगी जो घोर गरीबी और शारीरिक यातना के परिणामस्वरूप वेश्यावृत्ति के धंधे में उतारी गई—"मैंने एक कारखाने में करीब तीन महीने काम किया जहाँ हर महीने 500 टका मिलते थे। मैं एक लड़की के साथ एक कमरे में किराए पर रहती थी। एक दिन उसने मुझसे कहा कि वह मुझे अपने साथ नहीं रख सकती क्योंकि मेरे पास पर्याप्त पैसे नहीं हैं। अब मेरे लिए कोई ठिकाना नहीं रह गया। मैं बहुत परेशानी में सड़क पर घूम रही थी कि एक औरत मुझसे बातें करने लगी। उसने कहा कि वह मेरा ख्याल रखेगी और अच्छी नौकरी भी दिला देगी। मैं उसके साथ चली गई। वह मुझे एक कमरे में ले आई और खाना खिलाया। फिर दो मोटी, बुर्काधारी औरतें आईं तो उसने मुझे कहा कि मैं उनके साथ जाऊँ। वे मुझे शहर दिखा देंगी। अँधेरा हो चुका था। उन लोगों ने मुझे एक स्कूटर में बिठाया। हम एक बहुत भीड़ वाली जगह में आ गए, सब कुछ अजीब-सा लग रहा था। वहाँ कई लड़कियाँ अजीबोगरीब कपड़ों में थीं और सजी-धजी थीं। हम एक गली से पैदल जा रहे थे कि एक औरत ने मेरा ओढ़ना हटा दिया और बोली कि यहाँ इसे ओढ़ने की जरूरत नहीं है। वे मुझे एक बड़ी इमारत में ले गईं और वहाँ एक औरत से मेरे बारे में कुछ बातें कीं। मैं बहुत डरी हुई थी। उन्होंने मुझसे पूछा कि क्या मुझे चक्कर आ रहा है, फिर मुझे एक दवा की गोली दी। उन्होंने मुझे रात भर सोने दिया।

''सुबह कई लड़कियाँ मुझसे बात करने आईं। उन्होंने मुझसे कहा कि अगर मैंने उनके कहे मुताबिक काम किया तो सब ठीक हो जाएगा और मुझे आदत लग जाएगी। मैं समझ नहीं पा रही थी कि वे क्या कह रही थीं। उन्होंने कहा कि यह जगह खराब नहीं है, यहाँ अच्छा खाना-कपड़ा भी मिलेगा।

''दूसरी रात एक औरत ने मुझे छोटे-से कमरे में बंद कर दिया। कुछ देर बाद एक आदमी उसमें आया और उसने मुझसे बलात्कार करने की कोशिश की। मैं उससे उलझ गई। वह बहुत गुस्सा हुआ। उसने कहा, 'मैंने तुम्हारे लिए पैसे दिए हैं। सो, मैं जो चाहता हूँ वही करो।' मैडम भी इतनी गुस्सा हुई कि उसने मुझे लाठी से इतना मारा कि मेरी बाँहें फूल गईं। कुछ ग्राहक अच्छे थे, उन्हें जब लगता कि मैं यौनाचार नहीं करने दूँगी तो वे मैडम को कुछ नहीं कहते। लेकिन अधिकतर ग्राहक खराब थे। वे मैडम से शिकायत करते और मैडम मुझे पीटने लगती और चीखती कि 'आखिर तुम कब रास्ते पर आओगी?' पाँच दिन पिटने के बाद मैंने हार मान ली।''

बदहाल बांग्लादेश में भी सेक्स उद्योग का कायापलट हो रहा है। लड़कियों को वेश्यावृत्ति के लिए बेचा जाता है लेकिन जरूरी नहीं कि पारंपरिक वेश्यालयों को ही। उन्हें 'होटल वेश्यावृत्ति' में डाला जा रहा है। यह एक धोखा जैसा है और बांग्लादेश इस धंधे की भ्रामक छवि पेश करता है। इसे 'गंदे, छोटे लॉज' या 'बड़े गंदे हास्टल' की वेश्यावृत्ति कहना ज्यादा ठीक होगा। इस धंधे का ढाँचा भी पारंपरिक वेश्यालयों के ढाँचे जैसा है। लेकिन यह गतिशील और ज्यादा गुप्त है। ग्राहकों को बदनाम बस्तियों में जाने की शर्म से नहीं गुजरना पड़ता। बल्कि लड़की ही उन तक पहुँचाई जाती है। पकिस्तान में भी ऐसा ही हो रहा है। वहाँ वेश्यालयों से लड़कियाँ होटलों में पहुँचाई जाती हैं वहाँ के मेहमानों के मौज-मजे के लिए। लाहौर के एक आलीशान होटल में अपने प्रवास के दौरान मैंने होटल की लॉबी से 13 साल की एक उद्विग्न लड़की को ले जाई जाते देखा। वह वहाँ की मुख्य वेश्या बस्ती की एक वेश्या की बेटी थी जिसे वेश्यावृत्ति के धंधे में उस दिन पहली बार उतारा जाना था। उसके ग्राहक साठ से ऊपर की उम्र के दो स्थानीय व्यापारी थे। वे उस लड़की की नानी से उसकी सौदेबाजी कर रहे थे। जाहिर है, वे दोनों जैसी मस्त लड़की की उम्मीद कर रहे थे वैसी वह रोती हुई बच्ची नहीं थी।

इस तरह का धंधा कंबोडिया और थाइलैंड में कुँपारी लड़कियों की खरीद जैसा ही है। एशिया के सभी देशों में ऐसी होटल वेश्यावृत्ति चलती है लेकिन कहीं-कहीं लड़कियों को थोड़ी आजादी होती है क्योंकि वे बाजार के ऊँचे तबके की माँग पूरी करती हैं। गरीब बांग्लादेश में यह तबका काफी छोटा है। होटल वेश्यावृत्ति में 'सिझाई' का एक लड़की का अनुभव कुछ इस प्रकार का है। यह ग्यारह साल की एक लड़की का अनुभव है जिसे घरेलू नौकरानी का काम दिलाने का वादा किया गया था मगर कभी पूरा नहीं किया गया—''मुझे नौकरी पर रखने वाली औरत के पति ने मुझसे

कहा, 'तुम्हें घर में काम करने की जरूरत नहीं है। मैं तुम्हें और अच्छा काम दूँगा।' अगले दिन वह मुझे एक दलाल के पास ले गया और मुझे बेच दिया। वह दलाल मुझे एक होटल में ले गया, जहाँ और भी लड़कियाँ थीं। ज्यादातर लड़कियाँ मुझसे बड़ी थीं लेकिन एक मेरी ही उम्र की थी। मुझे होटल के एक कमरे में ले जाया गया। वहाँ एक नौजवान आया, जो 20-21 साल का रहा होगा। उसने मेरे साथ यौनाचार किया। उसके बाद हर दिन मुझे होटल के कमरे में ले जाया जाता और मर्द लोग आते। हमेशा मुझे पहरे में रखा जाता। पहरेदार हम पर नजर रखते और कमरों में ले जाते। हम कभी अकेले नहीं रह पाते।"

जिन समाजों में वेश्यावृत्ति खुला व्यापार बन रही है उनमें सेक्स बाजार के चतुर खिलाड़ियों को औरतों को वेश्यावृत्ति में फँसाने के लिए शारीरिक बल का प्रयोग नहीं करना पड़ता। बाजार की ताकत यह मकसद हासिल कर लेती है और देह व्यापार के प्रतिष्ठान अछूते बने रहते हैं। उदाहरण के लिए थाइलैंड में कई बार मयखानों और क्लबों के मालिक उन लड़कियों को नहीं रखना चाहते जिन्हें जबरन वेश्यावृत्ति में डाला गया हो। बल्कि वे उन लड़कियों को रखते हैं जो समकक्षों के दबाव में धीरे-धीरे इस धंधे में शामिल हो जाती हैं या इससे भी महत्त्वपूर्ण यह कि भारी कर्ज में फँस जाती हैं।[5] इस कर्ज का भुगतान मयखाने या क्लब के मालिक को करना पड़ता है। शुरू में वे छोटे-मोटे काम करती हैं, जैसे बेयरे का। लेकिन कुछ ही समय बाद वे वेश्या वृत्ति करने लगती हैं।

तस्करी से नाइजीरिया के एक वेश्यालय में पहुँचाई गई एक फिलिपीनी औरत ने बताया कि उसे और उसकी सहेली को किस तरह देह बेचने पर मजबूर किया गया—"हमें एक बड़े अहाते में भेजा गया जो चारों तरफ ऊँची बाड़ से घेरा हुआ था और जहाँ काफी कड़ा पहरा था। अहाते में तीन मकान थे जिनमें फिलिपीनी भरे थे। वे हमें देखते थे। हमें कहा गया कि हमें एक क्लब में काम करना पड़ेगा ताकि हम अपने विमान किराये का और हमारी खरीद पर क्लब मालिक ने जो पैसा खर्च किया उसका भुगतान कर सकें। हमें ग्राहकों का मनोरंजन करना था वरना हम कर्ज का भुगतान कैसे कर पाते।"

लड़की को कर्ज से लाद देने की चाल आम है। इसके बाद लड़की को कर्ज से उबरने का रास्ता सुझाया जाता है—शरीर बेचो और कर्ज चुकाओ। जापानी सेक्स क्लब में तस्करी से लाई गई एक रोमानियाई औरत ने बताया कि उसे वेश्यावृत्ति के लिए प्रेरित करने की क्या चालें चलते थे क्लब के मालिक—"पहले कुछ महीने तो हम लोगों को नर्तकी के रूप में रखा गया और कोई पारिश्रमिक नहीं दिया गया। उन्होंने कहा कि उन्हें हमारे विमान भाड़े और ट्रेनिंग का खर्च देना पड़ता है। हमारे पास बेहद कम पैसा होता था, इतना कम कि खाना भी पूरा नहीं खरीद सकते थे। मैं तो हमेशा भूखी ही रहती। अगर हमें ज्यादा पैसे की जरूरत होती तो ग्राहकों

के पास जाना होता। तब हमें टिप्स मिल पाते। हम क्लब छोड़ नहीं सकते थे क्योंकि कानूनी करारनामे से बँधे थे। फिर, हमारे पास घर लौटने के लिए विमान भाड़ा कहाँ था।"

इस प्रथा को कर्ज की बँधुआ मजदूरी कहते हैं। दुनिया भर के सेक्स उद्योग में यह प्रचलित है। एशिया में भी, इसे इस रूप में भी देखा जा सकता है कि यह लड़की के लिए अपनी कमाई का अग्रिम भुगतान हासिल करने जैसा है। या बदतरीन रूप में इसे यौन दासता के बराबर माना जा सकता है क्योंकि वेश्यालयों और क्लबों के मालिक कर्ज के साथ हेराफेरी भी करते हैं। कर्ज की निश्चित रकम नहीं होती। यह वेश्यालय मालिक या प्रबंधक की मनमर्जी से बढ़ती जाती है। यानी कर्ज की बँधुआगीरी का इस्तेमाल औरतों को वेश्यावृत्ति पर मजबूर करने और ग्राहकों को स्वीकार करने तथा यौनाचार के लिए मजबूर करने के लिए किया जाता है जिससे आम तौर पर वे इनकार कर देतीं।

कर्ज की बँधुआगीरी के बदतरीन उदाहरण दक्षिण एशिया में पाए जाते हैं। कलकत्ता में इस धंधे की नई औरतों के लिए चुकरी प्रथा चलती है। वेश्यालय का मालिक दलाल से लड़की खरीदता है। इस तरह लड़की उसकी संपत्ति बन जाती है। मालिक लड़की की जरूरतें पूरी करता है—खाना, कपड़ा और साधारण खर्चे की। ये खर्चे लड़की के कर्ज में जोड़ दिए जाते हैं। इसके अलावा मालिक की मर्जी से दूसरी रकमें भी जोड़ दी जाती हैं। नई वेश्या को यह बढ़ता कर्ज ग्राहक की सेवा करके चुकाना पड़ता है। मुश्किल यह है कि उसे यह कभी पता नहीं चलता कि उसकी देनदारी क्या है, प्रति ग्राहक कितनी कटौती होगी उसमें, उसके ऊपर खर्चों के मद में कितना जोड़ा जाएगा और वेश्यालय का मालिक उसे क्या 'उपहार' देगा। आमतौर पर उसे कुछ सस्ते गहने दिए जाते हैं जिसके खर्चे का भुगतान उसे अपनी देह बेच कर करना पड़ता है। चुकरी प्रथा यौन दासता ही है।

पूरे उपमहादेश में लगभग समान व्यवस्था है। मुंबई के कमाठीपुरा में लड़की को ग्राहक से मिलने वाली रकम का आधा दिया जाता है। इसमें से उसे किराया, बिजली, खाना आदि के साथ अन्य खर्चों का भुगतान करना होता है और कर्ज भी चुकाना होता है। कुछ लड़कियों को कर्ज का पूरा भुगतान करने में वर्षों लग जाते हैं। बांग्लादेश में आमतौर पर इसमें चार-पाँच साल लग जाते हैं। इस अवधि में युवा वेश्या वेश्यालय की मालकिन के अधीन प्रशिक्षु की तरह रहती है। उसे वेश्यालय छोड़ने की इजाजत नहीं होती और जो भी ग्राहक उसके पास भेजे जाएँ उनकी सेवा करनी होती है।

कर्ज की बँधुआगीरी पूरे दक्षिण-पूर्व एशिया में लगभग एक जैसी है। उदाहरण के लिए, तस्करी से लाई गई लड़कियों की लागत पर आमतौर पर 100 फीसदी ब्याज दर से भुगतान करना होता है।[6] थाइ-बर्मी सीमा से तस्करी की गई बर्मी लड़की

के लिए वेश्यालय मालिक को 10,000 बाह्त तक देना पड़ता है और लड़की वेश्यालय के मालिक को 20,000 बाह्त तक का भुगतवान करती है। यह रकम वह देह बेच कर अदा करती है। ग्राहक से मिलने वाली फीस में से आधा उसे दिया जाता है और अपेक्षा की जाती है कि इसमें से वह अपने कर्ज का भुगतान करे।

कर्ज की बँधुआगीरी का सबसे हैरतअंगेज पहलू यह है कि इसके सबसे कुत्सित और शोषणकारी असर को भुगतने वाली लड़कियाँ इसे स्वीकार कर लेती हैं। अनुसंधान के प्रारंभिक चरण में मुझे किसी युवा स्त्री का यह कबूलना अजीब लगा कि किसी तीसरे पक्ष को उसे बेचने का अधिकार है। मैं उम्मीद करती थी कि वे अपमानित महसूस करती होंगी या इस बात पर कम-से-कम गुस्सा होती होंगी कि उन्हें बेचा गया लेकिन कुछ ही लड़कियों ने अपनी बिक्री या बँधुआगीरी पर सवाल उठाया। उन्होंने जब भी कोई बात की तो अपने कर्ज से मुक्ति पाने की। उदाहरण के लिए, कोलकाता में एक बांग्लादेशी वेश्या का मानना था कि एक पड़ोसी ने बचपन में उसे वेश्या बनने के लिए बेच कर गलत किया लेकिन वेश्यालय के मालिक को कर्ज का भुगतान करने पर उसने कोई सवाल नहीं उठाया, "मुझे उस काम से घृणा थी लेकिन मुझे तो कर्ज चुकाना ही था।" कंबोडियाई वेश्याओं से भी मैंने ऐसी ही बातें सुनीं। वे इस बात से आहत दिखीं कि उनके मित्र या रिश्तेदार ने उन्हें वेश्यालय के हाथों बेच दिया लेकिन वे इस धारणा पर कोई सवाल नहीं उठातीं कि उन्हें बेचा-खरीदा जा सकता है। कुछ समय बाद मैं समझ गई कि ये लड़कियाँ अपनी बिक्री पर आपत्ति नहीं उठातीं क्योंकि वे जो हैं उसे कबूलती हैं। वे व्यापार की वस्तु हैं। अपने अधिकारों से वंचित किए जाने का क्षोभ उन्हें नहीं है क्योंकि अव्वल तो उन्हें उन अधिकारों में कभी विश्वास नहीं रहा।

इस किताब के लिए क्षेत्र में शोध करते हुए मुझे दूसरा और सबसे गहरा सदमा देह व्यापार में लगी लड़कियों की उम्र देखकर लगा। हाल के वर्षों में पश्चिमी मीडिया ने बाल यौनाचार पर ध्यान केंद्रित किया है। पश्चिम में यह एक समस्या मानी जाती है और बताया जाता है कि इसे बढ़ावा देने वाले तत्त्व एशिया और दूसरे अर्ध विकसित देशों में जाते हैं और जहाँ उन्हें अपने देश के मुकाबले काम करने में आसानी होती है। एशियाई प्रेस में छपने वाली खबरों से आपको लग सकता है कि बाल यौनाचार जैसी विकृति पश्चिम में ही सीमित है और पश्चिमी पर्यटक तथा प्रवासी इये एशियाई देशों में फैलाते हैं। इन दयनीय और अवसादग्रस्त लोगों का पक्ष लेने वाली मैं आखिरी व्यक्ति होऊँगी लेकिन एशियाई मीडिया को ज्यादा ईमानदारी बरतनी चाहिए। एशियाई मर्दों में बाल यौनाचार बड़े पैमान पर है लेकिन इसे स्वीकार नहीं किया जाता। कुछ देशों में ऐसा इसलिए है क्योंकि मर्दों और बच्चों के बीच यौन संबंध को संस्थागत रूप दे दिया गया है।

उदाहरण के लिए, 12 साल की बच्ची से वेश्यावृत्ति की व्यापक निंदा होती

है। लेकिन ऐसा इसलिए है कि वेश्यावृत्ति को ही निंदनीय माना जाता है, न कि इसलिए कि 12 साल की बच्ची से मर्द लोग यौनाचार करते हैं। आखिर यह घृणित क्यों माना जाता है। बांग्लादेश में दस साल की बच्चियों की विधिवत शादी कराई जाती है। 12 साल तक की 15 फीसदी लड़कियों और 14 साल की 57 फीसदी लड़कियों[7] की शादी कर दी जाती है। दक्षिण एशिया में बच्चियों को ही वेश्यावृत्ति के लिए बेच दिया जाता है या शादी कर दी जाती है। इसमें फर्क क्या है?

उचित तो यही होगा कि हम पसंद के तहत यौनाचार और परिस्थितिजन्य यौनाचार में अंतर करें। पसंद के तहत बाल यौनाचार करने वाले वे लोग हैं जो रजस्वला होने से पहले की उम्र की बच्चियों से यौनाचार पसंद करते हैं। परिस्थितिजन्य बाल यौनाचार करने वाले वे लोग हैं जो बच्चियों से यौनाचार करते हैं। मगर उन्हें शिकार के रूप में तलाश नहीं करते। मेरा मानना है कि एशियाई बाल वेश्याओं के अधिकतर ग्राहक दूसरी श्रेणी में आते हैं। वे बच्चियों के साथ यौनाचार करते हैं क्योंकि वे उपलब्ध हैं। और एक बार लड़की का कौमार्य बिक जाता है, तो वह सस्ती हो जाती है। जब मर्द किसी लड़की से यौनाचार करना चाहते हैं तो ऐसी लड़की की इच्छा करते हैं जो रोमिल हो चुकी हो।

दूसरे विकासशील देशों की तरह बांग्लादेश में बचपन और वयस्कता के बीच की कोई मान्य उम्र नहीं है। परिवर्तन अचानक हो जाता है। यह वयःसंधि पर होता है या विवाह पर, जो भी पहले हो जाए। ऐसा ही बाकी दक्षिण एशिया में होता है। इस क्षेत्र में देह बेचने वालियों की उम्र का ब्यौरा स्पष्ट करता है कि वेश्यावृत्ति कम उम्र में ही शुरू की जाती है। भारतीय राष्ट्रीय महिला आयोग ने राजस्थान में 200 बाल वेश्याओं का अध्ययन किया था जिससे पता चला कि इन लड़कियों में से 64 फीसदी ने 14 की उम्र से पहले ही वेश्यावृत्ति शुरू कर दी थी।[8] ऐसी लड़कियों की संख्या काफी है जिन्होंने बचपन में और अधिकतर ने वयःसंधि पर वेश्यावृत्ति शुरू की थी।[9] 1999 में बांग्लादेश के समाज सेवा विभाग ने टान बाजार और नीमटोली वेश्या बस्तियों में 1000 से ज्यादा वेश्याओं का सर्वे किया। इनमें से 450 बच्चियाँ ही थीं। इसी तरह ढाका में सड़कों पर वेश्यावृत्ति करने वाली करीब 180 औरतों के सर्वे में पाया गया कि उनमें से 30 फीसदी सोलह से कम उम्र की थीं। दूसरी ओर, 25 की उम्र के आसपास की वेश्याओं की संख्या में कमी आई है। 30 से ऊपर की वेश्या नहीं पाई गईं।[10] ऐसा इसलिए नहीं है कि औरतों ने खुशनुमा और ज्यादा सामाजिक मान्यता प्राप्त रोजगार पा लिया है बल्कि इसलिए है कि कोई उन्हें खरीदने को तैयार नहीं है।

यह मसला दोबारा जोर देने लायक है। रिपोर्टें बताती हैं कि नॉम पेन्ह में एक चौथाई से ज्यादा वेश्याएँ 17 से कम उम्र की हैं।[11] यह अनुमान असलियत से कम भी माना जा सकता है क्योंकि कई बाल वेश्याएँ नजर नहीं आतीं इसलिए

गिनी नहीं जातीं। मलेशिया में वयःसंधि से पहले की कुँवारी लड़कियों की कीमत ज्यादा होती है।[12] नेपाल में 48 फीसदी वेश्याएँ 10 से 15 की उम्र के बीच धंधे में आती हैं।[13] भारत में तस्करी से भेजी जाने वाली नेपाली लड़कियों में से 20 फीसदी 15 से कम उम्र की होती हैं।[14] और इंडोनेशिया में वेश्यालयों में धंधा करने वाली एक चौथाई वेश्याएँ 17 से कम उम्र की हैं।[15] फिलिपीन्स के बंद वेश्यालयों 'कासाओं' में पाई गई लड़कियाँ बेहद कमसिन हैं। उनमें से 70 फीसदी बीस से कम उम्र की हैं। बहुतायत 12 से 18 की उम्र की लड़कियों की है। फिलिपीन्स में सेक्स उद्योग के विभिन्न क्षेत्रों की गहन जानकारी रखने वाली, और कई वर्षों तक एक कासा चलाने वाली मामा सान ने बताया कि वेश्यालयों की लड़कियाँ बहुत गरीब परिवारों की होती हैं। उनके लिए माँग के बारे में उन्होंने कहा—"कासाओं में लड़कियों की स्थिति बहुत खराब होती है। शुक्रवार और शनिवार की रातों को खास तौर से उनके लिए कई ग्राहक होते हैं। एक-एक को दस-बारह ग्राहकों को निबटाना पड़ता है। नई लड़कियों की हालत ज्यादा बुरी होती है क्योंकि नियमित ग्राहक उनकी माँग करते हैं। 12 से 15 की उम्र बेहतरीन मानी जाती है। उन्हें 'चेरी गर्ल्स' कहा जाता है लेकिन उन्हें केवल काफी अमीर ग्राहक ही खरीद सकते हैं।"

थाइलैंड में पिछले कुछ वर्षों में बाल वेश्यावृत्ति के खिलाफ कड़ी कार्रवाई की गई है। इसका कुछ असर हुआ है लेकिन वैसा नहीं जैसी उम्मीद थी। कई वेश्यालयों से बाल वेश्याएँ हटा ली गईं और अब वे ज्यादा गुप्त ठिकानों पर उपलब्ध हैं। इसलिए मैंने थाइ वेश्याओं से यह शिकायत सुनी कि वेश्यालयों में आने वाले ग्राहक अब घट गए हैं क्योंकि वे कमसिन वेश्याओं की तलाश में इधर-उधर चले जाते हैं। इस तथ्य की पुष्टि अंतरराष्ट्रीय श्रम संगठन के एक सर्वे से ही हुई है, जिसने वेश्यालयों के मालिकों का यह दावा दर्ज किया कि 18 से कम उम्र की वेश्याओं पर पाबंदी से इस धंधे में घाटा हो रहा है क्योंकि ग्राहक कमसिन वेश्याएँ चाहते हैं।[16]

अकसर यह कहा जाता है कि एड्स के डर के कारण भी छोटी उम्र की वेश्याओं की माँग बढ़ी है। यह तर्क देने वाले कहते हैं कि ग्राहकों को लगता है कि कम उम्र की लड़कियों को एड्स के विषाणु से ग्रसित होने का कम खतरा होता है इसलिए उनसे उन्हें संक्रमण का भी कम खतरा है। यह दक्षिण एशिया में तो निश्चित ही सच है, जहाँ वेश्यावृत्ति में आने वाली कम उम्र की लड़कियों की संख्या बढ़ती जा रही है। वैसे, दक्षिण एशिया में कमसिन लड़कियों की कीमत हमेशा ज्यादा रही है। देवदासी प्रथा जैसी पारंपरिक वेश्यावृत्ति के तहत लड़कियों को वयःसंधि पर ही इसमें डाल दिया जाता है। सो, आज किशोरवय लड़कियों की माँग के पीछे पुरानी परंपरा रही है और इस रोग को लेकर आज का डर बच्चियों के साथ यौनाचार की मर्दों की इच्छा का सुविधाजनक बहाना बन गया है।

कुँवारी लड़कियों की बिक्री का बड़ा तर्क यह होता है कि वे एड्स या दूसरे

यौन रोगों से मुक्त होती हैं। कुँवारी वेश्याओं के ग्राहक, जो स्वास्थ्य को लेकर ज्यादा सतर्क रहते हैं, लड़कियों का कौमार्य भंग करने के लिए न केवल ऊँची कीमत देते हैं बल्कि शर्मनाक रोगों से मुक्त रहने के संदेहों से मुक्त होकर यौनाचार का आनंद लेते हैं। इसलिए कंडोम को परे रख दिया जाता है। लेकिन सुरक्षा का यह आश्वासन बेशक ग्राहकों के लिए ही है। लड़कियों को संक्रमण का बहुत ज्यादा खतरा होता है क्योंकि वे नाजुक उम्र में एक ऐसे शख्स से असुरक्षित यौन संपर्क करती हैं जो कई लड़कियों, औरतों से यौनाचार कर चुका होगा।

सस्ते वेश्यालयों में पहुँच जाने वाली एकदम नई लड़कियाँ ज्यादा समय तक नई नहीं रह पातीं, क्योंकि युवा और नई लड़कियों की सेवाओं की भारी माँग रहती है। कलकत्ता में देह व्यापार के एक अध्ययन में पाया गया कि वेश्याएँ हर दिन दो से दस ग्राहकों तक को निबटाती हैं। यानी औसत तीन[17] का आता है। लेकिन इस आँकड़े में काफी अंतर भी होता है। अभागी नेपाली लड़कियों को दस से पंद्रह[18] तक ग्राहकों को निबटाना पड़ता है। युवा लड़कियों के लिए ज्यादा ग्राहक होते हैं। हर जगह ऐसा ही है। कंबोडिया में वेश्यालयों के मालिक किशोरवय वेश्याओं को हर दिन 15 से 17 ग्राहकों को निबटाने को मजबूर करते हैं। वयस्क उम्र की वेश्याओं को इतने ग्राहक नहीं निबटाने पड़ते। मैं कंबोडिया में एक ऐसी लड़की से मिली जिसे वहाँ काफी खूबसूरत माना जाता था। वह गोरी, मांसल और सुंदर थी। नॉम पेन्ह के एक वेश्यालय में वह अपनी सुंदरता के कारण अपने हर दिन 20 ग्राहक तो जुटाती ही थी, उसने अपने लिए एड्स भी जुटा ली।

'सिझाई' में कुछ हफ्तों से लेकर कुछ साल तक लग सकते हैं। वेश्यावृत्ति में उतरने वाली कुछ लड़कियों को इस प्रक्रिया से गुजरने की जरूरत नहीं पड़ती क्योंकि वे देह बेचने का खुद ही फैसला करती हैं। लेकिन दूसरी कई लड़कियों के लिए अनुकूलन की अवधि से गुजरना पड़ता है। यह उनके लिए भी होती है, जो यह तो जानती हैं कि उन्हें अपना शरीर बेचना है लेकिन यह नहीं जानतीं कि किन स्थितियों में यह धंधा करना है। उन्हें वेश्यावृत्ति के चलते कैद और शारीरिक तथा मानसिक परेशानियों के साथ तालमेल बिठाना जरूरी होता है। प्रतिरोध की अपनी इच्छा को मारना होता है।

छोटी लड़कियों को वेश्यावृत्ति की बर्बर शुरुआत में जो शारीरिक घाव लगते हैं वे कभी नहीं भरते। उन्हें ऐसे आंतरिक जख्म लगते हैं जिनका भरना असंभव होता है। वेश्यालयों के मालिक छोटी लड़कियों को वेश्यावृत्ति के लिए शारीरिक रूप से तैयार करवाते हैं। उदाहरण के लिए, कोलकाता के एक वेश्यालय में वयस्क पुरुषों के यौनाचार के वास्ते छोटी लड़कियों के योनि मार्ग को चौड़ा करने के लिए उसमें सूखी हुई मज्जा भर दी जाती है जो पानी डालने से फूलती है। लेकिन इससे भी गंभीर जख्म से बचाव नहीं हो पाता। शहर में बाल वेश्याओं के बीच काम करने

वाले स्वयंसेवी संगठन 'संलाप' के पास छोटी लड़कियों को पहुँचाए गए गंभीर जख्मों के ही नहीं, उनकी मौत तक के सबूत हैं।

इस धंधे में लड़कियों और औरतों का मानसिक अनुकूलन शारीरिक दबाव से कम क्रूर नहीं होता। इसके दीर्घकालिक प्रभाव भी उतने ही गंभीर होते हैं। अनिच्छुक लड़कियों को स्वतःस्फूर्त वेश्याओं में तब्दील करने के लिए वेश्यालयों के मालिकों की प्रमुख चाल यह होती है कि वे उनकी पुरानी पहचान खत्म कर देते हैं। उन्हें नया नाम दे दिया जाता है और घर-परिवार से उनका संपर्क काट दिया जाता है। जब तक वे सिद्ध नहीं हो जातीं तब तक उनकी दुनिया वेश्यालय में सिमटी रहती है। इससे लड़की अलग-थलग और कमजोर महसूस करने लगती है, साथ ही वह उन विचारों और भावनाओं से कटती जाती है जो उन्हें देह व्यापार के प्रति घृणा पैदा करती हैं। उसके आचरण में बदलाव लाया जाता है। नई बातें सीखने से इनकार करने वाली की पिटाई की जाती है, उसे यातना दी जाती है और कभी-कभी तो हत्या तक कर दी जाती है। ऐसी हत्याओं का पता नहीं चल पाता क्योंकि देह व्यापार की धुँधली दुनिया में गुम होने वाली लड़की या औरत अदृश्य-सी हो जाती है। प्रायः हर वेश्या आपको बताएगी कि वह ऐसी लड़की को जानती है जिसने वेश्यालय के मालिक की अपेक्षाएँ पूरी नहीं कीं और मारी गई। हत्याओं की अफवाहें और दलालों द्वारा नियमित पिटाई वेश्याओं को काम करवाते रहने का अच्छा नुस्खा है। अधिकतर नई लड़कियों को परपीड़क यातना महीनों तक भुगतने की जरूरत नहीं पड़ती। कर्ज के बोझ और हिंसा की धमकियों के कारण वे नई स्थिति में जल्दी ही ढल जाती हैं, जिंदा रहने के लिए उन्हें यह करना ही पड़ता है।

देह की दासता के शिकारों के लिए पलायन असंभव होता है। नई लड़कियों के लिए वेश्यालय के मालिक भुगतान करते हैं और वे अपने निवेश को यों ही लुप्त होने नहीं दे सकते। लड़कियों को तभी मुक्ति मिल सकती है जब उन्हें खरीदने का खर्च और भरपूर मुनाफा न हासिल हो जाए। तब तक उन्हें पहरे में रखा जाता है। पहरे का मतलब सिर्फ दरवाजे पर सख्त पहरेदार नहीं होता। वेश्या बस्ती अपराधी गिरोहों का बड़ा अड्डा भी होती है, जहाँ इस धंधे से जुड़े लोग भी रहते हैं। कोई लड़की वेश्यालय से निकल भी जाए तो ज्यादा दूर नहीं जा सकती। गलियों में घूमते या नुक्कड़ों पर अड्डा जमाए लड़के उसे पकड़ सकते हैं। घबराई हुई लड़की या अफरातफरी में निकली औरत आसानी से नजर में आ जाती है क्योंकि वह भागने की हड़बड़ी में होती है।

तस्करी से लाई गई लड़की का एक बड़ा फायदा यह भी है कि वह भागने का रास्ता नहीं जानती। यह खासकर उन लड़कियों के लिए सच है जो काफी दूर से और अंतरराष्ट्रीय सीमाओं को पार करके लाई जाती हैं। उन्हें नई जगह की भाषा नहीं आती और वे शहर से वाकिफ भी नहीं हो सकतीं। टोक्यो में एशियाई औरतों

की आश्रय संस्था 'हेल्प' वेश्यावृत्ति में फँसी औरतों की सहायता करती है और तस्करी से लाई गई थाइ लड़कियों के फोन सुनती है। इनमें से कुछ लड़कियाँ अलग-थलग पड़ जाती हैं और समझ नहीं पातीं कि वे कहाँ हैं। उन्हें जापान लाकर किसी जापानी शहर में 'स्नैक' नामक वेश्यालय में बेच दिया जाता है। वे वहाँ की भाषा नहीं बोलतीं, कोई चिह्न वगैरह नहीं समझ पातीं। उन्हें यह भी पता नहीं चलता कि वे जापान के किस हिस्से में हैं। उन्होंने थाइलैंड के किसी अखबार में 'हेल्प' का नंबर पढ़ा होता है और 'स्नैक' से भाग कर सार्वजनिक फोन बूथ से फोन करती हैं। जिन लड़कियों को पता होता है कि वे कहाँ हैं और अपने देश कैसे लौट सकती हैं उन्हें पैसे की कमी रोकती है, उनके पास लौटने का किराया नहीं होता।

भारतीय वेश्यालयों में तस्करी से पहुँचाई गई नेपाली औरतें बताती हैं कि उन्हें पता नहीं होता कि घर वापस कैसे जाएँ। कई तो शहरी जीवन से अनजान होती हैं और वेश्यालय के बाहर के माहौल से उलझन में पड़ जाती हैं। वेश्यालय में कई सदमे हैं मगर उसके दरवाजे के बाहर के अपरिचित और आक्रामक संसार में किस्मत आजमाने के मुकाबले यह बेहतर लगता है।

तस्करी से लाई गई औरतों को वेश्यालय के मालिक यह कह के डराते हैं कि उन्होंने भागने की कोशिश की तो उन्हें वेश्या के रूप में ही जाना जाएगा और पकड़कर किसी और बदतर वेश्यालय में बेच दिया जाएगा। या फिर यह कहा जाता है पुलिस उन्हें अवैध प्रवासी मान कर गिरफ्तार कर लेगी। थाइलैंड और जापान जैसे देशों में तस्करी से पहुँचाई जाने वाली औरतों के लिए यह खतरा वास्तविक है इसलिए उनके डरने की पर्याप्त वजह भी है।

जब औरत यह मान लेती है कि उसके पास वेश्या बनने के सिवा कोई रास्ता नहीं है तब यह माना जाता है कि उसकी 'सिझाई' पूरी हो गई है। इस मुकाम पर लगता है कि कुछ औरतें वेश्यावृत्ति को सचमुच पेशे के रूप में अपना लेती हैं। ऐसा इसलिए क्योंकि वे बची रह जाती हैं। उन्हें वेश्या बनने के लिए मजबूर किया गया और चूँकि उनके पास कोई विकल्प नहीं होता इसलिए वे हालात का पूरा फायदा उठाती हैं। इस प्रक्रिया को दक्षिण एशिया में सबसे प्रच्छन्न रूप में देखा जा सकता है। इस उपमहादेश के अधिकांश हिस्सों में एक बार देह बेचने वाली औरत के लिए 'सम्मानित' समाज में लौटने का रास्ता बंद हो जाता है। इस बात का कोई मतलब नहीं कि वे इस धंधे में कैसे आईं। उनकी सामाजिक मौत तय हो जाती है। लेकिन एक बार जब वे सिद्ध हो जाती हैं और यह कबूल कर लेती हैं कि वे इसी पेशे से बँध गई हैं तब वे अपने जीवन और काम के प्रति दार्शनिक रवैया अपना लेती हैं। कोलकाता की एक कामयाब वेश्या का यह बयान ऐसे रवैये को उजागर करता है—"मैं यह काम नहीं करना चाहती थी। मुझे एक वेश्यालय को बेच दिया गया और फिर उसके बाद मैं अपने गाँव नहीं लौट सकती थी और सामान्य औरत का

जीवन नहीं जी सकती थी। लेकिन अगर मैं अपने समाज में नहीं लौट सकती तो अपने परिवार की मदद तो कर सकती हूँ। मेरा जीवन तबाह हो गया लेकिन मैं अपनी माँ और भाई-बहनों की मदद कर सकती हूँ। मैं अपने धंधे में अच्छी मानी जाती हूँ और मेरे कई ग्राहक हैं जो मेरे प्रति काफी उदार हैं। अपनी कमाई से मैंने अपनी बहन की शादी की। मैंने उसकी दहेज का इंतजाम किया। मेरा भाई अब स्कूल जाता है।''

गरीबी और कर्ज की मार, हिंसा और धमकियों से पस्त किए जाने के कारण औरतों को अमानवीय वेश्यावृत्ति को भी स्वीकार करने को तैयार किया जा सकता है। वे बची रहेंगी और यौन शोषण और बर्बरता को भी स्वीकार कर लेंगी। और उनमें से अधिकतर औरतें इस पेशे को गरिमा और अंततः खुशी के साथ निभाती हैं। लेकिन एशिया के कई हिस्सों में वे इस प्रक्रिया में हमेशा के लिए कलंकित हो जाती हैं। वे गरीब और कमजोर औरतों में से सामाजिक बहिष्कृतों का समूह बन जाती हैं। उन्हें इस हालत में पहुँचाने वाला समाज ही उनके अस्तित्व की निंदा करता है। उनसे आनंद उठाने वाले मर्द वहीं होंगे जो आदर्श पारिवारिक पुरुष और अच्छे नागरिक की भूमिका में, उनके नैतिक पतन की भर्त्सना कर चुके होंगे। इसलिए आश्चर्य नहीं कि एशिया में वेश्याओं की अच्छी 'सिझाई' जरूरी है।

टिप्पणियाँ

1. मुंबई की संस्था 'प्रेरणा' के कर्मचारियों से प्राप्त सूचना।
2. दिल्ली के संयुक्त महिला कार्यक्रम के कर्मचारियों से प्राप्त सूचना।
3. मे साय (थाइलैंड) के संगठन वर्ल्ड विजन एचआइवी/एड्स नियंत्रण कार्यक्रम के कर्मचारियों से बातचीत के आधार पर।
4. एक लड़की की इतनी कीमत नहीं हो सकती, दो की हो सकती है। फिर भी यह काफी ऊँची है।
5. अर्चावानित्कुल की 'ट्रैफिकिंग इन चिल्ड्रन,' 44।
6. वही, 48।
7. एम. एन. इस्लाम और एच. के. एम. यूसुफ की 'फर्टिलिटी ऐंड रिप्रोडक्टिव हेल्थ स्टेटस ऑफ मैरेड एडोलिसेंट्स इन रूरल बांग्लादेश,' अप्रकाशित पर्चा, 1990।
8. राष्ट्रीय महिला आयोग की 'द वेल्वेट ब्लाउज़,' 23।
9. के. के. मुखर्जी की 'चाइल्ड प्रॉस्टिट्यूशन इन राजस्थान' (नई दिल्ली : राष्ट्रीय महिला आयोग, भारत सरकार, 1997)।
10. सलमा अली की 'चिल्ड्रन इन प्रॉस्टिट्यूशन/ चिल्ड्रन ऑफ प्रॉस्टिट्यूटेड वुमेन'—ढाका में 'कोलिशन एगेंस्ट द ट्रैफिक इन वुमेन' की क्षेत्रीय बैठक में प्रस्तुत पर्चा।
11. कंबोडियाई वुमेन्स क्राइसिस सेंटर की कार्यकारी निदेशक चांयोल आउंग, अगीर पॉ ला फेम्मे एन सिचुएशन प्रिकेअरे, (नॉम पेन्ह) के निदेशक मेन सेड्यारोट और कंबोडियन

सेंटर फॉर द प्रोटेक्शन ऑफ चिल्ड्रन्स राइट्स के निदेशक थिय पो से बातचीत के आधार पर लगाया गया अनुमान।

12. लिन लीन लिम की 'द सेक्स सेक्टर,' 89।
13. युनिसेफ की 'अ सिचुएशन एनालिसिस,' XIV
14. वही, XV
15. लिन लीन लिम की 'द सेक्स सेक्टर,' 43।
16. वही, 144।
17. महामारी विज्ञान विभाग की 'एसेसमेंट ऑफ द सेक्स ट्रेड इन कोलकाता ऐंड हावड़ा,' 11।
18. वही, 52।

5
ग्राहक

सेक्स उद्योग में कुछ रहस्यमय चीज़ें होती रहती हैं। इसके सबसे उल्लेखनीय रहस्यों में से एक यह है कि ग्राहक अकसर किस तरह तमाम विश्लेषणों और आलोचनाओं से गायब पाए जाते हैं। मानो उनका कोई महत्त्व ही न हो। औरतों की तस्करी और वेश्यावृत्ति पर लिखी चंद रिपोर्टों में इस बात को तवज्जो दी गई है कि सेक्स की खरीदारी कौन कर रहा है, बजाय इसके कि उसकी बिक्री कौन कर रहा है। इस विषय पर उपलब्ध अधिकतर अनुसंधानों की रिपोर्टों को पढ़कर आप यक़ीन करने लगेंगे कि देह व्यापार में केवल गरीब औरतें और अपराधी तत्त्व सक्रिय होते हैं। लेकिन, जाहिर है कि यह धंधा ग्राहकों की तरफ से माँग के बिना चल नहीं सकता। सेक्स का धंधा उद्योग बन गया है और दूसरे सफल उद्योगों की तरह इसके लिए भी ऐसे लोगों की बड़ी संख्या चाहिए जो उपभोक्ता बनने को तैयार हों। एशिया में देह व्यापार को वितरण और सौदेबाजी में कुछ समस्याएँ पेश आती होंगी। कानून एक अड़चन है। मगर यह उद्योग उपभोक्ताओं की ओर से माँग में कमी की शिकायत नहीं कर सकता। उलटे सेक्स की खरीदारी करने वाले मर्दों की संख्या बढ़ी है।

वेश्यावृत्ति, देह की दासता और लड़कियों तथा औरतों की तस्करी को समझने के लिए हमें इसके विमर्श का दायरा बढ़ाना होगा। दरकिनार किए गए कुछ सवालों को उभार कर उनके जवाब खोजने होंगे। उदाहरण के लिए यह कि ग्राहक किसे कहेंगे ? देह की दासता में फँसी लड़की या औरतों की खरीदारी कौन करता है ? हम वेश्या बनने वाली लड़कियों के बारे में तो बहुत कुछ जानते हैं लेकिन उन्हें खरीदने वाले मर्दों के बारे में लगभग कुछ नहीं जानते। हमें पूछना चाहिए कि वेश्यावृत्ति के बारे में उनकी क्या राय है। आखिर उन्हें सेक्स की खरीदारी क्यों करनी पड़ती है। इस तरह के सवाल सिर्फ इसलिए अनुत्तरित रह जाते हैं क्योंकि उनके जवाब देना अविश्वसनीय रूप से मुश्किल है। व्यापारिक सेक्स के उपभोक्ताओं के बारे में सूचनाओं की आश्चर्यजनक कमी है। वेश्यावृत्ति के बारे में जो जानकारियाँ उपलब्ध

हैं वे औरतों की तस्करी और बाल वेश्यावृत्ति के ऊपर केंद्रित हैं। कुछ अपवादों को छोड़ दें तो एशिया में वेश्यावृत्ति पर पुस्तकें नगण्य हैं।[1] कई पुस्तकें मुख्य तौर पर कॉलगर्ल और बार गर्ल से संबंधित घोटालों का पर्दाफाश करती हैं और उनका लक्ष्य अकसर सनसनी फैलाना होता है या वे विदेशी मेहमानों के लिए देह बाज़ार निर्देशिका जैसी हैं। इन पुस्तकों से ऐसा लगेगा कि एशिया की सभी वेश्याएँ खूब मस्ती कर रही हैं और अच्छी कमाई कर रही हैं। इन ब्यौरों में यौन दासियों की प्रमुखता से चर्चा नहीं की गई है, और अलबत्ता ग्राहक भले लोग लगेंगे जो जोखिम मुक्त दुस्साहस की तलाश में रहते हैं।

सेक्स से संबंधित मामलों पर अनुसंधान और चर्चा करने को लेकर इस क्षेत्र में गहरी अनिच्छा पाई जाती है। सेक्स के नाम पर गहरी परेशानी उभर आती है। पाकिस्तान और जापान जैसे दूर-दूर के देशों में लोगों ने मुझसे कहा कि वेश्यावृत्ति ऐसा विषय नहीं है जिस पर अध्ययन किया जाए, खास तौर पर मुझ जैसी सम्मानित महिला के द्वारा। वेश्याओं के आसपास भी जाना या उनके बारे में बात तक करना किसी विदेशी महिला अध्येता पर व्यभिचारिणी का कलंक लगाने के लिए शायद काफी है। अधिकतर एशियाई समाजों में वेश्यावृत्ति पर बहस आमतौर पर दबे-छिपे होती है। इस विषय को चर्चा के लायक समझा भी जाता है तो विमर्श इस विषय पर केंद्रित हो जाता है कि वेश्यावृत्ति वेश्या के नैतिक पतन का प्रतीक है। या प्रगतिशील हलकों में इसे विकास का मसला मान लिया जाता है। इस नजरिए के मुताबिक वेश्यावृत्ति का गहरा ताल्लुक गरीबी से है। बेशक है, गरीबी वेश्याओं के निर्माण की सतत और भरोसेमंद स्रोत है। लेकिन गरीबी से कहीं ज्यादा जटिल इस कहानी में केवल एक पहलू है। सेक्स उद्योग कामुकता के निर्माण, उसे बिक्री योग्य जिन्स बनाने और उसकी बिक्री का भी उतना ही मामला है।

मर्द सेक्स का सौदा क्यों करते हैं, इसकी कई व्याख्याएँ हैं। सामाजिक जैविकी मानव की कामुकता के कुछ विवादास्पद मगर दिलचस्प तर्क प्रस्तुत करती है। इस तर्क का मूल यह है कि यौन आचरण भावी पीढ़ियों में अपना वंश बढ़ाने की क्षमता में वृद्धि के हिसाब से निश्चित होता है। मर्दों के लिए इसका अर्थ होता है कई उर्वर औरतों से सहवास करना जिनके पास विश्वसनीय आनुवंशिकी सूत्र हो, जिनमें बुद्धि की मात्रा कम हो, जिनमें खासा शारीरिक आकर्षण हो और जो संतानों की अच्छी परवरिश कर सकें। औरतों के लिए इन जैविक योग्यताओं का अर्थ है ऐसे पुरुष से सहवास करना जो उन्हें सुरक्षा और ऐसा माहौल दे जिसमें वह और उसकी संतानें फल-फूल सकें। इस तर्क के पीछे ठोस आधार है लेकिन यह निर्दोष नहीं है। मसलन, इस बात में कोई आनुवंशिकी तर्क नहीं है कि मर्द अपने वंश का व्यापक विस्तार करे। वह हजारों बच्चों को जन्म दे सकता है मगर सबको पर्याप्त सुरक्षा और सुविधाएँ नहीं दे सकता। इसी तरह, औरतों के लिए सामाजिक और आर्थिक रूप से शक्तिशाली

पुरुष बच्चों की परवरिश के लिए सर्वोत्तम वातावरण उपलब्ध करा सकता है मगर जरूरी नहीं कि उसका आनुवंशिकी कोष सर्वोत्तम हो। एक विवाह को तरजीह देने वाली औरतों के लिए भी कई मर्दों से सहवास करना आनुवंशिकी के लिहाज से तर्कपूर्ण हो सकता है।

आदिम समुदायों से कृषि आधारित स्थिर समुदायों में परिवर्तन के बाद पितृसत्तात्मक व्यवस्था और निजी संपत्ति के विकास ने एक समस्या को जन्म दिया। अगर संपत्ति को पुरुषों की एक पीढ़ी से दूसरी पीढ़ी के हाथों में जाना है तो मर्द यही चाहेंगे कि वह उनके ही वंश के हाथों में जाए। इसलिए स्त्री की कामुकता पर नियंत्रण बढ़ता गया। फिर भी मर्दों को अगर आनुवंशिकीय लिहाज से अपनी अनियंत्रित कामुकता को जारी रखना है तो कुछ प्रावधान करने होंगे। ये प्रावधान वेश्यावृत्ति, बहुविवाह और रखैल प्रथा के रूप में उभरे।

वेश्यावृत्ति और पारंपरिक विवाह दोनों ही मनुष्य की सौदेबाजी की प्राचीन प्रथा को जारी रखने के साधन हैं, जिसमें औरत रोटी और सुरक्षा के लिए सेक्स का सौदा करती है। वेश्यावृत्ति की यह सामाजिक-जैविक और वृत्तिमूलक व्याख्याएँ विश्वसनीय लगती हैं लेकिन उनकी सूक्ष्मताओं को समझना होगा। कामुकता के आधार और नियामक जैविकी से निर्धारित होते हैं। कामुकता का सांस्कृतिक तत्त्व इन्हीं निर्देशों से तय होता है। हालाँकि संस्कृति जैविकी के नियामकों को संशोधित और पुनर्व्याख्यायित करती है। मूलतः, आचरण की प्रवृत्तियाँ और प्रकार एक जैसे पाए जाते हैं, वह यह कि दुनिया भर में पुरुष अपना वर्चस्व चाहते हैं। वे औरतों और दूसरे मर्दों पर वर्चस्व कायम करना चाहते हैं। यह जैविक जरूरत है और इसका लक्ष्य है प्रजनन सफलता में वृद्धि। यह जरूरत, ताकत, वर्चस्व और सेक्स को आपस में गहराई से जोड़ देती है। सस्ते एशियाई वेश्यालयों में जो कुछ होता है वह एक सार्वभौमिक विषयवस्तु का सबसे अरुचिकर उभार है। मनुष्य एक पशु है। बंद वेश्यालयों में लड़कियों के साथ प्रजनन की खातिर तैयार घोड़ियों की तरह व्यवहार किया जाता है क्योंकि उनकी कमजोरी मर्दों को पशुओं की तरह आचरण करने की छूट और मौका देती है। ये सब लड़कियाँ कमजोर होती हैं क्योंकि पुरुष प्रधान एशियाई समाजों ने ऐसी संस्कृति विकसित की है जो कई युवा स्त्रियों को शक्तिहीन बना कर रखती है। दुर्भाग्य से, जैविक दबाव और पुरुष वर्चस्व वाली संस्कृति का मेल मुख्यतः अपरिहार्य और बुरा है, खासकर गरीब, अबला लड़कियों के लिए जो वयःसंधि पर होती हैं।

वेश्यावृत्ति सेक्स के मामले में खुले समाजों में और कड़ी यौन तथा नैतिक संहिताओं वाले समाजों में भी फलती-फूलती है। एशिया में वेश्यावृत्ति के परिदृश्य से हम दो आपस में जुड़े निष्कर्ष निकाल सकते हैं—पहला यह कि जिन जगहों पर स्त्री की कामुकता पर कड़ा नियंत्रण होता है वहाँ सेक्स उद्योग फलता-फूलता है। और दूसरा यह कि जिस समाज में रूढ़िवादी यौन लोकाचारों को लेकर जितनी लफ्फाजी

होती है वहाँ आडंबर उतना ही ज्यादा होता है। सीधा-सा समीकरण है—यौन नैतिकता जितनी दमनकारी होगी और सामाजिक रिवाज जितने कठोर होंगे, सेक्स का सौदा करने की प्रवृत्ति उतनी ही ज्यादा होगी। यह काफी समझ में आने वाली बात है। चूँकि पुरुष शारीरिक जरूरत को खुल कर पूरा नहीं कर सकते, वे उसे गुप्त ढंग से पूरा करेंगे और उसके लिए भुगतान करेंगे क्योंकि वह मुफ्त में उपलब्ध नहीं है।

मैंने पाकिस्तान में वेश्यावृत्ति पर अनुसंधान करने में हफ्तों लगाए लेकिन उसमें कुछ खास काम करने में भारी मुश्किल पेश आई। जिस देश में यह माना जाता हो कि वहाँ सेक्स की बिक्री नहीं होती वहाँ वेश्यावृत्ति के बारे में पड़ताल करना काफी कठिन होता है। पाकिस्तान की सरकार ने हाल में जाकर कबूल किया है कि शायद ऐसी बुराइयाँ वहाँ मौजूद हैं। पहले यह बात अकल्पनीय मानी जाती थी कि इस्लामी देश में सेक्स की खरीद-बिक्री होती होगी। लेकिन यह कोई आश्चर्य की बात नहीं है कि पाकिस्तान में भी तमाम देशों की तरह वेश्यावृत्ति व्यापक रूप से फैली हुई है। दरअसल, पाकिस्तान में देह व्यापार दूसरे एशियाई देशों के मुकाबले कहीं ज्यादा बड़े पैमाने पर होता होगा। ज्यादा परेशान करने वाली बात यह है कि इस धंधे में भारी मनमानियाँ आम हैं क्योंकि यह धंधा काफी गोपनीय ढंग से चलता है।

वेश्याएँ एशियाई समाज के लिए आवश्यक-सी हैं। अगर पुरुष स्त्री को अपने परिवार में सीमित रखना चाहते हैं और साथ ही कई औरतों से यौनाचार करना चाहते हैं तो वेश्याओं का एक समूह चाहिए। संख्या के हिसाब से यह समूह छोटा होता है लेकिन यह कई पुरुषों की सेवा करता है। कई अर्थों में पुरुषों को इस व्यवस्था से लाभ ही होता है क्योंकि उन्होंने ही इसे अपनी जरूरत को पूरा करने के लिए बनाया है। लेकिन दूसरे तरीके से यह कुछ पुरुषों को हानि पहुँचाता है। उदाहरण के लिए, वे विवाह से पहले वैध यौन संबंध नहीं बना सकते। फिर भी कई पुरुष विवाह से पहले और विवाहित जीवन में भी अवैध यौन संबंध रखते हैं। वेश्यागमन करने वाले जिन भारतीयों से मैंने बात की उनमें छोटी तादाद अविवाहित शिक्षित युवकों की भी थी, जिन्हें शिकायत थी कि विवाह से पहले वे यौन संबंध नहीं बना सकते। उनका कहना था कि इसी वजह से वे सेक्स की खरीदारी करते हैं। उनका कहना था कि बेहतर तो यही होता कि उन्हें अपने सामाजिक दायरे में ही औरतों से अनौपचारिक यौन संबंध बनाने की छूट होती। लेकिन अफसोस कि लड़कियाँ अनुपलब्ध हैं और यह हताश करने वाली बात है। मुझे लगा कि यह प्रगति और बदलते रुख का संकेत है। उन्हें मेरा यह सुझाव अपमानजनक लगा कि उन्हें ऐसी लड़की से शादी करनी चाहिए जो कुँवारी न रह गई हो। तब जोर देकर उन्होंने कहा कि यह असंभव है। मैंने जब कारण जानना चाहा तो टाल-मटोल वाले जवाब मिले। मसलन यह कि ''उस पर भरोसा कैसे किया जा सकता है ?'' या ''वह सम्मानजनक

नहीं होगी।'' एक युवक ने कहा कि उसकी पत्नी को सेक्स का पहले से कोई अनुभव नहीं होना चाहिए, नहीं तो, ''हो सकता है उसे मेरे साथ संभोग से ज्यादा मजा दूसरे के साथ संभोग में आए।'' ऐसा लगता है कि भारत में सेक्स के मामले में दोहरा मानदंड अभी भी कायम है। इसीलिए वेश्यावृत्ति भी।

अधिकतर ग्राहकों को सेक्स की खरीद में कोई उज्र नहीं है बशर्ते वे परदे के पीछे रहें। एशियाई समाजों की अनधिकृत संहिताएँ सेक्स की खरीद की मंजूरी देती हैं बशर्ते इससे सम्मानित समाज व्यवस्था में जरा भी उथल-पुथल न दिखे। काम बुरा नहीं है, काम करते पकड़ा जाना बुरा है।

कई एशियाई समाजों में बहुसंख्यक लोगों की मान्यता है कि पुरुषों में जबरदस्त शारीरिक भूख होती है जो केवल निरंतर संभोग से ही संतुष्ट हो सकती है, खासकर ज्यादा से ज्यादा औरतों के साथ संभोग से। वेश्यावृत्ति से जुड़ी समस्याओं को लेकर सचमुच चिंतित एक बांग्लादेशी पुलिस अधिकारी ने मुझे गंभीरता से कहा कि देह व्यापार और सेक्स का बाज़ार मौसम के कारण जटिल हो जाता है। जाहिर है, बांग्लादेश का ऊँचा तापमान पुरुषों की वासना को भड़काता है और वेश्याओं के लिए माँग बढ़ाता है।

कंबोडिया में पुरुष की काम इच्छा को कभी संतुष्ट न होने वाली इच्छा माना जाता है। एक औसत पुरुष को एक औरत संतुष्ट नहीं कर सकती। एक कंबोडियाई कहावत इसे इस तरह बयान करती है–''दस नदियाँ मिलकर भी एक समुद्र को भर नहीं सकतीं।'' पुरुषों का यह विश्वास है कि उन्हें सेक्स का अधिकार है और उसे खरीदने का भी, बल्कि सस्ते में खरीदने का। उनकी ये मान्यताएँ सही ठहरती हैं क्योंकि बड़ी संख्या में गरीब औरतें सस्ते में अपनी देह बेचने को तैयार हैं। पुरुष कामुकता की असीमता को लेकर मान्यता ऐसे तर्क को जन्म देती है जो दुनिया भर में चलता है। वेश्याएँ सेफ्टी वाल्व के रूप में जरूरी हैं, जो पुरुषों की जबरदस्त कामवासना की पूर्ति का साधन बनती हैं। अगर यह साधन न रहे तो 'बेकसूर' औरतें बलात्कार की शिकार होने लगेंगी। इस संदर्भ में देखें तो वेश्यावृत्ति सामाजिक बुराई से बदल कर समाज सेवा बन जाती है और ग्राहक दरअसल गरीब औरतों के शोषक नहीं बल्कि सामाजिक रूप से जिम्मेदार नागरिक बन जाते हैं जो अपने विनाशक यौन आचरण को ही नियंत्रित करने के लिए उनके पास जाते हैं।

एशिया में कितने पुरुष सेक्स की खरीदारी करते हैं यह बताना जोखिम भरा काम है क्योंकि इसके पक्के आँकड़े उपलब्ध नहीं हैं। आँकड़े जुटाना मुश्किल है क्योंकि देह व्यापार गुप्त और अकसर अवैध ढंग से चलता है। सारा कारोबार निजी दायरे में चलता है और चंद ग्राहक ही अपनी पहचान जाहिर करना चाहेंगे। वेश्याओं के बारे में बहुत थोड़े अध्ययन किए गए हैं, जो आमतौर पर छोटे स्तर के अध्ययन हैं जिन पर सवाल उठाए जा सकते हैं। संभवतः थाइलैंड में इस बारे में सबसे बढ़िया

अध्ययन किया गया है। 1960 में यूएस एजेंसी फॉर इंटरनेशनल डेवलपमेंट के एक अध्ययन में निष्कर्ष निकाला गया था कि 75 फीसदी थाइ पुरुषों ने सेक्स की खरीदारी की और 48 फीसदी पुरुषों का पहला यौन संसर्ग वेश्या से हुआ। इन आंकड़ों को किसी ने गंभीर चुनौती नहीं दी और कुछ छोटे अध्ययनों ने इनकी पुष्टि ही की है। उदाहरण के लिए, बैंकॉक के क्लोंगटोए में एक सर्वे में पाया गया कि वेश्याओं के पास पुरुषों का जाना सामान्य बात है।[2] पड़ोसी कंबोडिया में किए गए अध्ययनों से भी ऐसे ही आंकड़े मिले। वहाँ यह मान्यता पाई गई कि 60 से 70 फीसदी पुरुष वेश्याओं के पास जाते हैं।[3] थाइ पुरुष कामसंस्कृति पुरुषों की वर्जनाहीनता को बढ़ावा देती है और सेक्स की खरीदारी को भी। मेकॉन्ग नदी क्षेत्र के देशों में भी ये मूल्य तेजी से निर्यात हो रहे हैं।[4] तुलनात्मक रूप से अमीर और सांस्कृतिक रूप से दबदबे वाला थाइलैंड गरीबों के लिए एक आकर्षण है और अप्रिय यौन संहिता को बढ़ावा देने वाला भी।

एशिया में वेश्याओं के उपभोग के बारे में मेरे अनुमान अपने देश में सेक्स उद्योग की गहरी जानकारी रखने वाले लोगों से बातचीत पर आधारित हैं। उनमें मानव सेवा एजेंसियाँ, गैर-सरकारी संगठन, मानवाधिकार समूह, सरकारी अधिकारी, पत्रकार, प्रजनन संबंधी चिकित्सा क्षेत्र और एड्स तथा यौन रोगों की रोकथाम में लगे पेशेवर लोग शामिल हैं। उनकी सूचनाओं के आधार पर मेरा मानना है कि सेक्स की खरीदारी करने वाले पुरुषों का प्रतिशत काफी ज्यादा है। यह एशिया के अलग-अलग देशों में अलग-अलग है। स्केल के ऊँचे छोर पर जापान, थाइलैंड, फिलिपीन्स, कंबोडिया और पाकिस्तान जैसे समाज हैं और निचले छोर पर भारत, बांग्लादेश और इंडोनेशिया जैसे देश हैं। जापान और पाकिस्तान में सूचना देने वालों का जोर इस बात पर था कि उनके अपने समाजों में सेक्स का व्यापार बड़े पैमाने पर है। सूचना देने वालों में अलग-अलग क्षेत्रों में काम करनेवाले लोग थे। उन सबने प्रायः एक तरह की बातें बताईं। मसलन, पुरुषों में सेक्स की खरीदारी 'सार्वभौमिक' है या 'सभी पुरुष' अपने जीवन के किसी-न-किसी समय में इस खरीदारी से जुड़ चुके हैं—ऐसे तमाम बयान सूचना देने वालों ने दिए जबकि सब एक-दूसरे से अलग होते थे। यद्यपि यह कतई संभव नहीं है कि ऐसे बेबाक बयान सच हों, ये बातें यह बताती हैं कि एशियाई देशों के भीतर देह व्यापार बहुत बड़े पैमाने पर है। अधिकतर एशियाई देशों में अधिकांश पुरुषों ने अपने जीवन में कम-से-कम एक बार सेक्स के लिए पैसे का भुगतान किया है। और कई पुरुष तो आदतन खरीदार हैं।

एशियाई देशों में वेश्याओं के इस्तेमाल की अनुमानित दर उस दौर के पश्चिमी समाजों में इस दर के समान लगती है जब यौन मामलों में पुरुष आज के मुकाबले ज्यादा दमित थे और औरतों की कामुकता पर कड़ा नियंत्रण रखा जाता था। समाज सुधारक रॉबर्ट डेल ओवेन का अनुमान है कि 1830 के दशक में न्यूयॉर्क के पचास

फीसदी मर्द नियमित रूप से वेश्यालयों में जाते थे।[5] यौन आचरण पर 1948 में अल्फ्रेड किन्से की रिपोर्ट ने बताया था कि 69 फीसदी मर्दों ने कम-से-कम एक बार सेक्स की खरीदारी की।[6] वेश्याओं के इस्तेमाल पर कई छोटे-छोटे अध्ययनों के मुताबिक, पश्चिमी समाजों में आज कम अनुपात में मर्द सेक्स की खरीदारी कर रहे हैं। अनुमानों में बेशक अंतर है। 1993 में अमेरिका में एक अध्ययन बताता है कि 20 फीसदी मर्द सेक्स की खरीदारी करते हैं।[7] 1997 में मिड्लसेक्स विश्वविद्यालय के द्वारा किए गए एक अध्ययन का दावा था कि लंदन में हर हफ्ते 80,000 मर्द वेश्याओं की सेवाएँ खरीदते हैं।[8] इसका अर्थ यह है कि लंदन के करीब 10 प्रतिशत मर्द वेश्याओं का इस्तेमाल करते हैं। इन आंकड़ों पर सवाल उठाए जा सकते हैं लेकिन ये यह तो सबित करते हैं कि वेश्यावृत्ति यद्यपि हर जगह होती है लेकिन यह उन समाजों में कम होती है जहाँ यौन मामलों में थोड़ी आजादी है, और जहाँ विवाह के बाहर सेक्स के ज्यादा अवसर हैं।

यौन दासता की व्यवस्था में फँसी औरतों को खरीदने वाले मर्द कौन हैं? एशियाई सेक्स उपभोक्ता जैसी कोई रूढ़ चीज नहीं है, वैसे ही जैसे एशियाई वेश्या जैसी कोई रूढ़ चीज नहीं है। कुछ ग्राहकों को यह अच्छा नहीं लगेगा कि वे उस औरत को खरीद रहे हैं जिन्हें इस पेशे में जबरदस्ती डाला गया। लेकिन मेरा ख्याल है कि ऐसे कई ग्राहक हैं जिन्हें इस बात से कोई फर्क नहीं पड़ता। वेश्याओं के ग्राहकों में हर धर्म, वर्ग, उम्र और जातीय समूह के लोगों का प्रतिनिधित्व मिल जाएगा। अमीर लोग अकसर क्लब जाते हैं और महँगी कॉलगर्ल्स को खरीदते हैं। सस्ते वेश्यालयों को कम पैसे वालों से संरक्षण मिलता है। वैसे, कोई सीमा नहीं है। फिलिपीन्स में एक कासा के मालिक ने बताया कि उसके कुछ ग्राहक अमीर लोग हैं—"मेरा सबसे बढ़िया नियमित ग्राहक महापौर है। वह हर पखवाड़े कासा जाना पसंद करता है। वह मुझे फोन करके पता करता है कि नई कुँवारी लड़कियाँ आई हैं या नहीं क्योंकि उसे ये पसंद हैं।"

बंद वेश्यालयों में तमाम तरह के मर्द जाते हैं। ढाका में एक वेश्या ने बताया कि कर्ज के कारण बँधुआगीरी के दौरान उसने किस तरह ग्राहकों का मनोरंजन किया, "मेरे ग्राहकों में सभी उम्र के मर्द थे। कुछ लड़के थे। कुछ बूढ़े थे। कुछ अमीर थे, कुछ कॉलेज के छात्र थे। विश्वविद्यालयों में पढ़ने वाले समृद्ध तबके के छात्र समूह में आते थे। पूरी रात के लिए वे साथ बैठते, गपशप करते, मजाक करते और लड़कियों से यौनाचार करते।"

कुछ ग्राहकों की उम्र के बारे में दूसरे सूत्रों से भी पुष्टि हुई। शक्ति परियोजना नामक एड्स उन्मूलन कार्यक्रम ने, जिसका लक्ष्य बांग्लादेश की वेश्याएँ और उनके ग्राहक थे, पाया कि उनमें अधिकतर 12-13 साल के स्कूली लड़के थे। एक युवा बर्मी औरत ने, जो थाइलैंड के वेश्यालय में काम करती थी, अपने ग्राहकों के बारे

में ऐसी ही बात की, "मेरे पास सभी तरह के ग्राहक आते थे जिनमें स्कूली लड़के भी थे। बूढ़े और मध्य वय के भी कुछ ग्राहक आते थे। कुछ के सारे बाल सफेद होते थे और वे उम्र में मेरे दादा जैसे लगते थे।"

अनुमान किया गया है कि कोलकाता में प्रतिदिन साठ से अस्सी हजार मर्द सेक्स की खरीदारी करते हैं।[9] यह 1993 में एड्स की विश्वव्यापी महामारी के दौरान भारत के स्वास्थ्य मंत्री के इस बयान के मद्देनजर आश्चर्यजनक लगता है कि देश पारिवारिक मूल्यों का पालन करके ही एड्स के कहर से बच सकता है।[10] या तो कोलकाता में वेश्याओं के इस्तेमाल के आकलन में खामी है या स्वास्थ्य मंत्री को ज्यादा सटीक सूचना की जरूरत है। अगर हम वयस्क आबादी में एड्स से पीड़ितों का प्रतिशत देखें तो लगेगा कि भारत उस कहर से पीड़ित नहीं है जिससे सहारा क्षेत्र के अफ्रीकी देश पीड़ित हैं। फिर भी यह बीमारी भारत में तेजी से फैल रही है और माना जाता है कि 40 लाख लोग इसकी चपेट में हैं।[11]

देश में एड्स के फैलाव में इतर लिंगी सेक्स के व्यापार ने बड़ी भूमिका निभाई है। वेश्यागमन करने वाले मर्द यह रोग उन औरतों को देते हैं जिन्हें वे खरीदते हैं और उन्हें भी, जिनसे वे विवाह करते हैं। पुणे में यौन संक्रमण से ग्रस्त 400 औरतों पर किए गए एक अध्ययन में पाया गया कि उनमें से 93 प्रतिशत औरतें विवाहित थीं और 91 प्रतिशत औरतें ऐसी थीं जिन्होंने अपने पति के सिवा किसी से यौन संसर्ग नहीं किया था। इनमें से 14 फीसदी औरतों में एड्स का संक्रमण पाया गया।[12] 1997 में मुबई में प्रसव-पूर्व जाँच के लिए क्लीनिक जाने वाली 4.3 फीसदी औरतें एड्स विषाणु से संक्रमित पाई गईं।[13] हम इन तथ्यों से कई निष्कर्ष निकाल सकते हैं लेकिन सबसे महत्त्वपूर्ण बात यह उभरती है कि पारिवारिक मूल्यों की आवश्यकताओं के बारे में भारतीय पुरुषों में गंभीर भ्रम हैं।

कोलकाता में वेश्याओं का इस्तेमाल करने वालों में ज्यादातर मर्द वेश्यालयों का रास्ता पकड़ते हैं। सोनागाछी की वेश्या बस्ती मझोले और निम्न आय वर्ग के लोगों की जरूरतें पूरी करती है। उम्दा किस्म के वेश्यालयों में लड़कियों का कहना है कि उनके ग्राहक व्यापारी और पेशेवर लोग होते हैं जैसे सरकारी अफसर, वकील और डॉक्टर वगैरह। सस्ते वेश्यालयों के ग्राहकों में रिक्शेवाले, छोटे व्यापारी, दुकानदार वगैरह होते हैं। इन लोगों का वर्गीकरण करना मुश्किल है, क्योंकि वे भिन्न-भिन्न पेशों और वर्गों के होते हैं। उनमें एक ही समानता होती है, वह यह कि वे सेक्स भी खरीदते हैं और जिन औरतों की खरीदारी करते हैं वे गरीब और निंदित समुदायों और जातियों की होती हैं।

अनुभवहीन वेश्याएँ वगैरह इस बारे में काफी भ्रमित दिखती हैं कि इतने सारे ग्राहक आखिर उनकी खरीदारी क्यों करना चाहते हैं। एक परेशान कंबोडियाई वेश्या ने मुझसे यह कहा, "पता नहीं ये उम्रदराज लोग मुझ जैसी लड़की के साथ आखिर

क्यों यौनाचार करना चाहते हैं। उनकी पत्नी होती है, मुझ जैसी बेटी होती है घर में। पता नहीं वे यहाँ क्यों आते हैं। उनके अच्छे घर हैं, पैसा है। मेरे ऊपर आखिर वे क्यों खर्च करना चाहते हैं?''

कोलकाता की एक पुरानी, अनुभवी वेश्या ने ग्राहकों के बारे में और सफाई से कहा, ''मर्द लोग शायद इसलिए यहाँ आते हैं क्योंकि या तो उनकी पत्नी यौनाचार पसंद नहीं करती या वे अपनी पत्नी को पसंद नहीं करते। लेकिन मेरे ख्याल से अधिकतर मर्दों के लिए यह एक तरह का शगल है।''

प्रवासी मर्द कामगार वेश्यालयों की वेश्याओं के सबसे अच्छे ग्राहकों में होते हैं। इन कामगारों की पगार प्रायः कम होती है इसलिए वे सेक्स की खरीदारी के लिए बाज़ार के निचले हलके को तरजीह देते हैं। इन कामगारों को सेवा प्रदान करने वाली कई औरतें एक तरह की दासता की गिरफ्त में होती हैं। एशिया भर में प्रवासी मर्द कामगारों की बड़ी तादाद है। वे कम पगार वाले ऐसे काम करते हैं जिन्हें स्थानीय लोग करना नहीं चाहते। वे कारखानों और भवन वगैरह के निर्माण में मजदूरी करते हैं। उनमें से अधिकतर या तो कुँवारे होते हैं या पत्नी-परिवार को अपने गाँव-कस्बे में छोड़ कर आते हैं। उदाहरण के लिए कोलकाता में 1991 की जनगणना में पाया गया कि प्रति 1000 पुरुष आबादी पर महिलाओं की आबादी 799 थी। यानी कोलकाता में ऐसे हजारों पुरुष थे जिनकी कोई संगिनी नहीं थी।

ये मर्द यौन संतुष्टि के लिए आमतौर पर अपने समुदाय की औरतों और लड़कियों को खरीदते हैं। पिछली सदी में चीनी प्रवासियों ने युवा चीनी वेश्याओं को खरीदा और आज थाइलैंड में रोजगार कर रहे बर्मी मर्द बर्मी लड़कियों को खरीदते हैं। रानोंग में मछली उद्योग में बर्मी मर्दों की खासी बड़ी तादाद लगी हुई है। उनकी सेवा के लिए बर्मी वेश्याओं का बड़ी संख्या में आयात किया गया है। ये लोग अपने समाज की औरतों को दो मुख्य कारणों से खरीदते हैं—पहला यह कि लड़कियाँ समान भाषा बोलती हैं और मर्दों के रिवाजों को जानती हैं। कुछ अर्थों में वे घर का-सा सुख देती हैं। दूसरी बात यह कि प्रवासी मर्द कामगारों की तरह स्त्री कामगार भी सस्ते में उपलब्ध होती हैं।

कई प्रवासी मजदूर बेहद खराब स्थितियों में काम करते हैं। उनका शोषण होता है। वे अपने परिवार और समुदाय से दूर होते हैं। कंबोडिया में मोटरबाइक टैक्सियों के युवा चालक स्थानीय वेश्यालयों के मुख्य ग्राहकों में होते हैं। किशोर वय के एक युवक ने बताया कि वह अपने दोस्तों के साथ वेश्यालय क्यों जाता है, ''अकसर हम अकेले होते हैं इसलिए लड़कियों के पास चले जाते हैं। हम परिवार से दूर होते हैं और हमारी कोई गर्लफ्रेंड नहीं होती। वेश्यालय जाकर हम बियर-वियर पीते हैं। वक्त अच्छा कट जाता है और हम अपनी परेशानियाँ कुछ देर के लिए भूल जाते हैं।''

वेश्यालयों में जाने का रिवाज कई मर्दों के लिए महत्त्वपूर्ण है। लेन-देन की अर्थव्यवस्था से इसकी झलक मिलती है। थाइलैंड में वेश्यालय की एक युवा बर्मी लड़की एक बार संभोग के लिए 150 से 250 बाह्त (2.5 से 3.5 डॉलर) में मिलती है। एक बर्मी कामगार रोज 100 से 150 बाह्त की दिहाड़ी कमा पाता है। सो, वह पैसे बचा कर महीने में एक बार वेश्यालय जाता है।

इनमें से कई कामगार एकाकी लड़का या मर्द हैं। उन्हें शायद यह एहसास नहीं होगा कि जिन औरतों को वे खरीदते हैं उनका अपने जीवन पर कम ही नियंत्रण होता है। बहुतों को इससे एक तो इसलिए फर्क नहीं पड़ता क्योंकि वे भी वैसी ही अधिकारहीनता की समस्या से पीड़ित होते हैं। दूसरे, सेक्स की खरीदारी उन्हें दूसरे मनुष्य पर नियंत्रण का अप्रत्याशित मजा देती है। हम समझ सकते हैं कि वे सेक्स की खरीदारी क्यों करना चाहते हैं। उनके बदहाल जीवन से हम सहानुभूति रख सकते हैं। लेकिन यौन दासता में फँसी लड़कियों को जब वे खरीदते हैं तो हम उन्हें इस बदहाली के लिए जिम्मेदार ठहरा सकते हैं। वेश्यालय के अंदर ये कमजोर लोग भी अपनी चला सकते हैं क्योंकि उनके पास औरत को खरीदने की ताकत है।

वेश्यावृत्ति वहाँ फूलती-फलती है जहाँ स्त्री-पुरुष के बीच असंतुलन होता है, मर्दों की संख्या स्त्रियों से ज्यादा होती है। यह उन समाजों में भी आम है जिनमें युवक बेरोजगारी अथवा जमीन और उत्तराधिकार पर नियंत्रण की सख्त व्यवस्था के कारण शादी करने में सक्षम नहीं होते। स्त्री के संबंध से वंचित मर्दों की जमात होगी तो वेश्याओं की जमात भी उभर आएगी। यह बात प्रवासी मर्द कामगारों और सैनिकों की सेवा करनेवाली वेश्याओं के ऊपर भी लागू होती है। यह कोई संयोग नहीं है कि कंबोडिया में देह व्यापार 1991-93 में काफी चमका, जब वहाँ आम चुनावों की निगरानी के लिए संयुक्त राष्ट्र शांति बहाली सेना के 22,000 सैनिक तैनात थे। सैनिकों की ओर से माँग के चलते वेश्याओं की संख्या आकाश छूने लगी। इन सैनिकों की खातिर करने वाली अधिकतर लड़कियाँ वेश्यावृत्ति के लिए बेची गईं।

चीन में स्त्री-पुरुष अनुपात में स्पष्ट असंतुलन उभर रहा है। बेटे के लिए पारंपरिक आग्रह और 'एक संतान' नीति खास तौर से कन्या शिशु के लिए बुरी साबित हुई है। सीधे-सीधे कहा जाए तो कई बेटियाँ या तो इस दुनिया में जन्म ही नहीं ले पातीं या बहुत छोटा जीवन जी पाती हैं। चीन में कुँवारों की फौज तैयार हो रही है। इतनी औरतें हैं नहीं कि उन्हें उपलब्ध हो सकें। अगर इसे हम आपूर्ति और माँग के समीकरण के संदर्भ में देखें तो हम कह सकते हैं कि महिलाओं की कमी उनका मूल्य बढ़ाएगी। उनका मूल्य बढ़ा तो है मगर यह महिलाओं के लिए ज्यादा लाभप्रद अर्थों में नहीं हुआ है। कुछ ग्रामीण इलाकों में महिलाओं की कमी के कारण पत्नी की खरीदारी होने लगी है और शहरों में वेश्यावृत्ति की माँग बढ़ गई है। आज चीन में महिलाओं का मूल्य ज्यादा हो गया है क्योंकि वे देश के खुलते

बाज़ार में ऊँची कीमत पा सकती हैं।

सेक्स की खरीदारी एशिया की अधिकृत या नैतिक संहिताओं का हिस्सा भले ही न हो मगर यह पुरुषों के आचरण का अभिन्न हिस्सा बन गया है। इस पूरे क्षेत्र में ऐसे पुरुषों की संख्या बढ़ी है जिनके यौन जीवन और पहचान को निर्धारित करने में वेश्याएँ महत्त्वपूर्ण भूमिका निभाती हैं। वेश्याएँ कई युवकों के यौन जीवन की शुरुआत करती हैं। फिलिपीन्स और थाइलैंड जैसे देशों में वेश्यालय जाना युवाओं का एक रिवाज बन गया है और इसे उनकी जवानी के आगमन का प्रमाण माना जाता है। करीबी दोस्त और परिवार के लोग तक उसे वेश्यालय भेजने की व्यवस्था करते हैं। असली मर्द के रूप में अपनी छवि कायम करनी है तो युवक इस अनुष्ठान और महत्त्वपूर्ण काम से बच नहीं सकते। अपनी नाक की खातिर उन्हें इस रिवाज का पालन करना ही होता है। यौन जीवन की यह शुरुआत उसके शेष यौन जीवन का स्वरूप तय करती है।

संपत्ति और सामाजिक हैसियत भी यौन मामलों में औरत तक पहुँच के साथ जुड़ी होती है। कई पुरुषों के लिए यौन क्षमता उनकी मर्दानगी का सबसे प्रबल प्रतीक और पैमाना है। यह केवल एशिया की बात नहीं है। खूबसूरत औरतों के साथ यौना संबंध बनाने की ताकत और क्षमता को हैसियत का प्रतीक माना जाता है। यह मर्दानगी का प्रमाण है और मर्दों के बीच दर्जे का महत्त्वपूर्ण पैमाना माना जाता है। यह ऐसा पैमाना है जिसकी निरंतर पुष्टि करनी पड़ती है क्योंकि दर्जा कभी स्थिर नहीं रहता। पुरुष जैविक कारणों से यथासंभव ज्यादा से ज्यादा स्त्रियों से यौनाचार के लिए प्रेरित हो सकता है लेकिन यौनाचार में सफल साबित होने के लिए उन्हें अपने साथियों के बीच वर्चस्व बनाए रखना और साबित करना होता है। औरतों की खरीदारी से ये दोनों लक्ष्य एक साथ पूरे हो जाते हैं। कंबोडिया में कुँवारी लड़कियों के साथ यौनाचार के बूते बड़े व्यापारिक सौदे पक्के किए जाते हैं। इसे शुभ शकुन माना जाता है, इसे पर्याप्त वित्तीय सुरक्षा का प्रमाण माना जाता है और मनोरंजनपूर्ण भी। चीनी व्यापारी अपनी कंपनी की सफलता को बैलेंस शीट के अलावा उन लड़कियों की संख्या से भी आँकते हैं जिनका उन्होंने कौमार्य भंग किया।

सेक्स की खरीदारी करने वाले को सक्षम, शक्तिशाली पुरुष माना जाता है। यह सार्वजनीन क्षेत्र में उसके वर्चस्व को प्रमाणित करता है। यह सिद्ध करता है कि उसके पास पैसा और ताकत है (हालाँकि यह उसकी आंतरिक कमजोरियों और खामियों को भी सिद्ध करता है)। वेश्यावृत्ति के प्रति जो थोड़े-से अध्ययन किए गए हैं उनसे यही संकेत मिलता है कि सेक्स की खरीदारी पुरुष की सहज वृत्ति का परिणाम है। नब्बे के दशक के मध्य में जापान के ओकिनावा में रिउकिउ विश्वविद्यालय के एशिया जापान वुमन्स रिसोर्स सेंटर ने जो अध्ययन किया था उसमें पाया गया कि वेश्यावृत्ति के प्रति छात्रों का नजरिया सकारात्मक है। इस अध्ययन के निष्कर्ष जापानी

पुरुषों द्वारा वेश्याओं के इस्तेमाल की अनुमानित दर से काफी मेल खाते हैं।

कई ग्राहक ईमानदारी से यह मानते हैं कि वेश्याओं को अपना काम पसंद है। शायद कुछ को पसंद होगा मगर अधिकतर के लिए तो यह एक दुःस्वप्न ही है। मेरा जो अनुभव है उसके अनुसार, अधिकतर पुरानी वेश्याओं के लिए यह बार-बार का दोहराव भर है। वेश्याओं के अनुकूल व्यवहारों से खुश होने वाले ग्राहक देह व्यापार के आर्थिक पहलू को भूल जाते हैं। सीधी-सी बात है कि वेश्या के पास दोबारा वही ग्राहक आते हैं जिन्हें अपनी वासना के साथ-साथ अहं की भी संतुष्टि मिलती है। अधूरे मर्द को अगर बेजान-सी वेश्या उसके अधूरेपन का और एहसास कराएगी तो वह न तो उसे बख्शीश देगा और न उसका नियमित ग्राहक बनेगा। पैसे की जरूरतमंद औरत नकदी देने वाले मर्द के प्रति अगर सर्द रहेगी तो व्यापार क्या कर पाएगी। सफल वेश्याएँ वे तकनीक और आचार-व्यवहार सीख लेती हैं जिनसे वे मर्द की मर्दानगी के एहसास को तुष्ट करती हैं। चूँकि मर्दानगी के सांस्कृतिक आधार भिन्न-भिन्न हैं (वे वर्चस्व प्रमाणित करने की आवश्यकता से उपजे मानदंडों से तय होते हैं) इसलिए वेश्याएँ अलग-अलग देश के ग्राहक के साथ अलग-अलग व्यवहार करती हैं।[14] वही वेश्याएँ अंततः बची रहती हैं और फलती-फूलती हैं जो अभिनय कला में माहिर होती हैं। और वे ही अपने ग्राहकों से हमेशा खुश रहती हैं।

इन ग्राहकों को लगता है कि वे इन वेश्याओं का भला कर रहे हैं। अधिकतर वेश्याएँ गरीब होती हैं और ग्राहक सोचते हैं कि वे उन्हें जीवनयापन के साधन जुटाते हैं। ग्राहक वेश्याओं का शोषण नहीं करते बल्कि उनकी सहायता करते हैं। इस तरह वेश्यावृत्ति एक तरह की सुविधाजनक परमार्थ सेवा बन जाती है। इस मान्यता को इस तथ्य से बल मिलता है कि एशिया में अधिकतर वेश्याएँ निर्धन, निंदित समुदायों से आती हैं, और इस तथ्य से भी कि लड़कियाँ और युवा स्त्रियाँ गरीब देशों से अमीर देशों में तस्करी की जाती हैं। यह उन मर्दों के दिल को बहुत सुकून और संतोष देता होगा, जो निर्धन परिवारों की बेटियों को खरीदते हैं और यह मानते हैं कि वे इस अन्यायपूर्ण दुनिया में धन के बँटवारे में अपना योगदान दे रहे हैं।

तमाम तरह के पुरुष अंतरंगता खरीदते हैं। इस बात से खास फर्क नहीं पड़ता कि वे विवाहित हैं या कुँवारे। एशियाई वेश्याओं के विवाहित ग्राहक इसलिए सेक्स की खरीदारी करते हैं कि इससे उन पर कोई आँच नहीं आती। जिन देशों में पत्नियों को अपने बेवफा पति को तलाक देने का कानूनी अधिकार प्राप्त है वहाँ इस कदम के सामाजिक नतीजे इतने भयावह होते हैं कि कम औरतें ही इसके बारे में सोच सकती हैं। बहुसंख्य औरतों को सामाजिक हैसियत पति के कारण प्राप्त होती है और तलाकशुदा औरत को या तो दया का पात्र समझा जाता है या घृणा का। पत्नियाँ बेवफा पतियों पर आर्थिक रूप से निर्भर होती हैं क्योंकि समाज उन्हें आर्थिक स्वतंत्रता के कम अवसर ही देता है। सो, पति अगर वेश्यालय जाता है तो पत्नी शायद ही

कुछ कर पाती है। कुछ पत्नियों के लिए यह दो बुरे विकल्पों में बेहतर विकल्प है। उदाहरण के लिए, थाइलैंड में पत्नियाँ चाहती हैं पति रखैल या सौत रखने की जगह वेश्यालय जाएँ तो बेहतर है, क्योंकि रखैल या सौत उनके विवाहित जीवन पर ज्यादा वित्तीय और भावनात्मक दबाव साबित होंगी। दूसरा घर बसाना सप्ताह में दो बार पास के वेश्यालय में जाने से ज्यादा खर्चीला होगा।

कई एशियाई पुरुषों के लिए विवाह और सेक्स जीवन के दो अलग-अलग पहलू हैं। उदाहरण के लिए, थाइ पुरुष यह नहीं मानते कि वे वेश्यालय जाते हैं तो अपनी पत्नी के प्रति बेवफाई करते हैं। जापानी पुरुष दोस्तों के साथ यौन पर्यटन पर निकलते हैं और कई जगहों पर सेक्स की खरीदारी करते हैं और यह कतई नहीं मानते कि इससे उनके विवाहित जीवन पर कोई खतरा आता है। वे सही हैं। आम तौर पर जापानी औरतें अपने पति की बेवफाई की ओर से आँख मूँद लेती हैं। इसकी एक वजह यह भी है कि उनके पास कोई विकल्प नहीं है। दूसरी वजह यह है कि अधिकतर जापानी औरतें पति को प्यार के लिए नहीं बल्कि उसकी कमाई, कैरियर और सामाजिक रुतबे के लिए चुनती हैं। जापान का कठोर सामाजिक ढाँचा उन्हें इस बेजान रिश्ते में जोड़े रखता है। यह टिप्पणी सख्त लग सकती है मगर यह सच है कि कई औरतें वैसा ही बेवफा पति पाती हैं जिसकी वे लायक हैं।

सभी पुरुष यौनाचार के लिए ही वेश्याओं के पास नहीं जाते। कुछ तो प्यार और सहारे के लिए भी जाते हैं। कई अनुभवी वेश्याओं का कहना है कि उनके सबसे अच्छे और सबसे नियमित ग्राहक वे हैं जो अपने विवाह से नाखुश हैं मगर उसे तोड़ नहीं सकते। वे कहती हैं कि ऐसे ग्राहक बातें करने के लिए, लाड़-प्यार पाने और यौनाचार के लिए उनके पास आते हैं। कुछ पुरुष रोमांस और वासना, दोनों के लिए आते हैं। लेकिन कितने अफसोस की बात है कि उन्हें केवल वेश्यालय मिलता है। यह खासकर दक्षिण एशिया का सच है, जहाँ पुरुष-स्त्री संबंधों को लेकर नियम सख्त हैं। रूमानी प्रेम के प्रति भारत में आश्चर्यजनक रूप से दोहरा रवैया अपनाया जाता है। सामाजिक रिवाज इसकी सख्त मनाही करते हैं हालाँकि लोक संस्कृति में इसे अद्‌भुत अनुभव के रूप में पेश किया जाता है। भारतीय फिल्मों में सुंदर लड़कियाँ और गोलमटोल लड़के जोरदार सिनेमाई अंदाज में प्यार करते नज़र आते हैं। ऐसी कहानियाँ असली दुनिया में नहीं मिलतीं। अधिकतर औरतों के लिए रूमानी प्रेम की चाहत बस चाहत बन कर रह जाती है। लेकिन पुरुषों के लिए विवाह के इतर भी वासना पूर्ति का विकल्प रहता है, वेश्याओं आदि से संबंध इसका सबसे आसान उपाय है।[15]

चूँकि औरतों को मुख्यतः 'अच्छी' और 'खराब' या सीधे कहें तो पत्नी और व्यभिचारिणी की श्रेणियों में बाँटा जाता है इसलिए एशिया के बड़े भाग में स्त्री कामुकता के बारे में भ्रम की स्थिति है। अच्छी औरत उसे माना जाता है जो यौनाचार पसंद

नहीं करती। अगर वह पसंद करती है तो उन पर संदेह किया जाता है, उसे प्रतिष्ठित महिला के वेश में व्यभिचारिणी माना जाता है। यह तर्क किस तरह अमल में लाया जाता है इसका अच्छा उदाहरण कंबोडिया में मिलता है।[16] यहाँ पत्नियों पर आरोप लगाया जाता है कि उन्हें अपने पति को वफादार बनाए रखने की कलाएँ नहीं आतीं। संभवतः व्यभिचारिणियों के पास आवश्यक यौन कला और जोश होता है। पत्नी में संभवतः ऐसी कलाएँ नहीं हो सकतीं क्योंकि तब वह छद्म वेश्या बन जाएगी। एक गहन अध्ययन के दौरान चर्चा में शामिल करीब 150 औरतों में से केवल कुछ ने कहा कि औरत की काम इच्छाएँ स्वाभाविक हो सकती हैं।[17] यह अविश्वसनीय रूप से प्रतिबंधात्मक और जड़ रवैया ऐसे ही पुरुषवादी तर्क से मजबूत होता है। सुंदरता के बारे में कंबोडियाई धारणा यह है कि औरत गोरी और सजी-सँवरी हो। लेकिन पत्नी अगर इस तरह सजने-सँवरने की कोशिश करे तो उसे नैतिकता विहीन कहा जाएगा।

ऐसा ही फिलिपीन्स में पाया जाता है, जहाँ कैथॅलिक चर्च ने यौनाचार को भारी पाप का दर्ज़ा देने का अद्भुत काम किया है। इस दमनात्मक संदर्भ में सेक्स के बारे में अनभिज्ञता को एक विशेषता माना जाता है। सबसे पवित्र वे हैं जिन्हें इस घृणित कार्य का कोई अनुभव नहीं हुआ हो। सेक्स के बारे में सवाल पूछना भी दुश्चरित्रता का प्रमाण माना जाता है। इसलिए आदर्श पत्नी वह कुँवारी कन्या है जो विवाह के समय यौन मामलों में एकदम कोरी हो। वही समर्पित पत्नी और माँ बनती है। बाकी चीजों के लिए कोई गुंजाइश नहीं है। विकल्प दो ही हैं, या तो अच्छी पत्नी बनो या कभी संतुष्ट न होने वाली व्यभिचारिणी बनो।

पुरुषों की यह शिकायत बिलकुल नाजायज है कि पत्नी की यौन उदासीनता के कारण वे वेश्याओं की ओर जाते हैं, जबकि वे चाहते हैं कि उसकी पत्नी सेक्स की दमनात्मक संहिता का पालन करे। यह उन देशों के लिए ज्यादा सच है जहाँ शादियाँ पारिवारिक रजामंदी से होती हैं। यह बिज़कुल समझ से परे बात है कि सेक्स के मामले में एकदम अनुभवहीन औरत प्रायः अपरिचित पुरुष से शादी करके उसकी सहज और उत्साही यौन सहचरी बन जाएगी। यह बात भी थोड़ी कम समझ से परे है कि कोई पुरुष एक ऐसी सहचरी में हमेशा यौन आकर्षण पाएगा जिसे उसके माता-पिता ने उसके लिए पसंद किया हो। इस बात की पुष्टि चाहते हैं तो अनुभवी दक्षिण एशियाई वेश्याओं से उनके नियमित ग्राहकों के बारे में पूछ कर देखिए। वे ऐसे नाखुश पुरुष की जानी-सुनी कहानी सुनाएँगी जो मृतप्राय वैवाहिक बंधन में जकड़ा होता है। मेरा पक्का ख्याल है ऐसे पुरुषों की पत्नियाँ इससे भी ज्यादा उदासी भरी कहानियाँ सुनाएँगी।

इस पूरे क्षेत्र, खासकर दक्षिण और पूर्वी एशिया में आयोजित विवाह की प्रथा आम है। जीवन साथी के चयन की यह प्रथा जबकि थोड़ी ढीली हुई है फिर भी

कुँवारों को सामाजिक रूप से उपयुक्त योग्य उम्मीदवारों के छोटे समूह में से ही चुनने की सुविधा होती है। यद्यपि रूमानी प्रेम के आधार पर जीवन साथी चुनने की पश्चिमी प्रथा की भी अपनी खामियाँ हैं और यह भी मानव के दुखों में अपना खासा योगदान देती है लेकिन मेरा मानना है कि आयोजित शादियाँ और कानूनेतर तलाक़ दुख की बड़ी वजहें हैं। फिर भी जन संपर्क के मामले में यह बेहतर है, यह ज्यादा साफ-सुथरी और सभ्य लगती है। जोड़े एक-दूसरे को सार्वजनिक तौर पर अपमानित नहीं करते बल्कि वे परिवार के अंदरूनी दायरे में सब कुछ करते हैं। जापान और पाकिस्तान जैसे दूरदराज के देशों में खुश और एकजुट परिवारों के बीच एक कड़वी मगर दबी-दबी धुन चलती रहती है।

इस सामाजिक और यौन व्यवस्था का निर्माता है पुरुष वर्ग, और औरतें उसकी प्रमुख भुक्तभोगी हैं। पुरुष इस व्यवस्था की बंदिशों में घुटते हैं मगर हम पूरे यकीन से कह सकते हैं कि औरतें सबसे ज्यादा घुटती हैं—पत्नियाँ भी और वेश्याएँ भी।

दक्षिण और पूर्वी एशिया में बेजान यौन संबंधों और उससे जुड़ी समस्याओं के लिए 'वर्चस्ववादी मातृ ग्रंथि' को जिम्मेदार ठहराया जाता है। इस तर्क के मुताबिक, पुरुष उन औरतों से यौन संबंध नहीं बना पाते जिन पर उन्हें लगता है कि वे अपना वर्चस्व कायम नहीं कर पाएँगे।[18] माना जाता है कि कई एशियाई समाजों में इस विफलता के पीछे समाजीकरण की प्रक्रिया का हाथ है। परिवार में सबसे कमजोर रिश्ता पति-पत्नी का होता है। पुरुष के संपर्क का दायरा बड़ा होता है जबकि औरत घर, परिवार, मित्रों के दायरे में सीमित रहती है। पुरुष विवाहेतर संबंध बनाने को स्वतंत्र होते हैं लेकिन औरत को दोहरापन बनाए रखते हुए पति के प्रति वफादार रहना होता है। इस सबसे अंतरंग रिश्ते में विकृति आती है। अगर स्त्री की भावनात्मक ऊर्जा वैवाहिक संबंध में समाहित नहीं हो पाती तो उसका सबसे ज्यादा लगाव बेटों के साथ हो जाता है। पारंपरिक समाजों में बेटा हैसियत प्रदान करता है, स्त्री के रूप में उसकी सफलता सिद्ध करता है और वह साधन बनता है जिससे उसकी महत्त्वाकांक्षाएँ पूरी होती हैं। इसलिए माँ-बेटों में गहरा संबंध बनता है। यह इतना गहरा होता है कि बेटे जब वयस्क पुरुष बन जाते हैं वे अपनी माँ से दूरी नहीं बना पाते। वे स्त्रियों से डरते हैं क्योंकि उन्हें माँ के दमघोंटू आलिंगन की याद आती है।

भारत में मातृ ग्रंथि यौन कामुकता को लेकर चिंता का कारण बनती है। भारत के कई भागों में यौन अनुभव में परिपक्व स्त्रियों के प्रति व्यापक नापसंदगी पाई जाती है। इसके विपरीत युवा और यौन मामलों में अनभिज्ञ लड़कियों के प्रति मर्दों में विशेष आकर्षण पाया जाता है। स्त्री कामुकता के लिए किशोरवय को सबसे उपयुक्त अवस्था माना जाता है।[19] परिपक्व स्त्री की यौन माँगों को उन पुरुषों के लिए खतरनाक माना जाता है जिन्होंने यौन और भावनात्मक परिपक्वता हासिल नहीं की है। ऐसे

पुरुष अपनी उम्र की स्त्रियों से यौनाचार से कतराते हैं। इस तरह का आचरण एक दुष्चक्र पैदा करता है। पति द्वारा परित्यक्त स्त्री तब अपने बेटों को परेशान करती है और इससे ऐसे पुरुष का निर्माण होता है जो यौन मामलों में परिपक्व स्त्री से कतराता है। यह ग्रंथि मध्यवर्गीय भारतीय परिवारों पें आम है लेकिन उन गरीब परिवारों में कम है जिनके पास माँ-बेटे के विशेष संबंध को पनपने देने के लिए पर्याप्त पैसे नहीं होते। जब हम भारतीय वेश्याओं की औसत उम्र पर ध्यान देते हैं और किशोरवय की वेश्याओं की ऊँची माँग पर गौर करते हैं तो यह बात सच लगती है।

जापान में भी इसी तरह का आचरण आम है। माँ जब अपने बेटे को शिक्षा में उम्दा परिणाम लाने का दबाव डालती है और उसके साथ दमघोंटू प्यार भी करती है तो वह यौन और भावनात्मक दृष्टि से ऐसे अधूरे पुरुष का निर्माण करती है, जो यौन मामलों में परिपक्व स्त्री से सहज नहीं हो पाता।[20] जापान में खासी संख्या में दंपतियों का यौन जीवन कुछ वर्षों के बाद शुष्क हो जाता है।[21] ऐसा इसलिए होता है क्योंकि जापानी पुरुष कुछ समय बाद अपनी पत्नी से सहज यौन संबंध नहीं रख पाते क्योंकि उनकी पत्नी उनकी माँ की जगह ले लेती है।[22] पुरुष अपनी यौन संगिनी को अपनी माँ से अलग देख सकें इसके लिए उनमें ताकत और स्वतंत्रता का एहसास होना चाहिए जिसे वे अपनी माँ की मौजूदगी में अनुभव नहीं कर पाए। उनमें अपने दबदबे का एहसास होना चाहिए। विवाह के शुरुआती वर्षों में पुरुष अपनी दुलहन पर नियंत्रण महसूस कर सकते हैं लेकिन ज़ल्दी ही इस रिश्ते का शक्ति समीकरण बदल जाता है। पत्नी घर पर जब अपना प्रभुत्व स्थापित कर लेती है तब वह शक्तिशाली हो जाती है। घर में पति मालिक नहीं रह जाता और जब वह स्वामी नहीं रह जाता तो कम-से-कम मानसिक तौर पर अपनी पत्नी का पुत्र बन जाता है। वर्चस्ववादी मातृ ग्रंथि से बना बेजान संबंध तानाशाहीपूर्ण, दबदबे वाली स्त्री की देन नज़र आ सकता है। लेकिन हमें याद रखना चाहिए कि माँएँ ऐसा खतरनाक आचरण इसलिए करती हैं क्योंकि उनके जीवन के नियामक पितृसत्तात्मक समाज ने तय किए हैं। महिलाएँ अपने बेटों पर इसलिए हावी रहती हैं और अपने परिवार के दायरे में इसलिए अकसर तानाशाही रुख रखती हैं क्योंकि उनमें से कई के लिए अपनी उम्मीदों, आकांक्षाओं और इच्छाओं की अभिव्यक्ति और पूर्ति का दायरा केवल परिवार ही होता है। अगर उनके यौन और भावनात्मक जीवन पर पाबंदी लगाई जाती है और अगर वे सामाजिक रीति-रिवाजों के कारण घरेलू दायरे में सिमट जाती हैं तो आश्चर्य नहीं कि अपनी ऊर्जा वे अपने बेटों पर खर्च करती हैं। बेटे भावनात्मक जुड़ाव और शारीरिक समीपता का एहसास कराते हैं। अगर वे सफल होते हैं तो अपनी माँ की महत्त्वाकांक्षाएँ पूरी करते हैं। वे इन महिलाओं की पूजा करने वाले प्रेमी बन जाते हैं, जिससे वे वंचित रहीं। एशियाई माँएँ अपने बेटों को बहुत-बहुत प्यार करने के लिए ही होती हैं।

यह विमर्श वेश्यावृत्ति पर चर्चा से अलग और यौन दासता पर चर्चा से और भी अलग लग सकता है। लेकिन एक के सूत्र दूसरे से उभरते हैं। जापानी पुरुष उन्हीं कारणों से सेक्स की खरीदारी करते हैं जिन कारणों से दुनिया भर के अधिकतर मर्द खरीदारी करते हैं। वे सब अपना वर्चस्व साबित करना चाहते हैं। चूँकि इतने ज्यादा जापानी पुरुष तभी यौन क्रियाएँ कर सकते हैं जब वर्चस्व के सूत्र यथास्थान होते हैं इसलिए इसमें आश्चर्य की कोई बात नहीं है कि वेश्यावृत्ति इतनी आम है। भारत की तरह जापान में भी पुरुषों में एकदम युवा स्त्रियों के लिए जबरदस्त चाह पाई जाती है। जापान की प्रमुख पत्रिकाओं में ऐसी लड़कियों की तस्वीरें और उन पर लेख भरे होते हैं जो किशोरवय की होती हैं या उसका दिखावा करती हैं। उनकी पसंदीदा पोशाक स्कूली वर्दी और नाविकों वाला सूट या छोटी पैंट और मोजे हैं। ये पत्रिकाएँ बाल पाठकों के बाजार के लिए नहीं होतीं। किशोरवय लड़कियाँ जापानी पुरुषों की फंतासियों में प्रमुख भूमिका निभाती हैं, और जापान बाल अश्लील साहित्य का दुनिया में सबसे बड़ा निर्माता और निर्यातक है।

जापानी पुरुषों की कामुकता किस तरह निर्मित होती है, इसका सटीक उदाहरण पेश करते हैं इमेज क्लब। ये क्लब यौन सेवाएँ मुहैया कराते हैं और यह विशेष वातावरण निर्मित करके किया जाता है। कमरे को इस तरह सजाया जाता है कि वह किसी भूमिगत रेलगाड़ी का डिब्बा या डॉक्टर का ऑपरेशन थिएटर या तमाम तरह की ऐसी जगह लगे, जो पुरुष की यौन फंतासियों को तुष्ट कर सके। ग्राहक और वेश्याएँ परिवेश के अनुकूल पात्रों की भूमिका में होती हैं। मसलन, रेलयात्री और स्कूली लड़की या हेडमास्टर और छात्रा या डॉक्टर और नर्स वगैरह। और कहानी होती है यौन दुर्व्यवहार की। परपीड़न जापानी समाज में अरुचिकर अंतर्धारा के रूप में मौजूद रहता है। 'मंगा' खासकर जापानी मर्दों और लड़कों के लिए निर्मित विशाल कॉमिक्स है। इसमें युवा स्त्रियों की यातना, उनसे बलात्कार वगैरह की कहानियाँ ही प्रमुख होती हैं।[23] हिंसा में यह दिलचस्पी और वेश्याओं के इस्तेमाल की बड़ी संख्या में घटनाएँ उस सुव्यवस्थित समाज के लिए अजूबा लगती हैं जहाँ बलात्कार और हत्या समेत दूसरे अपराधों की दरें पश्चिमी समाज में इनकी दरों से काफी कम हैं। जापान के अपने दौरे में मैंने यौन दुर्व्यवहार की कोई घटना नहीं सुनी। जिन जापानी पुरुषों से मैं मिली वे बड़े औपचारिक और शिष्ट थे। हालाँकि मनचलों के बारे में मुझे सावधान किया गया था। टोक्यो मेट्रो में मेरे साथ किसी ने दुर्व्यवहार नहीं किया। हो सकता है यह मेरी उम्र के कारण हुआ हो क्योंकि मैं आम यौन आकर्षण वाली औरतों से बीस साल बड़ी थी। जिन बड़े शहरों में मैं जा चुकी हूँ उनके विपरीत टोक्यो में कोई औरत बिलकुल निडर होकर देर रात में घूम सकती है।

जापान और जापानी पुरुषों के बारे में वेश्याओं और खासकर दूसरे एशियाई

देशों की वेश्याएँ जो तस्वीर पेश करती हैं उससे यह तस्वीर मेल नहीं खाती। जापानियों के इस दोहरे चरित्र के बारे में आम व्याख्या यह है कि हिंसा, खास कर 'मंगा' कॉमिक्स में वर्णित हिंसा एक तरह का सुरक्षा वाल्व है। बेहद संरचनात्मक, प्रतिस्पर्धात्मक और समानुरूपी समाज में व्यक्ति को अभिव्यक्ति, तनाव मुक्ति और असामाजिक आचरण के लिए भी कोई रास्ता चाहिए। समानुरूपी आचरण की तरह हिंसा भी बुरी तरह संरचनात्मक होती है और विशिष्ट रूपों में प्रवाहित होती है। सेक्स की खरीदारी भी एक रूप है।

जापान में या दूसरे देशों में सेक्स पर्यटक के रूप में गए जापानी पुरुषों की सेवा करने वाली कई वेश्याओं का कहना है कि उन्हें पता नहीं होता कि किस तरह का आचरण करना है। यह बात शिक्षित और संपन्न के साथ ही सामान्य मर्दों पर लागू होती है। एक पूर्वी-यूरोपीय औरत ने एक क्लब की लड़कियों के साथ जापानी ग्राहकों के व्यवहार के बारे में कहा—"वे इतने क्रूर होते हैं। वे पी कर लड़कियों के बारे में ऊलजुलूल बातें करते हैं जिन्हें लड़कियाँ समझ नहीं पातीं क्योंकि वे जापानी भाषा नहीं जानतीं। वे उनके स्तनों के बारे में बाते करते हैं और उन्हें छूने की कोशिश करते हैं।"

ऐसी टिप्पणियाँ मैं कई बार सुन चुकी हूँ। सामाजिकता के मामले में अधूरे ऐसे पुरुष स्त्री के साथ बराबरी का व्यवहार नहीं कर पाते और इसलिए ऐसी साथी नहीं ढूँढ़ पाते जो उनके साथ का लुत्फ उठा सके। इसके बजाय पुरुष क्लबों में जाकर औरतों को इस बात के लिए पैसे दे सकते हैं कि वे उनके साथ होने पर खुशी का दिखावा कर सकें। इस तरह वे खारिज किए जाने की परेशानी से बच सकते हैं।[24] बेहद संरचनात्मक और सख्त सत्ता तंत्र के कारण अपने जीवन पर अपना नियंत्रण न होने के एहसास से पीड़ित जापानी पुरुषों के लिए स्त्री की खरीदारी और उन पर दबदबा उन्हें सामाजिक और यौन क्षमता के बारे में थोड़ा आत्मविश्वास देता है। जापान में तस्करी से पहुँचाई गई औरतों से बातचीत से एक बेहद दिलचस्प तथ्य उभरता है कि ग्राहक बड़े आग्रही स्वभाव के होते हैं। यह स्वभाव वेश्याओं के साथ यौन क्रियाओं में ही नहीं, वेश्याओं के चयन में भी परिलक्षित होता है। कम ही जापानी पुरुष एक वेश्या के पास दोबारा जाते हैं। नियमित ग्राहक सप्ताह में एक या दो बार क्लब जाते हैं। लेकिन हमेशा नई लड़की की माँग करते हैं, खासकर अनुभवहीन। ग्राहकों की सनक जापान में बड़े कारोबार का स्रोत है। नए-नए उत्पादों का काफी आकर्षण रहता है। सेक्स बाजार कोई अपवाद नहीं है। आश्चर्य किया जा सकता है कि ये नए यौन अनुभव कुछ समय बाद कितने नए रह जाते होंगे और एक विषय में कितना नयापन लाया जा सकता है। क्लबों पर नई, ताजा लड़कियाँ लाने का दबाव रहता है ताकि ग्राहक कहीं और रुख न करें।

जापानियों द्वारा सेक्स की खरीदारी में नस्लवाद वर्चस्व के मामले को और

जटिल बनाता है। जापान के लोग खुद एशिया को 'श्वेत' मानते हैं। वे उतने ही नस्लवादी हैं जितने पश्चिम के पुराने साम्राज्यवादी थे। जापानी ग्राहक वेश्याओं की चमड़ी का रंग देख कर उनके साथ अलग-अलग व्यवहार करते हैं। साँवली या काली एशियाई वेश्याओं के मुकाबले जापानी और कॉकसियाई वेश्याओं के साथ बेहतर व्यवहार किया जाता है। जापान में श्वेत वेश्याओं के अनुभव इतने बुरे नहीं हैं जितने थाइ और फिलिपीनी वेश्याओं के हैं। मेरा ख्याल है कि जापानी पुरुष इन औरतों पर उतना नियंत्रण नहीं महसूस कर पाते कि वे उनके साथ कुछ भी करके निकल लें। जापान के सेक्स बाज़ार के ऊँचे हलके में जापानी वेश्याओं का वर्चस्व है जबकि निचले हलके में मुख्यतः थाइ और फिलिपीनी वेश्याएँ भरी हुई हैं। यद्यपि सभी देशों की वेश्याएँ बुरे व्यवहार की शिकायत करती हैं, मगर दुर्व्यवहार और चमड़ी के रंग में एक संबंध है। कोलंबियाई वेश्याओं को सबसे बुरे अनुभव से गुजरना पड़ा है। इस अध्याय को लिखने से कुछ महीने पहले एक युवा कंबोडियाई औरत के साथ सामूहिक बलात्कार किया गया था। थाइ और फिलिपीनी औरतें पिटाई और चाकू-बंदूक से धमकाए जाने की शिकायत करती रहती हैं।

आम तौर पर जापान से निकलते ही सेक्स के जापानी खरीदारों का व्यवहार बुरा हो जाता है। यह शायद समानुरूपी, समूह-केंद्रित समाज की सख्त पाबंदियों से मुक्त होने का नतीजा होता है या फिर यह खरीदी जा सकने वाली निचली नस्ल की औरतों के बीच होने का असर होता है। जापानी ग्राहकों के बारे में एक फिलिपीनी वेश्या ने कहा—"जापानी और अरबी ग्राहक बहुत बुरा सलूक करते हैं हम लोगों के साथ। मैं जापानी ग्राहक के पास जाने से हमेशा डरती हूँ क्योंकि वे सचमुच सनकी होते हैं। दो जापानी ग्राहकों ने मेरी एक सहेली के कुचाग्र सिगरेट से जला दिए थे। वे हमसे पशुओं जैसा सलूक करते हैं।" जापानी ग्राहकों के बारे में ऐसी बातें इतनी सारी औरतों ने कीं कि उनके बारे में अलग से सवाल करने की शायद ही जरूरत पड़ी। पूरे दक्षिण-पूर्व एशिया में जापानी पुरुष व्यापारिक सेक्स के सबसे बड़े अंतरराष्ट्रीय उपभोक्ता के रूप में उभरे हैं, जो सबसे क्रूर ढंग से मौज-मस्ती करते हैं। कुँवारी लड़कियों के वे बड़े खरीदार हैं। जापानी पुरुष सेक्स की खरीदारी में पश्चिमी सेक्स पर्यटकों के मुकाबले ज्यादा सतर्कता बरतते हैं। आप मध्यवय के जापानी मर्दों को गलियों में युवा वेश्याओं के साथ सौदेबाजी करते हुए कम ही पाएँगे लेकिन पेंशनभोगी, व्यापारी जापानी वृद्ध को किसी विशिष्ट रेस्तराँ में खूबसूरत युवा स्त्री से मालिश वगैरह करवाते जरूर देखेंगे। जापानी मर्द लड़कियों को होटल के कमरे में ले जाते हैं या फिर कराओके क्लबों या बार में जाते हैं। कई जापानी मर्द वेश्यालय भी जाते हैं। वे यह परवाह नहीं करते कि वे किन लड़कियों को खरीद रहे हैं। उन्हें इससे फर्क नहीं पड़ता कि लड़की को धंधे के लिए मजबूर किया गया है। वे क्यों परवाह करें ? वे विदेशी वेश्याओं वगैरह को महत्त्वहीन, निचली नस्ल की मानते हैं

जो उपभोग के लिए ही होती हैं। इन ग्राहकों को संतुष्ट करने वाली कई वेश्याओं ने मुझसे सवाल किया कि जापानी ग्राहक उनके साथ इतना नफरत भरा व्यवहार क्यों करते हैं। इन वेश्याओं ने हताशा और खीझ के साथ सवाल किया कि क्या ये मर्द उन्हें मनुष्य नहीं मानते?

मेरा अनुमान है कि ये ग्राहक अपनी यौन साझीदार को मानव तो मानते हैं लेकिन अपने मुकाबले उन्हें ज्यादा आदिम स्तर का मानव मानते हैं। औरतों का इतना मूल्य तो होता है कि उन्हें हासिल किया जाए लेकिन इतनी ताकत नहीं होती कि उन्हें खरीदने वाले अधूरे मर्द के लिए वे कोई खतरा बन सके। सेक्स की खरीदारी करने वाले जापानी पुरुषों के लिए युवा औरतें सनसनीखेज होती हैं क्योंकि वे सुकून भी देती हैं। 16 साल की कोई बर्मी अनपढ़ वेश्या, जो अपना और अपने परिवार का पेट पालने के लिए ग्राहक के पैसे पर निर्भर होती है, उसकी यौन क्षमता के बारे में कोई शिकायत नहीं करने वाली। न ही वह उससे कोई भावनात्मक संबल की माँग करने वाली है। वह उसकी माँ के समान नहीं होती।

जापानी पुरुषों को व्यापारिक सेक्स के उत्कृष्ट खरीदार के रूप में मानना कुछ अर्थों में अनुचित है। एशियाई वेश्याओं आदि के ग्राहकों में जापानी पुरुष प्रमुखता से उभरते हैं क्योंकि उनके पास अधिकतर दूसरे एशियाई देशों के ग्राहकों के मुकाबले कहीं ज्यादा व्यय क्षमता है। जापानी पुरुष सेक्स की जम कर खरीदारी करते हैं क्योंकि वे इसकी क्षमता रखते हैं। अगर दूसरे पुरुषों के पास भी उतनी आर्थिक ताकत हो तो वे भी वैसा ही करेंगे।

एशिया में पुरुषों की स्वेच्छाचारिता और उनके द्वारा वेश्याओं के इस्तेमाल को लेकर व्याख्याएँ अलग-अलग हैं। हावी मातृ ग्रंथि जापान और भारत में स्त्री-पुरुष संबंधों के कुछ पहलुओं को समझने में उपयोगी पैमाना हो सकती है मगर दूसरी जगहों के लिए इसे संशोधित और पुनर्व्याख्यायित करना पड़ेगा। कुछ समाजों में यह बहुत प्रासंगिक नहीं है। दक्षिण एशिया में पाकिस्तान, बांग्लादेश जैसे मुस्लिम बहुल देशों और भारत के मुस्लिम समुदाय में माँ की हैसियत महत्त्वपूर्ण है मगर दूसरे तत्त्वों पर भी विचार करना होगा। इनमें से एक तत्त्व है स्त्री-पुरुष में दूरी। वे दोनों नहीं जानते कि एक-दूसरे से सहज संवाद कैसे करें। यह रिश्ता या तो पारिवारिक संबंध के रूप में होता है या बिलकुल औपचारिक किस्म का, जो कभी सख्त सीमाओं को पार नहीं करता। इन दोनों तरह के संबंधों से बाहर कोई संबंध बनता है तो उसे अनियंत्रित वासना का आमंत्रण माना जाता है।

हिंदू समुदायों में भी, खासकर ऊँची जातियों में विभाजन मौजूद है, क्योंकि उनकी औरतों और नीची जातियों के मर्दों के बीच यौन संबंध से उन्हें ही नुकसान का अंदेशा होता है। लेकिन विभाजन मुख्यतः मुस्लिम समाज की खासियत है। जो समाज जितना रूढ़िवादी होता है, विभाजन के नियम उसमें उतने ही सख्त होते हैं।

पाकिस्तान इसका सटीक उदाहरण है। वहाँ विभाजन के नतीजे स्पष्ट और कई हैं—युवा स्त्री-पुरुष आपस में अनौपचारिक संबंध नहीं रख सकते, महिलाओं को निष्क्रिय रखने के लिए उन्हें परदे में रखा जाता है ताकि वे मर्दों को लुभा न सकें। वेश्याओं का निर्माण करना जरूरी हो जाता है, और उन्हें कलंकित करना भी ताकि मर्द यौन मर्यादा का पालन करते और पत्नी या पत्नियों के प्रति वफादार दिखते हुए भी असीमित यौनाचार कर सकें। देह के बाजार में जापानी लोग भले शाहखर्च हों मगर पाकिस्तानी लोग सबसे बड़े पोंगापंथी हैं।

मुस्लिम समाज में दूसरी चीज है वह सामाजिक और मानसिक झटका, जो लड़के को पाँच वर्ष की उम्र में अचानक लगता है। इस उम्र में वह अपनी माँ और परिवार की औरतों की सुरक्षित, अलग-थलग दुनिया से मर्दों की उतनी ही अलग-थलग लेकिन ज्यादा खुली और प्रतियोगी दुनिया में आता है। यह झटका लड़कों को ऐसे रणक्षेत्र में धकेल देता है जहाँ उन्हें मर्दों के सख्त पदानुक्रमों में डटे रहने की कला तुरंत सीखनी पड़ती है। इस यातनादायी परिवर्तन का एक नतीजा पुरुष पहचान[25] के गहरे एहसास के रूप में सामने आता है। यह पहचान परिपक्व होते युवक के आत्मविश्वास से स्वाभाविक रूप में नहीं उभरती बल्कि यह पुंसत्ववादी आचरण, आचरण के पुरुषोचित रूपों, महिलाओं से भय और घृणा, दूसरे पुरुषों से गहरी होड़ और अपराजेयता की छवि के निर्माण से उभरती है। वेश्यालयों में अकसर जाना कुछ मर्दों के लिए पौरुष के झूठे एहसास को मजबूती प्रदान करता है। यौन भेदभाव की व्यवस्था को जारी रखने के लिए वेश्यावृत्ति की प्रथा जरूरी है और विडंबना यह है कि वेश्याओं की जरूरत उन मर्दों के यौन और भावनात्मक उपचार के लिए भी है जिन्हें विकृत मानवीय संबंधों से सतही तौर पर ही सही, लाभ होता है।

फिलिपीनी समाज में मातृ ग्रंथि हावी नहीं दिखती लेकिन फिर भी पुरुष सेक्स की खरीदारी करते हैं। यहाँ इस विश्वव्यापी प्रथा की संस्कृति आधारित व्याख्या कैथॅलिकवाद और पुंसत्व के योग में देखी जाती है। कौमार्य की पूजा, नारी पवित्रता का आदर्शीकरण और फिर वेश्यावृत्ति का विस्तार—फिलिपीनिगों को ये सब स्पेनी उपनिवेशवाद के उपहार के रूप में मिले। यही उपहार लातीन अमेरिका को दिए गए। जाहिर है, यौन नैतिकता का ढोंग केवल एशियाई समाजों, संस्कृतियों और धर्मों की विशेषता नहीं है।

फिलिपीनी वेश्याएँ और यौनाचार की पुरानी अनुभवी मामा-सान जिन पुरुषों और ग्राहकों की सेवा करती हैं उन्हें खारिज करती हैं। एंजिलिस और उसके आसपास विदेशियों और फिलिपीनी ग्राहकों को संतुष्ट करने वाली औरतों के एक समूह से मैंने लंबी बातचीत की। औरत की खरीदारी करने की पुरुषों की इच्छा और जरूरत को वे अपने लिए वरदान मानती हैं क्योंकि इससे उनकी आजीविका चलती है। लेकिन वे यह भी मानती हैं कि ग्राहक मूर्ख और बच्चों जैसे हैं। जब मैंने जानना चाहा कि ग्राहक छोटी लड़कियों की माँग करते हैं तो इन औरतों ने काफी रस लेकर यह

जवाब दिया, "क्योंकि ये मर्द दया के पात्र हैं। वे ऐसी लड़की चाहते हैं जो कुछ नहीं जानती। उसके साथ वे खुद को बड़ा आदमी समझते हैं। अगर वे जवान औरत के पास जाएँगे तो वह कहेगी कि ऐसे करो, ऐसे मत करो। लेकिन मर्दों को यह सब अच्छा नहीं लगता। वे सोचते हैं कि औरत जितने मर्दों को जानती है उनसे वे अच्छे नहीं हैं। वे चाहते हैं कि लड़की बस उनके सामने बिछ जाए। वे कहते हैं कि वे लड़कियों को इसलिए चाहते हैं क्योंकि वे कसी हुई चीज चाहते हैं। लेकिन हम लोगों को पता है कि वे डरे हुए होते हैं।"

शारीरिक दृष्टि से युवा औरतें ही सेक्स के लिए सबसे उपयुक्त मानी जाती हैं। लेकिन इसका मतलब यह नहीं है कि बच्चियाँ या छोटी लड़कियाँ जरूरी हैं। अधिकतर स्त्रियाँ सत्रह की उम्र से पहले गर्भ धारण करने में या सफल प्रसव में सक्षम नहीं हो पातीं। अठारह साल की स्त्री से सेक्स का सौदा नैतिक नहीं, तो आनुवंशिक दृष्टि से उपयुक्त हो सकता है लेकिन 13 साल की लड़की से यह सौदा उपयुक्त नहीं हो सकता। वेश्यावृत्ति, और एकदम युवा औरत तथा लड़कियों से यौनाचार की उपभोक्तावादी माँग यौन वृत्तियों के सांस्कृतिक समायोजन और विकृत मानव संबंधों से उभरने वाली या उन्हें ताकत देने वाली मानसिक-यौन समस्याओं से पैदा होती हैं।

सेक्स के लिए बच्चियों की खरीदारी की व्याख्या के लिए कई बेमानी पुराने मिथकों का सहारा लिया जाता है। ऐसा ही एक बकवास और प्रचलित मिथक एशिया में यह है कि कुँवारी कन्या से यौनाचार संक्रमण वाले यौन रोगों से छुटकारा दिलाता है, कि कुँवारियों में एड्स से भी छुटकारा दिलाने की चमत्कारी शक्ति होती है।

चीनियों में यह मान्यता प्रचलित है कि एकदम युवा–विशेषकर कुँवारी–स्त्री से नियमित यौनाचार बुढ़ाते मर्द को भी जवान बना सकता है। इस मान्यता के मुताबिक हर चीज में यिन (गरम) और यांग (ठंडा) नामक गुण होते हैं। पुरुष लड़की के कुँवारेपन (यांग) का उपभोग करके वृद्ध होने की प्रक्रिया (यिन) को धीमा कर सकता है। इसीलिए तायवान, हांगकांग, सिंगापुर और मलेशिया से मध्यवय के बुजुर्ग चीनी सेक्स पर्यटक और चीनी पुरुष भी कुँवारी लड़कियों से यौनाचार के लिए वेश्यालय जाते हैं। बेशक इस सिद्धांत की थोड़ी तो मान्यता है लेकिन तभी तक जब तक यह अस्थायी मानसिक सहारा रहता है। लड़कियों से सेक्स की खरीदारी इन पुरुषों को शायद इसलिए युवा होने का एहसास कराती है कि यह उनमें युवा शरीर से समीपता के कारण नया जोश भरती है और इस अधिकार का एहसास कराती है कि वे जो कुछ खो चुके हैं उसे पा सकते हैं।

मुझे संदेह है कि पुरुष सचमुच इन मिथकों पर विश्वास करते होंगे। बल्कि ये मिथक उस बात के पक्ष में सुविधाजनक तर्क जुटाते हैं जो वैसे देखा जाए तो कमजोरी मानी जाएगी। एक पुरुष के लिए यह कहना आसान है कि वह अपने बुढ़ाते शरीर को नई ऊर्जा देने या एड्स से छुटकारा पाने के लिए लड़की का कौमार्य

भंग करना चाहता है, बनिस्पत यह कहने के कि कुँवारी लड़की ही उसमें बढ़ती नपुंसकता को रोकने की पर्याप्त उत्तेजना जगा सकती है। पुरुष के अहं को तुष्ट करने के लिए एक पारंपरिक मिथक का सहारा लेना ज्यादा सुविधाजनक है, बनिस्पत यह विश्लेषण करने के कि उसे वर्चस्व जताने के इन बेहद अप्रभावशाली, करुण उपायों को खरीदने की जरूरत क्यों पड़ती है।

कामुकता के निर्माण में जीव विज्ञान और संस्कृति के सापेक्षिक महत्त्व पर बहस एक दिलचस्प अकादमिक उपक्रम है। हम इस बात पर बहस कर सकते हैं कि पुरुष सेक्स की खरीदारी जैविक कारणों से करता है या नहीं। हम इस पर भी बहस कर सकते हैं कि संस्कृतियाँ वेश्यावृत्ति को क्यों और किस तरह बढ़ावा देती हैं। इनके तर्कों का इस्तेमाल इस बात की व्याख्या करने में हो सकता है कि व्यापारिक सेक्स का बाजार क्यों है और औरतें यौन दासता में क्यों फँसती हैं। लेकिन इन तर्कों से वेश्यावृत्ति का औचित्य नहीं साबित किया जा सकता। हम कंधे झटका कर यह नहीं कह सकते कि ये बुराइयाँ इसलिए हैं क्योंकि हम आनुवंशिकी से संचालित दुनिया में रहते हैं। वेश्यावृत्ति करने वाली औरतों और लड़कियों, खासकर इस उद्योग के निचले पायदान वाली वेश्याओं के जीवन की वास्तविकता पर ध्यान दिलाना हमारी जिम्मेवारी है। यौन दासता में फँसी स्त्री के लिए यह सूचना कोई खास राहत नहीं देने वाली कि उसके दुख पुरुष की सहज वृत्तियों का परिणाम हैं। मुझे यकीन है कि उसे यह तो पहले से पता है। न ही उसे यह जान कर कोई संतुष्टि मिलने वाली है कि उसका कलंकित अस्तित्व संस्कृति से परिभाषित है। हमारी जिम्मेवारी तो है पुरुष के आचरण को और उस सांस्कृतिक व्यवस्था को बदलने की, जो इस आचरण को ऐसा विनाशकारी स्वरूप प्रदान करती है। हमें बहुत दूर जाना है।

टिप्पणियाँ

1. इस विषय पर सर्वश्रेष्ठ पुस्तकें हैं—इंद्राणी सिन्हा और कैरोलिन स्लेथॉल्मे की 'गिल्टी विदाउट ट्रायल : वुमेन इन द सेक्स ट्रेड इन कोलकाता' (न्यू ब्रंसविक, न्यू ज़र्सी रट्जर्स यूनिवर्सिटी प्रेस, 1996); सिरिपोर्न स्क्रोबानेक की 'ट्रैफिक इन वुमेन : ह्यूमन रिअलिटीज़ ऑफ द इंटरनेशनल सेक्स ट्रेड' (लंदन : ज़ेड बुक्स, 1997); रीता रोज़ारियो की 'ट्रैफिकिंग इन वुमेन ऐंड चिल्ड्रन इन इंडिया' (नई दिल्ली : उप्पल पब्लिशिंग हाउस, 1984); र्‍यान बिशप और लिलियन एस. रॉबिन्सन की 'नाइट मार्केट : सेक्सुअल कल्चर्स ऐंड द थाइज़ इकोनॉमिक मिरैकल' (लंदन : राउतलेज़, 1998); जेरेमि सीब्रुक की 'ट्रैवेलस इन द स्किन ट्रेड : टूरिज्म ऐंड द सेक्स इंडस्ट्री' (लंदन : प्लुटो प्रेस, 1990); जापान में सेक्स उद्योग पर दो बढ़िया पुस्तकें हैं— एनि एलिसन की 'नाइटवर्क : सेक्सुअलिटी, प्लेज़र ऐंड कॉर्पोरेट मैस्कुलिनिटी इन अ टोक्यो हॉस्टेस क्लब' (यूनिवर्सिटी ऑफ शिकागो प्रेस, 1994) और एनि एलिसन की 'पर्मिटेड ऐंड प्रॉहिबिटेड डिज़ायर्स : मदर्स, कॉमिक्स ऐंड सेंसरशिप इन जापान' (बाउल्डर, कोलोराडो : वेस्टव्यू प्रेस, 1996)।

2. दुआंग प्रथीप फाउंडेशन की 'क्लाँग तोए एड्स कंट्रोल प्रोजेक्ट,' बैंकॉक, 1998, 14।
3. हान्ना फान और लॉरेन पैटरसन की 'मेन आर गोल्ड, वुमेन आर क्लॉथ' (नॉम पेन्ह, केयर इंटरनेशनल, 1994)।
4. अर्चावानित्कुल की 'ट्रैफिकिंग इन चिल्ड्रन,' 59।
5. रिए तान्नाहिल की 'सेक्स इन हिस्टरी' (न्यूयॉर्क, स्टीन ऐंड डे, 1992), 357।
6. अल्फ्रेड सी. किन्से की 'सेक्सुअल बिहेवियर इन द ह्यूमन मेल' (लंदन : डब्ल्यू. वी. सॉण्डर्स, 1948)।
7. सैमुएल एस. जानस और सिंथिया एल. जानस की 'द जानस रिपोर्ट ऑन सेक्सुअल बिहेवियर' (न्यूयॉर्क : जॉन विले, 1993), 348।
8. गार्डियन, 26 सितंबर, 1997।
9. सिन्हा एवं स्लेथॉल्मे की 'गिल्टी विदाउट ट्रायल,' 10।
10. क्रिस बेरर की 'वार इन ब्लड : सेक्स, पॉलिटिक्स ऐंड एड्स इन साउथ-ईस्ट एशिया' (लंदन : ज़ेड बुक्स, 1998), 14 में उद्धृत।
11. विश्व स्वास्थ्य संगठन और एचआइवी/ एड्स के खिलाफ संयुक्त राष्ट्र के साझा कार्यक्रम की 'रिपोर्ट ऑन ग्लोबल एचआइवी/एड्स एपिडेमिक्स,' जून 1998।
12. विश्व स्वास्थ्य संगठन और यू एन एड्स की 'एड्स एपिडेमिक अपडेट,' दिसम्बर 1998।
13. विश्व स्वास्थ्य संगठन और यू एन एड्स की 'इंडिया : एपिडेमायोलॉजिकल फैक्ट शीट ऑन एचआइवी/एड्स ऐंड सेक्सुअलि ट्रांसमिटेड डिजीजेज़', जून 1998।
14. सिंथिया एनलो की 'हर टेक्स टू' स्टरडेवॉट और टॉल्ज़फन की 'लेट द गुड टाइम्स रॉल,' 25 में।
15. सिन्हा एवं स्लेथॉल्मे की 'गिल्टी विदाउट ट्रायल,' 113।
16. फान एवं पैटरसैन की 'मेन आर गोल्ड, वुमेन आर क्लॉथ'!
17. वही।
18. सर्वोत्तम विश्लेषण है सुधीर कक्कड़ की 'द इनर वर्ल्ड : अ साइको-एनालिटिक स्टडी ऑफ चाइल्डहुड ऐंड सोसाइटी इन इंडिया' (दिल्ली : ऑक्सफोर्ड यूनिवर्सिटी प्रेस, 1981)। जापान के बारे में बेहद दिलचस्प और पठनीय पुस्तक है इयान बुरुमा की 'अ जैपनीज़ मिरर : हीरोज़ ऐंड विलेन्स ऑफ जैपनीज़ कल्चर' (लंदन : केप, 1984)।
19. कक्कड़ की 'द इनर वर्ल्ड,' 87-9।
20. जापानी पुरुषों की कामुकता के निर्माण की सामाजिक प्रक्रिया के उम्दा विश्लेषण के लिए देखें एनि एलिसन की 'परमिटेड ऐंड प्रॉहिबिटेड डिज़ायर्स'।
21. यामागाटा यूनिवर्सिटी के तंत्रिका-मनोरोग विभाग के डॉ. मोरिहीको कुवायामा की मैं आभारी हूँ कि उन्होंने जापान के दंपतियों की मानसिक-यौन समस्याओं के समाधान में मिले अनुभवों के बारे में मुझे जानकारियाँ दीं।
22. पीटर एन. डेल की 'द मिथ ऑफ जैपनीज़ युनिक्नेस' (क्रूम हेम, 1986), 160।
23. एलिसन की 'परमिटेड ऐंड प्रॉहिबिटेड डिज़ायर्स'।
24. एनि एलिसन की 'नाइटवर्क,' 175।
25. शिमट एवं सोफर की 'सेक्सुअलिटी ऐंड इरोटिसिज्म एमंग मेलस् इन मोस्लेम सोसाइटीज़,' 3।

6

प्रबंधन

वेश्यावृत्ति समाज के हाशिये का क्षेत्र नहीं है। वह कोई गंदा, दूरस्थ कोना नहीं है जहाँ सारा सामाजिक, यौन और भावनात्मक कचरा फेंक कर निश्चिंत हुआ जा सके। वेश्यावृत्ति अधिकतर समाजों, खासकर एशियाई समाजों के ताने-बाने का आवश्यक हिस्सा है। यह सामाजिक, राजनैतिक, आर्थिक और सांस्कृतिक तस्वीरों का जैविक हिस्सा है। प्रत्यक्ष या परोक्ष रूप से यह हर किसी को प्रभावित करती है।

इस महत्त्वपूर्ण हिस्से को मुनाफे वाला ही होना है। एक विशाल उद्योग यौनरंजन के लिए लड़कियों, युवा स्त्रियों और कभी-कभी लड़कों को मुहैया करवा के फलता-फूलता है। फिर भी, पुरुषों द्वारा लिखे जाते इस महाख्यान में दलाल, तस्कर और वेश्यालयों के मालिक छोटे-छोटे पात्र भर हैं। बाकी पात्रों की पहचान मुश्किल है। प्रमुख भूमिकाएँ उनकी हैं जो मंच पर नहीं आते और इस नाटक के आयोजकों का कोई नाम तक नहीं बताता।

एशियाई सेक्स उद्योग कई लोगों के लिए ढेर सारा पैसा पैदा करता है। दूसरे उद्योगों की तरह इस उद्योग में ऊँचे इंतजामकर्ता और बड़े हिस्सेदार ही सबसे ज्यादा आर्थिक लाभ पाते हैं। कामगारों को हमेशा की तरह ठेंगा दिखा दिया जाता है। और दास-दासियों को तो एक पैसा तक नहीं मिलता। दुनिया का सबसे अवैध और अनैतिक धंधा शायद सबसे बड़ा वित्तीय कारोबार करता है। यह हथियारों और नशीले पदार्थों की तस्करी और सौदेबाजी से कहीं कम खतरनाक है। मानव की तस्करी नशीले पदार्थों या बंदूकों की तस्करी से ज्यादा आसान है। और हालाँकि औरत की कीमत बढ़ती उम्र के साथ घटती जाती है लेकिन नशीले पदार्थों के विपरीत सट्टेबाज समय-समय पर उनका सौदा करते रहते हैं।

एशिया में सेक्स उद्योग के आर्थिक आकार का आकलन करने के कई प्रयास किए गए। इस तरह का विश्लेषण बेहद कठिन है क्योंकि यह धंधा अकसर गुप्त

और अवैध होता है। इस आकलन के बावजूद ताजा अनुसंधान द्वारा सुझाए गए आंकड़े संकेत देते हैं कि इस क्षेत्र में व्यापारिक सेक्स का बाज़ार काफी बड़ा है। नब्बे के दशक के मध्य में जापानी देह व्यापार से सालाना मुनाफा 4.2 खरब येन के आसपास बताया गया।[1] इंडोनेशिया का सेक्स उद्योग इसी अवधि में उसके सकल घरेलू उत्पाद (जीडीपी) का 0.8% से 2.4% के बीच बताया गया। थाइ उद्योग की अर्थव्यवस्था के विशेषज्ञ पासुक फोंगपैशिट का अनुमान है कि 1993 से 1995 के बीच वेश्यावृति से मुनाफा दवा उद्योग के मुनाफे से तीन गुना ज्यादा था।[2] दक्षिण एशियाई सेक्स उद्योग के बारे में कम जानकारी है लेकिन जो भी थोड़ी जानकारी उपलब्ध है उससे उसकी अर्थव्यवस्था का अंदाजा लग जाता है। अकेले गरीब कोलकाता में सेक्स उद्योग में प्रतिवर्ष अनुमानतः 72 करोड़ रुपये का कारोबार होता है।[3] हम इस बात की गारंटी दे सकते हैं कि यौन दासता में फँसी औरतों को इसमें से नोक भर के ही दर्शन हो पाते होंगे।

इस उद्योग के वित्तीय कारोबार के इस तरह के आंकड़े में इसकी सभी शाखाओं का योगदान शामिल होता है—इसके उच्चवर्गीय बाज़ार से लेकर जनसाधारण के बाज़ार तक का। साथ ही, इस उद्योग की प्रचार शाखा यानी अश्लील साहित्य का भी इन मुनाफों में यौन दासता के कारोबार का योगदान कितना है, यह नहीं मालूम, लेकिन संभवतः यह कुल कारोबार का काफी छोटा हिस्सा होगा। लेकिन यौन दासता का आर्थिक महत्त्व इस बात में निहित है कि यही इस पूरे क्षेत्र में औरतों को इस उद्योग में लाने का जरिया है। एक बार वे इसमें आ जाती हैं और इसमें रम जाती हैं तब उन्हें यौन दासी नहीं कहा जाता। उन्हें स्वयंसेवी 'सेक्स श्रमिक' या 'सेक्स वर्कर' कहा जाता है।

एशिया के सेक्स उद्योग के बड़े हिस्से पर संगठित अपराधी गिरोहों का कब्जा है। आम तौर पर वे इसके दैनंदिन कामकाज को तो नहीं देखते मगर इसे संरक्षण देते हैं और इसके मुनाफे का खासा हिस्सा झटक लेते हैं। शहरों के वेश्यालय और क्लब इन गिरोहों की रजामंदी के बिना नहीं चल सकते। बड़े गिरोहों के सरगना गाँवों से लड़कियों की बहाली पर फैसला नहीं करते। न ही वे मानव तस्करी के तौर-तरीके के बारे में फैसला करते हैं और न ही इसका कि यौन दासता कौन करेगी। लड़कियों की आपूर्ति की श्रृंखला के इन चरणों पर अपराधी गिरोहों के छुटभैये सक्रिय रहते हैं। इसका नतीजा यह होता है कि अनौपचारिक उपायों से छोटे तस्करों द्वारा लाई गई लड़कियाँ उन वेश्यालयों में पहुँच जाती हैं जिनके मालिक बड़े माफिया संगठन के होते हैं या जिनके मालिक अपराधी गिरोहों को नकदी वगैरह पहुँचाते हैं।

सेक्स उद्योग से जुड़े बदनाम किस्म के लोगों और संगठनों के बारे में वेश्यालयों के मालिकों और प्रबंधकों से बहुत कम सूचनाएँ मिलती हैं। यह कोई आश्चर्य की बात नहीं है। जो लोग इस धंधे के बारे में खुलासा करते हैं वे प्रायः मौत की नींद

सुला दिए जाते हैं। यह महत्त्वपूर्ण और अपरिहार्य तथ्य है कि सेक्स उद्योग के बारे में सूचनाएँ उन क्षेत्रों से कम मिलती हैं जहाँ अपराधियों का जाल मजबूत होता है और उन्हें नेताओं का वरदहस्त प्राप्त होता है। वेश्यावृत्ति और लड़कियों की तस्करी के खिलाफ काम करनेवाले गैर-सरकारी संगठन इन देशों में डरे-से रहते हैं जहाँ सभ्य समाज कमजोर है। आश्चर्य नहीं कि ये वे देश हैं जहाँ संगठित अपराध और सेक्स उद्योग की बुराइयों की गंभीर समस्याएँ हैं।

पाकिस्तान में सेक्स उद्योग काफी फल-फूल रहा है मगर अफसोस कि इसके खिलाफ काफी कम संगठन काम कर रहे हैं। वहाँ की तानाशाही सरकार उन गैर-सरकारी संगठनों को पसंद नहीं करती जो सामाजिक मसलों पर आवाज़ उठाते हैं, क्योंकि ये मसले सियासी भी होते हैं। कई पाकिस्तानी सरकारों ने अपनी सत्ता की मजबूती और अपनी सियासी और आर्थिक नाकामियों से जनता का ध्यान हटाने के लिए मज़हबी कट्टरवाद का पत्ता खेला है। इस्लामीकरण नामक इस प्रक्रिया का प्रमुख पहलू यह है कि औरतों पर ज्यादा से ज्यादा पाबंदियाँ यह सोच कर लगाई गई हैं कि वे इस्लाम का जरूरी हिस्सा हैं। इसके साथ ही दकियानूसी यौन नैतिकता के प्रति प्रतिबद्धता की खूब दुहाई दी जाती है। ऐसे माहौल में वेश्यावृत्ति की समस्या पर बहस और इस पर स्वयंसेवी गतिविधियों के स्वागत का तो सवाल ही नहीं उठता।

इसके अलावा, पाकिस्तान में लिंगभेद और महिलाओं के प्रति आमतौर पर बदतर सलूक की ओर प्रगतिशील गैर-सरकारी संगठनों का ध्यान और ऊर्जा आकर्षित होती है। वेश्यावृत्ति में शामिल औरतें बड़ी और निराशाजनक तस्वीर का हिस्सा हैं। पाकिस्तान का दावा है कि उसके यहाँ कराची में एड्स की रोकथाम का कार्यक्रम चलाने वाले कुछ संगठन सक्रिय हैं और कुछ गैर-सरकारी संगठन मानवाधिकार और लिंगभेद संबंधी मसलों पर काम कर रहे हैं। लेकिन वे भारत के उन संगठनों के मुकाबले में नहीं ठहरते, जो वेश्यावृत्ति की समस्या पर काम कर रहे हैं। कुछ गैर-सरकारी संगठन बस कागज पर हैं और कुछ ने दानकर्ता संगठनों से पैसे ले रखे हैं लेकिन जमीनी सर्वे से पता चलता है कि हीरा मंडी जैसी वेश्या बस्तियों की वेश्याओं का संपर्क उन लोगों से शून्य के बराबर है जिनके बारे में माना जाता है कि वे उनके अधिकारों के लिए लड़ते हैं और उनके स्वास्थ्य की फिक्र करते हैं। शायद वेश्यालयों तक पहुँचने से पहले इन संगठनों के पैसे खत्म हो जाते हैं। दानकर्ता संतोष कर सकते हैं कि उनका पैसा दफ्तर बनाने, पर्चे छपवाने और चौपहिया वाहन खरीदने पर खर्च हुए। हर जगह लगभग यही कहानी है। वेश्याओं के नाम पर कई लोग खा-पी रहे हैं। सेक्स एक उद्योग है और दूसरे बड़े उद्योगों की तरह यह आसपास की दुनिया से कतई कटा हुआ नहीं है।

थाइलैंड में लड़कियों की तस्करी और वेश्यावृत्ति के खिलाफ गैर-सरकारी संगठन मुख्यतः बैंकॉक और देश के उत्तरी भाग में केंद्रित हैं। ऐसा नहीं है कि दक्षिणी भाग

में उनकी जरूरत नहीं है। दरअसल, दक्षिणी थाइलैंड में इस उद्योग में मनमानियाँ ज्यादा गंभीर हैं। वहाँ संगठित अपराध भी मजबूत है और इसलिए मानवाधिकार और वेश्याओं के अधिकारों के लिए काम करनेवाले संगठनों की गतिविधियों के लिए अवसर कम हैं।

जापान के विशाल सेक्स उद्योग में भयानक मनमानियाँ होती हैं। लेकिन वहाँ सेक्स उद्योग से संबंधित मसलों पर केवल चंद छोटे संगठन ही काम करते हैं। इसकी एक वजह यह है कि बेहद रूढ़िवादी जापान में गैर-सरकारी संगठनों की कोई लंबी परंपरा नहीं रही है। कुछ वजह यह भी है कि इस उद्योग और उसमें काम करने वाली औरतों पर याकुजा का कड़ा नियंत्रण है। तायवानी माफिया और हांगकांग की तिकड़ी अपने देशों में सेक्स उद्योग के बड़े हिस्से को नियंत्रित करती है लेकिन वे सफाई और कामयाबी के मामलों में जापान के याकुजा का मुकाबला नहीं कर सकतीं।

याकुजा जापान के सेक्स व्यापार पर जिस तरह हावी रहता है उसे क्रूरता और बर्बरता ही कहा जा सकता है। जापान में काम करनेवाली एक थाइ वेश्या ने बताया कि उसके क्लब की 'सुरक्षा' याकुजा के लोग किस तरह करते थे—''अगर आप उनके नियमों को मानते हैं तो याकुजा आपके लिए अच्छे रहेंगे। उनके नियम कई हैं और आपको उन्हें जल्दी से जल्दी सीख लेना होगा। अगर आप उनके नियमों पर नहीं चलते तो आपका गला काट दिया जा सकता है। वे आपको कोई मौका नहीं देंगे। अगर आप उनके बताए रास्ते पर चलते हैं और ग्राहकों के साथ जाकर और उनकी माँग पूरी करके खूब पैसा कमाते हैं तो वे आपसे बढ़िया सुलूक करेंगे। वे थाइ मर्दों से कहीं बेहतर होते हैं।''

तस्करी से जापान भेजी गई एक थाइ औरत ने याकुजा के साथ अपने अनुभवों पर एक किताब लिखी, जिसे महिला अधिकार संगठन ने प्रकाशित किया। इसमें युवा स्त्रियों को जापान जाने के खतरों से आगाह किया गया है—''मैंने कई बार याकुजा को बार में तेजी से घुसते देखा है। जब भी वे आते, हम डर से काँपने लगते कि पता नहीं अब क्या होगा। वे गिलास वगैरह फेंक दिया करते थे और कुर्सियाँ उलट-पुलट देते थे। जब वे बैठ जाते तो किसी औरत को अपने साथ बैठने का इशारा पैर का अँगूठा दिखा कर करते। यह जापानी और थाइ संस्कृति का हिस्सा है। कभी-कभार कुछ औरतें भाग जाती हैं और बॉस या उन्हें चुनने या खरीदने वाले लोग याकुजा के गिरोह को उन औरतों का पता लगाने के लिए पैसे देते हैं ताकि वह उन्हें सज़ा देने के लिए पकड़ लाए। ऐसी औरत को एक छोटे कमरे में ताला लगाकर बंद कर देते हैं और किसी भी ग्राहक को उसके साथ सोने के लिए भेज देते हैं। अगर वह मना करती है तो उसे मौत की सज़ा दे दी जाती है।''[4]

तस्करी से जापान पहुँचाई जाने वाली अधिसंख्य औरतें 'स्नैक' में पहुँच जाती

हैं, जो याकुजा से जुड़े होते हैं। यह इसलिए क्योंकि याकुजा और सेक्स उद्योग एक-दूसरे से बेहद गहरे जुड़े हैं। इंटरनेशनल ऑर्गनाइजेशन फॉर माइग्रेशन ने तस्करी से जापान लाई गई 100 फिलिपीनी औरतों का सर्वेक्षण किया, जिसमें पाया गया कि उनमें से 46 औरतों को इस प्रक्रिया में याकुजा के शामिल होने के बारे में पता था।[5] याकुजा की भागीदारी की असली दर कहीं ज्यादा हो सकती है।

वेश्यावृत्ति के लिए औरतों की अंतरराष्ट्रीय तस्करी में संगठित अपराध का रिश्ता कोई आश्चर्य की बात नहीं है, न ही यह नई बात है। उन्नीसवीं सदी में चीनी माफिया समूह—आज के ट्राएड के पूर्वज—औरतों की तस्करी में बुरी तरह लिप्त थे। आज एशिया के उन अपेक्षाकृत ज्यादा विकसित हिस्सों में, जहाँ आव्रजन के कड़े कानून हैं, तस्करी का संगठित होना जरूरी है। यह जापान में तस्करी के धंधे के लिए भी जरूरी है।

वेश्यावृत्ति में औरतों की भर्ती का परोक्ष ठेका लिया जाता है। थाइलैंड में लड़कियों को याकुजा सीधे भरती नहीं करता बल्कि वे सेक्स उद्योग के जाल में मौजूदा थाइ नेटवर्क के जरिए फँसती हैं। इसके बाद वे याकुजा के तस्करों के मार्फत जापानी सेक्स उद्योग में दाखिल हो जाती हैं। अकसर याकुजा के किसी सदस्य से थाइ औरतों के करीबी संबंध होते हैं। शायद वे किसी याकुजा बॉस की बीवी या रखैल होती हैं जिससे उनकी मुलाकात तब हुई होती है जब वे जापान में वेश्यावृत्ति या मनोरंजन के धंधे में रही थीं। आमतौर पर याकुजा थाइ माफिया के साथ मिलकर काम नहीं करता। इसकी कुछ वजह यह है कि जापानी माफिया थाइ माफिया को विश्वसनीय नहीं मानता। इसकी कुछ वजह यह भी है कि उन्हें माफिया संगठन में हैसियत और वर्चस्व को लेकर उलझना पड़ेगा, और फिर यह भी कि धंधे पर नियंत्रण न होने से कमाई घटेगी।

याकुजा के गिरोह आपस में और अपने तायवानी तथा चीनी गिरोहों से भी होड़ लेते हैं। टोक्यो का प्रमुख वेश्या क्षेत्र काबुकिचो अपराधी गिरोहों के बीच अंतरराष्ट्रीय टकरावों का अड्डा बन गया है। ये गिरोह यहाँ और पूरे जापान में जिन क्लबों पर नियंत्रण रखते हैं वे जापानी पुरुषों द्वारा नहीं चलाए जाते थे। आमतौर पर थाइलैंड और तायवान की मामा-सान के भरोसे छोड़ दिए जाते हैं। इन्हीं लोगों से उन औरतों का रोज साबका पड़ता है जिन्हें तस्करी से लाया जाता है। अपराध जगत का कुख्यात शख्स ही गिरोह का सदस्य या मालिक होता है। वह अकसर वसूली के लिए आता है और धंधे को मजबूती प्रदान करता है। प्रबंध व्यवस्था के बारे में एक थाइ वेश्या ने कहा—"हमारा बिग बॉस बड़ा आदमी था। मेरा ख्याल है, वह याकुजा था। वह काफी जवान था और महँगे कपड़े पहनकर आता था और क्लब के लोगों से बातचीत करता था। वह क्लब में होता था तब हम हमेशा घबराए रहते थे। वह घूम-घूम कर हमें और क्लब को देखता था। वह मामा-सान से और

वहाँ के पहरेदारों से बात करता था। अगर मामा-सान किसी से नाराज होती तो वह उसके बारे में बॉस को बताता, अधिकतर समय वह हम लोगों से अच्छा व्यवहार करता लेकिन गुस्सा होता तो हमें पीटता और हमारी हत्या करवाने की धमकी देता।''

कई औरतों को जापान में काम करने की खराब यादें नहीं हैं लेकिन जब उन्होंने जापान छोड़ा तब याकुजा ने उनके साथ जो कुछ किया उससे उन्हें सदमा पहुँचा। एक थाइ औरत ने अपने साथ हुए धोखे के बारे में कहा, ''मैं जापान एक क्लब में काम करने गई। मुझे 230,000 येन (1350 डॉलर) देने का वादा किया गया। मैं तीन महीने के पर्यटक वीसा पर गई और वेश्या का काम किया। काम सख्त था लेकिन थाइलैंड में रहने से तो बेहतर ही था। तीन महीने खत्म होने के बाद मुझे टोक्यो के अंतरराष्ट्रीय हवाई अड्डे नारिता ले जाया गया और याकुजा के आदमी ने मुझे केवल 60,000 येन (350 डॉलर) दिए।''

चूँकि इस औरत की वापसी का टिकट कट चुका था और वीसा खत्म हो गया था इसलिए वह अपने हक़ के लिए लड़ने को रुक नहीं सकी।

तस्करी से जापान लाई जाने वाली कई औरतों के पास वैध वीसा होता है। वे मनोरंजन कार्यक्रम देने वाली के रूप में तीन महीने के वीसा के साथ आती हैं। यह वीसा मान्य प्रतिभाओं और पेशेवर योग्यता वाले कलाकारों को दिया जाता है। याकुजा से जुड़े जाल के जरिए तस्करी की जाने वाली लड़की को मनोरंजन कलाकार का वीसा दिया जाता है, जिसका मतलब यह हुआ कि उसमें चलने-फिरने की काबिलियत है। यह काम याकुजा के पैसे की ताकत और जापानी आव्रजन विभाग में भ्रष्टाचार के बूते होता है। बाकी औरतें जाली पासपोर्ट पर आती हैं। थाइलैंड और तायवान में जबरदस्त धंधा चलता है, जहाँ विशेषज्ञ एजेंसियाँ जाली पासपोर्ट और वीसा बनाती हैं। इस दस्तावेज की कीमत ऊँची होती है। यह लागत जापान आने के बाद उस पर चढ़े कर्ज में जोड़ दी जाती है। इस व्यवस्था का सबसे बड़ा लाभ जालसाजी विभाग को मिलता है। यह विभाग अपराधी गिरोहों और वेश्यालय मालिकों का होता है, जो कर्ज पर ब्याज की माँग करते हैं।

कुछ वेश्यालय बड़े तंत्र का हिस्सा होते हैं। उदाहरण के लिए, जापान में लड़कियों को एक 'स्नैक' से दूसरे में भेजा जाता है ताकि नई देह की माँग करने वाले ग्राहकों को संतुष्ट किया जा सके। कई औरतों को कुछ महीनों के भीतर कई शहरों में घुमा दिया जाता है। कभी-कभी यह एक-दूसरे से जुड़े स्नैकों में उनकी बिक्री और दोबारा बिक्री के तहत होता है। थाइलैंड में भी ऐसा ही कुछ चलता है। उदाहरण के लिए, बर्मा से आई लड़कियाँ मे साय जैसे शहरों के वेश्यालयों में छह-छह महीने रखी जाती हैं। इसके बाद उन्हें चियांग माइ, फुकेत या बैंकॉक जैसे तमाम शहरों में एक ही मालिक या नेटवर्क के वेश्यालयों, क्लबों में भेजा जाता है।

एशिया के अविकसित हिस्सों में सेक्स उद्योग पर अपराधी गिरोहों की गिरफ्त

उतनी गहरी नहीं है। इन देशों में बाकी चीजों की तरह सेक्स उद्योग भी कामचलाऊ और उलझन भरे तरीके से चलता है। सेक्स उद्योग का फैलाव तो काफी है मगर इसके लिए ज़मीन संगठित अपराध तंत्र नहीं बल्कि गरीबी तैयार करती है। भारतीय माफिया सरगना औरतों की तस्करी वगैरह के जटिल काम में ज्यादा उलझना नहीं चाहते। यह सब बहुत नीचे के स्तर पर होता है। इसकी कुछ वजह यह है कि जापान या सिंगापुर में औरतों की तस्करी की कानूनी पेचीदगियाँ भारत जैसे देशों में लागू नहीं होतीं। वैसे, वेश्याओं की बहाली के अड्डों से नेपाली लड़कियों की भारत में तस्करी कुछ मामलों में काफी संगठित तरीके से होती है। काठमांडो में सक्रिय स्वयंसेवी संगठन माइती नेपाल लड़कियों की तस्करी रोकने और उन्हें वेश्यावृत्ति से बचाने के काम करता है। उसने मुंबई के वेश्यालयों के मालिकों के उस नेटवर्क का पता लगाया जो लड़कियों की तस्करी करता है। इन मालिकों में कई तो नेपाली औरतें ही हैं, जिनमें से कुछ खुद वेश्या रह चुकी हैं। वे नेपाल से लड़कियों को मँगवाती हैं और भारतीय वेश्यालयों में उन्हें यौन दासी बनाकर कमाई करती हैं। माइती नेपाल की संयोजिका अनुराधा नेपाल भारत से लौटनेवाली वेश्याओं के लिए एक आश्रम चलाती हैं। उनका कहना है कि वेश्यालयों की इन मालकिनों की कमाई इतनी है कि वे काठमांडो में आलीशान कोठियों, वातानुकूलित कारों की मालिक हैं और अपने बच्चों को महँगे प्राइवेट स्कूलों में शिक्षा दिला रही हैं।

अगर वेश्यालय संगठित अपराध के पर्याय हैं, तो संगठित अपराध नेताओं की मिलीभगत के बिना नहीं चल सकता। बाकी दुनिया की तरह एशिया के बड़े हिस्से में नेताओं और माफिया सरगनाओं के बीच रिश्ता पाया जाता है। कुछ जगहों पर तो आप यह यक़ीन करने लगेंगे कि दोनों दरअसल एक ही लोग हैं। इसके कुछ उदाहरण ये हैं—जापानी याकुजा के बारे में बताया जाता है कि उसे राजनैतिक व्यवस्था के ऊँचे हलके में काफी समर्थन हासिल है, या पाकिस्तानी नेताओं को भ्रष्ट माना जाता है।

सेक्स उद्योग, संगठित अपराध और राजनैतिक हलके के बीच साँठगाँठ को मजबूती पैसे की खुराक से मिलती है। राजनैतिक सफलता काफी कुछ थैली पर निर्भर होती है। इसके अलावा, महत्त्वाकांक्षी नेता या जमे-जमाए नेता भी महत्त्वपूर्ण लोगों को नाराज करने का जोखिम नहीं उठा सकते। सेक्स उद्योग चलाने और उससे कमाई करने वाले या संगठित अपराध तंत्र चलाने वाले लोग ऐसे ही महत्त्वपूर्ण लोग हैं।

बांग्लादेश के ढाका में पाई जाने वाली बात हर जगह लागू दिखती है। इसमें थोड़ा फर्क देश की संस्कृति और आर्थिक विकास के स्तर से ही आता है। शहर के हर हिस्से में संगठित अपराध गिरोहों की मौजूदगी है और कुछ इलाकों पर तो उनकी अच्छी-खासी पकड़ है। स्थानीय नेता, व्यापारी और धार्मिक नेता तक इस तंत्र से अनुग्रह पाते हैं। बाकियों को डरा-धमकाकर रास्ते पर लाया जाता है। चुनाव

के दौरान यह उस राजनैतिक दल के प्रत्याशी के लिए वोटों के रूप में तब्दील होता है जिसके साथ इन गिरोहों के सरगना तालमेल की उम्मीद रखते हैं। कुछ मामले ऐसे भी होते हैं कि इस अनौपचारिक तालमेल की जरूरत नहीं पड़ती क्योंकि सरगना खुद ही राजनैतिक प्रत्याशी होता है। वैसे, ज्यादातर मामले में यही होता है कि राजनीति और अपराध की दुनिया में तालमेल पसंदीदा प्रत्याशी के लिए वोटों में तब्दील होता है क्योंकि सरगनाओं के कब्जे में वोट बैंक होते हैं। सो, निर्वाचित नेताओं की जिम्मेदारी बन जाती है और उनका निहित स्वार्थ भी होता कि वे अपराध जगत को अपना धंधा करने दें। हाँ, कभी-कभार वे उनके खिलाफ कार्रवाई करके यह दिखावा भले कर लें कि वे अपराध से लड़ने में पीछे नहीं हैं।

ढाका और बांग्लादेश के दूसरे शहरों में बड़े वेश्यालय सरगनाओं के नियंत्रण में चलते हैं। इन लोगों की ताकत और पहुँच जबरदस्त है। गरीब बांग्लादेश में वे अमीर लोग हैं। सेक्स उद्योग पर वे वेश्यालय चला कर नहीं बल्कि उस भवन पर कब्जा करके नियंत्रण करते हैं जिसमें वेश्यालय चलता है और वे वहाँ की वेश्याओं से तरह-तरह के बहानों से पैसे वसूलते हैं। मकानों को उन किराएदारों को दिया जाता है जो कमरों को वेश्यालय प्रबंधकों को आगे किराए पर दे देते हैं। ये प्रबंधक वेश्याओं की भर्ती करते हैं। वेश्यालयों के असली मालिक इस तरह किराएदारों और उप किराएदारों की ओट में छिप जाते हैं। यह चलन दक्षिण एशिया में आम है। मुंबई जैसे शहरों की वेश्या बस्तियों में नेताओं और बड़े लोगों के मकानों की अफवाहें उड़ती रहती हैं। वैसे, कानूनी तौर पर तो मकानों के मालिक वेश्यालय नहीं चलाते, वे तो बस उन मकानों के मालिक हैं जिनमें वेश्यालय चलते हैं। लेकिन यह लचर तर्क है, खासकर इसलिए कि ये मकान मालिक काफी ताकतवर लोग हैं और उन्हें पता है कि उनकी जायदाद का किस तरह उपयोग हो रहा है।

मध्य ढाका के कांदुपट्टी वेश्यालय का भाग्य इस बात का उदाहरण है कि इस ताकत का इस्तेमाल किस तरह हो सकता है। कांदुपट्टी एक विशाल वेश्यालय है जिसमें 500 से ज्यादा वेश्याएँ थीं। अंग्रेजी राज के दौर में शुरू हुए इस वेश्यालय में भीड़, गंदगी वगैरह वैसी ही थी जैसी दक्षिण एशिया के बदतर वेश्यालयों में होती है। लड़कियाँ छोटी, तंग जगहों में रहती थीं। इसकी अधिकांश वेश्याओं को शारीरिक प्रतारणा या घोर विपन्नता के कारण यह धंधा चुनना पड़ा था। लगभग सभी ने बचपन से यह काम शुरू किया था। यानी, कांदुपट्टी बांग्लादेश के तमाम वेश्यालयों जैसा था। लेकिन इसकी वेश्याओं ने जब इस इलाके पर जोर रखने वाले शख्स की ताकत को चुनौती देना शुरू किया तो इसकी हालत बदल गई। निष्कासित वेश्याओं की कांदुपट्टी परिषद की नेता मुमताज़ बेगम ने बताया कि यह आदमी वेश्याओं की 'बचत' ऐंठा करता था और खुद को उनकी मदद करने वाले वित्तीय संस्थान के रूप में पेश करता था। लेकिन जब वह सफल नेता बन गया और उसने वेश्याओं

के पैसे लौटाने से मना कर दिया तो संकट शुरू हो गया। नतीजा यह हुआ कि वेश्यालय मई 1997 में अचानक बंद हो गया। स्थानीय नागरिकों को अपने इलाके को अवांछित औरतों से मुक्त करने का आंदोलन शुरू करने के लिए उकसाया गया और धार्मिक भावनाएँ भी भड़काई गईं। पूरे मामले को एक जेहादी रूप दिया गया। सदियों से लोग अपने पड़ोस में जिस बड़े वेश्यालय को बर्दाश्त कर रहे थे वह एक दिन के अंदर बंद कर दिया गया। वेश्याओं को अपने सामान बटोरने का समय भी नहीं दिया गया। यह इसलिए नहीं हुआ क्योंकि समाज अचानक वेश्यावृत्ति के खिलाफ हो गया था। आखिर इसी समाज के कई मर्द इस वेश्यालय के नियमित ग्राहक थे और स्थानीय व्यापारी वेश्याओं के पैसे से मुनाफाखोरी करते थे। वेश्यालय इसलिए बंद हुआ क्योंकि इसकी जायदाद के मालिक ने इसे अपना संरक्षण देना बंद कर दिया। उसने अनुमान लगाया होगा कि महँगी जगह वाली इस जायदाद को अपने पैसे का मुनाफा माँगने वाली वेश्याओं को किराए पर देने के मुकाबले कमाई करने के और भी आसान रास्ते हैं। जनमत बनाने वाले स्थानीय नेताओं और धर्मगुरुओं ने उसका नेतृत्व स्वीकार किया। कुप्रथा पर इस प्रहार का नतीजा यह हुआ कि कांदुपट्टी की ये औरतें अब गलियों में रहती हैं और वे मर्दों को गटर और पार्कों में संतुष्ट करती हैं। क्या इसे सद्‌गुण की विजय कहा जा सकता है?[6]

कांदुपट्टी के बंद होने के दो साल बाद नारायणगंज के पास टान बाजार और नीमटोली वेश्यालय भी उसी तेजी से और वहाँ की वेश्याओं की कोई परवाह किए बिना बंद कर दिए गए। इन वेश्यालयों में करीब 3000 वेश्याएँ थीं। और कांदुपट्टी की तरह इन्हें भी इनकी वेश्याओं के हालात की फिक्र के चलते नहीं बल्कि राजनीति और संगठित अपराधी गिरोहों की कारस्तानी की वजह से बंद किया गया। टान बाज़ार और नीमटोली वेश्यालयों पर बांग्लादेश नेशनलिस्ट पार्टी के समर्थकों का नियंत्रण था। लेकिन उस क्षेत्र का सांसद शमीम उस्मान शासक दल अवामी लीग का था। अपने चुनाव क्षेत्र में राजनैतिक विरोधियों को कमजोर करने और सेक्स उद्योग से मिलने वाली कमाई से उसे वंचित करने के लिए इन वेश्यालयों को बंद करना सबसे उचित उपाय था।[7] दिलचस्प बात यह है कि सांसद उस्मान ने बयान दिया कि "इन दोनों वेश्यालयों को बंद करवाने के लिए मस्जिदों में नमाज पढ़ी गई...यह इस शहर के लोगों की एक पुरानी माँग थी।" जाहिर है, सभी भले नागरिक इसके लिए बहुत उत्साहित नहीं थे। आखिर 3000 वेश्याओं का गुजारा गिनती के ग्राहकों से नहीं चल रहा होगा।

कुछ देशों में समाज के स्थापित नेता सेक्स उद्योग के बड़े खिलाड़ी हैं—केवल उपभोक्ता के रूप में नहीं बल्कि मालिक और प्रबंधक के रूप में भी। जिन देशों में लोकतांत्रिक व्यवस्था कमजोर है, वहाँ आला फौजी और सरकारी अधिकारी सेक्स उद्योग चलाने में शरीक हैं। उदाहरण के लिए कंबोडिया, बर्मा और पाकिस्तान में

अपराध जगत और सम्मानित तबके के बीच कोई स्पष्ट विभाजक रेखा नहीं है। दोनों आपस में गड्डमड्ड हैं।

स्थानीय नेता औरतों के तस्करों और सेक्स उद्योग के प्रमुख खिलाड़ियों को अकसर समर्थन देते हैं क्योंकि उनके पास कोई विकल्प नहीं होता। वेश्यावृत्ति समाज के ताने-बाने में पैबस्त है। यह बिना गाँठ का जाल है। राजनीतिक नेता, सेक्स उद्योग के सर्वेसर्वा और अपराधी गिरोह खुद को निरंतर मजबूत करने वाले सत्ता तंत्र के हिस्से हैं। वे वेश्यावृत्ति में फँसी औरतों की चिंता नहीं करते क्योंकि इन औरतों को महत्त्वहीन, फालतू माना जाता है, भले ही वे मुनाफा कमा कर देती हों। नेपाल में जो क्षेत्र औरतों को वेश्यावृत्ति के लिए तस्करी से भारत भेजने के लिए कुख्यात है उस क्षेत्र का सांसद राजनीति के धंधे में वर्षों से सक्रिय है। वह ताकतवर और प्रभावशाली व्यक्ति है। माना जाता है कि वह चाहे तो अपने क्षेत्र में इस तस्करी को रोक सकता है लेकिन वह ऐसा नहीं करता क्योंकि उसने बड़े जतन से अपना जो क्षेत्र तैयार किया है उसमें ऐसा करने से सत्ता संतुलन गड़बड़ा जाएगा। उसके राजनैतिक विरोधी भी कोई बेहतर नहीं हैं। उदाहरण के लिए वे यह बयान नहीं देंगे कि परिवार ही अपनी बेटियों को वेश्यावृत्ति के लिए बेचते हैं। राजनैतिक व्यावहारिकता का तकाजा है कि वे जनता की भावनाओं की कद्र करें। इसलिए कहा यह जाता है कि परिवारों को धोखा दिया जाता है और लड़कियाँ सेक्स के भूखे भारतीयों की शिकार बनती हैं।

वैसे, सभी नेता न तो भ्रष्ट हैं और न सभी नेता अपने क्षेत्र की निर्धनतम और सबसे कमजोर औरतों के दुर्भाग्य की अनदेखी करना चाहते हैं। लेकिन हम शर्तिया तौर पर यह कह सकते हैं कि रूढ़िवादी नैतिक मूल्यों की वकालत करने वाले, वेश्यावृत्ति की सबसे पहले निंदा करने वाले कई नेताओं को किसी-न-किसी तरह के अपराधी का परोक्ष समर्थन हासिल होता है। अगर उन्हें माफिया गिरोहों का समर्थन हासिल है तो परोक्ष रूप से सेक्स उद्योग का भी समर्थन हासिल होगा। सभी एशियाई नेताओं को यौन दासता के तंत्र से संबद्ध बताना अनुचित होगा मगर ऐसे नेताओं की संख्या अच्छी खासी है जो उससे संबद्ध हैं।

यह आरोप उन कई लोगों पर लगाया जा सकता है जो जबरन वेश्यावृत्ति के चलन से प्रत्यक्ष या परोक्ष रूप से लाभ कमाते हैं। इसमें हम उन तमाम सेवाओं को गिन सकते हैं जो उपभोक्ता के रूप में वेश्याओं और वेश्यालय में गए ग्राहकों की जरूरतें पूरी करती हैं। हम उन समुदायों को भी गिन सकते हैं जो स्त्री देहों की बिक्री से लाभ उठाते हैं। जब हम सेक्स उद्योग के प्रबंधन पर नज़र डालते हैं तो हमें वेश्यालय चलाने वालों और लड़कियों के तस्करों के अलावा दूसरों को भी देखना होगा। वेश्याओं का शोषण केवल ग्राहक, वेश्यालय के प्रबंधक और मालिक ही नहीं बल्कि पूरा समाज और खुद उन लड़कियों-औरतों का परिवार भी करता है।

कोलकाता के वेश्यालय प्रबंधकों का दावा है कि मुर्शिदाबाद के गरीब परिवारों की लड़कियों के भाई और उनकी माँएँ पैसे के लिए उनके वेश्यालय में भी अकसर आती हैं। कभी वे लड़कियों की कमाई से हिस्सा लेती हैं, तो कभी उनकी कमाई का अग्रिम भुगतान लेती हैं, जो लड़कियों के कर्ज में जुड़ जाता है। नेपाल के नुवाकोट और सिंधुपाल चौक जिलों की लड़कियों के मर्द रिश्तेदार उनकी कमाई में से हिस्सा लेने के लिए कुछ-कुछ वर्षों के अंतराल पर उनके वेश्यालयों में आते रहते हैं। ऐसा ही थाइलैंड में पाया गया है। किसी विकसित देश में मध्यवर्गीय सुविधाभोगी जीवन जी रहे किसी बाहरी व्यक्ति के लिए इन बदहाल परिवारों के फैसलों की आलोचना करना बहुत कठिन है। नैतिक रूप से यह स्वीकार्य नहीं है। कुछ परिवारों के लिए गरीबी अपनी लड़कियों को वेश्यालय में भेजने का, नैतिक रूप से अक्षम्य फैसला करने का बहाना बनती है, तो कुछ परिवार ऐसे हैं जो ऐसा फैसला न करने का साहस जुटाते हैं। इन दो तरह के परिवारों के बीच विभाजन रेखा खींचना मुश्किल है। गरीबी का पैमाना लचीला है और उसकी कई व्याख्याएँ हो सकती हैं। मैं भरोसे के साथ कह सकती हूँ कि कुछ परिवार अपनी बच्ची को वेश्यालय में भुखमरी से बचने के लिए नहीं बल्कि उपभोक्ता वस्तुएँ खरीदने के लिए पैसे जुटाने के वास्ते भेजते हैं।

यह सवाल उत्तरी थाइलैंड के लिए काफी प्रासंगिक है, जहाँ कई समुदाय बेटियों की वेश्यावृत्ति पर पलते हैं। यह किसी छोटे तबके की उप-संस्कृति में सीमित नहीं है बल्कि कई गाँवों में आम समाज की प्रमुख विशेषता है। इसमें पुलिस, स्कूल, मंदिर और गाँव के अगुआ लोग भी शामिल हैं। यह सत्तातंत्र का हिस्सा है। थाइ-बर्मा सीमा से केवल 20 किलोमीटर दूर एक गाँव के मुखिया की लड़की बैंकॉक के वेश्यालय में अपनी सहेलियों के साथ वेश्यावृत्ति करने चली गई। 'डॉटर्स एजुकेशन प्रोग्राम' बेटी शिक्षा कार्यक्रम की सोम्पॉप जांत्रका का अनुमान है कि उत्तरी थाइलैंड के कई गाँवों में करीब एक तिहाई परिवार की बेटियाँ वेश्यावृत्ति कर रही हैं। इसके खिलाफ कोई नहीं बोलता क्योंकि हर कोई इससे फायदा उठा रहा है। परिवारों को बेहतर घर बनाने और खेती में घाटे की भरपाई का मौका मिलता है, तो पुजारी लोग वेश्याओं से मिले चंदे से मंदिर बनवाते हैं और परमार्थ के काम करते हैं। दूसरी जगहों की तरह उत्तरी थाइलैंड के गाँवों में भी अमीर लोग ही ताकतवर हैं। दुर्भाग्य से, यहाँ अमीर लोगों के तार प्रायः सेक्स उद्योग से जुड़े हैं क्योंकि दूसरे क्षेत्रों में पैसा कमाने की संभावनाएँ कम हैं। सेक्स उद्योग से बनने वाला पैसा उस सत्ता तंत्र को वैधता और ताकत देता है, जो युवा स्त्रियों को यह संदेश देता है कि वेश्यावृत्ति ही गरीबी से बचने का एकमात्र रास्ता है।

गरीब और हताश लोगों के बीच वेश्यावृत्ति की वैधता के रिश्ते के भयावह परिदृश्य का खुलासा कंबोडिया में संयुक्त राष्ट्र मानवाधिकार के दूत जस्टिस किर्बी

को 1995 में दिए गए एक साक्षात्कार से होता है। एक वेश्यालय की मालकिन ने कबूल किया था कि वेश्यावृत्ति में उतरने वाली लड़की की न्यूनतम उम्र 18 वर्ष होनी चाहिए। लेकिन, उसने माना कि खुद उसके लिए या उसकी हमपेशा के लिए इस सिद्धांत को मानना मुश्किल है क्योंकि उन गरीब अभिभावकों की गुजारिशों को ठुकराना काफी मुश्किल होता है जो अपनी बेटियों को वेश्यालयों में काम करने के लिए भेजना चाहते हैं।[8]

बांग्लादेश से अकसर यह खबर आती है कि स्थानीय समुदायों के लोगों ने लड़कियों की तस्करी करने वालों को पीट-पीटकर मार डाला।[9] दूसरी ओर, ऐसे कई उदाहरण पाए जाते हैं कि कई समुदाय ऐसे तस्करों की गतिविधियों की जान-बूझ कर अनदेखी करते हैं। ढाका में काम करने वाले सेंटर फॉर वुमेन ऐंड चिल्ड्रन्स स्टडी के एक सर्वे में पाया गया कि स्थानीय लोग संदिग्ध तस्करों के बारे में कोई सूचना देने से बहुत कतराते हैं।[10] इसका अर्थ है कि या तो लोग इस प्रक्रिया के बारे में अनभिज्ञ हैं या उन्हें डरा कर चुप करा दिया गया है या वे उन लोगों को बचाना चाहते हैं। मेरा ख्याल है कि वे उन्हें बचाना चाहते हैं क्योंकि यह एक स्थानीय धंधा है जिससे कई लोगों की कमाई होती है। लड़कियों की तस्करी या वेश्यावृत्ति आदि के प्रति उच्च नैतिकतावादी भावनाएँ घोर गरीबी के माहौल में बेमानी हैं।

वेश्यावृत्ति के धंधे से कई व्यापारों और पेशों का भला होता है। दक्षिण एशिया में औरतें घर-घर फेरी लगाकर सामान बेचने वालों पर काफी निर्भर होती हैं क्योंकि या तो वे वेश्यालय नहीं छोड़ सकतीं या वेश्या बस्ती से नहीं निकल सकतीं। फेरीवालों से औरतें जरूरत की हर चीज खरीदती हैं—सौंदर्य प्रसाधन, जेवर, कपड़े, नमकीन वगैरह। इन चीजों की कीमत बढ़ाई हुई होती है क्योंकि फेरीवालों के लिए ग्राहक लगभग पक्के होते हैं। ऐसा अकसर होता है कि औरतों के पास खरीदारी के लिए पर्याप्त पैसा नहीं होता। ऐसे में फेरीवाले ऊँची ब्याज दर पर उधार दिया करते हैं। उन्हें भुगतान की गारंटी होती है क्योंकि वेश्यालय की मालकिन या मैनेजर ही उसके पैसे का भुगतान करता है और लड़की के कर्ज में उस रकम को जोड़ देता है।

कोलकाता और मुंबई के वेश्यालयों में काम कर चुकी एक औरत ने उपभोक्ता वस्तुओं के प्रति आकर्षण और उनकी ऊँची कीमतों के बारे में बताया, "जब मैं वेश्यालय में आई तो शुरू में मेरे पास अच्छे कपड़े-गहने नहीं थे। घर पर तो मेरे पास एक ही साड़ी थी और जूती तो कभी रही नहीं। वेश्यालय की मालकिन ने कहा कि अगर मेहनत से काम करोगी तो कई अच्छी चीजें तुम्हारे पास हो जाएँगी। कुछ फेरीवाले वेश्यालय में आते थे और अच्छी-अच्छी साड़ियाँ और पश्चिमी पोशाकें लाते थे। मैंने दो पसंद किए। मुझे उनके दाम मालूम नहीं थे लेकिन मालकिन ने कहा कि उनका भुगतान करने के लिए मुझे कई ग्राहक निबटाने पड़ेंगे।"

वेश्याओं को कर्ज देने के लिए फर्जी वित्तीय संस्थाएँ और महाजन तैयार रहते

हैं। ब्याज दरें आमतौर पर आसमान छूती हुई होती हैं, क्योंकि वेश्याएँ बैंक जैसी मान्य संस्थाओं तक पहुँच नहीं पातीं। कर्ज कई कामों के लिए लेना पड़ सकता है–परिवार के किसी संकट के लिए या इलाज वगैरह के लिए। चिकित्सक वगैरह और दवा उद्योग भी सेक्स के धंधे से नियमित कमाई करते हैं। वेश्याओं के समुदायों के लिए निजी डॉक्टरों का अमला तैयार रहता है। उनमें अच्छे-खासे डॉक्टर भी होते हैं और अर्धविकसित इलाकों में नीम हकीमों और पारंपरिक पद्धति के चिकित्सकों की चलती है। इन डॉक्टरों का मुख्य काम गर्भपात कराना और संक्रामक यौन रोगों का इलाज करना होता है। वैसे, एशिया के निर्धन इलाकों में औरतें गरीबी, कुपोषण और अस्वास्थ्यकर हालात के कारण होने वाली बीमारियों की भी शिकार होती हैं।

उदाहरण के लिए, भारत में वेश्याएँ अपनी आमदनी का बड़ा हिस्सा दवा और डॉक्टर की फीस पर खर्च करती हैं। गर्भपात खस्ताहाल क्लीनिकों में कराए जाते हैं। औरतें बार-बार गर्भपात कराने के लिए अपने भरोसेमंद चिकित्सक की सेवा लेती हैं, जो जरूरी नहीं कि पर्याप्त योग्य या सक्षम हो। कई डॉक्टर वेश्याओं के इलाज के लिए बंद वेश्यालयों में भी जाते हैं। कुछ बच्चियों को हार्मोन की सुई दी जाती है ताकि वे जल्दी जवान हो जाएँ और धंधे में पूरी तरह उतर जाएँ। कई ऐसी खबरें अकसर सुनी जाती हैं, हालाँकि मैंने उनका प्रमाण नहीं देखा है कि कुछ डॉक्टर प्लास्टिक सर्जरी भी करते हैं ताकि जिन लड़कियों का कौमार्य भंग हो चुका है उन्हें फिर से कुँवारी के रूप में पेश किया जा सके।

भारतीय राष्ट्रीय महिला आयोग का अनुमान है कि चिकित्सा जगत सेक्स उद्योग की औरतों से सालाना करीब 20 करोड़ रुपये (30 लाख डॉलर) की कमाई करता है, और दवा उद्योग अलग से 80 करोड़ रु. (1.15 करोड़ डॉलर) की।[11] जापान में गर्भपात कराने वालों का व्यवसाय खासा बड़ा और लाभकारी है। गर्भपात कराने वाली औरतों में सेक्स उद्योग की औरतों की बड़ी संख्या होती है। गर्भपात की ऊँची कीमत औरत के ऊपर पहले से चढ़े कर्ज में जोड़ दी जाती है, जिसे देह बेच कर भुगतान करना पड़ता है। इन तथ्यों की दो तरह से व्याख्या हो सकती है–चिकित्सक, छद्म चिकित्सक, दवा उद्योग या तो अस्वास्थ्यकर और शोषक धंधे से जुड़ी स्वास्थ्य समस्याओं को दूर करने में महत्त्वपूर्ण सेवा दे रहे हैं, या वे एक भयावह सामाजिक समस्या से कमाई और मुनाफाखोरी कर रहे हैं।

जब हम सेक्स उद्योग से जुड़े और उसे संरक्षण देने वाले संगठित अपराध गिरोहों और ताकतवर हितों के जाल से नीचे देखते हैं, हमें इस धंधे में साफ तौर से जुड़े लोग दिखते हैं। ये लोग हैं : व्यापारी और दलाल तथा प्रबंधक। ये लोग ही इस धंधे को दैनंदिन चलाते हैं।

आम तौर पर औरत ही वेश्याओं, ग्राहकों से निबटती है और औरत ही वेश्याओं और ऊपर के प्रबंधकों के, जो आमतौर पर मर्द होते हैं, बीच सूत्र का काम करती

हैं। वेश्यालयों की मालिक के रूप में महिला को पाना भी कोई असामान्य बात नहीं है। ये अकसर वेश्याएँ रह चुकी होती हैं, जो खासी महत्त्वाकांक्षी होती हैं। इनके कई नाम होते हैं। मामा सान, मालकिन और घरवाली आदि कुछ परिचित नाम हैं इनके। चालीस से साठ वर्ष की इन औरतों की तरह-तरह की ख्याति होती है। वे धंधे की रग-रग पहचानती हैं, ग्राहकों की जरूरतें समझती हैं क्योंकि वे खुद कई ग्राहकों को निबटा चुकी होती हैं। मामा सान के काम के स्वरूप के चलते सीमाओं के बावजूद कुछ वेश्याएँ उनके प्रति प्रेम भाव रखती हैं, उन्हें मौसी, चाची वगैरह कह कर पुकारती हैं। जाहिर है, मामा सान अच्छी भी होती हैं, बुरी भी। उनमें से कुछ ऐसी होती हैं जो लड़कियों को प्यार से वेश्यावृत्ति के लिए तैयार करती हैं, तो कुछ हिंसक तरीके से। कुछ तो लड़कियों के साथ क्रूरता से पेश आती हैं, तो कुछ स्नेह के साथ। मैं ऐसी कुछ मामा सान से मिली जिन्होंने इस बर्बर धंधे में भी लड़कियों का काफी कुछ भला किया। ये मालकिनें चतुर, तेज दिमाग वाली होती हैं। वे चालाक सौदेबाज होती हैं और मैंने कई बार पाया कि वे लोगों को और उनके इरादों को बड़ी आसानी से समझ लेती हैं। किसी मूर्ख मामा सान से मेरा सामना नहीं हुआ। अफसोस की बात है कि उनकी प्रतिभा के लिए यही धंधा उपलब्ध है।

दूसरे धंधों की तरह इस धंधे में भी कुछ अच्छे प्रबंधक हैं, तो कुछ तानाशाह जैसे। दुर्भाग्य से सेक्स उद्योग के अधिकतर प्रबंधक मानव संसाधन प्रबंधन की बेहतरी की जगह मुनाफा कमाने की ज्यादा चिंता करते हैं। और चूँकि सेक्स का व्यापार बहुत कुछ प्रत्यक्ष और परोक्ष दबाव पर चलता है इसलिए कुछ मामा सान ही बेहतर संबंधों के लिए अच्छा माहौल बनाने की चिंता करती हैं—दरअसल, इसका कोई महत्त्व नहीं।

पाकिस्तान में वेश्यालय प्रबंधन का तौर-तरीका बाकी दक्षिण एशिया के तौर-तरीके से भिन्न है। लड़कियों का इंतजाम करने और वेश्यालयों के प्रबंधन में महिलाओं की प्रचुरता है, खासकर उच्चवर्गीय और पारंपरिक सेक्स बाज़ार में। लेकिन निचले दर्जे के वेश्यालय आम तौर पर पारिवारिक स्तर पर मर्दों द्वारा चलाए जाते हैं। कराची में परमार्थ संस्था चलाने वाले अब्दुल सत्तार ईधी गरीबों और लाचारों की मदद करते हैं। उनका संगठन पूरे पाकिस्तान में जगह-जगह आश्रय स्थल चलाता है, जहाँ औरतें शरण ले सकती हैं। तीस से ज्यादा वर्षों में उन्होंने पाकिस्तान में वेश्यावृत्ति और उसके संघटन की पूरी जानकारी हासिल की है। अपने अनुभव के आधार पर उनका निष्कर्ष है कि यहाँ ज्यादातर वेश्यावृत्ति छोटे स्तर की, परिवार केंद्रित और अकसर नशीले पदार्थों के धंधे से जुड़ी है। उनके अनुसार, महिलाओं को अपने पति या पिता की नशाखोरी की लत के कारण वेश्यावृत्ति के लिए मजबूर किया जाता है।

पाकिस्तान में वेश्यावृत्ति के परिवार-केंद्रित होने की पुष्टि लाहौर के नेशनल

कॉलेज ऑफ आर्ट के प्राध्यापक इक़बाल हुसैन भी करते हैं। वे लाहौर की पुरानी वेश्या बस्ती हीरा मंडी में दशकों तक रहे हैं और इस इलाके को खूब अच्छी तरह जानते हैं। पाकिस्तान में शायद दूसरों से कहीं ज्यादा उन्हें इस उद्योग की समझ है और वेश्याओं के साथ एक भावनात्मक लगाव भी। उनका मानना है कि वेश्यावृत्ति में आने वाली अधिकतर लड़कियाँ या तो इसी धंधे में पैदा होती हैं या उन्हें एक दुलहन की तरह इसमें लाया जाता है। आमतौर पर दुलहनें पाकिस्तान के दूरदराज के इलाकों से आती हैं। उनके शौहर दलाल बनते हैं। औरतों को यह सब कबूलना पड़ता है क्योंकि उनके पास कोई उपाय नहीं होता। शादी के बाद वे मायके नहीं लौट सकतीं। मायके वाले मानते हैं कि उनकी शादी करके उन्होंने अपना फर्ज पूरा कर दिया और ये औरतें अपने शौहर को छोड़ नहीं सकतीं क्योंकि वे तब तक आर्थिक या सामाजिक रूप से स्वतंत्र औरत की तरह नहीं रह सकतीं जब तक या तो वेश्यावृत्ति न करें या उच्च शिक्षा प्राप्त कामकाजी औरतों की जमात में शामिल न हो जाएँ। केवल पहला विकल्प उनकी पहुँच में होता है।

कोलकाता में वेश्यालय का ढाँचा एशिया के अविकसित इलाकों की वेश्या बस्तियों के ढाँचे से मिलता-जुलता है। इस ढाँचे को सख्ती से लागू किया जाता है। समुदाय की अपनी उप संस्कृति है जिसके अपने मानदंड और अपनी आचार संहिता हैं। बउ बाजार के वेश्यालय की वेश्याओं के बच्चों के बीच काम करने वाले स्वयंसेवी संगठन 'जाबाल' की बैताली गांगुली बताती हैं कि वेश्या बस्तियों की मूल्य व्यवस्था लड़कियों की तस्करी और कर्ज की बँधुआगीरी जैसी चीजों को किस तरह बेमानी ठहराती है। गांगुली ने कहा, "इस समुदाय के लड़के और मर्द लड़कियों की तस्करी को बुरा नहीं मानते। यह उनके काम का ही हिस्सा है। वे बच्चियों और औरतों की कोलकाता से मुंबई में तस्करी के बारे में कुछ सोचते नहीं। उन्हें नहीं लगता कि वे कोई गलत काम कर रहे हैं।"

कमिटेड कम्युनिटीज़ डेवलपमेंट ट्रस्ट के कर्मचारी इस उपसंस्कृति की मजबूती और इसकी गिरफ्त से मुक्ति पाने में आई मुश्किलों के एक मामले का खुलासा करते हैं। यह स्वयंसेवी संगठन मुंबई के कमाठीपुरा में वेश्याओं के लिए एक स्वास्थ्य केंद्र चलाता है। यह उनके बच्चों की दिन में देखभाल का भी केंद्र चलाता है। एक बच्ची इस केंद्र में वर्षो से रोज आती थी। कर्मचारियों ने उसे किशोर वय का होते भी देखा। उसकी माँ उसे लेकर काफी चिंतित रहती और चाहती थी कि उसके धंधे की छाया उस पर न पड़े और वह वेश्या न बने। वह अपनी बेटी के लिए बेहतर भविष्य चाहती थी इसीलिए वह उसे इस केंद्र में भेजती थी। एक दिन उसकी माँ परेशान हाल में क्लीनिक पहुँची। उसने कहा कि उसकी बेटी को पहली माहवारी हुई है और अगर घरवाली को इसका पता चल गया तो वह उसे तुरंत कोठे पर बैठा देगी। लेकिन उसकी माँ की इच्छाओं के बावजूद घरवाली की नज़रों से बचना

नामुमकिन था। जिस बस्ती में औरत का एकमात्र काम मर्दों की हवस मिटाना और अपनी देह बेच कर पैसे कमाना हो, वहाँ के जीवन के दबावों से लड़ना नामुमकिन है। एक साल बाद जब वह लड़की पंद्रह साल की हुई तो केंद्र के क्लीनिक में सूजाक का इलाज कराने पहुँची।

कोलकाता की सबसे बड़ी वेश्या बस्ती सोनागाछी में व्यवस्था जटिल है। वहाँ मकानों के मालिक कमरे किराए पर उठाते हैं। कमरों के किराएदार अकसर मालकिनों और स्वतंत्र वेश्याओं को कमरे किराए पर देते हैं और हर सुबह किराया वसूलते हैं। वेश्याओं पर मालकिनों का खासा दबदबा रहता है। फिर, दलाल होते हैं जिन्हें दादा कहा जाता है। हर वेश्यालय के अपने दलाल होते हैं और उनमें ग्राहक पटाने की होड़ रहती है। अकसर वहाँ की वेश्याओं के बेटे ही दलाली करते हैं। या फिर कोलकाता के आसपास के गाँवों के गरीब दलाली का काम करने आते हैं।[12] उनके बाद आती हैं खुद वेश्याएँ और सबसे निचले पायदान पर वेश्याओं के नौकर-दाई हैं। उनमें भी नौकरों की संख्या ज्यादा है। वे भी गरीब समाज-परिवार के होते हैं।

सोनागाछी में और लोग भी काम करते हैं लेकिन यहाँ की व्यवस्था में उनका दर्जा अस्पष्ट है। इनमें खास कर वे लोग हैं जिन्हें बाबू कहा जाता है। ये लोग नियमित ग्राहक, या वेश्याओं के साझीदार होते हैं। इनमें कुछ लोग तो काफी ताकतवर होते हैं। वे वेश्याओं से रिश्ता बना लेते हैं। उनके पास रोज जाते हैं, उनके साथ कुछ अवधि के लिए उनकी कमाई पर रहते हैं। जब उनकी वेश्या उम्रदराज होने लगती हैं और उसकी कमाई घट जाती है तब बाबू लोग नई वेश्या से संबंध बना लेते हैं, पुरानी को हटा दिया जाता है। कई वेश्याओं के लिए बाबुओं से करीबी रिश्ता किसी मर्द से स्थायी रिश्ता बनाने के समान होता है। कई वेश्याओं का कहना है कि अच्छा बाबू पा लेना उनका एक सबसे प्रिय सपना होता है।

कोलकाता की वेश्या बस्तियों के युवक क्लब बना लेते हैं, जो राजनीतिक दलों की तर्ज पर होते हैं। ये क्लब अपने इलाके में कानून-व्यवस्था सँभाल लेते हैं। वे इलाके पर नजर रखते हैं और जब भी कोई समुदाय के कायदे तोड़ता है या स्थापित ढाँचे को चुनौती देता है तो उसे सज़ा देते हैं। दूसरी वेश्या बस्तियों की तरह सोनागाछी भी ठगों और अपराधियों का अड्डा है, जहाँ वे महीनों छिप सकते हैं। ये अपराधी लोग वेश्याओं की बेटियों से शादी कर लेते हैं और इस समुदाय के संरक्षण में कुछ महीने रहने के बाद स्थितियाँ अनुकूल होने पर नई बीवी को छोड़ कर चल देते हैं। परित्यक्त दुलहन अंततः वेश्यावृत्ति करने लगती है।

वेश्यावृत्ति के लिए बेची गई या फँसाई गईं औरतें वेश्यालयों के संचालकों के तौर-तरीकों के बारे में आम तौर पर एक जैसी कहानी सुनाती हैं। एक कंबोडियाई औरत ने उस वेश्यालय की मामा सान के बारे में, जहाँ उसे एक सहेली ने बेचा था, अपना यह अनुभव सुनाया, "वेश्यालय एक औरत और एक मर्द का था। वे

चालीस के आसपास की उम्र के पति-पत्नी थे। मामा सान मुझसे अच्छी तरह पेश आती थी। वही सभी लड़कियों का ख्याल रखती थी। वह मुझे खाना-पानी देती थी और कहती थी कि मैंने उसकी बात मानी तो सब कुछ ठीक रहेगा। जब मैं ग्राहकों की सेवा करने से मना करती थी तो आदमी दो मर्दों को बुला कर मेरी पिटाई करवाता था। मेरी बाँह लहूलुहान हो जाती। मामा सान मेरी सेवा करती, घाव पर पट्टी वगैरह लगाती। वह कहती कि अगर तू ग्राहकों के पास जाएगी तो मैं अपने पति को तुम्हारे साथ नरमी से पेश आने के लिए कहूँगी। वे हम लोगों को यातना देने के लिए एक गिरोह को हमेशा तैनात रखते और मामा सान यह वादा करती कि हमने उसके कहने के अनुसार किया तो वह हमारी मदद करेगी।''

मर्दों द्वारा चलाए जाने वाले वेश्यालयों की वेश्याओं की शिकायत थी कि उनका बार-बार बलात्कार किया गया। महिलाओं द्वारा चलाए जा रहे वेश्यालयों की कुछ वेश्याओं का कहना था कि मामा सान भली थी। लड़की जब वेश्यावृत्ति में रम जाती तो मामा सान उसके प्रति अच्छा व्यवहार करती और कोई तकलीफ नहीं पहुँचाती। कुछ वेश्याओं ने भारी अत्याचार का जिक्र किया, कुछ मामा सान ग्राहकों के मुकाबले ज्यादा यातना देती हैं। एक युवा वेश्या ने बताया कि मुंबई में घरवाली ने उसके साथ किस तरह व्यवहार किया, ''वह मुझे सता कर खुश होती थी। पता नहीं वह ऐसा क्यों करती थी। ग्राहक जब उससे मेरी शिकायत करते कि मैं उन्हें ठीक से सेवा नहीं देती तो वह मुझे चाकू से काटने लगती। अकसर वह मुझे भूखी रखती।''

अनुभवी वेश्या के साथ इस तरह की हिंसा शायद ही की जाती है लेकिन नई लड़कियों के साथ यह आम बात है। अधिकतर वेश्यालयों की मामा सान की प्रबंधन व्यवस्था का मंत्र है—नियंत्रण। यह नई लड़कियों के लिए लागू होता है जिनके लिए प्रबंधन की ज्यादा महीन शैली की जरूरत पड़ती है। ऐसा करने का एक मुख्य उपाय यह है कि लड़कियों को वेश्यालय के बाहर की दुनिया से रिश्ता जोड़ने ही मत दो। उदाहरण के लिए, मुंबई में वेश्यालयों की मालकिनें यही व्यवस्था करती हैं कि ग्राहक कर्ज से लदी एक ही लड़की के पास बार-बार न जाएँ। ऐसा करने से वेश्या और ग्राहक के बीच कोई निजी लगाव पैदा नहीं होता। ऐसे लगाव वेश्या के लिए पलायन का रास्ता साफ कर सकते हैं। मुंबई की एक युवा वेश्या ने एक ग्राहक के साथ अपनी नजदीकियों और उस नजदीकी को खत्म करने के घरवाली के प्रयासों के बारे में बताया, ''वेश्यालय में मेरी कोई सहेली नहीं थी। मैं हमेशा एक छोटे कमरे में बंद रहती। एक ग्राहक को मेरे ऊपर दया आ गई। वह एक नौजवान था और मेरे पास आता था, मुझसे बातें करता और मेरे लिए खाने की चीजें लाता। घरवाली इस सबसे बहुत नाराज होती और कहती कि वह उस ग्राहक की हत्या कर देगी। मुझे पता नहीं कि उसकी हत्या हुई या नहीं, लेकिन वह फिर कभी मेरे पास नहीं आया। मुझे बहुत बुरा लगा क्योंकि वह मुझसे अच्छी तरह पेश

आता और मैं उसे पसंद करती थी।''

एक दंपती ने जिन दो कंबोडियाई बहनों को एक वेश्यालय में बेचा था, उन्होंने भी ऐसी ही कहानी सुनाई कि वेश्यालयों की मालकिन वगैरह वेश्या के रिश्तों और भावनात्मक लगावों को कैसे तोड़ती हैं। एक बहन ने अपना अनुभव बताया, ''शुरू से ही मामा सान ने हम दोनों को अलग-अलग रखा। मैं अपनी बहन को केवल तभी देख पाती थी जब मैं गुसलखाने जाती थी। वह एक कमरे में दिख जाती थी। मैं उसके पास जाकर बात करना चाहती थी मगर यह निषिद्ध था। कुछ दिनों बाद हमें नए वेश्यालयों में बेच दिया गया और फिर मैं उसे कभी देख नहीं पाई।''

जो तेज मामा सान होती हैं वे अपनी लड़कियों पर सख्त नियंत्रण रखती हैं। कर्ज की बँधुआगीरी का इस्तेमाल वेश्याओं पर नियंत्रण बढ़ाने के लिए किया जाता है। दिल्ली में वेश्यालयों की मालकिनें वेश्याओं के कर्ज पर 300 फीसदी तक ब्याज लेती पाई गई हैं।[13] इस दर को अगर शुरू के बड़े मूलधन पर लागू किया गया तो कर्ज खत्म होने में वर्षों लग जाएँगे। कोलकाता में पच्चीस साल से ऊपर की उम्र की एक वेश्या ने बताया कि उसे काबू में रखने के लिए कर्ज को किस तरह हथियार बनाया गया, ''मैंने 12 साल तक चुकरी प्रथा (बँधुआ मजदूरी) के तहत काम किया क्योंकि मेरा कर्ज भारी था और यह कभी कम नहीं होता था। मैं उसका भुगतान नहीं कर सकती थी। अधिकतर ग्राहक अच्छे थे मगर उन्हें मना करना मुश्किल था क्योंकि वेश्यालय की मालकिन तय करती थी कि कौन ग्राहक किसके पास जाएगा और कितना पैसा देगा। वह कहती कि हमें उनको ख़ुश करना ही होगा वरना हम मुक्त नहीं हो पाएँगे। मुझे 12 साल तक कोई पैसा नहीं दिया गया, केवल बख़्शीश मिलती।''

एक कंबोडियाई लड़की ने बताया कि वेश्यालय में शासन कैसे चलता था, ''मामा सान बहुत चालाक और क्रूर थी। वही मेरे लिए ग्राहक चुनती थी और मुझे उनका मनोरंजन करने को कहती थी। मैं मना नहीं कर सकती थी और मुझे कभी पैसा नहीं मिला। ग्राहक के जाने के बाद मामा सान मेरे बदन की तलाशी लेती थी और ग्राहक से मिली बख़्शीश तक मुझे नहीं रखने देती थी।''

वेश्याओं पर नियंत्रण बढ़ाने के लिए उन्हें अलग-थलग करके और उलझन में डाल कर रखा जाता है। जापान और कंबोडिया जैसे देशों में वेश्याओं को एक वेश्यालय से दूसरे वेश्यालय में भेजते रहा जाता है ताकि नई औरतों के लिए ग्राहकों की माँग पूरी की जा सके और वे कमजोर होती जाएँ तथा अपने जीवन पर अपनी पकड़ खोती जाएँ। कंबोडिया में वेश्यालयों की मालकिन को जब पता चलता है कि कोई परिवार अपनी लड़की को खोजने आया है तो लड़कियों को भगा दिया जाता है। थाइलैंड में भी ऐसा ही होता है। वेश्यालय से भागने में सफल होने वाली औरतें भी डरी रहती हैं—नॉम पेन्ह में वेश्यालयों से भागनेवाली लड़कियों को शरण देने

वाले आश्रम शायद ही हैं। ऐसा जानबूझकर किया जाता है। कुछ औरतें डरी होती हैं कि वेश्यालयों के हथियारबंद लोग भागने वाली औरतों को तुरंत पकड़ने के लिए तैनात रहते हैं ताकि वे अपने निवेश की भरपाई कर सकें।

औरत को दूसरे वेश्यालय में दोबारा बेचना काफी फायदेमंद होता है क्योंकि यह उस औरत को कर्ज का नए सिरे से नई अवधि के लिए बँधुआ बना देता है। चूँकि उसे नई मालकिन को बेचा जाता है, उस पर नया कर्ज चढ़ जाता है। जिस वेश्या का एक कर्ज लगभग खत्म होने को आता है तो वेश्यालय की मालकिन प्रायः उसे दूसरे वेश्यालय में बेच देती है। इस तरह वह फिर यौन दासता की गिरफ्त में फँस जाती है। पूरे एशिया में इस तरह के हथकंडे अपनाए जाते हैं। कंबोडिया में वेश्यालय की मालकिन पुलिस की मिलीभगत से उस वेश्या को गिरफ्तार करवा देती है, जिसकी बँधुआ मजदूरी की अवधि समाप्त होने को होती है। फिर मालकिन दयालु बनने का दिखावा करते हुए पुलिस को पैसे देकर उसे छुड़ाती है और रिहाई करवाने की ऊँची कीमत उस वेश्या से वसूलती है। यह रकम उसके कर्ज में जुड़ जाती है। दूसरा हथकंडा वेश्या की पिटाई कराने और फिर उसके इलाज पर खर्च दिखाने का होता है। वेश्यालय की मालकिन उसके इलाज पर हुए खर्च की रकम उसके कर्ज में जोड़ देती है।

वेश्यालय के प्रभावी प्रबंधन के लिए अच्छी सुरक्षा की जरूरत होती है। यह उन देशों के लिए सच है जहाँ वेश्यावृत्ति तकनीकी रूप से अवैध है या जहाँ बड़ी संख्या में औरतों को जबरन इस धंधे में फँसाया जाता है। जुलाई 1997 में एक मलेशियाई वेश्यालय पर मारे गए छापे से पता चला कि गोपनीयता और सुरक्षा के लिए वेश्यालयों की मालकिन किस हद तक जा सकती हैं। इस देश में 'मैक्स 29' सबसे बड़ा वेश्यालय था जिस पर छापा मारा गया। जेल जैसे वेश्यालय से, जो किले जैसा दिखता है, 37 वेश्याएँ बरामद की गईं। यह एक भवन की दूसरी और तीसरी मंज़िलों पर चलता था। वहाँ तक पहुँचने का एकमात्र रास्ता इस्पात के तीन दरवाजों से जाता था जिन पर भारी पहरा रहता था। वेश्यालय के भीतर वेश्याओं के छिपने की जगह बनी हुई थी और कई छोटे-छोटे कमरे बने थे जिनमें वे एक दिन में करीब बारह ग्राहकों को निबटाती थीं। ग्राहकों से मिलने वाला सारा पैसा सीधे मालकिन को जाता था, और वेश्याओं को बाहर निकलने की इजाजत नहीं थी। ये युवा औरतें रोजगार का आश्वासन मिलने पर मलेशिया गई थीं। उन्हें मुख्यतः घरेलू नौकरानी का काम दिलाने का वादा किया गया था। बाहर की दुनिया को अपनी त्रासदी का हाल बताने में वे तब कामयाब हुईं जब एक वेश्या ने एक ग्राहक के मोबाइल फोन से अपने घर फोन किया।[14]

'मैक्स 29' वेश्यालय की खोज और वहाँ रखी गई औरतों की हालत का खुलासा मलेशियाई वेश्यालयों के बारे में थाइ वेश्याओं के आरोपों की पुष्टि करता है। मलेशिया

में वेश्यालय चलाना थाइलैंड में चलाने से ज्यादा जोखिम भरा है। कई मलेशियाई मर्द सेक्स के सौदे के लिए थाइलैंड जाते हैं। मलेशिया में काम कर चुकीं वेश्याएँ वहाँ वेश्याओं पर नियंत्रण और उनकी गोपनीयता के बारीक उपायों का खुलासा करती हैं। वहाँ के वेश्यालयों में पुलिस छापों के दौरान वेश्याओं को छिपाने के गुप्त कमरे और बाहर निकालने के गुप्त रास्ते बने होते हैं। गौरतलब है कि वहाँ वेश्याओं के अधिकारों के लिए और औरतों की तस्करी के खिलाफ काम करने वाले संगठन कम हैं। इससे यह नहीं मान लेना चाहिए कि मलेशिया में वेश्यावृत्ति की समस्या नहीं है। बल्कि सच इसका उलटा हो सकता है।

सेक्स उद्योग जिन क्षेत्रों में पैर फैला रहा है और वेश्यालयों की पारंपरिक व्यवस्था से अलग हो रहा है उनमें प्रबंधकों की ताकत और पकड़ बढ़ रही है। चूँकि ये नए क्षेत्र ज्यादा आधुनिक हैं, नियंत्रण के हथकंडे उतने अप्रत्यक्ष हैं। वे काफी शक्तिशाली भी हो सकते हैं। जापान में सेक्स उद्योग के रूप लगभग अगोचर होते जा रहे हैं जिन पर निगरानी असंभव है। तस्करी से लाई गई लड़कियों के कोई ठिकाने नहीं होते। वे वेश्यालयों में नहीं रहतीं, न वहाँ काम करती हैं। उन्हें कारों में घुमाया जाता है जिनमें बैठीं वे अपने बॉस का आदेश मोबाइल फोन पर सुनती हैं, जो ड्राइवर को उन्हें ग्राहक के पास किसी होटल में पहुँचाने का निर्देश देता है। इन लड़कियों को पता नहीं होता कि वे किसके लिए काम करती हैं। वे बॉस से कभी नहीं मिलतीं। वे छोटे होटलों या फ्लैटों में रहती हैं जहाँ से ड्राइवर उन्हें उठा लेते हैं। ड्राइवरों को भी नहीं पता होता कि वे किसके लिए काम कर रहे हैं।[15]

एशिया का हाल का आर्थिक संकट वहाँ की वेश्याओं के लिए बुरा रहा। ऐसा नहीं था कि उनके ग्राहक घट गए। वेश्यालयों के ग्राहकों में बहुत मामूली कमी आई। लेकिन इस संकट ने वेश्यालयों और क्लबों के मालिकों को लड़कियों पर शिकंजा और कसने का बहाना जुटा दिया। बैंकॉक में, ताकतवर मानी जाने वाली और यौन दासता के तहत काम न करने वाली वेश्याओं ने भी बताया कि मालिक लोग उन पर नई माँगें थोप रहे हैं। पैटपोंग क्लबों में काम करनेवाली लड़कियों को बाहर नहीं निकलने दिया जाता था और सोफे पर सुलाया जाता था ताकि वे पीछे के कमरों में मर्दों की सेवा के लिए चौबीसों घंटे उपलब्ध रहें।[16]

ज्यादा विकसित इलाकों में प्रबंधन की पसंदीदा तकनीक तस्करी से लाई गई औरतों को वेश्यालय की मालकिनों और प्रबंधकों पर निर्भर रखना है। औरतों के पासपोर्ट जब्त कर लेना इसका एक कारगर उपाय है क्योंकि इससे वे कहीं आने-जाने के काबिल नहीं रह जातीं और उनकी कानूनी हैसियत भी खत्म हो जाती है। तायवान में प्रवासी वेश्याओं और तस्करी से लाई गई औरतों के पासपोर्ट उनके मालिक लोग जब्त कर लेते हैं। चूँकि इनमें से कई औरतों के पास रोजगार परमिट नहीं होता, वे काफी असहाय हो जाती हैं और विडंबना यह कि वे यह मानने लगती हैं कि

उनका तिकड़मी मालिक ही उन्हें पुलिस के चंगुल से बचाएगा। जापान में भी ठीक यही होता है। जापान में तस्करी से लाई गई 100 फिलिपीनी औरतों से बातचीत में पाया गया कि उनमें से 84 के पासपोर्ट वहाँ पहुँचते ही जब्त कर लिये गए थे।[17] पासपोर्ट उन्हें तभी वापस किए गए जब वे यह देश छोड़ने को थीं।

सारी दुनिया की तरह एशिया में भी सेक्स उद्योग का स्वरूप बदल रहा है। लेकिन ताकत और नियंत्रण के पुराने दस्तूर कायम हैं। इस क्षेत्र के ज्यादा विकसित इलाकों में सेक्स उद्योग ज्यादा नफीस हो जाने के कारण कुछ अलग दिखता है। लेकिन करीब 50 साल पहले वेश्या बनने वाली औरतों की कहानियाँ और आज की वेश्याओं की कहानियाँ एक जैसी हैं। केवल भौतिक परिवेश बदल गए हैं। विकसित एशिया में वेश्याओं को बेहतर खाना, वातानुकूलित वेश्यालयों, सेल फोन आदि की सुविधाएँ उपलब्ध हो गई हैं लेकिन दुनिया में उनकी जगह तय करने वाला सत्ता तंत्र वही का वही है। और हम शर्तिया तौर पर कह सकते हैं कि उसमें अगले पचास साल में कोई परिवर्तन नहीं आएगा। हाँ, जीवन स्तर में सुधार, बेहतर तकनीक और यौन इच्छा के व्यवसायीकरण के जरिए इस धंधे को ज्यादा स्वीकार्य बना दिया जाएगा।

गरीबी से त्रस्त एशिया में पचास साल पहले वाली स्थितियों और आज की स्थितियों में काफी समानता है क्योंकि इन देशों में जीवन स्तर में मामूली ही फर्क आया है। एक सेवानिवृत्त वेश्या और वेश्यालय मालकिन ने, जो आज करीब सत्तर साल की है और कोलकाता की खिदिरपुर वेश्या बस्ती में रहती है, बताया कि इतने वर्षों में सेक्स उद्योग का स्वरूप किस तरह बदला है लेकिन पुराना रूप भी किस तरह कायम है–"मैं पचास वर्षों से इस इलाके में हूँ। मुझे बांग्लादेश से यहाँ तस्करी करके लाया गया था। मेरे गाँव के आसपास से आज भी कई लड़कियाँ लाई जाती हैं। इसलिए चीजें जस की तस हैं। लड़कियों की तस्करी उसी तरह चल रही है लेकिन कुछ चीजें तो बदली हैं। हालात आज कहीं ज्यादा बुरे हैं। पहले इतनी होड़ नहीं थी। हम अच्छा कमा लेते थे और अच्छी तरह रहते थे। आज लड़कियाँ ज्यादा गरीब हैं। इतनी ज्यादा गरीब लड़कियाँ हैं और उनमें होड़ रहती है जिससे कीमत गिरती है। फिर, नई लड़कियाँ आती रहती हैं जिससे पुरानी को कम कीमत पर ग्राहक पटाना पड़ता है। मैं जब जवान थी तब हालात ज्यादा अच्छे थे।"

पाकिस्तान में एक बुजुर्ग वेश्या ने चालीस साल पहले देह व्यापार के ऐसे ही अनुभव सुनाए, "मैं हिंदुस्तान के एक गाँव से आई थी। मेरा परिवार समृद्ध था। मैं स्कूल जाती थी। एक दिन मैं स्कूल जा रही थी कि कुछ लोगों ने मुझे अगवा कर लिया और मेरे घर से बहुत दूर ले आए। मैं तब 12 साल की थी। मेरी शादी अधेड़ उम्र के एक आदमी से कर दी गई। उसके पास एक बैलगाड़ी थी जिसमें वह लोगों के माल पहुँचाया करता था। उसने मुझे कई लोगों के हाथ बेचा। काफी समय मुझे एक कमरे में चेन से बाँध कर बंद करके रखा ताकि मैं भाग न जाऊँ।

कुछ दिनों बाद मैंने भागने का इरादा छोड़ दिया और उस आदमी के साथ रहने लगी। उसकी एक और बीवी थी जो उम्र में बड़ी थी। करीब दस साल बाद उसने मुझे तलाक़ दे दिया और मैंने दूसरे आदमी से शादी कर ली। मैं वही काम करती रही और जो मर्द घर पर आता उसे खुश करती थी। उस शौहर के बाद दो और शौहर किए मैंने। मुझे कभी बच्चा नहीं हुआ। मुझे पता नहीं! मैं बच्चे चाहती थी मगर अल्लाह ने मुझ पर मेहरबानी नहीं की।''

एशिया में अचानक समृद्धि आ जाए तो भी हम शर्तिया तौर पर कह सकते हैं कि सेक्स उद्योग नई परिस्थितियों के अनुसार ढल जाएगा। समृद्ध समाजों में यह ऐसा कर भी रहा है। यह ज्यादा पेशेवर और ग्लैमरयुक्त भले हो जाए, इसका प्रबंधन वैसा ही रहेगा। वेश्याओं को उनके उद्योग के भीतर भले ही ज्यादा ताकत मिल जाए मगर यह मर्दों का ही क्षेत्र रहेगा। सफल वेश्याओं और वेश्यालयों की मालकिनों वगैरह को यह अल्पकालिक लाभ भले दे मगर यह उद्योग अधिकतर मर्दों के फायदे और औरतों के घाटे के लिए ही काम करेगा। इसकी सफलता की वजह भी यही है।

टिप्पणियाँ

1. टी. यूनोमे की 'कमोडिफायड सेक्स, जापान्स पोर्नोग्राफिक कल्चर,' ए एम पी ओ, अंक 24-4-अंक 26-1 : 55-9, 1995—मार्जान वाइजर्स और लिन लैप-चिउ की 'ट्रैफिकिंग इन वुमेन, फोर्स्ड लेबर, ऐंड स्लेवरी-लाइक प्रैक्टिसेज़ इन मैरेज, डोमेस्टिक लेबर ऐंड प्रॉस्टिट्यूशन,' 55 पर उद्धृत।
2. पासुक फोंगपैशिर, सुंगसिध पिरियारंगसन और नुआलनोइ त्रिरत की 'गन्स, गर्ल्स, गैंबलिंग, गांजा : थाइलैंड्स इल्लीगल इकोनॉमी ऐंड पब्लिक पॉलिसी' (चियाँग माइ : सिल्क वर्म बुक्स, 1998), 8।
3. इंद्राणी सिन्हा और अनिंदित राय चौधरी की 'चाइल्ड ट्रैफिकिंग ऐंड प्रॉस्टिट्यूशन,' अप्रकाशित पर्चा।
4. फाउंडेशन फॉर वुमेन की 'अवर लाइव्स, अवर स्टोरीज़' (बैंकॉक, 1955), 29-31।
5. इंटरनेशनल आर्गेनाइजेशन फॉर माइग्रेशन की 'ट्रैफिकिंग ऑफ वुमेन टु जापान फॉर सेक्सुअल एक्सप्लायटेशन अ सर्वे ऑन द केस ऑफ फिलिपीनो वुमेन' (जेनेवा, 1997), 37।
6. ढाका की कांदुपट्टी काउंसिल ऑफ एविक्टेड सेक्स वर्कर्स के कार्यकर्ताओं और मुमताज बेगम से बातचीत और प्रस्तुतीकरण के आधार पर।
7. 'टान बाज़ार एलर्ट,' नेटवर्क ऑफ सेक्स वर्क प्रोजेक्ट्स की रिपोर्ट, अगस्त 1999।
8. कंबोडियन डिजीज़ बुलेटिन नं. 6; मई 1995, पृष्ठ 17 पर जैक्विडन और टुओल कोर्क डाइक क्लीनिक स्टाफ की 'डेमोग्राफिक्स, वर्किंग प्रैक्टिसेज़ ऐंड एड्स अवेयरनेस ऑफ कमर्शियल सेक्स वर्कर्स इन टुओल कोर्क डाइक एरियाज़' में उद्धृत।

9. हशरत शमीम और फराह कबीर की 'चाइल्ड ट्रैफिकिंग : द अंडरलाईंग डाइनामिक्स,' (ढाका : सेंटर फॉर वुमेन ऐंड चिल्ड्रन स्टडीज़, 1998), 40।
10. ढाका विश्वविद्यालय की हशरत शमीम से बातचीत पर आधारित।
11. राष्ट्रीय महिला आयोग की 'सोशल वायलेंस', 14।
12. मैं कोलकाता की सेक्स श्रमिकों के संगठन दरबार महिला समन्वय समिति की साधना मुखर्जी की आभारी हूँ कि उन्होंने सोनागाछी में वेश्यालयों के भीतर पदानुक्रम की जानकारियाँ दीं।
13. एस. ए. ललिता और एस. सी. एन. शालिनी की 'वुमेन सॉलिसिटिंग चेंज' (नई दिल्ली : भारतीय समाज संस्थान और संयुक्त महिला कार्यक्रम, 1996), 24।
14. 'ग्लोबल अलाएंस अगेंस्ट ट्रैफिक इन वुमेन' नामक न्यूजलेटर के अक्तू.-नव. 1997 अंक में 'थाइ गर्ल्स रेस्कूड फ्रॉम अ कुआला लंपुर ब्रॉथेल'।
15. टोक्यो के हेल्प एशियन वुमेन्स शेल्टर के कर्मचारियों से बातचीत के आधार पर।
16. एम्पावर, बैंकॉक के सूयांग जन्यम से बातचीत के आधार पर।
17. इंटरनेशनल ऑर्गेनाइजेशन फॉर माइग्रेशन की 'ट्रैफिकिंग इन वुमेन टु जापान फॉर सेक्सुअल एक्सप्लायटेशन,' 36।

7
कानून

वेश्यालय में एक ही कानून चलता है, वह कानून जो मर्दों को सेक्स का सौदा करने का अधिकार देता है। वेश्यावृत्ति को गैरकानूनी बनाने या उसकी ज्यादतियों पर रोक लगाने वाली अंतरराष्ट्रीय घोषणाएँ और राष्ट्रीय कानूनी संहिताएँ खोखले उपायों से ज्यादा कुछ नहीं हैं। ये नैतिकता की संवेदनाओं को जाग्रत करने के दिखावटी प्रयास जैसे ही हैं। वास्तव में, कानून की किताबों में जो लिखा है और कानूनों को जिस तरह लागू किया जाता है उसमें कोई साम्य नहीं है। वेश्यावृत्ति के कानून जब लागू किए जाते हैं तब भी उनका इस तरह विश्लेषण किया जाता है कि औरतों को खलनायिका बनाया जाता है। मर्दों को व्यभिचारिणी औरतों का शिकार बताया जाता है। ग्राहक, वेश्यालयों की मालकिनें और कानून लागू करने के लिए जिम्मेदार माने जाने वाले लोग कानूनों की अकसर अनदेखी करते हैं या उन्हें तोड़ते-मरोड़ते हैं। सेक्स उद्योग से जुड़े ये लोग एक पुरानी और ऊँची सत्ता को मानते हैं। इस सत्ता को किसी कानूनी संहिता में स्पष्ट मान्यता नहीं मिली है। यद्यपि इसकी तार्किकता कई सत्ताओं को आकार प्रदान करती है, खासकर एशिया में। व्यवहार में, इस सत्ता के प्रतीक को हर समाज में सम्मान हासिल है। इसे पुरुष लिंग का कानून कहा जाता है।

वेश्या बस्तियों की अपनी आचार संहिताएँ हैं और अपनी नैतिकता है, जिन जगहों पर सेक्स उद्योग खासतौर से लाभकारी और व्यापक है, वहाँ सरकार का कानून चलता नहीं क्योंकि सरकार की सत्ता सेक्स उद्योग के वित्त या संगठन का मुकाबला नहीं कर सकती। बैंकॉक के पैटपोंग में, टोक्यो के काबुकिचो में और मुंबई के कमाठीपुरा में देह व्यापार ही कानून है।

एशिया के कई भागों में सेक्स उद्योग फल-फूल रहा है क्योंकि इसे महत्त्वपूर्ण हलकों से संरक्षण मिलता है। इसे लगभग हरेक मर्द से सुरक्षा हासिल है। वेश्याओं के पास न जाने वाले मर्द वेश्यावृत्ति को प्रायः आवश्यक बुराई के रूप में देखते हैं

जो मर्द सेक्स की सौदेबाजी को नापसंद करते हैं वे इसके लिए नैतिक रूप से पतित औरतों को दोषी ठहराते हैं। पितृसत्तात्मक समाज और मर्दों के यौन आचरण को शायद ही इसके लिए दोषी ठहराया जाता है। चूँकि देह व्यापार सत्ता के ढाँचे का आंतरिक हिस्सा है इसलिए सत्ता रखने वाले लोग इसका समर्थन करते हैं। भ्रष्ट पुलिस, नेता और नौकरशाह इस उद्योग को अपना अनधिकारिक संरक्षण और आशीर्वाद देते हैं। बदले में वे घूस, राजनैतिक समर्थन और यौन अनुग्रह पाते हैं। इनमें से कुछ हस्तियाँ इस प्रक्रिया को लाँघ कर सामाजिक शक्ति, यौनाचार और वित्तीय लाभ कमाने का बेहतर रास्ता चुन लेती हैं। वे खुद ही वेश्यालयों की मालिक बन जाती हैं। कई जगहों पर पुलिस लड़कियों के तस्करों या वेश्यालयों के मालिकों को नहीं छूती क्योंकि ये हस्तियाँ ही तस्कर या वेश्यालयों की मालिक होती हैं।

वेश्यावृत्ति, औरतों की तस्करी और यौन दासता पर कई अंतरराष्ट्रीय संधियाँ और कई घोषणाएँ हो चुकी हैं। प्रासंगिक दस्तावेज पढ़ने में बहुत अच्छे लगते हैं। मानवाधिकारों पर 1948 के सार्वभौमिक घोषणा पत्र में दासता और बर्बर तथा अपमानजनक व्यवहारों के निषेध पर कई अनुच्छेद हैं। व्यक्तियों की तस्करी और वेश्यावृत्ति पर रोक लगाने की 1949 की संयुक्त राष्ट्र संधि को हालाँकि अंतरराष्ट्रीय समुदाय ने बहुत अपनाया नहीं है लेकिन यह औरतों की तस्करी पर रोक लगाने के प्रति प्रतिबद्धता जाहिर करती है। 'सीडाव' (कन्वेंशन ऑन द एलिमिनेशन ऑफ ऑल फॉर्म्स ऑफ डिस्क्रिमिनेशन अगेंस्ट वुमन) यानी महिलाओं के साथ हर तरह के भेदभाव पर रोक की संधि को 1981 में मंजूरी दी गई। इसका लक्ष्य औरतों के साथ हर तरह के अवैध कामों और वेश्यावृत्ति के तहत उनके शोषण पर रोक लगाना है। बड़ी संख्या में देशों ने इस संधि को मंजूरी दी है। इनमें वे देश भी हैं जहाँ औरतों के साथ ऐसा सलूक होता है कि इस संधि के पालन के उनके दावे को खारिज किया जा सकता है। बच्चों के अधिकारों पर संयुक्त राष्ट्र संधि को व्यापक स्वीकार्यता मिली है और यह बाल वेश्यावृत्ति के मसले के लिए काफी प्रासंगिक भी है। पिछले दशक में 1995 के बीजिंग महिला सम्मेलन में प्लेटफॉर्म फॉर ऐक्शन ने जबरन वेश्यावृत्ति को औरतों के खिलाफ गंभीर हिंसा बताया और इसे खत्म करने का संकल्प लिया। इसी तरह, बाल वेश्यावृत्ति की बुराइयों के ऊपर बच्चों के व्यापारिक यौन शोषण पर 1996 में स्टॉकहोम में हुए सम्मेलन में चर्चा हुई।

अब जरा हक़ीक़त की दुनिया में आएँ। कागज पर तो ये संधियाँ काफी प्रेरणास्पद हैं। लेकिन उन्हें सार्वभौमिक मंजूरी नहीं मिली है और उनका पालन एकदम जरूरी नहीं माना जाता। वेश्यालय में कैद लड़की पर उनका जो भी असर पड़ता हो, उनका होना, न होना खास मतलब नहीं रखता। यहाँ तक कि पाकिस्तान ने भी 'सीडाव' को मंजूरी दी है। यह एक मजाक ही है। यह वैसा ही मज़ाक है जैसा यह सोचना कि देश का कानूनी तंत्र और एशिया में कानूनों को लागू करने वाले अधिकारी भ्रष्ट

नहीं हैं और जिस चीज की उन्हें निगरानी करनी है उसमें मिलीभगत नहीं करेंगे। अच्छे इरादों की घोषणा बेशक जरूरी है लेकिन इतना ही काफी नहीं है। ये घोषणाएँ आगे का रास्ता दिखाती हैं। समस्या यह तय करने में आती है कि लोग—मेरा मतलब है मर्द लोग—सभी रास्ते पर चलें और केवल यात्रा की बातें करने या यह सोचने के कि वे मंजिल तक पहुँच चुके हैं, वे वाकई मंजिल तक पहुँचें।

वेश्यावृत्ति को विभिन्न समाज अलग-अलग तरह से चलाते हैं। कुछ देशों में यह वैध है, कुछ में अवैध। लेकिन जो भी कानूनी व्यवस्था हो, सभी समाजों में दो चीजें समान हैं—ऐसी लड़कियाँ और औरतें होती ही हैं जिन्हें यौन दासी बनना पड़ता है और ऐसे मर्द होते ही हैं जो उन्हें खरीदने को तैयार रहते हैं।

कानूनी संहिताएँ वेश्यावृत्ति के प्रबंधन में चार प्रमुख रवैये अपनाती हैं। जहाँ वेश्यावृत्ति वैध है (जैसे अमेरिका के नेवादा में)। वहाँ यौन श्रम की बिक्री को काम के रूप में मान्यता प्राप्त है और सेक्स श्रमिकों को पूरे कानूनी अधिकार हासिल हैं। प्रतिबंध इसका ठीक उलटा है। सभी तरह की वेश्यावृत्ति गैरकानूनी है इसके तहत। यह व्यवस्था अधिकतर इस्लामी देशों, श्रीलंका, चीन, बर्मा, फिलिपीन्स, नेपाल, जापान में सिद्धांत रूप में लागू है। वहाँ इसकी सूचना देने की जरूरत भर होती है।

सहनशील व्यवस्था सेक्स उद्योग के व्यवस्थापकों का अपराधीकरण कर देती है, लेकिन जरूरी नहीं कि वह सेक्स की बिक्री का जरूरी अपराधीकरण करे, बशर्ते यह गुप्त ढंग से और कुछ निर्देशों के तहत चले। मलेशिया और भारत एशिया में इस सहनशील व्यवस्था के उदाहरण हैं और, नियमनवादी रवैया वेश्यावृत्ति को कानूनी वैधता प्रदान करता है। लेकिन केवल खास क्षेत्रों में।

एशिया के शहरों में वेश्या बस्तियों से गुजरने पर यह सोचने को मजबूर होना पड़ता है कि आखिर कौन-सी कानूनी व्यवस्था लागू है। काफी औरतें देह बेचती और काफी पुरुष उन्हें खरीदते नजर आते हैं। इस बात से कोई फर्क नहीं पड़ता कि किस रवैये को सिद्धांत रूप में स्वीकार्य किया गया है। वैसे, हर कानूनी संहिता उस 'जबरन' वेश्यावृत्ति को निषिद्ध बताती है, जो एशिया में यौन दासियों को जन्म देती है। कभी-कभी इसे स्पष्ट रूप से कहा जाता है और कभी-कभी यह अपराध दासता पर रोक लगाने वाले प्रावधानों जैसे बहानों के तहत आता है। इस तरह की कानूनी बारीकियाँ तब पूरी तरह बेमानी नजर आती हैं जब संस्कृति और गरीबी का मेल वेश्याओं की जमात को जन्म देता है, ग्राहकों से भरा बाज़ार बनाता है और ऐसा समाज तैयार करता है जो इन सबसे मुँह फेरता है।

वेश्यावृत्ति से संबंधित कानून पूरी दुनिया में जिस तरह लिखे, व्याख्यायित और लागू किए जाते हैं वह मर्दों के द्वारा और उनके फायदे के लिए चलाए जा रहे समाजों में सेक्स श्रमिकों की कलंकित भूमिका को प्रतिबिंबित करते हैं। इसमें थोड़ी रहस्यमयता

भी है। औरतों को बेशक अपराधियों के रूप में देखा जाता है। मर्दों को दोषी ठहराने से इस व्यवस्था के सारे तर्क ढह जाएँगे। इसलिए जब अधिकारीगण वेश्यावृत्ति के खिलाफ कार्रवाई करते हैं तो वे ग्राहकों को निशाना नहीं बनाते, न ही वेश्यालयों के मालिकों को, न दलालों को, न भ्रष्ट पुलिस और नेताओं को। वे बस औरतों को चुनते हैं, वे सबसे कमजोर लोगों को दंड देने के लिए चुनते हैं। वे ऐसा इसलिए करते हैं क्योंकि यह आसान है और क्योंकि औरतें बदनाम हैं। महिलाएँ इस उद्योग के लिए आवश्यक हैं मगर वे इसके हाशिये पर हैं। एक समूह के रूप में वे आवश्यक हैं मगर व्यक्ति के रूप में उनकी कोई वक़त नहीं है क्योंकि वे केवल देह हैं जिन्हें बदला जा सकता है। महिलाएँ अपने प्रति अनुचित व्यवहार की शिकायत नहीं कर सकतीं क्योंकि समाज में वे कलंकित हो चुकी हैं। प्रभावशाली तबकों के कुछ शालीन नागरिकों में ही इतनी हिम्मत है कि वे व्यभिचारिणी मानी गई औरतों को अपने अधिकारों की बातें करते सुन सकें। चंद वेश्याओं को गिरफ्तार करने से महत्त्वपूर्ण हस्तियों, अमीर और ताकतवर लोगों को कोई फर्क नहीं पड़नेवाला। वेश्याओं के खिलाफ कार्रवाई करने के ये फायदे तो हैं ही, यह अधिकारियों को एक बुराई के खिलाफ लड़ने की चमक भी प्रदान करते हैं।

कभी-कभी तस्करों के खिलाफ कार्रवाई की जाती है लेकिन आश्चर्य नहीं कि हमेशा छोटी मछलियों को ही निशाना बनाया जाता है। बड़े तस्करों को सुरक्षा दी जाती है। यह किताब लिखने के समय तक पूरे एशिया में किसी बड़े तस्कर के खिलाफ सफल कार्रवाई नहीं की गई है। जिनके खिलाफ मुकदमा चलाया गया और सज़ा सुनाई गई वे लगभग महत्त्वहीन हैं। अकसर वे लड़कियों की सप्लाई की कड़ी के पहले सूत्र होते हैं और वेश्यालयों और लड़कियों के घरों के बीच संपर्क का काम करते हैं।

भारत वेश्यावृत्ति के प्रति सहनशीलता वाला रवैया रखता है। सेक्स की बिक्री वैध है, बशर्ते लड़की 16 साल से ज्यादा उम्र की हो और स्वतंत्र रूप से काम करे। वेश्याएँ सार्वजनिक स्थल के करीब ग्राहकों को न पटाएँ, न धंधा करें। किसी भारतीय गाँव, कस्बा या शहर में आप ऐसी जगह खोजने की कोशिश करें जो सार्वजनिक स्थल के करीब न हो और आपको इन प्रतिबंधों के पालन में मुश्किलों का अंदाजा लग जाएगा। बड़ी तादाद में लड़कियाँ 16 साल से कम्र उम्र में ही वेश्यावृत्ति शुरू करती हैं। ज्यादातर धंधा वेश्यालयों में चलता है जो काफी कुछ सार्वजनिक होता है। लड़कियों और औरतों की तस्करी एक अपराध है। अधिकारियों की सहनशीलता के बावजूद भारत में अधिकतर वेश्यावृत्ति अवैध है।

कई देशों की तरह नेपाल में भी औरतों की तस्करी का मामला एक कलंक है। उचित तो यह है कि सरकार और स्वयंसेवी संस्थाएँ भी यह कहानी गढ़ें कि लड़कियों को वेश्यावृत्ति के लिए नहीं बेचा जाता। बल्कि यह माना जाता है कि

अधिकतर लड़कियों को धोखा दिया जाता है। समाज गरीबी से कितना भी त्रस्त क्यों न हो, उसके लिए यह कबूल करना ठीक नहीं है कि उसके परिवार अपनी बच्चियों को बेच रहे हैं, खासकर विदेशियों के हाथों में। इसलिए सरकार इस समस्या की गहराई को कबूलने को तैयार नहीं दिखती। नेपाल में दूसरी गड़बड़ियों की तरह लड़कियों की तस्करी के लिए भी गरीबी और भारत को जिम्मेदार ठहराया जाता है। लेकिन उन तस्करों के खिलाफ लड़ाई का कोई खास नतीजा नहीं निकला है और ज्यादा कुछ उम्मीद भी नहीं है। भारतीय वेश्यालयों से नेपाली लड़कियों की स्वदेश वापसी के लिए काम करने वाले संगठनों को वहाँ की सरकारों से कम ही सहयोग मिला है। इसके लिए थोड़े जादू की जरूरत पड़ेगी—नेपाली प्रशासन की कार्यकुशलता में अपेक्षा से अधिक कार्यकुशलता की।

कोलकाता की एक सार्वजनिक कार्यकर्ता ने लड़कियों की वापसी में नौकरशाही अड़ंगों का यह उदाहरण बताया, ''करीब तीन साल पहले हमारे पास एक लड़की थी जिसे 13 साल की उम्र में बहला कर नेपाल से लाया गया था। उसने किसी तरह एक ग्राहक की मार्फत अपने परिवार को संदेश भिजवाया। उसके पिता ने दूतावास और पुलिस से संपर्क किया। लेकिन पुलिस जब वेश्यालय में पहुँची तो वह लड़की वहाँ नहीं थी। लड़की को हाथ-पैर बाँध कर, मुँह पर पट्टी लगा कर कमरे में बंद कर दिया गया था। किस्मत से, किसी ने आवाज़ सुन ली और उसे खोज लिया गया। मैं यह जानना चाहती हूँ कि उस वेश्यालय के मालिक को कैसे पता चला कि पुलिस उस लड़की को खोजने आ रही है। खैर, उस लड़की को सरकारी गृह में रखा गया। कागज बनते-बनते इतना समय लग गया कि वह नेपाल न लौट सकी। पंद्रह साल की उम्र में वह टीबी के कारण मर गई।''

पाकिस्तान में इस्लामी आचार संहिताओं के तहत औरतों के साथ भयानक भेदभाव किया जाता है। वेश्याएँ सबसे प्रताड़ित महिलाएँ होती हैं। तमाम दावों के बावजूद शरिआ बहुविवाह को मंजूरी देता है। मुस्लिम परिवार कानून इस बुनियादी मान्यता का एक जवाब मुहैया कराता है कि मर्दों की कामेच्छाएँ असीम होती हैं इसलिए इसे काबू में रखने और व्यभिचार पर रोक लगाने के लिए कोई उपाय जरूर सोचना चाहिए। ये कानून मर्दों को शारीरिक आनंद के लिए वैधता का बहाना जुटाते हैं। मर्द एक समय में चार बीवियाँ रख सकते हैं और इन्हें भी तलाक़ के जरिए बदला जा सकता है।[1] महिलाओं को ये विकल्प उपलब्ध नहीं हैं। यद्यपि अधिकतर मुस्लिम मर्द इस विकल्प का मनमाना प्रयोग नहीं करते लेकिन तथ्य यह है कि यह संभव है। यही तथ्य स्त्री कामुकता का और स्त्री को एक व्यक्ति के रूप में पूरा सम्मान न देने का कारण बनता है।

सत्तर के दशक में पाकिस्तानी राष्ट्रपति ज़िया-उल-हक़ ने मजहबी कट्टरता का पत्ता खेल कर अपनी तानाशाही के लिए समर्थन जुटाने की कोशिश की थी। 1979

में हुदूद अध्यादेश पारित किए गए और 1980 में लागू किए गए। ये अध्यादेश राजनैतिक फायदे के लिए मजहबी भावनाओं को उभारने की तिकड़मों के प्रतिफल थे। ये इस्लामी कट्टरपंथ को संवैधानिक मान्यता देने के लिए तैयार किए गए थे। वेश्यावृत्ति के लिए खास प्रासंगिक था ज़िना अध्यादेश, जो विवाहेतर यौन संबंधों के लिए सज़ा देने के मामले में शरिआ का अनुकरण करता है। बेवफाई के लिए कड़ी सज़ा का प्रावधान किया गया। सबसे कड़ी सज़ा थी पत्थर मार-मार कर मार डालने की। अविवाहित लोगों को भी आपस में यौन संबंध बनाने पर प्रतिबंध लगाया गया। इस घृणित अपराध के लिए लंबी कैद और कोड़े मारने की सज़ा तय की गई।

भयानक ज़िना अध्यादेश को औरतों पर बेहद कठोरता से लागू किया गया। इसने कुछ भयावह नाइंसाफियों को अंजाम दिया। इस्लामी कानून के अनुसार, बलात्कार का अपराध साबित करने के लिए चार पवित्र लोगों की गवाही जरूरी है। इसलिए बलात्कार का मामला साबित करना असंभव है। इसके बदले बलात्कार को औरतों के व्यभिचार से जोड़ा जाता है। इंसाफ के उलटने के कई उदाहरण ऐसे मिले हैं जब बलात्कार की शिकार औरतों के खिलाफ ज़िना अध्यादेश के तहत इस आधार पर मुकदमा चलाया गया कि वे व्यभिचार कर रही थीं।[2]

कराची सेंट्रल जेल का दौरा आँखें खोल देता है। यहाँ कैद औरतों में ऐसी औरतों की संख्या ज्यादा है जिन पर ज़िना अध्यादेश के तहत मुकदमा चलाया गया है। दूसरे शब्दों में, उन औरतों को पति को छोड़ दूसरे मर्द से यौनाचार करने के लिए जेल में डाला गया था। जिन औरतों से मैंने बात की उनमें से कई वेश्याएँ थीं। लेकिन उन्होंने इस तथ्य का सीधे खंडन किया। आम तौर पर उन औरतों ने यह बताया कि कथित ग्राहक उनके पति का 'दोस्त' था और घर में 'पुताई' वगैरह करने आया था। या तो कराची में पुताई करने वालों की तादाद बहुत ज्यादा है या उन औरतों को कोई और विश्वसनीय कहानी गढ़नी चाहिए। इस संबंध में दो महत्त्वपूर्ण बातें उठाने की जरूरत है। पहली यह कि अगर औरतें यह नहीं मानतीं कि वे वेश्या हैं तो वे अपने ऊपर होने वाले अत्याचारों के मामले में सहायता नहीं माँग सकतीं। यौन दासी भी आसानी से मदद नहीं माँग सकती क्योंकि उस पर ज़िना का आरोप लगने का खतरा होता है। दूसरी बात यह कि कई वेश्याओं को गिरफ्तार किया जाता है, उन पर मुकदमा चलाया जाता है, उन्हें सज़ा दी जाती है लेकिन उनके ग्राहकों को या तो गिरफ्तार नहीं किया जाता, उनके खिलाफ मुकदमा खारिज हो जाता है या उन्हें हल्की सज़ा ही मिलती है। हमें और किसी चीज़ की उम्मीद नहीं करनी चाहिए। पाकिस्तान में यौन उच्छृंखलता करने वाले मर्दों की निंदा नहीं हो सकती। उन्हें औरतों की भयावह कामुकता का शिकार माना जाता है।

वेश्यावृत्ति के लिए पाकिस्तान में तस्करी से भेजी जाने वाली अभागी औरतों पर दोहरा बोझ पड़ता है। अस्सी और नब्बे के दशकों में यौन दासता के लिए बेची

गई बांग्लादेशी औरतों ने खुद को सहायता के काबिल भुक्तभोगियों के रूप में नहीं बल्कि जेल भेजे जाने वाले अपराधियों के रूप में पाया। उन्हें देश में अवैध प्रवेश पर रोक लगाने वाले विदेशी नागरिक अधिनियम के तहत गिरफ्तार कर लिया गया। नाइंसाफी में इजाफा इससे हुआ कि उन्हें हुदूद अध्यादेश की ज़िना वाली धारा के तहत भी आरोपित किया गया। पाकिस्तान के प्रमुख मानवाधिकारवादी वकील ज़िया अवान तस्करी और वेश्यावृत्ति की शिकार 200 से ज्यादा बांग्लादेशी औरतों के मुकदमों से जुड़े रहे हैं। उनका कहना कि सरकार और कानून लागू करने वाली एजेंसियाँ मानव तस्करी और वेश्यावृत्ति को कम प्राथमिकता देती हैं क्योंकि उनका ताल्लुक औरतों से है और औरतों को पाकिस्तान में आम तौर पर कम प्राथमिकता दी जाती है। 'स्वेच्छा से' और 'जबरन' वेश्या बनी औरतें आज पाकिस्तानी जेलों में सड़ रही हैं क्योंकि उन्होंने यौनाचार किया। उनके ग्राहक आज़ाद हैं। और यह कहने की जरूरत नहीं कि मर्द कैदियों में वेश्यालयों के मालिक और औरतों के तस्कर नज़र नहीं आते।

यद्यपि बांग्लादेश भी मुस्लिम देश है मगर अपेक्षाकृत खुली और सहनशीलता वाली बंगाली विरासत ने इसे उन सियासी और मजहबी ज्यादतियों से बचाया है जिन्होंने कई पाकिस्तानी औरतों पर नकारात्मक असर डाला। लेकिन बांग्लादेश भी सेक्स के मामले में उसी उन्माद से पीड़ित है जिससे बाकी इस्लामी देश पीड़ित हैं। बांग्लादेश में वेश्यावृत्ति एक कानूनी उलझन का मामला है। लगता है, बड़े नीति नियंता और शिक्षाविद् भी इस कानून के बारे में पूरी जानकारी नहीं रखते। यह अनिश्चितता पुलिस अधिकारियों में भी दिखती है और यह कोई भरोसा जगाने वाली बात नहीं है। बांग्लादेश में वेश्यावृत्ति की इजाज़त है, बशर्ते लड़की अठारह साल से ऊपर की हो, स्वस्थ दिमाग की हो और उसने स्वेच्छा से धंधे को अपनाया हो। यह साबित करने के लिए कि वे अपेक्षित उम्र की हैं, वेश्याएँ अपने पास एक हलफनामा रखती हैं जिस पर उनकी जन्मतिथि दर्ज होती है और जिसे वकील या मजिस्ट्रेट सत्यापित करता है। इस हलफनामे को लाइसेंस भी कहा जाता है और इसे रखने वाली वेश्या को 'रजिस्टर्ड वेश्या' कहा जाता है। वास्तव में कुछ भी सच नहीं होता, न ही हलफनामे में दर्ज उम्र सच्ची होती है। वेश्यालयों के मालिक हलफनामे के साथ हेराफेरी करते हैं और औरतों से पैसे ऐंठते हैं। वे हलफनामे अपने पास रख लेते हैं ताकि वेश्याएँ जब 'प्रशिक्षण' की अवधि में होती हैं तब वे उन पर अपना दबदबा रख सकें। हलफनामे के लिए औरत से दो से पाँच हजार टका (24 से 60 डॉलर तक) के बीच वसूला जाता है। गरीब बांग्लादेशी वेश्या के लिए यह एक खजाना जैसा ही है, जिसे चुकाने के लिए उसे कई ग्राहकों को झेलना पड़ता है।

इन हलफनामों से कानून के पेशे वाले अच्छी कमाई करते हैं। इन लोगों के लिए यह कठिन काम है क्योंकि बाँग्लादेश में किसी की उम्र का पता लगाना मुश्किल है। देश में ऐसे ब्यौरे दर्ज करने की लगभग कोई व्यवस्था नहीं है। जन्म के पंजीकरण

की यहाँ कोई राष्ट्रीय व्यवस्था नहीं है, न ही विवाहों और तलाक़ों का कोई भरोसेमंद आंकड़ा है। औरतों को प्रायः खुद अपनी उम्र का पता नहीं होता। लेकिन इसका अर्थ यह नहीं है कि कानून के पेशे से जुड़े लोगों को बच्ची और औरत में फर्क करने का शऊर नहीं है। दस, ग्यारह और बारह साल तक की लड़कियों ने मुझे बड़ी शान से अपना हलफनामा दिखाया कि वे बालिग हो चुकी हैं। लेकिन उनके बदन से लिपटी साड़ी उजागर कर रही थी कि वे महिलाओं का परिधान पहने छोटी, दुबली-पतली बच्चियाँ थीं। लेकिन कानून घोषित कर रहा था कि वे इतनी बड़ी हो चुकी हैं कि उनके साथ मर्द यौनाचार कर सकते हैं। कागज यही साबित करते थे।

बांग्लादेश ने औरतों की तस्करी और जबरन वेश्यावृत्ति के खिलाफ 1995 में नया कानून बनाया। इसमें बच्चियों की बिक्री के लिए फाँसी की सज़ा तक का प्रावधान किया गया। इस तस्करी में मदद करने वालों के लिए भी ऐसी कठोर सज़ा का प्रावधान किया गया। लेकिन 1995 के इस कानून में भी कुछ खामियाँ हैं—खासकर इसलिए कि इसमें मानव तस्करी की पर्याप्त परिभाषा नहीं दी गई है। इस कानून की असली कमजोरी यह है कि इसे लागू नहीं किए जाने की संभावना नहीं है।

थाइलैंड कार्य दल, आयोग वगैरह बनाने और तस्करी तथा वेश्यावृत्ति से संबंधित कानूनों में फेरबदल करता रहा है। 1996 में बना नया कानून लड़कियाँ जुटाने वालों, वेश्यालयों के मालिकों और वेश्यावृत्ति के लिए लड़कियों को बेचने वालों को दंडित करने पर जोर देता है। बंद वेश्यालयों को बंद कराने का अभियान चलाया गया। यह सब काफी उत्साहवर्धक था। कई वेश्यालय बंद भी हुए लेकिन वे कराओके बार या मालिश पार्लर या रेस्तरांओं के रूप में फिर खुल गए। दूसरे बस भूमिगत हो गए।

1996 के कानून ने लड़कियों को थाइ वेश्यालयों के परिसर में रहने पर रोक लगा दी। इसलिए नियंत्रण के पुराने तरीके दो जगहों पर लागू रहे—एक, जहाँ लड़कियाँ देह बेचती थीं और दूसरी, जहाँ वे रहती थीं। कानून के बावजूद थाइ सेक्स उद्योग में हिंसा और कर्ज के चलते बँधुआगीरी आज भी जारी है। नए कानूनों के मद्देनजर सेक्स उद्योग ने इस धंधे के सबसे नुमाया हिस्सों की 'सफाई' की। वैसे, यह इस धंधे के विकास के क्रम में स्वाभाविक तौर पर भी होता। नए कानूनों ने इस प्रक्रिया को गति दे दी।

जापान में वेश्यावृत्ति वैध है। हम यह सोच सकते हैं कि हजारों 'स्नैक्स' और क्लब मर्दों का मनोरंजन करने के लिए हैं लेकिन यह मनोरंजन सेक्स परोसने तक पहुँचता है। यह एक अविश्वसनीय तथ्य है कि एक फरेब इतने बड़े पैमाने पर बनाए रखा जा सकता है। बिना वैध वीसा के जापान में तस्करी से पहुँचाई जाने वाली औरतें वहाँ के सख्त आव्रजन और राष्ट्रीयता कानूनों की ही नहीं, वेश्यावृत्ति से संबंधित कानून की भी धज्जियाँ उड़ा रही हैं। जापान में जिन औरतों को जबरन वेश्यावृत्ति

में डाला जाता है वे सहायता के लिए पुलिस के पास जाने में असमर्थता महसूस करती हैं क्योंकि उन्हें अपराधी घोषित किए जाने का डर रहता है। विडंबना यह है कि इस मामले में कानून प्रवासियों को शोषणकारी परिस्थितियों में डाल देता है। ऐसा केवल जापान में नहीं होता। पूरे एशिया में अवैध प्रवासी मदद के लिए अधिकारियों के पास जाने में कठिनाई महसूस करते हैं। अवैध प्रवासी वेश्याओं के बीच काम करने वाले एक स्वयंसेवी संगठन के सर्वे से वे कारण सामने आए जो उन औरतों को मदद लेने से रोकते हैं। उन्हें निकाल बाहर किए जाने का डर रहता है, विदेशी भाषा में संवाद में मुश्किल आती है। उन्हें अपने अधिकारों और कानूनी प्रणाली के बारे में पता नहीं होता। कानूनी मदद तक उनकी पहुँच नहीं होती और उन्हें कानूनी प्रणाली और कानून लागू करने वालों पर भरोसा नहीं होता।[3] इन औरतों के मन में इतना डर और इतनी अनिश्चितता होती है इसलिए उनमें अपने तस्करों से निबटने या यौन दासता से मुक्ति पाने की कोशिश करने का आत्मविश्वास नहीं होता। उनमें डर पैदा करने के लिए जापान में 'स्नैक्स' के मालिक गिरफ्तारी, हिरासत और देश से निकाले जाने की धमकियाँ देते रहते हैं। ये धमकियाँ कारगर होती हैं और यह साबित करने के पर्याप्त सबूत होते हैं कि इन औरतों का डर बेबुनियाद नहीं है।

1992 में जापान में छह थाइ औरतों को एक तायवानी मामा-सान की बर्बरतापूर्ण हत्या (शिंकोइवा कांड) के लिए गिरफ्तार किया गया। शिंकोइवा कांड और उस जैसे दूसरे मामलों ने तस्करी की जाने वाली औरतों के जीवन पर प्रकाश डाला और उनके प्रति जापानी अधिकारियों के रवैये को उजागर किया है। मामले की तफ्तीश उन औरतों को वकील रखने की सुविधा दिए बिना की गई। इसलिए वे जान न पाईं कि जापानी कानूनों के तहत उन्हें क्या अधिकार मिले हैं। उन्हें टोक्यो में एक हिरासत केंद्र में रखा गया और मेहमानों से थाइ भाषा में बात नहीं करने दिया गया। एक औरत को, जिसे पैर में चोट लगी थी, पर्याप्त चिकित्सा भी मुहैया नहीं करवाई गई। उन्होंने लाख कहा कि वे यौन दासता की अमानवीय स्थितियों से निकलने की कोशिश कर रही थीं और मजबूरी में उन्हें हत्या करनी पड़ी, लेकिन उनकी नहीं सुनी गई और उन्हें सज़ा सुना कर जेल में डाल दिया गया।

जापान में हर साल करीब 3000 औरतें वेश्यालयों से भाग कर टोक्यो के थाइ दूतावास में पहुँचती हैं।[4] वे मदद के लिए जापानी पुलिस के पास नहीं जातीं। वे वहाँ के लोगों से भी सहानुभूति की अपेक्षा नहीं रख सकतीं। अस्सी और नब्बे के दशकों में औरतों की तस्करी और सेक्स उद्योग के बारे में सदमा पहुँचाने वाले कई रहस्योद्घाटन हुए लेकिन जापान में विदेशी वेश्याओं के हालात को लेकर वहाँ के लोग उदासीन ही रहे हैं। इस बात से कोई फर्क नहीं पड़ता कि वे औरतें इस धंधे में स्वेच्छा से आईं या तस्करी से लाई गईं या उन्हें जबरन इसमें डाला गया।

इस उदासीनता के पीछे जबरदस्त नस्लवादी भावना का बड़ा हाथ है।[5]

फिलिपीन्स में वेश्यावृत्ति के प्रति सरकारी स्तर पर आश्चर्यजनक रूप से दोहरा रवैया अपनाया जाता है। सेक्स की बिक्री अवैध है। लेकिन साथ ही सेक्स श्रमिकों के लिए सरकारी लाइसेंस की भी व्यवस्था है। उन्हें नियमित तौर पर मेडिकल जाँच करवानी होती है जिसके बाद उन्हें कार्ड दिया जाता है जिसमें यह दर्ज होता है कि उन्हें कोई संक्रामक यौन रोग नहीं है। यह कार्ड ग्राहकों को भरोसा दिलाने के लिए होता है। इस कार्ड के बिना औरतें देह नहीं बेच सकतीं। वैसे, कानूनी तौर पर भी देह बेचने पर प्रतिबंध है। कहा जा सकता है कि मेडिकल जाँच की शर्त एक जिम्मेदार सरकार ने उचित सुरक्षा के लिए ठीक ही लागू की है। इसे इस आधार पर उचित ठहराया जा सकता है कि इससे संक्रामक यौन रोगों को रोकने में मदद मिलती है और औरतें ग्राहकों के उपयोग के लिए सुरक्षित रहती हैं। मगर यह कानून का मखौल भी है।

श्रम का निर्यात फिलिपीन्स की विकास नीति का बड़ा आधार है। फिलिपीनियों को काम करने के लिए विदेश भेजा जाता है। इस तरह देश में बेरोजगारी के दबाव से राहत मिलती है। विदेशों में काम कर रहे लोग अपनी कमाई का बड़ा हिस्सा स्वदेश भेजते हैं। सिद्धांततः इससे गरीब परिवारों की मदद होती है और सरकारी खजाना विदेशी मुद्रा से भरा रहता है। लेकिन ज्यादातर प्रवासी फिलिपीनी महिलाओं के मामले में श्रम के निर्यात का अर्थ है सेक्स का निर्यात और उसकी बिक्री। सरकार ने प्रवासी महिलाओं के यौन शोषण को रोकने के कुछ प्रयास किए हैं। मसलन, उसने जागरूकता बढ़ाने के लिए गैर-सरकारी संगठनों की मदद ली है और बाहर जाने वाले नाबालिगों पर नज़र रखने के लिए निनॉय एक्विनो अंतरराष्ट्रीय हवाई अड्डे पर सामाजिक कार्यकर्ताओं को तैनात किया गया है।[6] लेकिन इस तरह के प्रयास कुल मिलाकर तब बेमानी हो जाते हैं जब गरीबी और महिलाओं के सांस्कृतिक अवमूल्यन के कारण फिलिपीन्स और दूसरे देशों में काम की तलाश में अपना घर छोड़ने वाली औरतों की जमात निरंतर उभरने के हालात बने रहेंगे।

यद्यपि वेश्यावृत्ति को नियंत्रित या प्रतिबंधित करने वाली कानूनी व्यवस्था एशिया के हर देश में अलग-अलग है लेकिन पूरे क्षेत्र में समानता के कुछ तत्त्व भी पहचाने जा सकते हैं। पहला यह कि कानून सेक्स उद्योग की वास्तविकताओं से ताल्लुक नहीं रखते बल्कि राजनीतिक लाभ-हानि और इस बात से ताल्लुक रखते हैं कि समाज अपनी कैसी छवि पेश करना चाहता है। कानून आम तौर पर सेक्स उद्योग के लिए अप्रासंगिक हैं बल्कि कुछ उदाहरण तो ऐसे हैं कि वे इस धंधे को बढ़ावा देते हैं क्योंकि वे औरतों को अपने जीवन पर अपना और ज्यादा नियंत्रण रखने से वंचित करते हैं। जापान की नस्लवादी और पाकिस्तान की भोगवादी कानून प्रणाली जापान में तस्करी से लाई गई औरतों को और पाकिस्तान में वेश्याओं को नगण्य न्याय

दे पाती है।

पिछले कुछ वर्षों में इस क्षेत्र के कुछ देशों ने वेश्यावृत्ति के लिए औरतों और बच्चियों की तस्करी के खिलाफ नए कानून बनाए हैं। कई देश मौजूदा कानून को बदलने और सुधारने की योजना बना रहे हैं। उम्मीद की जाती है कि खासकर मेकॉन्ग नदी क्षेत्र और कुछ हद तक दक्षिण एशिया में अंतरराष्ट्रीय सहयोग के बूते तस्करी रुकेगी और समेकित क्षेत्रीय कानूनी ढाँचे का विकास होगा। अप्रैल 2000 में मनीला में एक सम्मेलन में एशियाई और प्रशांत क्षेत्र के 16 देशों के अलावा यूरोपीय संघ, रूस, संयुक्त राष्ट्र एजेंसियों और स्वयंसेवी संगठनों के प्रतिनिधियों ने भाग लिया। इस सम्मेलन ने तस्करी पर रोक लगाने की खुली कार्ययोजना को मंजूरी दी।[7] इस योजना का केंद्रीय तत्त्व था—सूचनाओं का आदान-प्रदान और तस्करों के लिए ज्यादा सख्त सज़ा। इस तरह की पहल उत्साहवर्धक है क्योंकि इसका अर्थ है कि यौन दासता और देश के भीतर औरतों की तस्करी के मसलों पर नहीं, तो कम-से-कम औरतों की अंतरराष्ट्रीय तस्करी पर अपेक्षित ध्यान जा रहा है। वैसे, मेरा मानना है कि समस्या कमजोर कानूनी व्यवस्था और अच्छे इरादों से बनाई गई योजना के अभाव की नहीं है। समस्या क्रियान्वयन की है। तस्करी और यौन दासता से निबटने के लिए कई देशों में कमजोर ही सही, पर्याप्त कानून तो हैं ही। नए कानून बनाने से परिभाषाएँ बेहतर होंगी और कानूनी ढाँचा विस्तृत होगा, मगर कड़े और स्पष्ट कानून भी, उन्हें लागू करने की इच्छाशक्ति और प्रतिबद्धता के बूते ही कारगर हो सकते हैं।

तस्करों को आरोपित करने के लिए सबूत जुटाना काफी मुश्किल होता है। औरतों को उनकी तस्करी के वर्षों बाद मुक्त कराया जाता है। कुछ एशियाई औरतें तो अपनी मातृभाषा तक भूल जाती हैं क्योंकि उन्हें बचपन में ही फँसा लिया गया होता है। उन्हें यह भी याद नहीं रहता कि उन्हें किस रास्ते से वेश्यालय में लाया गया और किस तरह उनकी तस्करी की गई। उन्हें तस्करों का नाम और चेहरा तक याद नहीं रहता। कुछ औरतों को याद होता है कि उनकी तस्करी में उनके रिश्तेदार का हाथ था मगर वे इस बात को जानबूझ कर भुलाए रहती हैं। जब अहम गवाह ही उलझन में हो या विस्मृति का शिकार हो या भयावह अनुभवों के सदमे में हो तब अपराधी को सज़ा दिलवाना मुश्किल होता है।

तस्करी से लाई गई या यौन दासता के लिए मजबूर की गई औरतों पर काफी दबाव भी डाला जाता है। मानसिक परिवर्तन सबसे महत्त्वपूर्ण तत्त्व बन जाता है। कई औरतें यह मान बैठती हैं कि यही उनकी नियति है और अब कोई शिकायत करने का कोई मतलब नहीं है क्योंकि उनकी तस्करी करने वालों को या वेश्यालय के मालिक को सज़ा भले हो जाए, खुद वे तो वेश्यावृत्ति के धंधे से बँध ही गई हैं और इसमें कोई फर्क नहीं पड़ने वाला। जिस समाज में कौमार्य को बेहद अहमियत दी जाती है और स्त्री की कामुकता पर भारी नियंत्रण होता है, वहाँ बलात्कार स्त्री

के आत्मसम्मान को भारी चोट पहुँचाता है और उसे वेश्यावृत्ति के लिए मजबूर कर सकता है। पाकिस्तान में 'वार अगेंस्ट रेप' नामक स्वयंसेवी संगठन यौन दुर्व्यवहार की शिकार महिलाओं की मदद और उन्हें सामान्य जीवन में लौटाने के काम करता है। इस संगठन का काम बहुत बड़ा है क्योंकि समाज का बड़ा तबका बलात्कार की शिकार औरतों को कलंकित मानता है और यह धारणा रखता है कि उसने खुद को बलात्कार के लिए उपलब्ध करवाकर बलात्कारी को उकसाया। यह धारणा यौन दुर्व्यवहार की शिकार बच्चियों के बारे में भी रखी जाती है। समस्या तब और विकट हो जाती है जब बलात्कार की शिकार औरत को आगे भी यौन दुर्व्यवहार का उम्मीदवार मान लिया जाता है। वह सार्वजनिक संपत्ति बन जाती है और चूंकि उससे कोई शादी नहीं करना चाहेगा इसलिए प्रायः ऐसी औरत खुद को वेश्यावृत्ति के चंगुल में पाती है। इस तरह के सोच के कारण, पाकिस्तान में यौन दासता की शिकार औरतें अगर उनकी तस्करी करने वालों या उन्हें वेश्यावृत्ति में धकेलने वालों के खिलाफ मुँह नहीं खोल पातीं तो कोई आश्चर्य नहीं।

धर्म, समाज और संस्कृति का पूरा मानदंड औरतों को आरोप लगाने से हतोत्साहित करता है। कई माता-पिता अपनी बेटी को वेश्यावृत्ति में फँसाने या उसे अपनाने को प्रेरित करने वाले को सज़ा दिलाने की जगह पूरे मामले को रफ़ा-दफ़ा करना चाहेंगे। ऐसा वे अपने और अपनी बेटी के हित में ही करते हैं। कई औरतें देह व्यापार में लिप्त होने की बात से शरमाती हैं। वे मर्दों से भरी अदालत में खड़े होकर इस शर्म के बारे में बात नहीं करना चाहतीं क्योंकि मर्द लोग उनसे घृणा करते हैं। कई औरतें भयभीत भी होती हैं। पूरे एशिया में तस्करी से भेजी जाने वाली या यौन दासता के लिए मजबूर की जाने वाली औरतें डरती हैं कि उन्होंने मुँह खोला तो अपने और अपने रिश्तेदारों के जीवन को खतरे में डाल देंगी। अगस्त 1999 में मैं जापान दौरे पर गई थी तब मुझे एक स्वयंसेवी संगठन के कर्मचारियों ने हाल में एक रटरयगय त्रारावी पर रोष प्रकट किया था। जापान में यौन शोषण की शिकार थाइ महिलाओं में से एक ने उसे बंधक बनाने वालों के खिलाफ सबूत पेश करने का आश्चर्यजनक साहस किया था। वह औरत मुकदमे को बीच में छोड़ कर थाइलैंड लौट गई थी। इस निडर औरत की मौत एक सड़क हादसे में हो गई। अभी वह अदालत में अपनी गवाही नहीं दे पाई थी।

जिन इलाकों में वेश्यावृत्ति के लिए औरतों की तस्करी स्थानीय खासियत है वहाँ लड़कियों पर चुप रहने और इस तरह की व्यवस्था के चलते रहने देने का भारी दबाव है। वेश्याओं की भरती करनेवालों, दलालों और वेश्यालय के मालिकों के खिलाफ सबूत देने का मतलब होगा धोखा देना, खुद अपने परिवार वालों और पूरे समुदाय पर हमले को न्यौता देना। लड़कियों को भारी अपमान का सामना करना। इसके ऊपर, राजनीतिक दबाव के अलावा थैली का भी दबाव होता है। उदाहरण के लिए,

नेपाली औरतों को डराया जाता है, मुकदमे वापस लेने के लिए रिश्वत दी जाती है।[9] नेपाली नेता के आदेश पर तस्करों को रिहा किया जाता है, सबूतों के संदेहास्पद अभाव के कारण मुकदमे खारिज किए जाते हैं।

एक विचारधारा कहती है कि अगर वेश्यावृत्ति को कानूनी मान्यता दी जाए तो सेक्स उद्योग में कई मनमानियों का खात्मा हो जाएगा। यह तर्क सबसे महत्त्वपूर्ण मसले को नजरअंदाज करता है। सबसे बड़ी खामी यह है कि सेक्स की सौदेबाजी हो सकती है और लोगों—खासकर औरतों और बच्चियाँ ही नहीं, मर्दों का भी देह और यौन क्रियाओं के आधार पर मूल्य तय किया जाता है। लेकिन अगर हम इस बुनियादी मुद्दे को छोड़ भी दें तो खासकर एशियाई समाजों के लिए इस तर्क को लागू करना मुश्किल होगा कि कानूनी मान्यता देने से वेश्यावृत्ति के धंधे में घोर मनमानियाँ रुक जाएँगी, भारत के ज्वाइंट वुमन्स प्रोग्राम की सामाजिक कार्यकर्ता ललिता नायक भारत में औरतों की तस्करी और वेश्यावृत्ति के खिलाफ काम करती हैं। वेश्यावृत्ति को वैधता प्रदान करने के सवाल पर उनका विचार बिलकुल स्पष्ट और उग्र है और वह दक्षिण एशिया में महिला सामाजिक कार्यकर्ताओं की बड़ी तादाद का प्रतिनिधित्व करता है। नायक का कहना है कि कानूनी वैधता देने से मामला बिगड़ेगा क्योंकि इससे परिवारों और मर्दों को महिलाओं का शोषण करने का कानूनी अधिकार मिल जाएगा। जिस समाज में औरतों का अवमूल्यन होता है उसमें वेश्यावृत्ति पर से प्रतिबंध हटाने से शोषण पर वास्तविक रोक नहीं लगेगी। मौजूदा कानून भले ही अच्छे न हों मगर वे और बड़े शोषण के खिलाफ न्यूनतम बचाव का उपाय तो हैं ही।

वेश्यावृत्ति के प्रति एक और नजरिया है जिसे थाइलैंड में खास तौर से समर्थन हासिल है। इस नज़रिए के तहत वेश्यावृत्ति को एक काम माना जाता है और यह माना जाता है कि इसे दूसरे उद्योगों की तरह अपराध मुक्त, नियमित किया जाना चाहिए और इसके लिए नियम और बचाव के उपाय तय किए जाने चाहिए। दक्षिण-पूर्व एशिया के चार देशों में सेक्स हलके पर अंतरराष्ट्रीय श्रम संगठन की 1998 की रिपोर्ट में इस उद्योग के आकार की ओर ध्यान दिलाया गया है मानो इस वजह से उसे कानूनी वैधता दी जानी चाहिए।[11] देह व्यापार के महत्त्व को स्वीकार करना और इसे कानून के दायरे में लाना इन देशों के आर्थिक पक्ष के लिए अच्छा हो सकता है। देह व्यापार के आकार के आंकड़े सकल घरेलू उत्पाद के आँकड़ों को मजबूती दे सकते हैं और इस लाभकारी उद्योग पर कर लगाया जा सकता है। राज्य-व्यवस्था के भीतर के भ्रष्ट लोगों से ज्यादा राज्य-व्यवस्था फलते-फूलते व्यवसास से खासा मुनाफा कमा सकती है।

बैंकॉक स्थित अंतरराष्ट्रीय स्वयंसेवी संगठन ग्लोबल अलाएंस अगेंस्ट द ट्रैफिक इन वुमन' (जी ए टी टी डब्ल्यू) इस उद्योग में शोषण के खिलाफ और वेश्यावृत्ति

को एक व्यावहारिक कैरियर के रूप में आगे बढ़ाने के लिए काम करता है। इसकी अध्यक्ष सिरिपोर्न स्क्रोबानेक बताती हैं कि हम गरीब औरतों से आजीविका का अधिकार नहीं छीन सकते। वे जोर देकर कहती हैं, ''औरतों को अपनी इच्छा से सेक्स श्रमिक बनने का अधिकार होना चाहिए। महत्त्वपूर्ण बात यह है कि यह उनके लिए एकमात्र विकल्प न हो।'' यह नज़रिया वेश्यावृत्ति करने वाली औरतों की सहायता करने सदीच्छा वाला है। यह काफी नकारात्मक भी है क्योंकि यह सेक्स उद्योग में लगी औरतों का ही नहीं बल्कि उसकी बुनियाद को भी सम्मानजनक मानता है। अगर इस नज़रिए को अपनाया गया तो वेश्यावृत्ति अपराध मुक्त होगी और औरतों की बिक्री को कानूनी वैधता मिलेगी। सेक्स की खरीदारी को सरकारी मान्यता मिलेगी और यह बाजार की गति से नियंत्रित होगी। लेकिन मैं कहना चाहूँगी कि मुक्त बाजार के तर्क की कुछ सीमा होनी चाहिए क्योंकि मुक्त बाजार केवल सबसे भाग्यशालियों के लिए मुक्त होता है। गरीब लड़कियाँ और औरतें भाग्यशाली नहीं होतीं। उनकी कमजोरियों के कारण उनका भाग्य क्षीण ही होता है। उनकी कमजोरी से फायदा उठाने वाले इतने ज्यादा लोग होते हैं कि उसमें कोई सार्थक बदलाव नहीं आ सकता।

पुलिस वेश्यावृत्ति को संरक्षण प्रदान करती है। कुछ पुलिसवाले ग्राहक के रूप में और घूस तथा 'सुरक्षा फीस' वसूलने वालों के रूप में इस धंधे में सीधी शिरकत करते हैं। कुछ पुलिस अधिकारी तो इस धंधे के कुछ हिस्सों का संचालन भी करते हैं। उत्तरी थाइलैंड में पुलिसवालों के वेश्यालय हैं और वे लड़कियों का व्यापार चलाते हैं। वे तस्करों के खिलाफ कार्रवाई नहीं करते क्योंकि वे खुद तस्करों का सबसे बड़ा गिरोह हैं। कंबोडिया में आव्रजन की संस्था 'इंटरनेशनल ऑर्गेनाइजेशन फॉर माइग्रेशन' ने एक सर्वे में पाया कि कई वेश्यालयों की मालकिनें पुलिसवालों से या सेना अथवा सीमा पर तैनात अधिकारियों से ब्याही हैं या उनसे करीबी संबंध रखती हैं।[12] सेक्स उद्योग के प्रबंधन और स्वामित्व में पुलिस की सीधी शिरकत इस क्षेत्र के दूसरे हिस्सों से ज्यादा दक्षिण-पूर्व एशिया में गंभीर रूप में नज़र आती है लेकिन उसका आकार नहीं, तो उसका स्वरूप हर जगह लगभग समान है।

पुलिस और कानून से जुड़े लोग देह व्यापार की कमाई में से हिस्सा लेते हैं। औरतों के तस्कर, वेश्यालयों के मालिक और सेक्स श्रमिक 'सुरक्षा फीस' का भुगतान करते हैं। इसमें कोई अपवाद नहीं है। जिन देशों में वेश्यावृत्ति गैर-कानूनी है, वहाँ पुलिस को भुगतान सबसे ज्यादा होता है। कई वेश्यालय अपनी आमदनी का खासा हिस्सा पुलिस को भुगतान करने के लिए अलग निकाल देते हैं। भारतीय पुलिस नियमित तौर पर हफ्ता वसूलती है। भारतीय राष्ट्रीय महिला आयोग ने दिल्ली में एक सर्वे किया तो पाया कि वेश्यालयों के ग्राहक प्रति खेप जितनी कीमत अदा करते हैं उसका 20 प्रतिशत हिस्सा पुलिस ले लेती है।

पाकिस्तानी वेश्याएँ गिरफ्तारी से बचने के लिए हर हफ्ते भत्ता देती हैं। दूसरी

तरह के भुगतान भी लिये जाते हैं। कराची के नेपियर रोड की पुरानी वेश्या बस्ती की वेश्याएँ जब भी अपने घर से बाहर निकलती हैं तब पुलिस को टैक्स भरती हैं। एक वेश्यालय की बुजुर्ग मालकिन ने इस व्यवस्था के बारे में बताया कि "पुलिस को पता होता है कि वे लड़कियाँ कौन हैं। हम उनकी नजर से बच कर सड़क पर नहीं निकल सकतीं। जब भी हम बाहर निकलती हैं, वे हमसे हर बार 500 रु. का भुगतान ले लेते हैं। हमें भुगतान करना होता है या लड़कियों को गिरफ्तार करवाने के लिए तैयार रहना पड़ता है। पहले से अब हालत बदतर हुई है क्योंकि लड़कियों को पार्टियों वगैरह में ग्राहकों को खुश करने के लिए जाना पड़ता है और हमें पुलिस को ज्यादा भुगतान करना पड़ता है। इन दिनों धंधा खराब है।"

कोलकाता के किसी वेश्यालय में जब नई लड़की आती है तो पुलिस को इत्तिला के साथ फीस दी जाती है। पुलिस की जानकारी के बिना वेश्यालय में शायद ही कुछ होता है। इसी तरह पुलिस मुख्यालय में शायद ही ऐसा कुछ होता है जिसकी जानकारी वेश्यालयों के मालिकों को नहीं होती। अगर किसी छापे की योजना बनती है तो पुलिसवाले वेश्यालयों को इसकी पूर्व सूचना देकर उसकी फीस वसूल लेते हैं। पूरे एशिया में ऐसा होता है। थाइलैंड में पुलिसवालों को उनके ओहदे, वेश्यालय में लड़कियों की संख्या और तोड़े जाने वाले कानूनों की संख्या के हिसाब से भुगतान किया जाता है। उदाहरण के लिए, वेश्यालय में अगर विदेशी बाल वेश्याओं की संख्या ज्यादा हो तो स्थानीय पुलिस को होने वाली कमाई खासी बढ़ जाती है। यह किताब लिखने के समय मे साय के वेश्यालय अपने यहाँ प्रति वेश्या के लिए पुलिस को हर महीने 2600 बाह्त (43 पाउंड) का भुगतान कर रहे थे। यह बर्मी वेश्या को प्रति खेप के हिसाब से 15 खेप की कीमत के बराबर है। यानी, मे साय में देह व्यापार से होने वाली कमाई का खासा हिस्सा पुलिस की जेब में जाता है।

तस्करी के लिहाज से प्रमुख जाने माने इलाके में सीमा प्रहरी या वेश्या बस्ती में पुलिस कर्मचारी के रूप में तैनाती काफी लाभप्रद हो सकती है। कमाई वाली जगहों पर तैनाती के लिए होड़ रहती है और इसके लिए खासी रिश्वत भी दी जाती है। थाइ पुलिस अधिकारी हात थाइ थाने में तैनाती के लिए जोर लगाते हैं ताकि वे दक्षिण में थाइ वेश्यालयों में आनेवाले मलेशियाई ग्राहकों से होने वाली भारी कमाई में से हिस्सा ले सकें।

थाइलैंड में काम करने वाली बर्मी वेश्याओं को थाइ अधिकारी अवैध प्रवासी बताते हैं। पड़ोसी देशों से आव्रजन पर नियंत्रण के लिए बर्मी और कंबोडियाई सीमाओं से आने वाली सड़कों पर कई नाके बने हुए हैं। इसलिए विदेशी वेश्याओं को देश में इधर-उधर ले जाना एक समस्या है क्योंकि उन्हें आसानी से पहचान लिया जाता है। देह व्यापार की दुनिया ने इसका आदर्श उपाय ढूँढ़ निकाला—कई विदेशी औरतों को खुद पुलिस इधर-उधर पहुँचा देती है। मे साय से चियांग माइ के वेश्यालयों में

विदेशी वेश्या को पहुँचाने के लिए पुलिस 2000 बाहृत (33 पाउंड) तक लेती है, जो कि वातानुकूलित मोटर गाड़ी में इस यात्रा पर होने वाले खर्च का चौगुना है। गौरतलब है कि औरतों की तस्करी में साँठगाँठ के लिए थाइ पुलिस या सीमा गश्ती के किसी कर्मचारी को सज़ा नहीं दी गई है।

बांग्लादेश में भी यह हाल है। भारत-बांग्लादेश सीमा पर बांग्लादेश राइफल्स के अधीन तैनाती के लिए घूस दी जाती है।[14] औरतों की तस्करी में अधिकारियों की मिलीभगत अविश्वसनीय रूप से खुल्लमखुल्ला है। इन इलाकों में सीमा प्रहरी सीमा पार कराने की दरें तय करते हैं और बसों से भी पैसे वसूलते हैं।

सेक्स उद्योग पुलिस सुरक्षा और उसकी साँठगाँठ के बिना चल नहीं सकता। वेश्या बस्तियों में वेश्यालयों के मालिक और भ्रष्ट पुलिस अधिकारी मिलीभगत से काम करते हैं। उदाहरण के लिए, भारतीय वेश्यालयों के मालिक उन औरतों को पुलिस से गिरफ्तार करवा देते हैं, जो माँगें रखती हैं या जिन्हें वे डराना चाहते हैं। वेश्यालयों पर छापों के पीछे आम तौर पर पैसा कारण होता है। मसलन, वेश्यालय ने स्थानीय पुलिस को पर्याप्त सुरक्षा फीस नहीं दी होती है।

पुलिस को तथा सीमा प्रहरियों को रिश्वत और जिस्म की पेशकश की जाती है। इस पूरे क्षेत्र में पुलिसवाले सेक्स श्रमिकों के प्रमुख ग्राहकों में होते हैं। बांग्लादेश में जगहें बदल-बदलकर या गलियों में वेश्यावृत्ति करने वाली करीब 3000 औरतों के बीच मेरी स्टोप्स क्लीनिक द्वारा करवाए एक सर्वे में पाया गया कि पुलिस उनके प्रमुख ग्राहकों में थी।[15] सेक्स श्रमिकों ने बार-बार बताया कि पुलिसवाले उनके नियमित ग्राहक हैं। बैंकॉक में एक थाइ वेश्या ने पुलिस के साथ जटिल रिश्ते के बारे में बताया, "हम इस इलाके के सभी पुलिसवालों को जानती हैं। वे अपनी वर्दी में वेश्यालयों में आते हैं और कभी-कभी हमें गिरफ्तार करने की धमकी देते हैं। बाद में वे ग्राहक के रूप में आते हैं और वे मुफ्त में या विशेष दर पर हमारी सेवा चाहते हैं।"

उत्तरी थाइलैंड में भी ऐसा ही पाया गया। इस क्षेत्र में सेक्स श्रमिकों की सहायता करने वाले एक संगठन के अधिकारी ने उस मामले की नज़ाकत और ढोंग के बारे में बताया जिससे उन्हें बराबर निबटना पड़ता है। यह संगठन सेक्स श्रमिकों और उनके ग्राहकों के बीच एड्स के बारे में सूचनाएँ प्रसारित करने के लिए अपने दल वेश्यालयों में भेजता है। यह परेशानी भरा मामला हो जाता है क्योंकि वेश्याओं के साथ मजे करने वालों में वरिष्ठ और ऊँचे पुलिस अधिकारी भी पाए जाते हैं। तब दल के सदस्य और पुलिसवाले यह दावे करने लगते हैं कि वे लोग वहाँ सेक्स का सौदा करने या पेशे की आड़ में मजे करने नहीं आए थे। यह शर्म से बचने वाली बात होती है और दल पुलिस के हस्तक्षेप से मुक्त होकर अपना काम करता है।

नेपाल की सेक्स श्रमिकों का कहना है कि पुलिसवाले उन्हें बिना दखलंदाजी के धंधा करने देने के लिए मुफ्त में अपनी सेवा किए जाने की माँग करते हैं।[16]

भारत में वेश्यावृत्ति कर चुकी नेपाली औरतों का कहना है कि नेपाली पुलिस भारतीय पुलिस से भी बदतर है। भारत में वेश्याओं के अनुभवों के मद्देनज़र कहा जा सकता है कि नेपाली पुलिस वाकई भयावह है। मुंबई में वेश्यावृत्ति के लिए मजबूर की गई एक नेपाली लड़की ने पुलिस की मनमानियों का यह हताशाजनक चित्र पेश किया : ''पुलिसवाले उस इमारत में आए। वे पाँच-छह थे। उन्होंने घरवाली से बात की और वेश्यालय पर नज़र डालने लगे। उन्होंने हममें से दो को खड़ा करवाया और पीछे मुड़ने को कहा। उन्होंने कहा कि हम बहुत कम उम्र की हैं। हमने कहा कि हम 25 साल की हैं। घरवाली ने हमें यही कहने को बोला था। वैसे, हम 15 साल की ही थीं। वे दोनों चले गए। बाद में उनमें से तीन आए और हमें उनकी सेवा करनी पड़ी। घरवाली ने कहा कि यह उन्हें खुश करने के लिए किया गया।''

तस्करी से लाई गई औरतों और वेश्याओं का शोषण सिर्फ वेश्यालयों में ही नहीं होता। यह थानों में भी होता है। बांग्लादेश से तस्करी करके दिल्ली भेजी गई एक बच्ची को तस्करों से मुक्त कराया गया मगर उसकी हालत और खराब हो गई। उसके रक्षक माने जाने वाले ही भक्षक बन गए।

''पड़ोस के कुछ लोगों ने समझ लिया कि मुझे क्या हुआ था, क्योंकि वे मेरा रोना सुनते थे। उन्होंने भागने में मेरी मदद की। उन्होंने दिल्ली में रह रही मेरी एक मौसी का पता लगा लिया। वे मेरी मदद के लिए मुझे थाने ले गए लेकिन वहाँ मुझे ही गिरफ्तार कर लिया गया क्योंकि मेरे पास पासपोर्ट नहीं था। तस्करों को सज़ा देना तो दूर की बात रही। थाने में मुझे एक कमरे में बंद कर दिया गया। यह तस्करों के घर जैसा ही था, क्योंकि यहाँ पाँच पुलिसवालों ने मुझसे बलात्कार किया।''

इस अपराध में शामिल पुलिस अधिकारियों को सज़ा दी गई और जेल में बंद कर दिया गया। यह असामान्य बात थी और दुर्भाग्य से ऐसे कई मामले प्रकाश में भी नहीं आते, मुकदमे की बात तो दूर रही। इस तरह की भयानक मनमानियों को अपराध भी नहीं माना जाता क्योंकि वेश्या से बलात्कार को—चाहे वह कितनी भी छोटी उम्र की हो—विरोधाभास माना जाता है। माना जाता है कि वेश्याओं का बलात्कार नहीं होता, वे अपना धंधा करती हैं।

1991 में एशियावाच रिपोर्ट में कहा गया कि पाकिस्तान की जेलों में बंद 70 प्रतिशत महिलाएँ यौन या शारीरिक शोषण की शिकार हैं।[17] चूँकि ये औरतें अपने परिवार की सुरक्षा में नहीं थीं इसलिए पुलिस अधिकारी उन्हें आसान शिकार मानते हैं। वेश्याओं के साथ उनका व्यवहार सबसे भयानक था। पाकिस्तानी सरकार ने 1996 में एक दिशा निर्देश जारी किया जिसके तहत औरतों को रात में पुलिस हिरासत में रखने पर प्रतिबंध लगा दिया गया। महिला पुलिस थाने बनाए गए जिनमें केवल महिला पुलिस तैनात की गई। लेकिन उस दिशानिर्देश की अनदेखी की गई। 1997 के पहले छह महीने में लाहौर के अखबारों ने पुलिस हिरासत में महिलाओं के साथ

ज्यादती के 52 मामलों की खबर दी।[18] हम यह मान सकते हैं कि ऐसी ज्यादतियों की असली संख्या इससे कहीं ज्यादा होगी। यही नहीं, पुलिस गैर अधिसूचित हिरासत केंद्रों में औरतों को हिरासत में रख कर इस दिशा निर्देश की अनदेखी करती है।[19] यानी, औरतों के साथ ज्यादती फिर भी होगी। वह भी अनधिकृत पुलिस हिरासत में।

सेक्स श्रमिक निरंतर शिकायत करती हैं कि पुलिस उनकी मदद से इनकार कर देती है और वे कानून के शासन से इंसाफ की उम्मीद नहीं रख सकतीं। कोलकाता के सोनागाछी की एक अनुभवी वेश्या ने पुलिस के बारे में केवल नकारात्मक बातें ही कीं, "सेक्स श्रमिक होना यानी तमाम तरह की समस्याओं से घिरे रहना। सबसे बुरी है पुलिस और लफंगों की जमात, और यह तथ्य कि सारा समाज हमें नीची नज़र से देखता है। पुलिस और लफंगे हमसे पैसे माँगते हैं। वे हमेशा पर्व के नाम पर चंदा माँगते रहते हैं—बड़ा चंदा, जो देना हमारे बस में नहीं होता, लेकिन अगर हम चंदा न दें तो वे हमारे लिए मुश्किलें खड़ी कर देते हैं। तब हम पुलिस के पास नहीं जा सकतीं क्योंकि वे हमें सेक्स श्रमिक मान कर हमारी उपेक्षा करते हैं। ग्राहक जब वेश्याओं के साथ बदसलूकी या हिंसा करते हैं तब भी पुलिस कुछ नहीं करती क्योंकि वह यही मानती है कि हम इसी के काबिल हैं। वह हमारी मदद नहीं करती।"

कोलकाता में सेक्स श्रमिकों के एक संगठन दरबार महिला समन्वय समिति की औरतों का जोर इस बात पर है कि भारत में वेश्याओं से संबंधित कानून उनके जीवन को और समस्याग्रस्त बना देते हैं। कानून पुलिस को औरतों से पैसे वसूलने और अपनी सत्ता का दुरुपयोग करने की छूट देता है। संगठन की करिश्माई नेता साधना मुखर्जी ने पुलिस की ओर से पेश मुश्किलों के बारे में बताया, "जानकारी हो तो हम एड्स से बचाव कर सकते हैं मगर पुलिस के मामले में हम कुछ नहीं कर सकते।"

वेश्या बस्तियों पर छापे और कैद में पड़ी लड़कियों को छुड़ाने में स्थानीय पुलिस को लगाने का अर्थ है पुलिस की अंदर की सूचनाएँ वेश्यालयों में पहुँचना। बांग्लादेश की एक वेश्या ने अपनी किशोरावस्था में कोलकाता के कैदनुमा वेश्यालय में बिताए दिनों की याद करते हुए कहा, "हमें हमेशा पता चल जाता था कि पुलिस का छापा कब पड़ने वाला है हालाँकि यह कम ही पड़ता था। मालकिन कम उम्र लड़कियों को छिपा देती थी और बड़ी उम्र वाली लड़कियाँ किसी ग्राहक को तब तक नहीं बुलाती थीं जब तक उन्हें पता नहीं चल जाता कि पुलिस अब नहीं आएगी। मालकिन बताती कि पुलिस में उसके कुछ अच्छे हमदर्द हैं और अगर हम लोगों ने भागने की कोशिश की तो वे हमें जेल में बन्द कर देंगे।"

थाइलैंड में भी स्वयंसेवी संगठन ऐसी स्थितियों के बारे में बताते हैं। उत्तरी थाइलैंड में बाल वेश्यावृत्ति के खिलाफ और वेश्यालयों से बाल वेश्याओं की मुक्ति

के लिए काम करने वाले एक संगठन ने बताया कि स्थानीय पुलिस के साथ काम करना असंभव है। इसलिए नहीं कि सभी पुलिसवाले भ्रष्ट होते हैं। समस्या यह है कि ईमानदार पुलिसवाले की पक्की पहचान कर पाना मुश्किल है। यौन दासता, खासकर बाल वेश्याओं के मामले में कार्रवाई करनी हो तो बैंकॉक की क्राइम सप्रेशन यूनिट को बुलाना पड़ता है। स्थानीय पुलिस के मार्फत कार्रवाई करवानी हो तो यह पक्का मान लीजिए कि जिस रात छापा डाला जाने वाला होगा, चियांग माइ वेश्या इलाके में वेश्यावृत्ति करती कोई भी नहीं पाई जाएगी।

बेशक ईमानदार पुलिसवाले भी हैं। लेकिन पूरे पुलिस महकमे की साख और उसके असर को नष्ट करने के लिए कुछ ही भ्रष्ट पुलिसवाले काफी हैं। दिल्ली के वरिष्ठ पुलिस अधिकारी आमोद कंठ ने शहर में औरतों की तस्करी और यौन दासता के खिलाफ कार्रवाई में काफी रुचि ली और संदिग्ध बाल वेश्याओं की धर-पकड़ का बड़े पैमाने पर, विवादास्पद ही सही, अभियान चलाया। उन्होंने सूक्ष्म तरीके अपनाने वाले और तेजी से रंग बदलने वाले इस उद्योग पर निगरानी और नियंत्रण रखने में पुलिस की दिक्कतों का उल्लेख किया, जो पुलिस महकमे के कुछ लोगों को पैसे से खरीदने की ताकत रखता है। उन्होंने कहा कि वरिष्ठ पुलिस अधिकारी देह व्यापार को खत्म करना चाहते हैं मगर वे अपने कुछ छोटे अधिकारियों की ईमानदारी पर हमेशा भरोसा नहीं कर पाते। मुझे संदेह है कि भ्रष्ट अधिकारियों की संख्या 'कुछ' से ज्यादा है। यह भ्रष्टाचार सेक्स उद्योग में पुलिस की भागीदारी से कहीं आगे जाता है। यह स्थानीय है। इस समस्या की एक वजह विकासशील देशों में पुलिसवालों का कम वेतन है। परिवार चलाने के लिए उन्हें अकसर घूस का सहारा लेना पड़ता है। उनके रूखे-से काम में घूस और यौन सुख के अवसर विशेष सुविधाओं के समान हैं। यह भ्रष्टाचार को जायज तो नहीं ठहराता लेकिन उसकी वजह को काफी हद तक स्पष्ट करता है।

गौरी प्रधान नेपाल के बाल श्रमिकों पर काम करने वाले, काठमांडो स्थित गैर-सरकारी संगठन के निदेशक हैं। उन्हें तस्करी से भेजे जाने वाले बच्चों और भारतीय वेश्यालयों से लौटने वाली बाल वेश्याओं के बीच काम करने का गहरा अनुभव हैं। उन्हें पक्का विश्वास है कि इस धंधे पर रोक लगाने के लिए पुलिस के साथ काम करना जरूरी है। सो, वे ईमानदार पुलिसवालों का मनोबल गिराने के लिए पुलिस महकमे की निंदा करने या व्यापक भ्रष्टाचार का निरंतर रोना रोने से परहेज करते हैं। उनकी बात में दम है। इसलिए पुलिस अधिकारियों को ऐसे तस्करों का पता लगाने और उनके खिलाफ कार्रवाई करने का प्रशिक्षण देने के लिए कार्यक्रम बनाए गए हैं। यह तो समस्या का सरलीकरण है। भ्रष्टाचार और लिंगभेद की पूरी संस्कृति से लड़ने का प्रशिक्षण कार्यक्रम बनाना ज्यादा जटिल काम है।

दासता पर रोक लगाने के कानून हैं और कई एशियाई देशों में मानव तस्करी

को भी गैर-कानूनी गतिविधि बताया गया है। फिर भी वेश्यावृत्ति में औरतों का यौन शोषण जारी है क्योंकि इसे सांस्कृतिक संहिताओं में स्वीकार्य माना गया है। ये संहिताएँ दो बुनियादी मान्यताओं पर आधारित हैं—पहली यह कि औरतों को खरीदा-बेचा जा सकता है; दूसरी यह कि मर्दों को सेक्स की खरीदारी करने का अधिकार है। ये कानून महत्त्वपूर्ण हैं। घोर गरीबी और धन के मामले में गंभीर विषमताएँ इन कानूनों को बर्बरता से लागू करने के लिए प्रेरित करती हैं।

प्राचीन सांस्कृतिक रिवाजों से मुक्ति पाने के लिए कानून बनाने के अलावा भी काफी कुछ करना पड़ता है। इसके लिए नजरिये में क्रांतिकारी बदलाव चाहिए। तस्करी की गई या यौन दासता के लिए बेचा गई जितनी औरतों से मैं मिली, उनमें से किसी ने उन्हें बेचे जाने पर उनके परिवार या दलालों के अधिकार के ऊपर सवाल नहीं उठाया। लगभग सभी ने कहा कि जो हुआ वह अनुचित था। उन्होंने अपने भाग्य को कोसा लेकिन किसी ने अपने अधिकारों पर हमले को लेकर दुख या गुस्सा नहीं प्रकट किया। मेरा मानना है कि कई औरतें बेची जाने पर गुस्सा इसलिए नहीं करतीं क्योंकि उन्हें यह एहसास ही नहीं है कि उन्हें भी कुछ बुनियादी मानव अधिकार हासिल हैं। इन औरतों ने अपने देश या जहाँ उन्हें तस्करी करके पहुँचाया गया है उस देश की कानून-व्यवस्था में भरोसा नहीं जताया। उन्हें तस्करों से निबटने और यौन दासता की कुप्रथा खत्म करने के प्रति अधिकारियों की गंभीरता और पुलिस के ऊपर संदेह है। अगर वे ऐसा सोचती हैं तो यह स्वाभाविक भी है। कानून, पुलिस और वकील—कुछ अपवादों को छोड़—उसी सत्ता तंत्र के अंग हैं जिसने उन्हें वेश्यालय में कैद किया और बिक्री की चीज बनाया।

टिप्पणियाँ

1. ज़िया की 'सेक्स क्राइम इन इस्लामिक कंटेक्स्ट,' 15।
2. पाकिस्तान सरकार की 'रिपोर्ट ऑफ कमीशन फॉर एन्क्वायरी फॉर वूमेन' (इस्लामाबाद, अगस्त 1997), 72।
3. मार्जान वाइजर्स और लिन लैप-चिउ की 'ट्रैफिकिंग इन वुमेन, फोर्स्ड लेबर ऐंड स्लेवरी-लाइक प्रैक्टिसेज़,' 103।
4. यायोरी मात्सुइ की 'वुमेन इन न्यू एशिया' (लंदन : ज़ेड बुक्स, 1999), 18।
5. यायोरी मात्सुइ के साथ अप्रैल 1998 में बातचीत पर आधारित।
6. फिलिपीनी महिलाओं की भूमिका पर राष्ट्रीय आयोग की 'फिलिपीन्स प्लान फॉर जेंडर रेस्पांसिव डेवलपमेंट 1995-2025' (मनीला : फिलिपीन्स, 1995), 305।
7. फाइनांशियल टाइम्स, 1-2 अप्रैल 2000।
8. मैं पाकिस्तान के 'वार अगेंस्ट रेप इन लाहौर' की कृतज्ञ हूँ कि उसने बलात्कार पीड़ितों के लिए काम करने के अनुभवों की जानकारियाँ दीं।
9. ह्यूमन राइट्स वाच/एशिया की 'रेप फॉर प्रॉफिट : ट्रैफिकिंग ऑफ नेपाली गर्ल्स ऐंड

वुमेन टु इंडियाज, ब्रॉथेल्स' (न्यूयॉर्क, 1996), 57।

10. एबीसी नेपाल की 'रेड लाइट ट्रैफ़िक : द ट्रेड इन नेपाली गर्ल्स' (काठमांडो, 1996, पृष्ठ 38 पर गौरी प्रधान का 'द रोड टु बॉम्बे फॉरगॉट्न वुमेन'।
11. लिन लीन लिम की 'द सेक्स सेक्टर'!
12. अन्नुस्का डेक्र्स की 'ट्रैफिकिंग ऑफ वियतनामीज़ वुमेन ऐंड चिल्ड्रन टु कंबोडिया' (जेनेवा : इंटरनेशनल ऑर्गेनाइजेशन फॉर माइग्रेशन, 1998), 35।
13. राष्ट्रीय महिला आयोग की 'सोसाइटल वायलेंस,' 14।
14. शमीम और कबीर की 'चाइल्ड ट्रैफिकिंग : द अंडरलाईंग डायनामिक्स' (ढाका : सेंटर फॉर वुमेन ऐंड चिल्ड्रन्स स्टडीज़, 1998), 27।
15. 'सेंटर फॉर वुमेन ऐंड चिल्ड्रन्स स्टडीज' की 'ट्रैफिकिंग ऐंड प्रॉस्टिट्यूशन' (ढाका, अप्रैल 1997), 14।
16. युनिसेफ की 'अ सिचुएशन एनालिसिस' xi।
17. एशिया वाच रिपोर्ट की 'डबल जिओपार्डी', जनवरी 1991।
18. पाकिस्तान सरकार की 'रिपोर्ट ऑफ द कमीशन ऑफ एन्क्वायरी फॉर वुमेन' (इस्लामाबाद, अगस्त 1997), 83।
19. पाकिस्तान के मानवाधिकार आयोग की 'स्टेट ऑफ ह्यूमन राइट्स इन 1997', (लाहौर, 1998), 185।

8
जीवन और मरण

वेश्यावृत्ति में सफलता की उम्र बहुत छोटी होती है। दुर्भाग्य से यौन सेवाएँ देने वाली कई युवा औरतों की उम्र भी छोटी होती है। उत्तरी थाइलैंड, कंबोडिया और भारत के कुछ हिस्सों में एचआइवी/एड्स भारी संख्या में सेक्स श्रमिकों की जान ले रहा है। इस रोग के कारण वेश्याओं की एक पीढ़ी की बहुसंख्य आबादी नष्ट हो रही है। देह बेचने का पेशा चुनने वाली औरतों ने नहीं सोचा था कि इस धंधे को चुनने का फैसला मौत का परवाना साबित होगा। विडंबना यह है कि जिन लड़कियों को फँसा कर इस धन्धे में इसलिए धकेला गया कि ग्राहकों को 'स्वच्छ', रोग मुक्त वेश्याएँ चाहिए उनमें ही एचआइवी संक्रमण की दर सबसे ज्यादा पाई गई। इस रोग और देह व्यापार की इन कई शिकारों को किशोर वय में ही इसमें भर्ती किया गया था। जब तक वे बीस की उम्र में प्रवेश करती हैं उनमें से कई को वेश्यालयों की मालकिनें और ग्राहक खारिज कर देते हैं और तीस की उम्र तक पहुँचते-पहुँचते वे मौत के मुँह में समा जाती हैं।

वेश्यालय कमउम्र लड़कियाँ और औरतें खरीदने की जगह हैं। यद्यपि कुछ सुंदर और माहिर औरतें तीस की उम्र तक वेश्यालयों में धंधा जारी रख लेती हैं लेकिन अधिकतर वेश्यालय जवानी पर ही जोर देते हैं, सस्ती जवानी पर। सो, औरतें वेश्यालयों में कुछ ही वर्षों तक धन्धा कर पाती हैं और उसके बाद सेक्स उद्योग के दूसरे हलकों में चली जाती हैं। वेश्यालय में इनका समय दो चरणों में गुजरता है—सिझाई, और माहौल में रच-बस जाने में। एक बार जब वे इस धंधे में आ जाती हैं, वे खुद को वेश्यालय के जीवन के हिसाब से ढाल लेती हैं। ऐसा इसलिए नहीं कि उन्हें यह काम पसंद होता है बल्कि इसलिए क्योंकि उनके पास कोई विकल्प नहीं होता।

वेश्यालय की अधिकतर औरतों के लिए वेश्यावृत्ति 'आसान' नहीं होती। सबसे पहले तो उन्हें मर्दों की निरंतर सेवा के लिए तैयार रहना है। जापान के शिमोडेट

मामले (कर्ज के कारण बँधुआ सेक्स श्रमिकों द्वारा मामा सान की हत्या का एक और उदाहरण) से जुड़ी थाइ औरतों ने बताया कि उन्हें नए साल के पहले दिन को छोड़कर हर दिन नाइट क्लब में काम करना पड़ता था। उन्हें माहवारी वाले दिनों में भी छुट्टी नहीं मिलती थी। कम्बोडिया में वेश्यालयों में काम करने वाली अधिकतर लड़कियों ने बताया कि छुट्टियों के दिनों में उनका वेश्यालय चौबीसों घंटे खुला रहता था। थाइ-कम्बोडियाई सीमा पर स्थित वेश्यालयों की लड़कियों को भी यही अनुभव हुए। उन्हें दिन में 24 घंटे, सप्ताह में सातों दिन काम करना पड़ता है।[1]

फिलिपीन्स के कासा में काम करने वाली लड़कियों के काम करने के घंटे तय नहीं हैं। उन्हें चौबीसों घंटे बुलावे के इंतजार में तैयार रहना पड़ता है और मामा सान जो भी ग्राहक भेज दे उसे सेवा देनी पड़ती है। उनके हाथ में नहीं होता कि वे कितने मर्दों की सेवा करें। इनमें से 95 फीसदी लड़कियाँ सप्ताह में सातों दिन काम करती हैं।[2] बैंकॉक में बच्चों के लिए काम करने वाली संस्था सेंटर फॉर प्रोटेक्शन ऑफ चिल्ड्रन्स राइट्स का अनुमान है कि थाइलैंड में बाल वेश्याएँ प्रतिदिन दस से चौदह घंटे काम करती हैं। वे कामकाज वाले दिनों में प्रतिदिन औसतन सात ग्राहकों को निबटाती हैं तो सप्ताहांत के दिनों में इससे दोगुने ग्राहकों को।[3] भारतीय वेश्यालयों की वेश्याओं के लिए छुट्टी और काम के बीच में अवकाश जैसी चीजों का पता नहीं है। ऐसी छूट उन्हीं वेश्याओं को मिलती है जिन पर भरोसा होता है कि वे भागेंगी नहीं। इसका सीधा मतलब है कि युवा वेश्याओं को वर्षों तक कोई राहत नहीं मिलती। जब उन्हें थोड़ी छूट मिलती भी है तो हर महीने एक-दो दिन की ही छुट्टी दी जाती है। लंबे समय से काम कर रही वेश्याओं को गाँव जाने की छुट्टी इसलिए दी जाती है कि वहाँ जाकर नई लड़कियाँ फँसा लाएँ। यह इस भरोसे के बाद किया जाता है कि वे भाग कर नया जीवन शुरू करने के लायक नहीं रह गई हैं और एजेंट का काम अच्छी तरह कर सकती हैं।

लेकिन ये औरतें हमेशा व्यस्त ही नहीं रहतीं। उनका ज्यादा समय ग्राहकों के इंतजार में बीतता है। इस अंतराल को काफी उबाऊ माना जाता है। लड़कियों ने बताया कि वेश्यालय में दैनंदिन जीवन हमेशा एक जैसा रहता है। उन्हें बाहर जाने की छूट नहीं मिलती और ग्राहकों के अलावा हर दिन वही-वही लोग दिखते रहते हैं। इन औरतों का थोड़ा समय ही ग्राहकों की सेवा में लगता है। किसी लड़की को मिलने वाले ग्राहक की संख्या वेश्यालय और उस देश पर निर्भर करती है, जहाँ वह वेश्यालय होता है। ज्यादा विकसित देशों और समृद्ध शहरों में उन्हें कम ग्राहकों को निबटाना पड़ता है। इसके विपरीत गरीब देशों के सस्ते वेश्यालयों में उन्हें जैसे किसी मशीन की तरह काम करना पड़ता है। प्रतिदिन दस ग्राहक, और छुट्टियों के दिनों में इससे ज्यादा ग्राहक निबटाने पड़ते हैं। नॉम पेन्ह और मुम्बई में आपको ऐसी युवा वेश्याएँ भी खूब मिलेंगी जो प्रतिदिन 20 ग्राहकों को निबटाती हैं।

बांग्लादेश की एक सेक्स श्रमिक ने अपने वेश्यालय में नई, जवान लड़कियों की हालत के बारे में बताया, ''सुंदर लड़कियों को ज्यादा पैसा और ज्यादा ग्राहक मिलते हैं। कीमत 100 से 200 टका (1.20 से 2.40 डॉलर) के बीच मिलती है और ग्राहक औसतन पाँच से दस मिनट लेते हैं। मैं बहुत सुंदर नहीं हूँ तो मुझे 75 टका मिलता है और दिन में करीब 10 ग्राहक तक मिल जाते हैं।''

फिलिपीन्स में एक मामा सान ने बताया कि सुंदर नाबालिग लड़कियों के लिए परेशानी होती है क्योंकि उनकी माँग ज्यादा होती है। विडंबना यह है कि लड़कियाँ जब एकदम नई होती हैं और वे वेश्यावृत्ति में कच्ची होती हैं तब उनकी माँग सबसे ज्यादा रहती है। जब वे भावनात्मक और शारीरिक रूप से रम जाती हैं तब वे ग्राहकों के लिए उतनी आकर्षक नहीं रह जातीं और उन्हें पैसे तथा ग्राहक भी कम मिलने लगते हैं।

चूँकि वेश्यालयों में वेश्यावृत्ति सस्ती है इसलिए वहाँ मजा जैसी चीज शायद ही मिलती है। पैसे बचाने के लिए सारा काम झटपट किया जाता है ताकि लड़की और बिस्तर अगले ग्राहक को तुरंत मिल सकें। लड़कियाँ बताती हैं कि वेश्यालयों की मालकिनें उन पर दबाव डालती हैं कि वे ग्राहकों को जल्दी से जल्दी निबटाएँ। कंबोडियाई वेश्यालय में काम कर चुकी एक युवा औरत ने बताया कि अगर लड़कियाँ ग्राहक के साथ ज्यादा देर लगातीं तो मालकिन दरवाजे पर दस्तक देने लगती। जल्दी करने की माँग 10 मिनट के बाद ही शुरू हो जाती है। अगर लड़कियाँ 15 मिनट से ज्यादा समय लेती हैं तो उनकी पिटाई की जाती है क्योंकि वे 'गैर-पेशेवराना' सेवा देती हैं।

इसी औरत ने कहा कि ज्यादातर ग्राहकों के साथ ऐसा नहीं होता, लेकिन पीने वाले ग्राहकों से निबटने में समस्या होती है। ''सबसे बुरे वे होते जो सचमुच पिए होते। वे ज्यादा समय लेते और यह सब बहुत पीड़ादायक होता। आम तौर पर ग्राहक कुछ मिनट लेते मगर पियक्कड़ लोग आधा घंटा लगा देते और साथ में बदबू भी छोड़ते। कुछ तो मेरे ऊपर उलटी कर देते।''

युवा औरतों को ज्यादा ग्राहक ही नहीं निबटाने पड़ते हैं बल्कि ग्राहकों को मना करने या अपने साथ हो रहे व्यवहार के बारे में कुछ कहने के मामले में वे कमजोर स्थिति में होती हैं। चूँकि वे वेश्यालय की मालकिन के अधीन होती हैं इसलिए वे ग्राहक का चुनाव नहीं कर सकतीं। और चूँकि सर्वशक्तिमान ग्राहक उनकी देह के लिए पैसे दे चुका रहा होता है, वह मानता है कि वह अपनी मनमाफिक सेवा पाने का अधिकार रखता है। देह व्यापार में आई नई, प्रताड़ित लड़कियों को अकसर स्वास्थ्य संबंधी खतरों की कोई खास जानकारी नहीं रहती। ज्यादा सही बात तो यह है कि इन लड़कियों को अगर सुरक्षित सेक्स के बारे में जानकारी हो भी तो यौन क्रिया की बुनियादी शर्तों पर वे कोई मोल-तोल नहीं कर सकतीं क्योंकि वे

नितांत शक्तिहीन होती हैं। खासकर वे यह माँग नहीं कर पातीं कि ग्राहक कंडोम का इस्तेमाल करें। इस पर जोर देने वाली सेक्स श्रमिक को नखरे वाली और अनाकर्षक माना जाता है। ग्राहकों की जमात युवा स्त्री के समर्पण को ज्यादा महत्त्व देती है। वेश्यालय की शक्तिहीन युवा वेश्याएँ कंडोम के इस्तेमाल की शायद ही माँग करती हैं। वे कोई माँग नहीं करतीं। यही वजह है कि वे वहाँ पड़ी होती हैं। युनिसेफ के एक अध्ययन में भारत की 70 फीसदी नेपाली वेश्याओं ने कहा कि उन्होंने सेक्स के लिए शायद ही मना किया या कभी भी मना नहीं किया।[4] हालाँकि उनके 86 फीसदी ग्राहक कंडोम का इस्तेमाल करते हैं फिर भी असुरक्षित सेक्स का अनुपात अच्छा-खासा है।[5] सुरक्षित यौन क्रिया के बारे में कलकत्ता की एक वेश्या ने कहा, "कुछ ग्राहक कंडोम का इस्तेमाल करते हैं, मगर कई नहीं करते। मालकिन हमें कंडोम का इस्तेमाल करने से मना करती हैं क्योंकि ग्राहक इसे पसंद नहीं करते, और फिर उसकी आमदनी घटेगी। यह बहुत मुश्किल मामला है। ग्राहक अगर नहीं चाहते तो हम उनसे कंडोम का इस्तेमाल नहीं करवा सकते। हम इसकी कोशिश करते हैं तो वे दूसरी औरत के पास चले जाते हैं और हमारे धंधे का नुकसान होता है।"

वेश्याओं के भौतिक परिवेश में स्थान के हिसाब से काफी अंतर हो सकता है लेकिन निगरानी और नियंत्रण का अभाव सब जगह लगभग एक समान पाया जाता है। भारत में वेश्या को ग्राहक को निबटाने के वास्ते बिस्तर के लिए अपनी बारी का इंतजार करना पड़ता होगा मगर जापान में ग्राहक उसे किसी आलीशान होटल में ले जाता है। लेकिन दोनों वेश्याएँ कर्ज की बँधुआगीरी और यौन दासता की समान व्यवस्था में जकड़ी होती हैं। जापान में वेश्यावृत्ति में पुरानी हो चुकीं और धंधे से भागने के चरण से बहुत आगे निकल चुकीं थाइ वेश्याओं ने बताया कि उन्हें स्थानीय गुंडों और क्लोज सर्किट टीवी कैमरे की निगरानी में रखा गया। कई कंबोडियाई औरतों को बिना साथी के बाहर नहीं निकलने दिया जाता। कुछ को बाहर निकलने ही नहीं दिया जाता। अगर उन्हें कोई सामान खरीदना होता है तो वेश्यालय की मालकिन यह काम करती है और खर्च को उसके कर्ज में जोड़ देती है, जिस पर ब्याज दर काफी ऊँची होती है।

अनियमित खान-पान, एकरस भोजन, अपर्याप्त नींद और रहने की भीड़-भाड़ वाली जगह—पूरे क्षेत्र में वेश्यालयों के बारे में यही आम शिकायतें हैं। तस्करी से जापान लाकर वेश्यावृत्ति में धकेली गई एक फिलिपीनी औरत ने, जो फिलहाल मनीला के एक बार में काम कर रही थी, दावा किया कि छह महीने वह टोक्यो के किसी क्लब में रही। उसका कहना था कि पूरे छह महीने वह क्लब की इमारत के अंदर रही। कभी-कभार बाहर निकली तो कंपनी के गार्ड या क्लब के विश्वसनीय ग्राहक के साथ। इस इमारत की सबसे ऊपरी मंजिल पर एक छोटे-से कमरे में आठ फिलिपीनी औरतें रहती थीं। वे भी वहीं काम करतीं, खाना खातीं और सो जातीं। सभी पर

क्लोज सर्किट कैमरे से नज़र रखी जाती थी। इस कमरे के साथ केवल एक रसोईघर और गुसलखाना था। यही इन आठों के रहने की जगह थी।

खराब भोजन की शिकायत बराबर होती थी। लेकिन यह समस्या आम नहीं है। बांग्लादेश में एक बाल वेश्या ने वेश्यावृत्ति पर, परेशान कर देने वाली टिप्पणी की, "मुझे कभी पैसा नहीं मिला लेकिन दलाल ने वादा किया था कि मैं कड़ी मेहनत करूँगी तो कुछ पैसा मिलेगा। वह मेरे खाने का पैसा देता था। उसने मेरे लिए दो अच्छी पोशाकें और मेकअप का सामान खरीद दिया था। खाना वह सचमुच अच्छा देता था। मुझे दिन में दो बार खाना मिलता। मैं भूखी नहीं रहती थी।"

इस बच्ची के लिए वेश्यावृत्ति की शर्म और उसका आतंक बर्बरता और अन्याय के परिदृश्य में व्याप्त विपन्नता एवं भुखमरी के आगे गौण पड़ जाता है।

काफी अनुभवी औरतें भी समर्पणशील वेश्या नहीं बन पातीं। कई औरतें वेश्यावृत्ति को काम के रूप में मान लेती हैं लेकिन इसका अर्थ यह नहीं है कि वे इससे आनंद लेती हैं। आजीविका के लिए उन्हें जो कुछ करना पड़ता है उसके भय और दुख से उबरने के लिए कई औरतें नशाखोरी और पराधीनता का सहारा लेती हैं। अल्कोहल सस्ते में मिलता है। और अल्पकालिक रूप से यह उन औरतों के लिए वेश्यावृत्ति की बर्बरता और भावनात्मक चोट से निजात पाने का सहज साधन बन जाता है, जो अपने पेशे से कभी तालमेल नहीं बिठा पातीं। वेश्यालयों की वेश्याओं में नशीली दवाएँ बहुत प्रचलन में नहीं हैं क्योंकि उनके पास उनके लायक पैसे नहीं होते लेकिन नशाखोरी की लत 'सिझाई' और देह के धंधे के प्रारंभिक चरण में लगने लगती है। युवा वेश्याओं की हिचक तोड़ने के लिए शराब पिलाई जाती है। फिलिपीन्स के कासाओं में काम कर चुकी वेश्याओं ने बताया कि वे खाँसी का सीरप भी पीती हैं। पुरानी वेश्याओं की पसंद शांबू कुछ औरतों की प्रिय नशीली दवा है। थाइलैंड में वेश्यालयों की मालकिनें वेश्याओं को नशा करने के लिए प्रोत्साहित करती हैं। सेक्स श्रमिकों को ऐंफेटाइमाइन्स देने के दोहरे फायदे हैं। वेश्याओं की नशाखोरी से वेश्यालय मालकिन की कमाई होती है और ऊँचे नशे में धुत औरत ज्यादा उत्साह से ज्यादा ग्राहकों की सेवा करती है।

वेश्याओं के लिए ग्राहकों की कतार संक्रामक यौन रोगों की कतार भी लेकर आती है। ये औरतें यौन रोगों को जीवन भर ढोती हैं और निरंतर उनसे लड़ती रहती हैं। इस लड़ाई में किसी को तो हारना ही है। एक बांग्लादेशी वेश्या ने अपने स्वास्थ्य के बारे में कहा, "हमें वेश्यालय में अच्छा खाना मिलता था लेकिन मेरा वजन गिरता जा रहा था क्योंकि मुझे हमेशा यौन रोग रहता। मैं बीमार महसूस करने लगी। खाना भी मुश्किल लगने लगा। कोई ढेरों दवाएँ ला देता। कभी-कभी हमें तरह-तरह की दवाइयाँ दी जातीं। हम बाहर नहीं जा सकते थे और डॉक्टर को नहीं दिखा सकते थे। कभी-कभी कोई सरकारी आदमी आता था और हमें कुछ कंडोम दे जाता था।"

मुंबई, ढाका, नॉम पेन्ह की वेश्याएँ बताती हैं कि वे नियमित तौर पर एंटीबायोटिक्स दवाएँ लेती हैं। कुछ तो निरंतर लेती रहती हैं। कंबोडियाई वेश्याएँ तो साधारण दवाएँ भी सुई के रूप में लेती हैं। इसे यहाँ एड्स के विस्तार से जोड़ कर देखा जाता है क्योंकि सुई के लिए आग्रह तो होता है मगर उसे संक्रमण मुक्त करने पर जोर शायद ही दिया जाता है। ढाका की सड़कों की वेश्याओं का दावा है कि वे अपनी आमदनी का बड़ा हिस्सा संक्रामक यौन रोगों के इलाज पर खर्च करती हैं। हालाँकि वेश्यालयों की वेश्याओं और दूसरी सेक्स श्रमिकों के ग्राहकों के संक्रमण ग्रस्त होने की आशंका एक जैसी ही होती है, वेश्यालयों की वेश्याओं को वैसी ही दवाएँ उपलब्ध नहीं हो पातीं जैसी दूसरी को हो पाती हैं। लड़कियों को शारीरिक रूप से स्वस्थ रखना हालाँकि वेश्यालयों के मालिकों के लिए ही फायदेमंद है लेकिन यह जरूरी नहीं माना जाता। रोगग्रस्त लड़की को हमेशा निकाला जा सकता है।

अनुभवी वेश्याएँ संक्रामक यौन रोगों से बचने के उपाय करती हैं। भारतीय सेक्स श्रमिकों ने बताया कि वे ग्राहकों के लिंग को छूने से पहले अपनी हथेलियों पर चूना या नीबू का रस लगा लेती हैं। अगर ग्राहक को जलन होती है तो वे समझ जाती हैं कि उसे कोई यौन रोग है। थाइलैंड और जापान में वेश्याओं ने बताया कि उन लोगों ने यौन सेवा की शर्तों में यह शर्त भी शामिल कराई है कि ग्राहक के लिंग की जाँच की जाएगी। यौनाचार से पहले मालिश वगैरह उन्हें ग्राहक के यौन स्वास्थ्य का अंदाजा दे देती है। वेश्यालय की मालकिन जिन लड़कियों को फौरन सेवा देने के लिए भेजती हैं उनके लिए ग्राहक की ऐसी जाँच कर पाना संभव नहीं होता। वैसे भी, अगर उन्हें पता चल जाए कि ग्राहक रोगग्रस्त है तो भी वे उसे शायद ही इनकार कर पाती हैं।

वेश्यालयों की मालकिनें इस बात की सावधानी बरतती हैं कि लड़कियों को गर्भ न ठहरे। बेहतर वेश्यालयों में लड़कियों को गर्भ निरोधक गोलियाँ दी जाती हैं। बड़े और बेहतर इंतजाम वाले भारतीय वेश्यालयों में डॉक्टर नियमित तौर पर आकर लड़कियों को गर्भ निरोधक सुई देते हैं—कभी-कभी एक ही सुई से सभी लड़कियों को दवा दी जाती है। ऐसे में यह आम दावा सही लगता है कि वेश्याओं के लिए गर्भवती होने से ज्यादा आसान है एचआइवी/एड्स से ग्रस्त होना। फिर भी इस धंधे में आने वाली नई लड़कियाँ पाती हैं कि वे कम ही समय में गर्भवती हो जाती हैं—उनमें से कुछ लड़कियाँ ही बच्चे पैदा करती हैं। यह उनके धंधे के लिए बहुत बुरा होता है। बच्चे पैदा करने वाली वेश्याओं की ज्यादा माँग नहीं होती, उन्हें पैसे भी कम मिलते हैं क्योंकि ग्राहक कसी हुई योनि वाली निस्संतान औरतों की माँग करते हैं।

गर्भपात आम बात है। इसका तरीका अलग-अलग देशों और वेश्यालयों में अलग-अलग होता है। फिलिपीन्स में वेश्याओं ने बताया कि एक औरत वेश्यालय में आती थी और जिसे गर्भ ठहरता था उसके पेट पर इतनी जोरदार मालिश करती

थी कि गर्भपात हो जाता था। कभी-कभी यह प्रक्रिया कई बार करनी पड़ती। भारत और कंबोडिया में औरतों ने कहा कि उन्हें दवा दी गई जिससे वे बीमार पड़ गईं। कई तो ऑपरेशन का सहारा लेती हैं। पीड़ा और निजी यातना के अलावा, औरतों ने बताया कि उन्हें गर्भपात के तुरंत बाद काम करने पर मजबूर किया जाता है। कई औरतों को चंद दिनों की हो छुट्टी मिलती है। इस कंबोडियाई लड़की की कहानी भी एक उदाहरण है, ''मामा सान को जब पता चला कि मैं गर्भवती हूँ तो वह बहुत नाराज हुई। उसने मुझे दवा दी जिससे मुझे काफी उल्टी हुई मगर गर्भ नहीं गिरा। उसने तीन बार यह दवा दी। लेकिन जब मेरा पेट इतना फूल गया कि ग्राहक टोकने लगे तब वह मुझे डॉक्टर के पास ले गई और मेरा गर्भपात कराया गया। बच्चा पाँच महीने का था। मैं उसी दिन वेश्यालय में आ गई और चार दिन बाद ग्राहकों की सेवा करने लगी।''

किशोरवय लड़कियाँ इस धंधे की शुरुआत में कई बार गर्भवती हो जाती हैं। लेकिन ज्यादा उम्र वाली कई वेश्याएँ जब बच्चा चाहती हैं तो गर्भवती नहीं हो पातीं। बार-बार गर्भपात और संक्रामक यौन रोगों के कारण कई औरतें बाँझ हो जाती हैं। यह कई औरतों, खासकर वेश्याओं की त्रासदी है। यहाँ तक कि दक्षिण एशिया में, जहाँ औरतों को औसतन चार बच्चे होते हैं, कम ही सेक्स श्रमिकों को दो से ज्यादा बच्चे हो पाते हैं। कभी-कभी यह इसलिए होता है कि वे जानती हैं कि इस धंधे में आने के बाद बच्चे पैदा करना नुकसानदेह है, या फिर इसलिए कि बाद में वे ज्यादा बच्चे पैदा करने में सक्षम नहीं रह जातीं—खासकर दक्षिण एशियाई सेक्स श्रमिकों में बच्चे ही उनके बाद के जीवन के लिए सच्चे और ईमानदार संबंध का सहारा बनते हैं। कई गैर-सरकारी संगठन उनके बच्चों की देखभाल का जिम्मा लेकर और उन्हें बेहतर परिवेश देकर उनकी मदद करने की कोशिश करते हैं। कुछ मामलों में तो यह उन बच्चों के लिए हित में ही होता है। कभी-कभी ये औरतें खुद भी अपने बच्चों को इन संगठनों में भेजना चाहती हैं। लेकिन यह उनकी कलंकित और समाज से बहिष्कृत माँओं के लिए कम ही हितकारी होता है।

एचआइवी/एड्स ने यौन व्यापार को नया ही आयाम दे दिया है। इसने वेश्यावृत्ति को समाजों के गुमनाम, अँधेरे कोनों से निकालकर अंतरराष्ट्रीय चिंता का विषय बना दिया है। अगर एचआइवी/एड्स का खौफ न होता तो वेश्यावृत्ति और औरतों की तस्करी के मुद्दे अँधेरे कोनों में ही दबे रहते। वेश्यावृत्ति अध्ययन का विषय इसलिए बन गई है क्योंकि वेश्याएँ ग्राहकों को जो सेवा देती हैं उसे समाज में एचआइवी/एड्स के फैलने का जरिया माना जा रहा है। वेश्या बस्तियों में स्वास्थ्य सेवा का जो मिशन शैली में अभियान चलाया जा रहा है वह इसलिए नहीं कि सरकारी या चिकित्सा एजेंसियों में इन कलंकित औरतों की मदद करने का उत्साह अचानक जग गया है। बल्कि इसके विपरीत वे समाज को इन औरतों से बचाने के लिए चिंतित हो उठी

हैं। सरकारों, लोक स्वास्थ्य संस्थाओं और डॉक्टरों ने इस रोग के फैलाव को धीमा किया है। कुछ लोगों ने एड्स के फैलाव के लिए वेश्याओं को दोषी ठहराया है और इसे अनैतिक कर्म का अवश्यंभावी अभिशाप बताया है। लेकिन वे यह नहीं बताते कि वेश्याओं को खरीदने वाले अदृश्य ग्राहकों को भी इस अभिशाप का भागी होना चाहिए या नहीं। ज्यादा जागरूक लोग एड्स की रोकथाम के लिए सुरक्षित यौनाचार को बढ़ावा देने की बात करते हैं। इस दृष्टि से एचआइवी/एड्स कार्यक्रमों के जरिए यह जानकारी फैलाई जा रही है कि एचआइवी किस तरह फैलता है। सेक्स श्रमिकों को कंडोम के इस्तेमाल के लिए प्रोत्साहित किया जा रहा है। कई वेश्यालयों की मालकिनों से अच्छे संबंध बनाने की कोशिश की जा रही है क्योंकि उनके जरिए ही इसका संदेश वेश्यालयों में कैद लड़कियों और औरतों तक अच्छी तरह पहुँचाया जा सकता है। लेकिन काश यह सब इतना आसान होता। संक्रामक रोग से सुरक्षा केवल उसके संदेश को पाने और समझने से नहीं हो जाती। देह बेचने वाली औरतें और लड़कियाँ और देह के लिए बेची जाने वाली लड़कियाँ और औरतें मूर्ख नहीं होतीं। अगर उन्हें संदेश सुनने का मौका मिले तो वे उसे समझती हैं। लेकिन असली चीज यह है कि क्या उस पर अमल करने की ताकत उनमें है। निर्धनतम और कमउम्र और कमजोर लड़कियों में तो यह ताकत नहीं होती। इसीलिए उनकी माँग ज्यादा होती है।

एचआइवी/एड्स से लड़ने का अर्थ लोगों को सिर्फ सुरक्षित यौनाचार के बारे में जागरूक करना ही नहीं है, इसमें संबंधों के बीच अधिकार की समानता भी पैदा करना शामिल है। चाहे वह संबंध पैसे के लेन-देन से जुड़ा हो या वह नकदी या सामान देकर खरीदा जाता हो। एचआइवी रोकथाम के कुछ सबसे बढ़िया कार्यक्रम इस समस्या को सेक्स श्रमिकों में ताकत का एहसास जगा कर और अपने अधिकारों की माँग करने की ताकत पैदा करके हल करने की कोशिश करते हैं। कोलकाता में एचआइवी/एड्स और संक्रामक रोग की रोकथाम के कार्यक्रम इस रणनीति के सबसे बढ़िया उदाहरण हैं। यह नजरिया इस एहसास से बना कि वेश्याएँ ग्राहकों पर कंडोम का इस्तेमाल करने का जोर तब तक नहीं दे सकतीं जब तक उनमें अपनी कार्य-शर्तें तय करने की ताकत नहीं होगी और उनमें एक सेक्स श्रमिक के नाते स्वाभिमान नहीं पैदा होगा। इसलिए एड्स नियंत्रण और वेश्यावृत्ति के साथ जुड़े लांछन को मिटाने की जरूरत के बीच गहरा संबंध है। इसने सेक्स सेवा को वैध और नैतिक रोजगार बताने वालों और वेश्याओं को ताकत देने तथा उन्हें सुरक्षित सेक्स की माँग करने का प्रोत्साहन देकर एचआइवी/एड्स की रोकथाम करने वाले चिकित्सा समुदाय के बीच शक्तिशाली गठजोड़ के रूप में व्यावहारिक शक्ल अख्तियार की है।

एचआइवी/एड्स अभियानों ने आचरण में बदलाव की जगह संशोधन पर जोर दिया है। सुरक्षित यौनाचार को बढ़ावा दिया जाता है। लेकिन बस इतना ही। अभियानों

ने मर्दों को खुद से यह सवाल पूछने को प्रोत्साहित नहीं किया है कि वे वेश्याओं का इस्तेमाल क्यों करते हैं। सेक्स की खरीदारी को एक सत्य और अपरिवर्तनीय तथ्य माना जाता है। उदाहरण के लिए, एड्स नब्बे वाले दशक से जापान में राष्ट्रीय मुद्दा है। लेकिन इससे सेक्स खरीदने की मर्दों की आदत पर नाममात्र का भी असर नहीं पड़ा है। 1991 में स्वास्थ्य एवं कल्याण मंत्रालय के विवादास्पद पोस्टर में एक आदमी को पासपोर्ट से चेहरा छिपाते दिखाया गया है और साथ में नारा लिखा है—'मौज-मस्ती कीजिए मगर एड्स से सावधान रहिए।' वह रहस्यमय व्यक्ति शायद किसी बर्मी कुँवारी लड़की की तलाश में मे साय जा रहा था। ऐसा था तो उस व्यक्ति को एचआइवी/एड्स के बारे में चिंता करने की जरूरत नहीं थी।

फिलिपीन्स में वेश्यावृत्ति हालाँकि अवैध है मगर सरकार ग्राहकों के वास्ते वेश्याओं को सुरक्षित बनाने के लिए उनकी साप्ताहिक शारीरिक जाँच पर जोर देती है। आश्चर्य की बात यह है कि यह शर्त ग्राहकों पर लागू नहीं होती और उन्हें यह प्रमाण नहीं देना पड़ता कि वे खुद संक्रमण मुक्त हैं। शायद यह माना जाता है कि संक्रमण फैलाने में उनका हाथ नहीं होता और रोगग्रस्त औरत के संपर्क में आने तक वे रोगमुक्त होते हैं। एचआइवी/एड्स और संक्रामक यौन रोगों के मामले में इस तरह का अतार्किक रवैया उनकी रोकथाम में मददगार नहीं हो सकता। वेश्याएँ संक्रमण को फैलाने में अपने ग्राहकों से ज्यादा जिम्मेदार नहीं होतीं।

फिलिपीन्स में स्वास्थ्य संबंधी जाँच गोपनीय होती है लेकिन जो वेश्याएँ इसमें फेल हो जाती हैं उन्हें वह कार्ड नहीं दिया जाता जिसे उनके सुरक्षित होने का प्रमाणपत्र माना जाता है। कासाओं में काम करने वाली अधिकतर लड़कियाँ अपंजीकृत होती हैं और उनके पास यह कार्ड नहीं होता क्योंकि वे बच्चियाँ होती हैं। उनकी उम्र होने के बावजूद कासा के मालिक उन्हें मेडिकल जाँच के लिए ले जाते हैं। वे या तो अपनी उम्र के बारे में झूठ बोलती हैं या घूस देती हैं। कुछ वेश्यालयों ने इस साप्ताहिक जाँच के लिए निजी डॉक्टरों को तय कर रखा है जो वहाँ जाकर अनुकूल व्यवस्था के तहत जाँच करते हैं। लड़कियों के स्वास्थ्य की ऐसी चिंता उनकी भलाई से ज्यादा वेश्यालय के ग्राहकों का भरोसा हासिल करने के लिए होती है।

डॉक्टर लोग यौन दासता में कैद बाल वेश्याओं और औरतों का इलाज करने में नैतिक मुश्किल में पड़ जाते हैं। कुछ डॉक्टर पैसे की खातिर अपने पेशे के सिद्धांतों की या जिन लड़कियों का वे इलाज करते हैं उनकी परवाह नहीं करते। लेकिन दूसरे लोग भारी दुविधा से ग्रस्त रहते हैं। अगर वे गड़बड़ियों की शिकायत पुलिस से करते हैं तो भ्रष्ट पुलिसवालों से प्रताड़ित होने का खतरा मोल लेते हैं। उन्हें मुखबिर कहा जा सकता है। तब डॉक्टरों पर से वेश्यालयों के मालिकों का भरोसा उठ सकता है और वे उन लड़कियों और औरतों का इलाज नहीं कर पाएँगे जिन्हें उनकी सहायता की सख्त जरूरत रहती है। लेकिन अगर डॉक्टर लोग चुप रहते हैं तो यह मिलीभगत

मानी जा सकती है क्योंकि यौन दासता की शिकार औरतों का इलाज करना उन्हें और ज्यादा यातना के लिए तैयार करने के समान है। दोनों तरफ से वे ही मारे जाते हैं।

जिन औरतों को सहायता की सख़्त जरूरत होती है उन्हें वह शायद ही मिल पाती है। तस्करी से लाई गई औरतों को इलाज के लिए स्थानीय डॉक्टर के पास जाने की छूट नहीं दी जाती। एचआइवी/एड्स रोकथाम के कार्यक्रम इन औरतों को शायद ही समेट पाते हैं। उन्हें कैद करके रखा जाता है और आम तौर पर वे विदेशी भाषाभाषी होती हैं। इन औरतों के लिए सुरक्षित यौनाचार का संदेश बेमानी ही होता है। जब वे अपने बुनियादी मानव अधिकार और स्वाधीनता के अधिकार का ही उपयोग नहीं कर पातीं तो वे अपनी देह के ग्राहकों से कंडोम का इस्तेमाल करने की माँग करने की स्थिति में कहाँ होंगी।

सुरक्षित यौनाचार का संदेश पा लेने वाली और उस पर कुछ कर सकने की क्षमता रखने वाली लड़कियाँ और औरतें भी कंडोम के इस्तेमाल पर जोर नहीं दे पातीं। ग्राहक इसके इस्तेमाल से मना कर देते हैं। मुंबई के कमाठीपुरा की वेश्याओं ने बताया कि ग्राहक कुछ इस तरह की बातें करते हैं, "जब मैंने मजे के लिए पैसा दिया है तो कंडोम का इस्तेमाल क्यों करूँ ?" औरतों ने बताया कि इसका इस्तेमाल करने को कहने पर वे उन औरतों के पास चले जाते हैं जो उसके बिना यौनाचार के लिए तैयार रहती हैं। कंडोम का इस्तेमाल न करने वाले ग्राहकों को मना करने का नियम तभी व्यावहारिक हो सकता है जब सभी वेश्याएँ उस पर अमल करें। लेकिन जवानी और खूबसूरती खो चुकी उम्रदराज वेश्याएँ जवान वेश्याओं से होड़ में टिके रहने के लिए असुरक्षित यौनाचार के लिए तैयार रहती हैं। इसलिए वेश्यालयों की मालकिनें जवान वेश्याओं को भी धंधे की खातिर यही करने के लिए प्रोत्साहित करती हैं। देह के कारोबार का यही असली चेहरा है।

सुरक्षित यौनाचार के मामले में एक और पेंच है। कुछ सेक्स श्रमिक हालाँकि कंडोम के इस्तेमाल की माँग करने की ताकत रखती हैं मगर वे सभी ग्राहकों से ऐसी माँग नहीं करतीं। वेश्यालयों की वेश्याओं के कुछ खास ग्राहक भी होते हैं, जिन्हें वे पसंद करती हैं या जो उनके प्रति ज्यादा हमदर्द होते हैं। ये ग्राहक खास होते हैं क्योंकि उनसे उनका एक तरह का भावनात्मक रिश्ता होता है। उनके प्रति विशेष झुकाव दिखाने का एक तरीका यह भी होता है कि वे उनसे कंडोम का इस्तेमाल करने की माँग नहीं करतीं। यह लगाव और भरोसे का प्रतीक होता है। दुर्भाग्य से यह उनके लिए जानलेवा भी साबित होता है। दूसरी सेक्स श्रमिक कंडोम के इस्तेमाल पर कतई जोर नहीं दे पातीं। जवान और अनुभवी लड़कियाँ आमतौर पर नहीं चाहतीं कि ग्राहक कंडोम का प्रयोग करें। धंधे में नई आई लड़कियाँ, जिन्हें कई ग्राहकों को निबटाना पड़ता है, शिकायत करती हैं कि कंडोम के घर्षण से उन्हें काफी दर्द

होता है। यही नहीं, इसके कारण ग्राहक ज्यादा समय लेते हैं। इसलिए लड़कियाँ असुरक्षित यौनाचार का ज्यादा प्रतिरोध नहीं करतीं बल्कि कभी-कभी यह अस्थायी राहत भी देता है।

एड्स के तमाम प्रचार के बावजूद एशिया की वेश्या बस्तियों की वेश्याओं में एचआइवी संक्रमण भयावह रूप से फैला हुआ है। मुंबई के कमाठीपुरा में आशा परियोजना के तहत नमूना सर्वेक्षण से अनुमान लगाया गया कि इलाके की 60 फीसदी सेक्स श्रमिक एचआइवी संक्रमण से ग्रस्त हैं। इलाके में रहने वाले 40 फीसदी मर्द भी इससे ग्रस्त हैं। ये मर्द सेक्स श्रमिक नहीं हैं बल्कि वे सेक्स श्रमिकों के साथी या ग्राहक हो सकते हैं।[7] संक्रामक रोग के फैलाव का यह अनुपात इस पूरे क्षेत्र में इसके फैलाव का अंदाजा देता है। 1997 में कंबोडिया के स्वास्थ्य मंत्रालय के राष्ट्रीय एड्स नियंत्रण और रोकथाम कार्यक्रम का अनुमान था कि नॉम पेन्ह की 42 फीसदी सेक्स श्रमिकों में एचआइवी संक्रमण फैला हुआ था। बटमबांग में यह अनुपात 58 प्रतिशत और शिहानुक विले में 52 फीसदी पाया गया। इसलिए 1996 में युनिसेफ ने लिखा, ''आचरण में बदलाव नहीं आया तो कंबोडिया को एचआइवी/एड्स के कारण अगली सदी में भारी मानवीय, सामाजिक और आर्थिक कीमत चुकानी पड़ेगी।''[8]

एचआइवी संक्रमण के केंद्र थाइलैंड में संक्रमण का फैलाव सिद्धांततः एक स्तर पर आकर ठहर गया है। शायद यह मध्य और उच्चवर्गीय सेक्स श्रमिकों और उनके ग्राहकों के बारे में सच हो। लेकिन वेश्यालयों में निचले वर्ग की वेश्याओं और बर्मा से आई सस्ती वेश्याओं की कहानी एकदम अलग है। एम्पावर नामक संगठन के सदस्य जैकी पोलक का मानना है कि वेश्यालयों की बर्मी वेश्याओं में संक्रमण का फैलाव उस स्तर पर है जिस स्तर पर नब्बे वाले दशक के शुरू में था। तब अधिकतर सेक्स श्रमिकों को संक्रमण से ग्रस्त बताया गया था। एम्पावर उत्तरी थाइलैंड के चियांग माइ की सेक्स श्रमिकों की सहायता करता है। ये लड़कियाँ थाइलैंड की सेक्स श्रमिकों में सबसे शक्तिहीन हैं और उनके ग्राहक सबसे क्रूर होते हैं। उनमें से कई ग्राहक वर्षों से सेक्स की खरीदारी करते रहे हैं और ऐसा उन वर्षों में करते रहे जब सुरक्षित सेक्स को प्राथमिकता हासिल नहीं थी। उनमें से कुछ ग्राहकों को पता है कि उन्हें एचआइवी संक्रमण हो गया है लेकिन उन्होंने अपना आचार-व्यवहार उसी हिसाब से बदल लिया है। उन्होंने सेक्स की खरीदारी जारी रखी है और कई औरतों से यौनाचार करते हैं। वे खुद संक्रमण से ग्रस्त हैं और कंडोम का इस्तेमाल करने की जरूरत नहीं महसूस करते। वे कोई परवाह नहीं करते। मैंने जब यह सुना तो स्तब्ध रह गई लेकिन सोचने पर लगा कि इस खबर से तो चौंकने की जरूरत नहीं थी।

अंतरराष्ट्रीय गैर-सरकारी संगठन वर्ल्ड विजन थाइ-बर्मी सीमा पर मे साय में

एचआइवी/एड्स के रोकथाम का कार्यक्रम 90 के दशक के शुरुआती वर्षों से चलाता रहा है। इसने जो नमूना सर्वे किया उसके मुताबिक शहर में 20 फीसदी सेक्स श्रमिक एचआइवी संक्रमण से ग्रस्त हैं।[9] इस तरह के आँकड़ों का विश्लेषण करते हुए हमें यह ख्याल रखना होगा कि ये लड़कियाँ कुँवारियों की तरह आती हैं और शहर में कुछ महीने रहती हैं और फिर दक्षिण में वेश्यालयों में पहुँच जाती हैं। चूँकि एचआइवी संक्रमण का पता रोगी को तुरंत नहीं लगता इसलिए मे साय की लड़कियों के जीवन और मृत्यु पर उसका कितना भारी असर पड़ता है इसका अनुमान ही लगाया जा सकता है। मे साय में एम्पावर के प्रतिनिधियों का दावा है कि यहाँ से जाने वाली अधिकतर लड़कियाँ एचआइवी संक्रमण ले कर जाती हैं। इन लड़कियों को अपने बर्मी घरों की गरीबी से भागने की भारी कीमत अदा करनी पड़ती है।

सेक्स उद्योग की एक सबसे बड़ी विडंबना यह है कि जिन लोगों के बारे में माना जाता है कि वे रोग से एकदम मुक्त होंगे वे संभवतः सबसे रोगग्रस्त होते हैं। मर्द बाल वेश्याओं को खरीदते हैं क्योंकि उन्हें 'रोग मुक्त' माना जाता है। लेकिन उनके साथ पहला ही यौनाचार उनके लिए शारीरिक जोखिम से भरा होता है क्योंकि ग्राहक लड़की के स्वास्थ्य की गारंटी मान कर कंडोम रहित यौनाचार के लिए पैसे देते हैं। लेकिन कम उम्र लड़कियाँ यौनाचार के लायक नहीं होतीं, खासकर वयस्क मर्दों के यौनाचार के लायक। उनके योनि के स्राव में संक्रमण का प्रतिरोध करने की क्षमता नहीं होती और योनि का आकार उसमें खरोंच का कारण बनता है जिससे एचआइवी का संक्रमण संभव होता है। जिन लड़कियों और औरतों से मैंने बात की उनमें से 70 फीसदी ने बचपन में ही वेश्यावृत्ति शुरू की थी और एचआइवी संक्रमण से ग्रस्त थीं। इस संक्रमण की दर नेपाली और कंबोडियाई लड़कियों में ज्यादा है। हालाँकि यह नमूना सर्वे सारी सेक्स श्रमिकों का जायजा नहीं पेश करता लेकिन यह सेक्स उद्योग में लगे सबसे कमजोर लोगों, खासकर उसके सबसे कमसिन शिकारों के लिए खतरे का संकेत देता है, जो इतने वर्षों तक जीवित नहीं रह पातीं कि अनुभवी की श्रेणी में आ सकें।

एड्स को लेकर वाजिब सक्रियता ने सेक्स श्रमिकों की स्वास्थ्य संबंधी दूसरी समस्याओं को दरकिनार कर दिया है। स्त्री रोग वेश्याओं की सबसे गंभीर समस्याओं में हैं लेकिन उनमें कम दिलचस्पी ली जाती है क्योंकि उनका असर उनके ग्राहकों पर नहीं पड़ता। क्षेत्र के कम विकसित हिस्सों की वेश्याओं को दूसरे गरीब लोगों को होने वाले रोग होते हैं। एक बार जब वह बीमार पड़ती है तो उसकी हालत तेजी से गिरती जाती है। बीमार दिखने वाली सेक्स श्रमिकों को ग्राहक भी पसंद नहीं करते। इसका अर्थ हुआ कि उन्हें अच्छी आमदनी नहीं होती। अच्छी कमाई नहीं होती तो वे अच्छा खाना नहीं खा पातीं और अच्छे घर में नहीं रह पातीं। और उनका स्वास्थ्य और गिरता है। यह एक दुष्चक्र है जिससे निकलना बहुत मुश्किल

होता है। बीमार लड़कियों को वेश्यालय से तुरंत निकाल दिया जाता है। सुरक्षा के लिए मशहूर वेश्यालयों के मालिक वेश्याओं के एचआइवी परीक्षण नियमित तौर पर करवाते हैं और संक्रमणग्रस्त औरतों की छुट्टी करते हैं। निरंतर बीमार रहने वाली वेश्याओं के साथ भी ऐसा ही व्यवहार किया जाता है। दुबली और बीमार वेश्याएँ वेश्यालय की खराब छवि पेश करती हैं। खराब भोजन, व्यायाम की कमी और खराब रिहाइश इस क्षेत्र के गरीब इलाकों की सेक्स श्रमिकों को समय से पहले बूढ़ी बना देती है। इन इलाकों में गरीबी और सघन आबादी के कारण होने वाली तपेदिक से उतनी ही वेश्याएँ मरती हैं, जितनी एड्स से। दरअसल, तपेदिक एड्स से पीड़ित कई लड़कियों और औरतों को मौत के मुँह में धकेल देती है। काठमांडो में भारतीय वेश्यालयों से लौटने वाली नेपाली लड़कियों के लिए आश्रम चलाने वाली संस्था माइती नेपाल में एचआइवी और तपेदिक से पीड़ित लड़कियों की भरमार है।

वेश्यावृत्ति के कारण होने वाली शारीरिक क्षति साफ नज़र आती है। आप एड्स या तपेदिक के लक्षणों की अनदेखी नहीं कर सकते। आपको उनकी मार के नतीजे दिख जाएँगे। डॉक्टरों को उन लड़कियों को मिली आंतरिक चोट का इलाज करने में कभी-कभी काफी मुश्किल होती हैं जो कम उम्र की होती हैं या जो मर्दों को देह बेचने के लिए तैयार रहती हैं। मानसिक आघात तो और पेचीदा होता है क्योंकि वह प्रकट दिखता नहीं। इस अनुसंधान के दौरान मैं जिन सेक्स श्रमिकों से मिली उनमें से कुछ तो आत्मविश्वास से काफी भरी हुई लगीं। इसलिए मैं यह दावा नहीं कर सकती कि सभी सेक्स श्रमिक एक जैसी और पराधीन समूह की हैं। लेकिन कई ऐसी जरूर हैं जिन्हें अपने अनुभवों की यादें परेशान करती हैं और जिनमें आत्मबल की कमी है। उनकी मानसिक समस्याएँ कई तरह से उभरकर सामने आती हैं। ये आत्म प्रवंचना से लेकर नशाखोरी और अपमानजनक संबंधों के प्रति सहनशीलता के रूप में सामने आती हैं। बचपन में ही भारतीय वेश्यालयों में पहुँचा दी गईं लड़कियाँ अपने अनुभवों के घाव जीवन भर ढोने को अभिशप्त होती हैं। जब तक वे इतनी बड़ी होती हैं कि वेश्यालय छोड़ सकें, तब तक उनमें से ज्यादातर तो वेश्यालय छोड़ने की ख्वाहिश छोड़ देती हैं। वेश्यालय ही उनकी दुनिया बन जाती है। विडंबना यह कि यहीं वे सुरक्षित महसूस करने लगती हैं।

मुंबई में किशोरवय की नेपाली वेश्या ने वेश्यालय के अपने जीवन के बारे में कड़वाहट भरे शब्दों में कहा, "मैं वहाँ तीन साल रही मगर दो साल तक तो सूरज भी देखने से वंचित रही। वे मुझे बाहर नहीं जाने देते थे। मैं, दो और लड़कियों के साथ एक छोटे-से कमरे में रहती थी जिसमें कोई खिड़की नहीं थी। उसमें हमेशा अँधेरा रहता और चौबीसों घंटे एक बल्ब जलता रहता। अकसर हम लोग बातें करते और कल्पना किया करते कि बाहर धूप कैसी होगी। मैं अपने घर के बारे में सोचती और उदास हो जाती।"

औरतें ऐसी स्थितियों में अस्तित्व रक्षा के उपाय अपना लेती हैं, चाहे वे नई भर्ती हुई वेश्याएँ हों या अनुभव हासिल कर चुकी वेश्याएँ। ज्यादा मनोवैज्ञानिक क्षति से बचने के लिए माहौल से दूरी बरतने की तकनीक अपनाई जाती है। एक ही छोटे कमरे में रहने और ग्राहकों की भी सेवा करने वाली लड़कियाँ बताती हैं कि ग्राहकों के लिए वे बिछौने की अलग चादर का प्रयोग करती हैं। या ग्राहकों के जाने के बाद कमरे को फिर से ठीक करती हैं। कुछ लड़कियाँ ग्राहकों का मनोरंजन करने के समय जो कपड़े पहनती हैं उन्हें बाकी समय कभी नहीं पहनतीं। ऐसे उपाय करके वे उन क्रियाकलापों से खुद को अलग करती हैं जिन्हें करने के लिए उनके शरीर को मजबूर किया जाता है। ये उपाय उन्हें अपना स्वाभिमान बनाए रखने में मदद करते हैं। तस्करी से जापान भेजी गई और जापानी नाम से पुकारी जाने वाली एक थाइ वेश्या ने कहा कि उसे नए नाम पर कोई आपत्ति नहीं हुई क्योंकि इसने "मेरी मदद ही की। मैं कहती कि मर्द लोग जिस औरत को खरीदते थे वह मैं नहीं कोई और होती थी। जो कुछ होता था वह उस नाम वाली औरत के साथ होता था।"

प्रायः सभी लड़कियों और औरतों को, खासकर शुरू के वर्षों में घर की बहुत याद सताती है। भले ही उनका घर-परिवार बदहाल रहा हो लेकिन कोई-न-कोई ऐसा जरूर होता है—माँ या छोटा भाई या बहन—जिसकी कमी उन्हें बेहद खलती है। इस भावनात्मक शून्य को भरने के लिए वे दूसरी वेश्याओं या वेश्यालय की मालकिन वगैरह से करीबी संबंध बनाती हैं। शायद यह आश्चर्यजनक है मगर मामा सान मेहनतकश लड़कियों के लिए माँ या करीबी महिला रिश्तेदार की जगह ले लिया करती है। और कुछ समय में वेश्यालय उनका घर बन जाता है। वेश्यालयों की अपनी संस्कृति और अपने आचार-व्यवहार होते हैं जिन्हें लड़कियाँ अंततः स्वीकार कर लेती हैं। वेश्यालय में जबरन धकेली या फँसाई गईं औरतें तब शायद पूरी ईमानदारी से कह सकती हैं कि उन्होंने अपनी देह बेचने का फैसला खुद किया। इस लिहाज से, अपनी एजेंसी या अपने चयन पर जोर देना अस्तित्व रक्षा की तकनीक भी हो सकती है। यह उन्हें आत्मसम्मान देता है।

कोलकाता की बऊ बाजार वेश्या बस्ती में वेश्याओं के बच्चों की सहायता करने वाली गैर-सरकारी संस्था चलाने वाली वैताली गांगुली सेक्स श्रमिकों के अपने पेशे के प्रति नज़रिये के बारे में कुछ नए विचार रखती हैं। वेश्यालयों में किए अपने काम के अनुभवों के आधार पर गांगुली का मानना है कि शुरू में लड़कियों की भले तस्करी की गई हो या वेश्यावृत्ति में धकेला गया हो मगर अनुभवी होने के बाद वे उस जीवन और देह व्यापार से मिलने वाली ताकत की अभ्यस्त हो जाती हैं। आमतौर पर ये लड़कियाँ गरीब परिवारों की होती हैं जिनमें उन्हें एक बोझ और मूल्यहीन वस्तु ही माना जाता रहा। देह व्यापार में वे आती हैं तो मर्द उनके लिए चाहत दिखाते हैं और कुछ तो उनके लिए चिंता भी प्रदर्शित करते हैं। कुछ समय

के लिए उन्हें वह ताकत मिलती है जो वैसे उन्हें नहीं मिलती। इस ताकत का एहसास इस जीवन का अभ्यस्त होने में मदद करता है और इस धंधे के प्रति नरम बनाता है। लेकिन यह एकदम नई लड़कियों के लिए सच नहीं हो सकता। इस ताकत के उपयोग के अल्पकालिक फायदों का लाभ उठाने के लिए उन्हें शारीरिक रूप से पीड़ादायक और भावनात्मक रूप से तोड़ डालने वाली शुरुआत से गुजरना पड़ता है। मैं कल्पना नहीं कर सकती कि यौन दासता के जाल में फँसी युवती में अपनी ताकत का कोई बड़ा एहसास हो सकता है। पहली बात तो यह है कि ताकत की कमी ने ही उसे दासता के बंधन में डाला है।

दक्षिण एशिया की बड़ी पारंपरिक वेश्या बस्तियों में वेश्यालयों के समुदाय के बीच काफी तालमेल और एकता होती है। बाहरी दुनिया से खारिज की गई औरतों को इस समुदाय में पहचान और जगह मिल जाती है। विरोधाभास यह है कि समाज से बहिष्कृत औरतें प्रतिकूल माहौल में वेश्यालय समुदाय को ही सुरक्षित स्थान के रूप में पाती हैं। एशियाई शहरों में छोटी वेश्या बस्तियों, खासकर नए वेश्यालयों में औरतें ज्यादा अलग-थलग पड़ जाती हैं। पारंपरिक वेश्या बस्तियों में औरतों की भारी तादाद के कारण जुड़ाव का जो सुकून बनता है वह छोटे वेश्यालयों में नहीं बन पाता। लेकिन मैं इस जुड़ाव की ताकत और गरमी को बढ़ा-चढ़ा कर पेश नहीं करना चाहती। वेश्यालयों का जीवन रहस्यमय होता है, खासकर पुरानी और बीमार वेश्याओं के लिए। वेश्यालयों के बीच आपस में, और वेश्यालय के भीतर की वेश्याओं के बीच होड़ रहती है। उदाहरण के लिए, मुंबई में नेपाली वेश्याओं और भारतीय इलाकों की वेश्याओं के अलग-अलग वेश्यालय हैं और उनमें शायद ही कोई सामाजिक मेलजोल रहता है। जापान में खास राष्ट्रीयता वाली वेश्याओं की सेवाएँ देने वाले क्लबों में खासी होड़ रहती है। वेश्यावृत्ति के साझा अनुभवों से उत्पन्न बहनापा कारोबार और पैसे के आगे फीका पड़ जाता है।

वेश्याएँ वेश्यालय में दोस्ती बना लेती हैं। लेकिन दुश्मनी भी उतनी ही जल्दी हो जाती है। अनुभवी लड़कियाँ ग्राहकों के लिए होड़ करती हैं क्योंकि कर्ज की बँधुआगीरी से मुक्ति उसी पर निर्भर है। भारत में एक नेपाली सेक्स श्रमिक ने वेश्यालय के घुटन भरे वातावरण में इस होड़ से होने वाले तनाव के बारे में यह बताया, "जवान और सुंदर लड़कियों को कई ग्राहक मिलते हैं। यह उनके लिए समस्या बन सकती है क्योंकि दूसरी लड़कियाँ उतनी कमाई न कर पाने के कारण जलने लगती हैं। वे उनके प्रति क्रूरता करके उनका जीवन दूभर कर सकती हैं। वे उनके बारे में कहानियाँ गढ़ती हैं, उनका सामान छीन लेती हैं और कभी-कभी उनके साथ मार-पीट भी कर बैठती हैं।"

वेश्यालयों की मालकिनें वेश्याओं को आपस में लड़ाया भी करती हैं क्योंकि उनका मानना है कि बाँटो और राज करो की तकनीक से कारोबार ठीक चलता

है। कभी-कभी किसी बड़ी उम्र की वेश्या को कुछ ज्यादा पैसे या उपहार दिए जाते हैं या उसके साथ बढ़िया व्यवहार किया जाता है। बदले में उससे खुफिया का काम करने और जवान वेश्याओं को काबू में रखने के हथकंडे अपनाए जाते हैं। अनुभवी वेश्याओं में असुरक्षा का भाव पैदा करना उन्हें काबू में रखने का आम उपाय है। वेश्याओं को बग़ावत से रोकने के लिए उन्हें अपने जीवन और धंधे पर अपना नियंत्रण नहीं रखने दिया जाता।

वेश्याओं के बीच पनपती दोस्ती को रोकने के लिए उनका वेश्यालय-दर-वेश्यालय तबादला किया जाता है। इससे तीन मकसद सधते हैं—वेश्याओं के बीच एकता नहीं बनती, लड़कियों में हमेशा असुरक्षा का भाव व्याप्त रहता है, नई-नई लड़कियों की माँग करने वाले ग्राहकों को 'ताजा' वेश्याएँ पेश की जाती हैं। जापान में इन औरतों ने बताया कि उन्हें क्लब-दर-क्लब घुमाया जाता है। कंबोडिया और थाइलैंड से भी ऐसी खबरें मिली हैं। एक बर्मी लड़की ने बताया कि उसे एक साल के अंदर पाँच वेश्यालयों में रखा गया।

अगर किसी-किसी वेश्यालय की मालकिन लड़कियों की माँ की भूमिका निभाती है तो कई ऐसी होती हैं जो क्रूर होती हैं। ढाका की एक वेश्या ने वेश्यालय के जीवन के बारे में बताया, ''मैडम भयानक थी। सभी लड़कियाँ उससे डरी रहती थीं। जब भी सुबह में वह दौरे पर निकलती, लड़कियाँ ज्यादा सज-सँवर कर तैयार हो जाती थीं। हर सुबह हम लोगों को बढ़िया से तैयार होने के बाद स्वागत कक्ष में बैठ कर ग्राहकों का इंतजार करना पड़ता था। मैडम हम लोगों की बारीकी से जाँच करती क्योंकि उसका कहना था कि हमें ग्राहकों को सुंदर दिखना चाहिए।''

वेश्यावृत्ति के कैरियर में भी एक सीढ़ी बनी हुई है। क्षेत्र के अविकसित हिस्सों की वेश्याएँ सीढ़ी के बीच से अपना कैरियर शुरू करती हैं और नीचे खिसकती जाती हैं। जितना ही जम कर वे काम करती हैं उतनी ही तेजी से नीचे जाती हैं। विकसित बाज़ारों में और उच्च श्रेणी की सेक्स श्रमिकों के लिए थोड़ी राहत है। थाइलैंड में कुशल थाइ सेक्स श्रमिक मालिश पार्लर से क्लबों में और फिर कॉलगर्ल के धंधे में पहुँचती हैं। अधिकतर सेक्स श्रमिकों के कैरियर का उत्कर्ष तब होता है जब वे जापान पहुँच जाती हैं। थाइलैंड के भीतर बैंकॉक की थानिया रोड जैसी जगहों में धंधा करने वाली या जापानी पर्यटकों तथा व्यापारियों की सेवा करने वाली को ऊँचे दर्जे की सेक्स श्रमिक माना जाता है। लेकिन इन सबका कैरियर भी छोटा ही होता है। उन्हें अपने शरीर को निखारने पर भारी खर्च लायक कमाई तो हो जाती है लेकिन पैसा उम्र और उसके असर को कब तक रोक सकता है? धंधे के निचले तबके की औरतें साज-सँवार पर इतना खर्च करने का पैसा नहीं जुटा पातीं। बांग्लादेश जैसी जगहों में तो वे पौष्टिक भोजन तक नहीं जुटा पातीं। इसका असर नज़र आता है। पच्चीस की उम्र तक पहुँचते-पहुँचते ढाका की अधिकतर वेश्याएँ थकी-हारी दिखने

लगती हैं। तीस की उम्र तक वे बूढ़ी औरतों जैसी दिखने लगती हैं और इसलिए देह बेच कर गुजारे लायक भी पैसे नहीं कमा पातीं।

उम्रदराज होती वेश्याएँ वेश्यालयों को नहीं चाहिए क्योंकि वे ग्राहक नहीं लातीं। इसलिए वेश्यालयों से ऐसी वेश्याओं को मुक्त कर दिया जाता है केवल इसलिए नहीं कि वे अपना कर्ज अदा कर चुकी होती हैं बल्कि इसलिए कि नई लड़कियाँ लाना ज्यादा फायदेमंद होता है। कोलकाता में चुकरी प्रथा के तहत एक लड़की आम तौर पर बँधुआगीरी से मुक्त होने तक अपनी कर्ज राशि का दोगुना अदा कर चुकी होती है। उसके बाद वह अधिया प्रथा के तहत चली जाती है जिसके अनुसार वह वेश्यालय की मौसी को अपनी कमाई का आधा देती है। चुकरी प्रथा के तहत कर्ज की बंधुआगीरी से मुक्त होने वाली एक वेश्या ने अपने फैसले को इस तरह सही ठहराया–''अब मैं अधिया प्रथा में हूँ–यह ज्यादा बेहतर है। लेकिन जब ग्राहक कम हो जाते हैं तब कभी-कभी हम ऐसे ग्राहकों को भी कबूल करते हैं जो कंडोम इस्तेमाल नहीं करते या मुख मैथुन या गुदा मैथुन पसंद करते हैं। अधिकतर ग्राहक जवान लड़कियाँ चाहते हैं। इसलिए लंबे समय से काम कर रही हम जैसी वेश्याओं के लिए मुश्किल हो जाती है।''

कंबोडियाई वेश्याएँ वेश्यालयों में रहना कम ही पसंद करती हैं। उन्हें ज्यादा घंटे काम करना पड़ता है, आज़ादी कम मिलती है, ज्यादा ग्राहक निबटाने पड़ते हैं और कमाई कम होती है।[10] लड़कियों और औरतों को यह सब बर्दाश्त करना पड़ता है क्योंकि वे दूसरे हलकों की वेश्याओं से कम उम्र की होती हैं और उन्हें इस धंधे की कम जानकारी रहती है। कई को तो जबरन या धोखे से इस धंधे में डाला गया होता है। सेक्स उद्योग और ग्राहक उनकी जवानी और अनुभवहीनता का फायदा उठाते हैं।

माना जाता है कि कर्ज की बँधुआगीरी से मुक्त होने के बाद सेक्स श्रमिक अच्छी कमाई करने लगती हैं। लेकिन अधिकतर वेश्याओं के लिए यह एक मिथक ही है। उच्चवर्गीय वेश्याएँ अगर स्वतंत्र रूप से काम करती हैं या अपना धंधा खुद सँभालती हैं तो खासी कमाई कर सकती हैं। आम बाज़ार की वेश्याओं की औसत कमाई थोड़ी पढ़ी-लिखी वेश्याओं की औसत कमाई से कुछ ज्यादा ही होती है। युनिसेफ के एक अध्ययन में अनुमान लगाया गया है कि करीब 70 फीसदी कंबोडियाई सेक्स श्रमिकों की, जो कर्ज से मुक्त हो चुकी हैं, मासिक आय करीब 100 डॉलर होती है।[11] इसके बरअक्स किसी परिधान फैक्टरी में एक औरत करीब 40 डॉलर का वेतन पाती है। भारत में सेक्स श्रमिकों की आय के अलग-अलग अनुमान लगाए जाते हैं। राष्ट्रीय महिला आयोग का का मानना है कि उनकी औसत आय 1000 रुपये (14.20 पाउंड) मासिक[12] है, जबकि युनिसेफ का मानना है अधिकतर वेश्याएँ प्रति सप्ताह 500 से 1000 रु. तक कमा लेती हैं।[13] युनिसेफ के आँकड़े भ्रामक हो सकते

हैं क्योंकि ये भारत में नेपाली वेश्याओं की आय के हैं, जो औसत भारतीय वेश्या के मुकाबले ज्यादा कीमत पाती हैं। अकुशल, अशिक्षित औरतें दूसरे पेशे में इतनी कमाई नहीं कर पातीं।

लेकिन असली बात यह है कि सेक्स श्रमिक ज्यादा समय तक कमाई नहीं कर पातीं। यौन दासता में फँसी औरतें कुछ भी नहीं पातीं या ज्यादा से ज्यादा मामूली पैसा पाती हैं, जो उनके शरीर की बिक्री से वेश्यालय मालिकों को होने वाली कमाई का नगण्य हिस्सा होता है। कुछ औरतों को तो असमय मौत और समाज के लांछन के सिवा कुछ हासिल नहीं हो पाता। बहुत थोड़े समय के लिए अधिकतर वेश्याओं को अपने सामाजिक तबके की दूसरी औरतों से ज्यादा कमाई होती है क्योंकि उनका काम जोखिम और बदनामी भरा है। धंधे में बची रही जो औरतें देह व्यापार से समृद्ध होने की कला जान जाती हैं उनमें आत्मविश्वास आ जाता है। सेक्स उद्योग के प्रबंधकों के साथ उनका रिश्ता बदल जाता है क्योंकि वे जान जाती हैं कि यह व्यवस्था कैसे काम करती है। उन्हें सौदेबाजी करना और ताकत का इस्तेमाल करना आ जाता है। लेकिन वे उम्रदराज भी होती जाती हैं और धंधे के बारे में उनका जानकार होना इस उद्योग के लिए खतरा माना जाता है। विडंबना और अपरिहार्यता यह है कि जब वे व्यवस्था को चलाने की स्थिति में पहुँचती हैं तब उनके लिए माँग खत्म हो जाती है। अनुभवी और ताकतवर सेक्स श्रमिक वे होती हैं जिनका कैरियर उतार पर होता है। खासकर एशियाई सेक्स श्रमिक। वे देह बेच कर कमाई करने के लिए अपनी सामाजिक स्वीकार्यता और कामुकता का सौदा करती हैं। कुछ औरतें मानती हैं कि यह सौदा काम का है लेकिन कई औरतों को आज़ादी और आर्थिक स्वतंत्रता कभी नहीं मिल पाती कि वे इस सौदे की कीमत और लाभ का आकलन कर सकें। उनके पास इस सौदे की शर्तें तय करने का अधिकार नहीं होता, जो उन्हें सेक्स उद्योग से बाँध देती हैं। ये युवा औरतें सौदे का माल हैं, सौदागर नहीं।

टिप्पणियाँ

1. ग्लोबल अलाएंस अगेंस्ट द ट्रैफिक इन वुमेन, इंटरनेशनल ऑर्गेनाइजेशन फॉर माइग्रेशन और कंबोडियाई वुमेन्स डेवलपमेंट एसोसिएशन की 'कंबोडियन ऐंड वियतनामीज़ सेक्स वर्कर्स एलाँग द थाइ-कंबोडियन बॉर्डर,' (मार्च 1997), 12।
2. वर्जीनिया ए. मिरालो, सेलिया ओ. कार्लोस, ऐडा फुलेरस सैंटोस की 'वुमेन एंटरटेनर्स इन एंजिलिस ऐंड ओलोंगापो : अ सर्वे रिपोर्ट' (मनीला : वेडप्रो, 1990), 16-19।
3. सेंटर फॉर द प्रोटेक्शन ऑफ चिल्ड्रन्स राइट्स की 'प्रिलिमिनरी सर्वे ऑन रीज़नल चाइल्ड ट्रैफिकिंग फॉर प्रॉस्टिट्यूशन इन थाइलैंड' (बैंकॉक, 1995), 47।
4. युनिसेफ की 'अ सिचुएशन एनालिसिस,' 74।
5. वही, 75।

6. जापान में एड्स के लिए जागरूकता अभियानों और सेक्स उद्योग पर उसके प्रभाव के बारे में उम्दा विमर्श के लिए देखें सांड्रा बकले की 'द फॉरेन डेविल रिटर्न्स : पैकेजिंग सेक्सुअल प्रैक्टिस ऐंड रिस्क इन कंटेपररि जापान' नामक लेख लेनोर मैंडरसन और मारग्रेट जॉली की 'साइट्स ऑफ डिज़ायर, इकोनॉमिक्स ऑफ प्लेज़र : सेक्सुअलिटीज़ इन एशिया ऐंड द पैसिफिक' (यूनिवर्सिटी ऑफ शिकागो प्रेस, 1997) में।
7. मैं मुम्बई के कमाठीपुरा में आशा परियोजना की आभारी हूँ कि उसने मुझे मौके का दौरा करने का अवसर दिया और एचआइवी नमूना सर्वे के ब्यौरे उपलब्ध कराए।
8. युनिसेफ की 'टुवर्ड्स अ बेटर फ्यूचर' (नॉम पेन्ह, 1996), 92।
9. मे साय (थाइलैंड) के वर्ल्ड विज़न एचआइवी/एसटीडी नियंत्रण कार्यक्रम के कर्मचारियों से बातचीत के आधार पर।
10. कंबोडियाई वुमेन्स डेवलपमेंट एसोसिएशन की 'नॉलेज, एटिट्यूड्स ऐंड बिहेवियर एमंग कमर्शियल सेक्स वर्कर्स इन नॉम पेन्ह, कम्बोडिया' (सितंबर-अक्टूबर, 1995), 29।
11. युनिसेफ की 'टुवर्ड्स अ बेटर फ्यूचर,' 148।
12. राष्ट्रीय महिला आयोग की 'सोसाइटल वायलेंस,' 15।
13. युनिसेफ की 'अ सिचुएशन एनालिसिस,' 72।

9
शर्म

देह व्यापार शुरू करना हमेशा आसान होता है। लेकिन समस्या यह है कि हर समाज में, खासकर एशियाई समाज में इसे छोड़ना आसान नहीं होता। इसकी वजह यह है कि उस क्षेत्र के बड़े हिस्से में अभी भी महिला की पहचान मर्द के साथ उसके रिश्ते से होती है। वे माँ, पत्नी, बेटी या सार्वजनिक महिलाएँ हैं। मर्जी से या मजबूरी से देह का धंधा करने वाली औरत के साथ एक पहचान हमेशा के लिए जुड़ जाती है। वे वेश्यावृत्ति से अलग हो जाएँ तो भी समाज की नज़रों में व्यभिचारिणी बनी रहती हैं। अपने अनुभवों के कारण वे स्थायी तौर पर शर्मसार की जाती हैं। और अपने जीवन के बारे में कुछ भी कहने लायक नहीं रह जातीं, भले ही हमदर्द लोग उनकी व्यथाकथा सुनने को तैयार हों। उनकी चुप्पी और उनकी शर्म यौन यातना का परिणाम होती है जिसे यह आम धारणा मजबूती देती है कि वेश्याएँ पतित अपराधिनी होती हैं, न कि अन्यायपूर्ण समाज व्यवस्था और विकृत यौन संहिताओं की शिकार।

वे तमाम औरतें कहाँ जाती हैं, जो यौन दासी या वेश्यालयों की वेश्या के रूप में खारिज कर दी जाती हैं ? इस सवाल का जवाब बेहद मुश्किल है। दुखद तथ्य यह है कि उम्रदराज होती वेश्याएँ बुढ़ापे में पहुँचने से पहले मौत की शिकार हो जाती हैं। बढ़ती उम्र और घटती यौन उपयोगिता के कारण बेकार होती सेक्स श्रमिकों से निजात पाने का अप्रिय मगर आसान उपाय है एचआइवी और एड्स। नशाखोरी, शराबखोरी और गरीबी के कारण होने वाले रोग भी अनुपयोगी पुरानी वेश्याओं की संख्या घटाने में मदद करते हैं।

जिन समुदायों में देह व्यापार लड़कियों के लिए एक केरियर बनता जा रहा है उनमें सेवानिवृत्त वेश्याओं की घर वापसी को अनुभवी शख्स की वापसी माना जाता है। उत्तरी थाइलैंड या नेपाल में तेरह साल की उम्र में घर छोड़ने वाली लड़कियाँ बीस से तीस की उम्र के बीच घर लौटती हैं। वे अपनी कमाई से की गई बचत और एचआइवी लेकर लौटती हैं। उत्तरी थाइलैंड में वापस लौटने वाली 40 फीसदी

सेक्स श्रमिकों के बारे में माना जाता है कि वे रोग लेकर लौटती हैं।[1] आम तौर पर सफल लड़कियाँ ही लौटती हैं। इसकी वजह यह है कि वेश्यावृत्ति के साथ जुड़ा कलंक पूरी तरह मिटता नहीं है। यह तभी मिटता है जब लड़की मोटी कमाई करती है। गरीब समुदाय में उसकी अपेक्षाकृत ज्यादा समृद्धि उसे सामाजिक रुतबा दिलाती है। ऐसी सफल औरतें देह व्यापार से बनाए गए पैसे का दिखावा करके, अपने परिवार के घर की मरम्मत वगैरह करवा के और आडंबर के सामान[2] खरीद करके इज्जत कमाती हैं। वेश्यालय से खाली हाथ लौटने वाली औरत वेश्यावृत्ति के कलंक को धोने के लिए सामाजिक हैसियत नहीं खरीद पाती और इस तरह अपनी इज्जत खो देती है। उत्तरी थाइलैंड में गरीब वेश्याओं से घृणा की जाती है क्योंकि एक तो वे गरीब होती हैं, दूसरे वे सेक्स श्रमिक के रूप में असफल मानी जाती हैं।

यही हाल मेकॉन्ग नदी क्षेत्र में है। वंचित समुदायों में वेश्यावृत्ति के प्रति सामाजिक रुख बदल रहा है क्योंकि गरीब परिवार घर लौटने वाली सफल वेश्याओं की अमीरी देख रहे हैं। यह अमीरी उन वेश्याओं को उन अर्धशिक्षित लड़कियों का आदर्श बनाती हैं, जो महत्त्वाकांक्षी हैं मगर खेतों और कारखानों में मेहनत करके भी गरीबी से छुटकारा नहीं पातीं। लौटने वाली वेश्याएँ परचून की दुकान या ब्यूटी पार्लर वगैरह खोल लेती हैं।[3] उनमें से कुछ तो शादी कर लेती हैं क्योंकि गरीब लड़कों को उनका पैसा आकर्षित करता है।

थाइलैंड से अपने घर लौटने वाली बर्मी वेश्याएँ भी कोई व्यापार शुरू कर देती हैं। उनमें से कुछ तो थाइलैंड में सीखे गुरों का इस्तेमाल करते हुए वेश्यालय खोल लेती हैं। थाइ-बर्मी सीमा पर ताचिलेक में पूर्व वेश्याओं द्वारा खोले गए वेश्यालय चलते हैं। वे थाइलैंड के वेश्यालयों से सस्ते और अनगढ़ किस्म के होते हैं, सीमा के उस पार मे साय के वेश्यालयों से काफी मिलते-जुलते।

नेपाल की पहाड़ियों में जो समुदाय वेश्यावृत्ति को जीवन रक्षा के साधन के रूप में स्वीकार करते हैं उनमें भी लौटने वाली वेश्याओं का स्वागत किया जाता है, बशर्ते उन्होंने परिवार की हालत सुधारने में मदद की हो। सफल वेश्याओं का उस माहौल में स्वागत ही किया जाता है जहाँ वे छोटे-छोटे खेतों में खेती करके या अकुशल मजदूरी करके कमाई करने वाले मर्दों से ज्यादा पैसे लाती हैं। यहाँ आदर्श वाला पहलू महत्त्वपूर्ण है। एक नेपाली औरत ने भारत जाकर वेश्यावृत्ति करने के अपने फैसले के बारे में बताया—''मेरा परिवार गरीब था और हमारे पास पर्याप्त जमीन नहीं थी। मेरे पिता कुछ समय के लिए कुलीगीरी करते रहे। मैं अपने भाइयों के साथ मवेशियों को सँभालती। लेकिन परिवार में बच्चे बहुत थे और हमें भरपेट खाना नसीब नहीं होता था। मैं हमेशा भूखी रहती। गाँव में एक औरत थी जो भारत में काम करती थी और अपने परिवार को पैसे भेजती रहती जिससे वे अच्छा खाना, चावल, मांस वगैरह खाते। उसने भारत में काम छोड़ दिया और ढेर सारे पैसे और

अच्छी-अच्छी चीजें लेकर लौटी। उसके पास बढ़िया कपड़े, सोने के गहने, चूड़ियाँ थीं। वह नाखून रंगती थी। मैं उसी की तरह बनना चाहती थी इसलिए मैंने उससे कहा कि उसके साथ भारत जाकर वही काम करूँगी जो वह करती थी।''

वापस लौटने वाली कुछ नेपाली औरतें शादी कर लेती हैं क्योंकि वे इतना दहेज दे सकती हैं कि उसका गरीब पति उसके पिछले जीवन के बारे में कोई आपत्ति नहीं करता। इनमें से कुछ औरतें अपनी थाइ साथिनों की तरह नए जीवन साथी के साथ सफल वैवाहिक जीवन जीती हैं। उनके बच्चे होते हैं और वे संतुष्ट रहती हैं। कुछ की ऐसी किस्मत नहीं होती। पूर्व नेपाली वेश्याओं में से कई की शादी तभी तक चल पाती है जब तक उनके पास पैसा होता है। वैसे भी, वेश्यालयों से लौटने वाली कई औरतें वर्षों तक यौन रोगों से ग्रस्त रहने के कारण बाँझ या लगभग बांझ हो जाती हैं। पारंपरिक समाज में औरत की पूछ उसकी प्रजनन क्षमता से होती है। सो, बच्चे न पैदा करने के कारण उन्हें खारिज कर दिया जाता है। वे एक शालीन औरत की दो बुनियादी योग्यताओं पर असफल रहती हैं—पवित्रता और प्रजनन क्षमता। सो उन्हें व्यभिचारिणी, वह भी बाँझ व्यभिचारिणी बता कर लांछित किया जाता है।

नोटों की गड्डी और आत्मविश्वास से लैस होकर अपने मूल स्थान लौटने वाली सेक्स श्रमिकों की कहानियाँ सच्ची होती हैं। मगर वे पूरी कहानियाँ नहीं होतीं। वास्तव में, वे बिलकुल एकतरफा कहानियाँ होती हैं। गरीब ग्रामीण समुदायों को वेश्यावृत्ति के बारे में जो तोड़ी-मरोड़ी व्याख्याएँ मिलती हैं वे सेक्स उद्योग के लिए और ज्यादा लड़कियाँ जुटाने का कारण बनती हैं। वे एक दुखद और हिंसक धंधे को एक विकास कार्यक्रम के रूप में पेश करती हैं जिसके तहत वंचित गाँवों की गरीब लड़कियों की मदद होती है।

गरीबी से जूझते गाँवों में पहुँची अमीर वेश्याएँ यह आभास देती हैं कि देह बेच कर पैसे बनाना आसान है। उदाहरण के लिए थाइ दलाल नाबालिग लड़कियों के परिवारों को ऐसी औरतों से मिलाते हैं जो वेश्यावृत्ति में सफल होती हैं। जाहिर है, वेश्यावृत्ति में असफल औरतों को देह व्यापार के लिए आकर्षित करने के वास्ते उदाहरण के रूप में नहीं पेश किया जाता। और फिर, वापस लौटने वाली कम ही वेश्याएँ ऐसी होती हैं जो अपने पूरे अनुभवों का खुलासा करती हैं। उनमें से कुछ तो यह नहीं चाहतीं कि उनका परिवार यह जाने कि उसकी मदद करने या भाई-बहनों को पढ़ाने या मकान में सुधार करने के लिए उन्हें क्या कुछ भुगतना पड़ा। वे नहीं चाहतीं कि उनका समुदाय उनकी यातनाओं के बारे में जाने। वे ग्राहकों की कभी न खत्म होने वाली माँगों और ना कह पाने में अपनी अक्षमता के बारे में नहीं बताना चाहतीं। वे शक्तिहीनता और भय के बारे में बात नहीं करना चाहतीं। शर्म और पीड़ा का सार्वजनिक स्वीकार उन्हें शर्मसार करेगा। इसलिए वे यातनाओं के बारे में चुप रहती हैं और केवल यह बताती हैं कि पैसा कमाने में वे कितनी सफल रहीं।

और चूँकि कोई भी देह के धंधे की यातनाओं की बात नहीं करती इसलिए वे सोचती हैं कि उनका अनुभव अनूठा रहा, कि दूसरी औरतों को वही अनुभव नहीं हुए जो उन्हें हुए, कि वे अभागी थीं या उन्हें वही मिला जिसकी वे हक़दार थीं। जब उन्हें लगता है कि दूसरी औरत उस कष्ट से नहीं गुजरी जिससे वे गुजरीं, तो वे और भी चुप्पी साध लेती हैं ताकि उन्हें और उनके परिवार को अपमान न झेलना पड़े।

ऐसे समुदायों की संख्या अभी भी काफी कम है, जिनमें देह के धंधे को सामान्य माना जाता है। एशिया के अधिकांश भागों में वेश्यावृत्ति को एक कलंक ही माना जाता है। फिर भी यह परिवारों को अपनी बेटियों को रोजगार की तलाश में शहरों या दूसरे देश में जाने से नहीं रोकता, हालाँकि यह तलाश अकसर वेश्यावृत्ति पर जा कर खत्म होती है। जब ये लड़कियाँ घर लौटती हैं तब वे अपने कड़वे अनुभव नहीं बतातीं क्योंकि इस तरह की कल्पित कहानी हर किसी के हित में होती है कि वह किसी अमीर के घर में नौकरानी का काम कर रही थी या किसी रेस्तरां में वेट्रेस थी। परिवार को भी फायदा होता है कि उसे एक बच्ची को वेश्यावृत्ति में भेजने की शर्म नहीं झेलनी पड़ती। लेकिन उसकी मेहनत की कमाई का लाभ मिलता है, और लड़की को फायदा यह है कि वह सार्वजनिक लांछन से बच जाती है, सेक्स उद्योग को फायदा यह है कि उसका एक और शिकार इतना शर्मसार महसूस करता है तथा उसकी आवाज़ इतनी कमजोर होती है कि वह उसकी ताकत के लिए कोई चुनौती नहीं बन पाती।

दूसरे समुदायों में वेश्यावृत्ति का कलंक कभी धुलता नहीं, कम-से-कम फिलहाल तो यही स्थिति है। लेकिन हम यह मान सकते हैं कि जब यह पेशा इतनी कमाई कराने लगेगा कि लोग इस कमाई के साथ जुड़ी बातें भूलने लगेंगे तब यह स्थिति बदल सकती है। दक्षिणी चीन के युन्नान में लौटने वाली सेक्स श्रमिक बताती है कि स्थानीय लोगों से मिलने वाला लांछन सबसे बड़ा बोझ है, जो समुदाय में उनके फिर से विलय को मुश्किल बनाता है।[4] एशिया में महिलाओं के लिए वेश्यावृत्ति एक पाप है जिससे कोई निस्तार नहीं है। यह एक सचाई है, चाहे औरत ने खुद देह बेचने का फैसला किया हो या आर्थिक हालात ने उसे मजबूर किया हो या उसे शारीरिक यातना देकर इसमें धकेला गया हो। चाहे जो भी परिस्थिति हो, पति के सिवा किसी और से यौन संसर्ग करने वाली विवाहिता को या किसी मर्द के साथ यौनाचार करने वाली कुँवारी को व्यभिचारिणी माना जाता है।

तस्करी से या स्वेच्छा से कंबोडिया में वेश्यावृत्ति करने वाली वियतनामी औरत को 'मुक्त' कराया या गिरफ्तार किया जाता है तो उसके साथ भारी भेदभाव होता है। भले ही वह यौन दासता में धकेली गई हो, उसे कोई मदद नहीं मिलती। यौन दासता में फँसी औरत को जब वापस अपने देश भेजा जाता है तब भी उसकी नैतिकता पर संदेह किया जाता है। और माना जाता है कि सभी वेश्याओं का पुनर्वास किया

जाना चाहिए। उन पर भारी कलंक लगाया जाता है और उन्हें वैसे ही दमघोंटू माहौल में रखा जाता है जो वैसा ही होता है जिसमें वे पलायन से पहले थीं। वे शिक्षण कार्यक्रम में भाग लेती हैं और उन्हें शालीन जीवन जीना सिखाया जाता है। नाइंसाफी को बढ़ाते हुए उन्हें अवैध प्रवासी बताया जाता है और उनकी सार्वजनिक निंदा की जाती है। कुछ उदाहरण ऐसे भी हैं कि इसके चलते उन्हें सबसे पहले तो उनकी तस्करी करने वाला दलाल ही शिकार बनाता है। इसलिए आश्चर्य नहीं कि यौन दासता की भुक्तभोगी कुछ वियतनामी औरतों ने इस धंधे को लेकर व्याप्त चुप्पी को तोड़ने की कोशिश की है। उन्होंने उनका शोषण करने वाले मर्दों और इस नाइंसाफी को मान्यता देने वाले सामाजिक ढोंग के खिलाफ मुँह खोला है।

सबसे दुखद कहानियाँ उन लड़कियों की होती हैं जो उन समाजों में जन्मी हैं जिनमें वेश्याओं का कभी 'पुनर्वास' नहीं होता। ऐसी कहानियाँ खास तौर से दक्षिण एशिया में आम हैं। वेश्याओं की भर्ती के गैर-पारंपरिक क्षेत्रों की नेपाली लड़कियाँ यदि कभी वेश्यालय से वापस घर लौटती हैं तो उनके साथ भारी भेदभाव किया जाता है। अपने परिवार या गाँव में वापसी पर उनके स्वागत में इस बात से कोई फर्क नहीं पड़ता कि वे वेश्यावृत्ति के धंधे में आखिर कैसे पड़ गईं। वापस लौटने वाली नेपाली लड़कियाँ बताती हैं कि उन्हें दूसरे गाँव के लोग बहिष्कृत करते हैं। कुछ लड़कियाँ बताती हैं कि बचपन में जिन परिवारों ने उन्हें भारत भेजा था वे उन्हें स्वीकार नहीं करते। मुंबई में आठ साल रहने के बाद नेपाल लौटी एक औरत ने गाँव के जीवन के बारे में बताया—"यह बहुत कठिन है क्योंकि मैं इस जीवन की आदी नहीं हूँ। बिजली नहीं है और खाना बढ़िया नहीं मिलता। लेकिन सबसे बुरा है लोगों का मेरे प्रति व्यवहार। वे सोचते हैं कि मैं ठीक औरत नहीं हूँ, कि मुझमें कोई भावना नहीं है—जब मैं सड़क पर निकलती हूँ, लोग मुझसे कतराते हैं, कोई मुझसे बात नहीं करना चाहता। जब मैं किसी दुकान पर जाती हूँ तो वहाँ सामान ले रही औरतें खिसक लेती हैं। मर्द लोग मेरे बारे में बातें करते हैं और मुझ पर फब्तियाँ कसते हैं, मुझे वेश्या कहकर बुलाते हैं। लड़के मुझ पर चीजें फेंकते हैं। लोग मुझे कुएँ से पानी नहीं लेने देते। वे कहते हैं कि मैं खराब औरत हूँ और कुएँ में कुछ डाल दूँगी। मैं कहना चाहती हूँ कि मैं भी बाकियों जैसी हूँ लेकिन कोई मेरी सुनना नहीं चाहता।"

बांग्लादेश नेशनल वुमन लॉयर्स एसोसिएशन बांग्लादेश में औरतों की तस्करी और बाल वेश्यावृत्ति के खिलाफ काम करने वाला प्रमुख संगठन है। इसकी अध्यक्ष सलमा अली तस्करी से भेजी गई या वेश्यावृत्ति में धकेली गई औरतों को उनके परिवार से मिलाने में काफी मुश्किलों का सामना करती रही हैं। वे एक वाकया बताती हैं जो उन मामलों का एक उदाहरण है जिनसे वे निबटती रही हैं। कई शादियाँ कर चुके और कई बीवियों से कई बच्चे पैदा कर चुके एक आदमी ने अपनी एक नाबालिग

लड़की को एक दलाल के हवाले कर दिया था। उसे नकद पैसे लेकर बेचा नहीं गया था क्योंकि उसका बाप सिर्फ उस लड़की से छुटकारा चाहता था और यह उम्मीद रखता था कि आगे चल कर उसे उसके एवज में पैसे भेजे जाएँगे। लड़की को भारत में वेश्यावृत्ति में डाल दिया गया। कई वर्षों बाद गैर-सरकारी संगठनों के प्रयासों से उसे बांग्लादेश वापस लाया गया। वह लड़की अभी भी छोटी है और अपने परिवार में लौटना चाहती है। लेकिन उसके बाप के इरादे कुछ और ही हैं। वह उसे वापस नहीं चाहता। सलमा अली का कहना है कि वह लड़की उस परिवार के लिए कलंक मानी जाएगी और घर में उसका रहना उसके परिवार को परेशानी में डाल देगा। उसका बाप या और कोई उसकी मदद के लिए कुछ नहीं कर सकता। वह एक वेश्या है और उसके लिए सब कुछ खत्म हो चुका है।

धनलोलुप परिवार अपनी लड़कियों को हमेशा वेश्यावृत्ति में नहीं धकेलते। इस बात का अनुमान लगाना मुश्किल है कि कितने परिवार अपनी बेटियों को जान-बूझकर वेश्यालयों में भेजते हैं। लेकिन यह जरूर कहा जा सकता है कि ऐसे परिवारों की संख्या अच्छी-खासी है जो अपनी लड़कियों के भविष्य को लेकर चिंतित रहते हैं और जब वे सुरक्षित घर लौट आती हैं तो काफी खुश होते हैं। कंबोडियन वुमन्स क्राइसिस सेंटर की निदेशक चैंचॉल औंग ने दर्जनों लड़कियों और उनके परिवारों का पुनर्मिलन करवाया है। उन्होंने बताया कि इस पुनर्मिलन के दृश्य काफी मर्मस्पर्शी होते हैं। जाहिर है, सभी लड़कियों के परिवार उन्हें वेश्यावृत्ति के लिए नहीं भेजते और वेश्यालय से उनकी वापसी अकसर उन परिवारों के लिए शर्म नहीं, खुशी का मौका होता है। काश, ऐसा हर लड़की के साथ होता।

1996 में जिन नेपाली लड़कियों को मुंबई के वेश्यालयों से भेजा गया उनका अपने घरों में स्वागत नहीं किया गया। सरकार उन्हें वापस नहीं चाहती थी और उसने उनकी वापसी के लिए प्रयास नहीं किए। इसकी जगह, कुछ कमजोर गैर-सरकारी संगठनों ने इन औरतों के मामलों को सुलझाना चाहा, जिनके खिलाफ प्रेस और जनता में काफी असंतोष था और जिन्हें एड्स की वाहक माना जा रहा था। कई एशियाई देशों की तरह नेपाल भी अपनी बेटियों की पर्याप्त सुध नहीं लेता। पूर्व सेक्स श्रमिकों को नेपाली समाज में अछूत माना जाता है। एड्स से पीड़ित औरतों को व्यभिचारिणी माना जाता है और वापस लौटने वाली वेश्याओं की तस्वीरें और उनकी सनसनीखेज खबरें अखबारों में छपवा कर उन्हें ज़लील किया जाता है।

जो औरतें एकदम बदहाल हो जाती हैं वे कभी घर नहीं लौटतीं। वे मर जाती हैं या भावनात्मक रूप से इतनी टूट जाती हैं कि अपने मूल समुदाय में फिर से शामिल होने के बारे में सोच भी नहीं पातीं। यह खास तौर से एशिया के अर्धविकसित हिस्सों की औरतों के लिए सच है। कुछ औरतें अपने घर नहीं लौटना चाहतीं, जिसे उन्होंने बचपन में छोड़ा था। दूसरे प्रवासियों की तरह वे खुद को दो संसारों में बँटा हुआ

पाती हैं। वे किसी शहर या किसी दूसरे देश में अपनी नई जिंदगी बसाती हैं। यह जीवन कुछ औरतों के लिए अच्छा होता है, लेकिन कुछ के लिए यही एक जीवन हो सकता है और कुछ के लिए यही जीवन याद रह जाता है।

कुछ वेश्याएँ वेश्यालयों में प्रबंधकों के दर्जे में भी पहुँच जाती हैं। ये देह के धंधे में माहिर होती हैं और चतुर व्यापारी भी। विडंबना यह है कि जिन लड़कियों की शुरू में तस्करी की गई या जिन्हें वेश्यावृत्ति में जबरन धकेला गया, वे भी इस धंधे को आगे बढ़ाने में मदद करने लगती हैं। ये औरतें इस उद्योग में अपना वजूद बचाने वाली साबित होती हैं क्योंकि इसके लिए वे इसके मूल्यों को अपना लेती हैं, आत्मसात कर लेती हैं। ऐसी स्थिति इस उद्योग की चंद औरतें ही हासिल कर पाती हैं। उनमें से कुछ गिनी-चुनी औरतें मामा सान की हैसियत हासिल कर लेती हैं और वेश्यालय में लड़कियों को वर्षों तक सँभालते-सँभालते और ऊपर तक जाती हैं। और उनमें से और भी कम ऐसी होती हैं जो वेश्यालय की मालकिन बन जाती हैं।

उनमें से बड़ा अनुपात उन वेश्याओं का होता है जो नीचे के स्तर पर प्रबंधकों के दर्जे में पहुँच जाती हैं और नई लड़कियाँ जुटाने का काम करने लगती हैं। 'सिझाई' का चरण बहुत पहले बीत चुका होता है और समय तथा गरीबी के कारण उत्पन्न विस्मृति के साथ उम्रदराज होती वेश्याएँ इस उद्योग को मजबूती देने का जरिया बन जाती हैं। वजूद बचाने के लिए वे पैसा कमाने का जो रास्ता अपनाती हैं उसके सिवा और रास्ता वे जानती नहीं। वे गाँवों और शहरों के गरीब घरों से नई लड़कियों को बहका कर लाती हैं और उन्हें वेश्यावृत्ति में धकेल देती हैं। बीस साल पहले वे भी इसी तरह इस धंधे में धकेली गई थीं। इस तरह यह चक्र चलता रहता है।

जो औरतें प्रबंधकों के दर्जे में नहीं पहुँच पातीं या लड़कियाँ फँसाने का काम नहीं कर पातीं वे वेश्यालयों की वेश्याओं की नौकरानी का काम पा लेती हैं। वे उनके बच्चों की देखभाल या रसोई, सफाई वगैरह के काम सँभालने लगती हैं। एशिया के अर्धविकसित इलाकों में जो वेश्याएँ इस उद्योग में काम नहीं पातीं, वे फेरी के या सार्वजनिक सफाई के काम करने लगती हैं या भीख माँगने लगती हैं। मध्यवय में पहुँच रहीं और देह बाजार के लिए बेकार होती वेश्याएँ बहुत भाग्यशाली हुईं तो एचआइवी/एड्स शिक्षण परियोजना में सहभागी शिक्षिका का काम पा जाती हैं, क्योंकि उन्हें सेक्स उद्योग का काफी अनुभव होता है। दूसरे, उनके पास ग्राहक कम ही आते हैं इसलिए परियोजना के लिए उनके पास समय काफी होता है और उनकी आर्थिक जरूरतें भी होती हैं। लेकिन ऐसी नौकरी बेहद कम वेश्याओं को मिल पाती है।

वेश्यालयों की दूसरी वेश्याएँ देह के धंधे में लगी रहती हैं मगर बेहद अपमानजक स्थितियों में। जवान वेश्याओं से प्रतियोगिता के कारण उन्हें अपनी कीमत बढ़ानी

पड़ती है और बढ़ती उम्र के साथ ग्राहकों को लुभाने के उपाय भी करने पड़ते हैं। जवानी में जो मुख मैथुन को कभी राजी नहीं होतीं (कर्ज की बंधुआगीरी को छोड़), वे मध्यवय आते ही इसके लिए भी तैयार होने लगती हैं। उम्र बढ़ने के साथ पैसा कमाने का एक ही उपाय रह जाता है—गुदा मैथुन के लिए राजी होना। ऐसी अभागी औरतें अपने कैरियर में नीचे फिसलती जाती हैं। वे गलियों की वेश्याएँ बन जाती हैं या वेश्यालयों की सबसे सस्ती वेश्याओं में शुमार हो जाती हैं। कुछ समय बाद वे एक कटोरा भात या बाल्टी भर पानी के लिए वेश्यावृत्ति करती नज़र आने लगती हैं। भारत और बांग्लादेश में मैं ऐसी उम्रदराज वेश्याओं से मिली, जो दिन-रात ग्राहकों के साथ व्यस्त रहती हैं मगर सिर्फ एक शाम का खाना जुटाने लायक कमाई कर पाती हैं। लेकिन कुछ लोग आपको बताएँगे कि वेश्याओं की अच्छी-खासी कमाई होती है।

यौन दासता में औरतों को जिन मुश्किलों से जूझना पड़ता है वे उससे मुक्ति या पलायन के बाद खत्म नहीं हो जातीं। कुछ औरतें किसी तरह भाग लेती हैं। मैं एक नेपाली लड़की से मिली, जो भागने की कोशिश में वेश्यालय की ऊपरी मंजिल से कूद पड़ी थी और अपना पैर तुड़ा बैठी थी। फिलिपीन्स में एक लड़की एयर कंडीशनर को हटाकर दीवार में बने रास्ते से भाग निकली थी। कुछ औरतें हमदर्द ग्राहकों की मदद से भागने की कोशिश करती हैं। लेकिन कुछ लड़कियों के लिए मुक्ति अनुमान के मुताबिक स्वागत योग्य नहीं होती। मुक्त कराई गई लड़कियाँ एक तरह के शोषण से छुटकारा पा कर दूसरी तरह के शोषण में फँस जाती हैं। बाल वेश्याओं को आश्रय देने वाले कई अच्छे गैर-सरकारी संगठन हैं लेकिन कई ऐसे संगठन भी हैं जो एक तरह के वेश्यालय जैसे ही हैं जिनमें भूतपूर्व सेक्स श्रमिकों और बाल वेश्याओं का वैध व्यवस्था में शोषण होता है। कलकत्ता में मैं ऐसी नाराज औरतों से मिली जिनका दावा था कि उनका 'पुनर्वास' किया गया और आश्रमों में रखा गया जहाँ उन्हें नए हुनर सिखाए गए। उनका कहना था कि इन कार्यक्रमों में सिखाने वाले शिक्षक उनके साथ निरंतर यौन दुर्व्यवहार करते थे और ग्राहकों के विपरीत कोई पैसा भी नहीं देते थे। आश्चर्य नहीं कि वे औरतें 'पुनर्वास' कार्यक्रम समाप्त होने के बाद फिर वेश्यावृत्ति करने लगीं।

क्षेत्र के गरीब हिस्सों में कई आश्रमों और महिला केंद्रों की हालत इतनी खराब है कि वे उन वेश्यालयों से भी बदतर नज़र आते हैं जिनसे वेश्याओं की मुक्ति होती है। भारत सरकार के आश्रयगृहों की हालत तो खास तौर से खस्ताहाल है। महिलाओं को भीड़भाड़ वाले, गंदगी से भरे आश्रय गृहों में रखा जाता है। यही स्थिति पाकिस्तान में भी है। वहाँ दार-उल अमान (सरकारी आश्रयगृहों) से महिलाएँ खौफ खाती हैं जबकि प्रमुख परमार्थ संस्था ईधी फाउंडेशन के आश्रयगृह में इंतजाम तो ठीक है मगर हालात तानाशाही वाले हैं।

तस्करी और यौन दासता की शिकार लड़कियों-औरतों में से बहुत कम को मुक्त कराया जाता है। किसी तरह उससे निकल आने वाली चंद औरतों के लिए पर्याप्त सुविधाएँ नहीं होतीं, जबकि वे जरूरतमंद होती हैं। उनके प्रति शायद ही पर्याप्त सहानुभूति बरती जाती है। मैं कलकत्ता की एक खुशमिज़ाज़ लड़की से मिली, जिसे बचपन में ही देह बेचने पर मजबूर किया गया था और जो एड्स से पीड़ित थी। उसकी देखभाल कर रहे गैर-सरकारी संगठन ने बताया कि उसका इलाज करने वाला डॉक्टर खोजना मुश्किल हो गया। उसे कई अस्पतालों में ले जाया गया लेकिन सबने उसे दाखिल करने से मना कर दिया।

यह रवैया अमीर और गरीब दोनों समाज में देखा गया। जापान में मैं एक वियतनामी औरत से मिली, जो थाइलैंड में काम कर चुकी थी और जिसे तस्करी से जापान भेज कर देह व्यापार करने पर मजबूर किया गया था। अंततः उसे 'स्नैक' से निकाल दिया गया क्योंकि उसे जापान में या वहाँ पहुँचने से पहले एड्स हो गया था। चूँकि वह अवैध प्रवासी थी और उसके पास अपनी नागरिकता का कोई सबूत नहीं था इसलिए वियतनामी सरकार ने उसे वापस लेने से मना कर दिया। थाइलैंड ने उसकी कोई जिम्मेदारी नहीं ली और जापान ने उसके इलाज का खर्च नहीं दिया क्योंकि वह जापानी नहीं थी। यह सब लिखते वक्त वह नागरिकता-विहीन और तस्करी की शिकार के रूप में तिल-तिल कर मर रही थी।

सुधार स्कूल सबसे खराब आश्रय स्थलों में गिने जा सकते हैं। सबसे अच्छी जगह वह है जहाँ औरतों-लड़कियों को अपना दुख बयान करने की आज़ादी हो और एक मनुष्य के रूप में उनका मूल्य पहचाना जाए। वे औरतों को मनोवैज्ञानिक संबल प्रदान करते हैं। और यह उन्हें तालमेल बिठाने में मदद करता है। कोलकाता में बाल वेश्याओं के लिए काम करने वाले गैर-सरकारी संगठन संलाप का आश्रयगृह दूसरे आश्रयगृहों के लिए एक उदाहरण है। यह लड़कियों का मार्गदर्शन करता है। छोटी लड़कियों को शिक्षा देता है और बड़ी लड़कियों को रोजगार मूलक प्रशिक्षण। जहाँ भी संभव होता है, लड़कियों को अपने घर भेजने की व्यवस्था की जाती है, जहाँ संभव नहीं होता वहाँ वे बालिग होने तक आश्रय गृह में रहती हैं।

लड़कियों और युवा औरतों को मुक्त कराना एक मुश्किल काम है मगर यह उनकी मुक्ति कराने के बाद उनके भविष्य के बारे में फैसला करने से आसान ही कहा जा सकता है। उनमें से कई तो मानसिक समस्या से पीड़ित होती हैं। आश्रय गृहों के कर्मचारी बाल वेश्याओं की देखभाल करने की मुश्किलों का खुलासा करते हैं। ये लड़कियाँ अनियमित जीवन जीने, फैशनेबल कपड़े-गहने पहनने की आदी होती हैं। आश्रयगृहों में उन्हें अनुशासित दिनचर्या का पालन करना होता है, साधारण कपड़े पहनने पड़ते हैं उन्हें अपने प्रति यौन आकर्षण का निरंतर एहसास रहता है। इन सबके कारण उनके व्यवहार में उच्छृंखलता, एकाग्रता की कमी, आक्रामकता आती

है। लड़कियों में आपसी झगड़े, कर्मचारियों के साथ झगड़े, हिंसा, आत्महिंसा और अवसाद के लंबे दौरे जैसी समस्याएँ उभरती रहती हैं। खुदकुशी भी असामान्य बात नहीं है।

इन लड़कियों और औरतों को समाज की मुख्यधारा में लाना और भी बड़ी समस्या है। वेश्यावृत्ति छोड़ने के बाद सेक्स श्रमिकों को जो प्रशिक्षण दिए जाते हैं वे उन्हें आजीविका कमाने में शायद ही मददगार हो पाते हैं। अविकसित एशिया में तस्करी और यौन दासता की शिकार लड़कियाँ और औरतें शिक्षा के मामले में फिसड्डी होती हैं। इसलिए वे वेश्यावृत्ति में फँसती भी हैं और उससे मुक्त होने में उन्हें मुश्किल भी पेश आती है। ब्लॉक छपाई, चटाई बुनाई, मोमबत्ती उत्पादन जैसे जो गुर उन्हें सिखाए जाते हैं वे उनमें आत्मसम्मान की भावना तो जगाते हैं लेकिन दुर्भाग्य से इतनी कमाई नहीं करवा पाते कि वे जीवन जी सकें। मुक्त कराई गई और आजीविका की कमाई से ज्यादा 'सम्मानजनक' कामों का प्रशिक्षण पाने वाली औरतें अकसर वापस वेश्यालय में ही लौट जाती हैं। खासकर दक्षिण एशिया में वेश्यावृत्ति से वापसी का कोई रास्ता नहीं होता। उनके लिए समाज में फिर से शामिल हो पाना या शादी कर पाना लगभग असंभव होता है। अधिकतर औरतों के लिए वेश्यावृत्ति ही एकमात्र विकल्प होता है।

मुंबई के पुलिस अधिकारियों ने बुराई से मुक्ति पाने की गाहे-ब-गाहे उठने वाली हूक के कारण 1996 में वेश्याओं की धर-पकड़ शुरू की। जाहिर तौर पर यह कदम बाल वेश्यावृत्ति के खिलाफ उठाया गया था। लेकिन वास्तव में ऐसा कुछ था नहीं। ठोस तथ्यों के आधार पर यह अफवाह फैली थी कि शहर के वेश्या इलाकों में एचआइवी/एड्स का संक्रमण करीब 60 फीसदी औरतों में है। इसलिए इस उद्योग की सफाई जरूरी थी ताकि रोगग्रस्त औरतें धंधे से बाहर हों और नई तथा स्वच्छ लड़कियाँ आएँ। इस अभियान के तहत 200 से ज्यादा नेपाली औरतों और लड़कियों को मुक्त कराया गया। इनमें ऐसी औरतों का अनुपात अच्छा-खासा था, जो मुक्ति नहीं चाहती थीं। इनमें से 56 फीसदी औरतों ने कहा कि वे वेश्यालय में लौटना नहीं चाहतीं। जो 44 फीसदी औरतें लौटना चाहती थीं उनमें से 29 फीसदी ने कहा कि वे सेक्स श्रमिक के रूप में खुश हैं। बाकी ने दूसरे कारण गिनाए। सबसे आम कारण ये थे कि वे कोई काम नहीं जानतीं, कि वे समाज में लौट नहीं सकतीं, कि उनके ऊपर परिवार का बोझ है, कि वे यह काम न करतीं तो कंगाल हो जातीं।[5]

दक्षिण एशिया की सेक्स श्रमिकों ने वेश्यावृत्ति अपनाने के ये ही कारण बताए। लाहौर की एक औरत ने बताया, "मुझे यह काम पसंद नहीं है लेकिन मैं कुछ और नहीं कर सकती। मैं अशिक्षित हूँ, अज्ञानी हूँ। मैं यही एक काम कर सकती हूँ—मर्दों का मनोरंजन।"

मुख्य समाज ने इन औरतों को सामाजिक अछूत मान कर बहिष्कृत कर दिया

है। वेश्यालय उन्हें स्वीकार करता है। वे शारीरिक और यौन दुर्व्यवहार की शिकार बनती हैं। लेकिन जब वे अपनी तरह की औरतों के बीच होती हैं तो सामाजिक लांछन से बचती हैं, उन्हें घृणा से सुरक्षा मिलती है। बांग्लादेश की गोलुंदा वेश्या बस्ती की वेश्याओं को भद्रलोक समाज ने बहिष्कृत कर रखा है। उन्हें सार्वजनिक स्थलों पर जूती पहनने की इजाजत नहीं है, न ही उन्हें अपने मृतकों का दाहकर्म करने दिया जाता है। उनके शव नदी में फेंकने पड़ते हैं। फिर भी वेश्यालयों के समुदाय में उन्हें मान्यता हासिल है। तो वे उन लोगों को छोड़ने का साहस कहाँ जुटा पाएँगी जो उनके साथ मानवीय बरताव करते हैं ?

सामाजिक नफरत और अपमान दक्षिण एशिया की इन औरतों को वेश्यालयों में कैद करता है। बुरी औरत की छवि का सार्वभौमीकरण वह बंधन है जो इन औरतों को देह व्यापार में कैद रखता है। दोहरे यौन मानदंडों का सबसे भारी बोझ इन्हीं औरतों और लड़कियों को ढोना पड़ता है। खमेर में एक कहावत है—'मर्द सोना है, तो औरत कपड़ा।' यह अधिकांश एशियाई समाजों और हाल तक पश्चिमी समाजों की मानसिकता का सूत्र है। 1993 में हुए एक अध्ययन में एक कंबोडियाई औरत ने इस कहावत की यह व्याख्या की—

"मर्द लोग सोने जैसे दिखते हैं। जब सोना कीचड़ में गिरता है तो उसे उससे निकाल कर साफ किया जा सकता है। औरतें सफेद कपड़े की तरह दिखती हैं। सफेद कपड़ा कीचड़ में गिरता है तो उसे फिर वैसा ही सफेद नहीं किया जा सकता।"[6]

जिस समाज में कई और कहीं-कहीं अधिकतर मर्द सेक्स की खरीदारी करते हैं उनमें वेश्याओं को लांछित करने से बड़ा अपराध नहीं हो सकता। मर्दों ने ही यह भयावह यौन व्यवस्था बनाई है मगर दोष औरत को दिया जाता है। लेकिन इस मान्यता, कि वेश्यावृत्ति को लांछित करना गलत बात है, से हमें इस निष्कर्ष तक नहीं पहुँचना चाहिए कि वेश्यावृत्ति मान्य है। मैं नहीं मानती कि वेश्याओं को नफरत से देखना चाहिए। दरअसल, वेश्यावृत्ति के तंत्र और उससे लाभ उठाने वाले लोगों और उससे मजा लेने वाले मर्दों की निंदा की जानी चाहिए।

एक गैर-सरकारी संगठन के लिए काम करने वाले एक कंबोडियाई युवक से जब मैंने नॉम पेन्ह में वियतनामी वेश्याओं के बारे में पूछा तो वह आवेश में आ गया। उसने जोर देकर कहा, "कुछ लोग कहते हैं कि वे अनैतिक किस्म की औरतें हैं...लेकिन उनमें एक आत्मसम्मान है। वे यहाँ आने का फैसला करती हैं क्योंकि उनका परिवार गरीब होता है और वियतनाम में उनके लिए कुछ नहीं होता।" मुझे मालूम है कि वह क्या कहना चाहता था। इस किताब के लिए अध्ययन के दौरान मैं कई औरतों से मिली जिन्हें अनैतिक शायद ही कहा जा सकता था। वे अपमान और शोषण को बर्दाश्त करते हुए अपने पेशे की सीमाओं में शालीनता के साथ जीवन बिताने की कोशिश करती हैं। वे माँएँ हैं जिन्होंने अपने बच्चों का पेट पालने

के लिए अपने शरीर को बेचा है। वे गरीब लड़कियाँ हैं जो अपने खस्ताहाल से घर से दूर गई हैं ताकि उनके भाई-बहनों का जीवन खुद उनके जीवन से बेहतर हो सके। इन मामलों में वेश्यावृत्ति मानवाधिकार का उल्लंघन है। इसी तरह, गरीबी और जीवन के सीमित अवसर भी मानवाधिकार के उल्लंघन हैं, जो औरतों को अपना शरीर बेचने को मजबूर करते हैं।

वेश्यावृत्ति हमेशा हिंसा का मामला नहीं होता बल्कि यह हमेशा सत्ता का मामला होता है। यह अंतरंगता और वर्चस्व के संबंध की खरीदारी करने का मामला होता है। उच्चवर्गीय वेश्याओं और उनके ग्राहकों के बीच आलीशान होटलों में होने वाले सौदों के पीछे वही तर्क होता है जो बांग्लादेश के वेश्यालयों में लड़कियों की जबरन बिक्री के पीछे होता है। यह तर्क उस मूल्य व्यवस्था की उपज होता है जो लड़कियों और औरतों और कभी-कभी मर्दों और लड़कों को भी उनके शरीर की कीमत के हिसाब से दर्जा देता है। यह तर्क उन मर्दों के दिमागी दिवालियेपन से ताकत पाता है जो सेक्स की खरीदारी करते हैं और जीवन के व्यापारीकरण से भी, जो वेश्यावृत्ति को प्रश्रय देता है।

वेश्यावृत्ति के खिलाफ आपत्ति सौंदर्यबोध की महत्ता पर ही आधारित नहीं है, वह यौन क्रिया को यांत्रिक और व्यावसायिक क्रिया से इतर जीवन के उत्सव के रूप में स्थापित करने के महत्त्व पर भी आधारित है। न ही यह धार्मिक पवित्रता का मामला है। वेश्यावृत्ति की निंदा की जानी चाहिए क्योंकि यह मनुष्य की बदतरीन असफलताओं की मिसाल है, सबसे कमजोर का शोषण है, पैसे की ताकत का खेल है, रूप और सौंदर्य के सतहीपन का उभार है, पुरुष की ताकत का दुरुपयोग है और औरत को उसकी यौन उपयोगिता तथा मर्द के साथ उसके रिश्ते के हिसाब से दर्जा देने की कोशिश है।

इस किताब ने वेश्यावृत्ति के व्यापक बाजार के वेश्यालय क्षेत्र और सेक्स उद्योग के कुछ सबसे शोषित लोगों की स्थितियों को प्रकाश में लाने की कोशिश की है। जैसे जैसे हम वेश्यावृत्ति के ढाँचे में ऊपर की ओर जाते हैं, हम पाते हैं कि इन लड़कियों और औरतों के शोषण को कमतर आँका जाता है। वेश्यावृत्ति के खिलाफ अभियान इस उद्योग की भर्त्सना करने और नैतिकता का परचम लहराने के लिए इसमें हो रहे अत्याचारों पर ध्यान केंद्रित करते रहे हैं। इस तरह के अभियान अफवाहों पर चलते हैं और आशंकाओं तथा चिंताओं पर पहल करते हैं।

परिवर्तन और संकट के दौरों से गुजरने वाले समाज में वेश्यावृत्ति और उसकी बुराइयों को लेकर अफरातफरी मचने की पूरी संभावना होती है। 1880 के आसपास इंग्लैंड में 'श्वेत दासता' के अभियान के दौरान बाल वेश्यावृत्ति और 'पाँच पाउंड की कुँवारी' लड़कियों की यातनाओं की कहानियों की बाढ़ आ गई थी। लेकिन बाद में वे पत्रकारों की कल्पना की उड़ान साबित हुईं।[7] चीन में बीसवीं सदी के शुरू

में औरतों के अपहरण और तस्करी की जो खबरें आईं उन्हें अब अतिशयोक्तिपूर्ण बताया जा रहा है और उन्हें चीनी समाज की कथित टूट के खतरे की घंटी माना जा रहा है।[8] सत्तर के दशक के उत्तरार्ध में न्यूयॉर्क को मिनेसोटा से आने वाली बाल वेश्याओं का आश्रय स्थल माना जाता था, जो कि गलत था। अगर अतीत में ऐसे झूठ या फरेब किए गए तो क्या हम यह मान सकते हैं कि आज एशिया में यौन दासता और औरतों की तस्करी के बारे में ऐसा ही उन्माद फैलाया जा रहा है ? मुझे लगता है कि ऐसा नहीं है। संदेह करने वालों को मेरा एक ही जवाब है–इस उद्योग में बेची जाने वाली औरतों और बच्चों से मिलिए और घर जाकर अपनी अंतरात्मा के किसी कोने में झाँक कर वेश्यावृत्ति के बारे में लिखने की कोशिश कीजिए, मानो वह बौद्धिक उपक्रम हो।

अगर आज के एशिया में वेश्यावृत्ति के विश्लेषण में अतिशयोक्ति की जा रही है तो वह दो प्रमुख मामलों में है। पहला यह कि, सभी सेक्स श्रमिक हमले की शिकार नहीं होतीं। कम-से-कम वे उन लोगों से ज्यादा भुक्तभोगी नहीं होतीं जो शोषणपूर्ण हालात में अपना श्रम बेचते हैं। औरतों का छोटा-सा तबका सेक्स की बिक्री करके पर्याप्त आजीविका कमा लेता है। सेक्स उद्योग में आने वाली लड़कियों और औरतों और पूरी तरह 'मासूम' लड़कियों की संख्या प्रायः बढ़ा-चढ़ा कर बोली जाती है। मैं 'मासूम' शब्द का प्रयोग काफी सँभलते हुए कर रही हूँ। वेश्यावृत्ति को चुनने और फिर भयावह शोषण की शिकार होने वालियों को अकसर निचले स्तर पर उम्मीद के मुताबिक सहारा नहीं मिल पाता। उन्हें इस तर्क के साथ सहारा नहीं दिया जाता कि वे खुद ही दोषी हैं और उन्होंने 'यही चाहा था।' पितृसत्तात्मक समाजों में विवाहेतर यौन संबंध बनाने वाली औरतें निर्दोष होने का दावा खो देती हैं और उनके साथ ऐसा सलूक किया जाता है मानो उन्होंने इंसाफ पर से अपना सारा दावा खो दिया है। मुझे लगता है कि 'निर्दोषता' पर जोर देना दरअसल उन समूहों का प्रचार का एक हथकंडा है, जो वेश्याओं को लांछित करने वाले समाजों में सेक्स उद्योग के भीतर के वास्तविक और गंभीर अपराधों को उजागर करना चाहते हैं। बाल वेश्याओं और सेक्स उद्योग के 'निर्दोष' शिकारों के लिए लोगों की सहानुभूति जगाना आसान होता है। दूसरी ओर, व्यभिचारिणी मानी गई औरतों के लिए सहानुभूति जगाना मुश्किल और निरर्थक प्रयास माना जाता है।

वेश्यावृत्ति समर्थक समूह के तर्कों में भी अतिशयोक्ति होती है। इसके दावों के बावजूद मुझे गहरा संदेह है कि सेक्स उद्योग की 'सफाई' कितनी संभव है। और यह भी कि वेश्यावृत्ति पर से कलंक की छाया कैसे हटाई जा सकती है। इसके अलावा, कई एशियाई समाजों में वेश्यावृत्ति कलंकित पेशा नहीं माना जाता, हालाँकि सरकारी घोषणाएँ कभी-कभी ऐसा ही आभास देती हैं। सेक्स की खरीदारी में कोई बुराई नहीं मानी जाती क्योंकि यह मर्दों का काम है। सेक्स की बिक्री करने वाली औरतों को

लांछित किया जाता है।

शायद सबसे तोड़ा-मरोड़ा गया तर्क भुक्तभोगी की पहचान को लेकर प्रस्तुत किया जाता है। वेश्यावृत्ति समर्थक समूहों के मुताबिक, सेक्स श्रमिकों को भुक्तभोगी घोषित करना उन्हें कमतर आँकना है, जो उन्हें असहाय और नौसिखुए के रूप में पेश करता है जिसे सहायता की जरूरत होती है। इन समूहों का कहना है कि ये औरतें भुक्तभोगी नहीं हैं बल्कि सक्रिय होती हैं और दुनिया में अपनी राह बनाने में जुटी उद्यमी होती हैं। यह बहुत खतरनाक मगर आकर्षक तर्क है। यह आकर्षक इसलिए है क्योंकि यह दावा करता है कि लांछित औरतों का अपने जीवन पर अपना नियंत्रण होता है, क्योंकि यह इस तथ्य को मान्य करता है और ठीक ही करता है कि वेश्यावृत्ति में उतरने वाली कई लड़कियाँ और औरतें वे हैं, जिन्होंने बेहतर जीवन की खातिर घर से बाहर पाँव रखे हैं। लेकिन यह तर्क खतरनाक इसलिए है क्योंकि हमें यह कभी नहीं भूलना चाहिए कि वेश्यावृत्ति के कगार पर पहुँची लड़कियों और औरतों में बड़ी संख्या उनकी है जो वास्तव में कई तरह की नाइंसाफियों की शिकार रही हैं। वेश्यावृत्ति को समझने के लिए हमें इस उद्योग के सत्ता समीकरण और इसके भीतर होने वाले लेन-देन की ताकत को पहचानना होगा। हमें कमजोरी को पहचानना होगा। सो, वेश्यावृत्ति में लगी औरतों का जीवन सुधारना है, अगर बदतरीन किस्म के शोषण को रोकना है और इस धंधे में अपना वजूद बचाए रखने वालियों की सहायता करनी है तो हमें यह स्वीकार करना होगा कि कई वेश्याएँ अपना वजूद बचाने से पहले ही भुक्तभोगी रह चुकी हैं।

वेश्यावृत्ति समर्थक समूह कहेंगे कि भुक्तभोगी वाला तर्क देना और सेक्स श्रमिकों के जीवन में बाहरी शुभचिंतकों का हस्तक्षेप बेकार है। सेक्स श्रमिक खुद अपनी समस्याएँ पहचान सकती हैं और उनका समाधान ढूँढ़ सकती हैं। मुझे भी विश्वास है कि वे ऐसा कर सकती हैं लेकिन मैं यह सवाल भी करना चाहूँगी कि ज्यादा मुखर सेक्स श्रमिकों की आवाज़ वास्तव में उन सबका कितना प्रतिनिधित्व करती है। मुखर सेक्स श्रमिक अकसर वे होती हैं जो इस धंधे का वर्षों का अनुभव रखती हैं और इसमें सफल मानी जाती हैं। अकसर वे इस उद्योग के बेहतर हिस्से में काम करती हैं और कई तो इसके प्रबंधकों में शुमार होती हैं। वे इस उद्योग की स्वाभाविक प्रवक्ता होती हैं। क्योंकि उन्होंने अपना वजूद बचा कर रखा है। मुझे विश्वास नहीं है कि वे युवा, प्रताड़ित लड़कियों का पक्ष रखती हैं जो उद्योग में अभी रम नहीं पाई हैं। न ही वे उन औरतों का पक्ष रखती हैं जो अपने काम में कभी नहीं रम पातीं।

विरोधाभास को देखा जाए तो तस्करी की शिकार लड़कियों और यौन दासता में कैद औरतों की दास्तान वेश्यावृत्ति के लिए भयावह विज्ञापन बन सकते हैं। वेश्याओं की मानसिक और भावनात्मक क्षति को देखते हुए सेक्स उद्योग की वकालत नहीं की जा सकती। कई लड़कियाँ लोगों पर से भरोसा खो चुकी हैं। वे किसी पर भरोसा

नहीं करतीं। और आप उन्हें दोष नहीं दे सकते। चार अलग-अलग मौकों पर मैं ऐसी लड़कियों से मिली, जो कई उपायों से वेश्यावृत्ति छोड़ चुकी हैं और मुझसे मिलने को लेकर काफी सावधान थीं। उन्होंने कहा कि उन्हें समझ में नहीं आता कि वे मुझ पर क्यों यकीन करें, क्योंकि मैं तस्करी करने वाली भी हो सकती हूँ। मैंने एक लड़की से बातचीत बीच में ही रोक दी क्योंकि वह बहुत डर गई थी और पूछ रही थी कि "मैं कैसे जानूँगी कि आप मुझे बेच नहीं देंगी ?"

बहुत कम लड़कियाँ और औरतें अपनी तस्करी या जबरन वेश्यावृत्ति में धकेले जाने के कारणों का विश्लेषण करने का आत्मविश्वास महसूस कर पाती हैं। अधिकतर औरतें तो एक ही बात दोहराती हैं। वे अपने भाग्य को कोसती हैं। खासकर क्षेत्र के गरीब हिस्सों की औरतें यही मानती हैं कि वे इससे बच नहीं सकती थीं। एक युवा कंबोडियाई औरत ने मुझसे पूछा, "मैंने पिछले जन्म में क्या किया था कि यह जन्म इतना खराब हुआ ?" मैं उसे कोई जवाब नहीं दे पाई।

कई औरतों ने वेश्यावृत्ति में फँसने के लिए अपनी गरीबी को जिम्मेदार माना। ऐसा लगता है, गरीबी और भाग्य का मेल बड़ा घातक है। कम ही औरतों ने उन मर्दों के प्रति गुस्सा जताया जिन्होंने उन्हें खरीदा था। मर्दों को शायद इसलिए माफ किया जाता है कि वे मर्द हैं और यौनाचार अथवा औरतों की खरीदारी उनका काम है। लेकिन औरतों ने उन लोगों के प्रति गुस्सा जताया जिन्होंने उन्हें मर्दों के हाथ बिकने की राह बनाई। उन्होंने तस्करों और वेश्यावृत्ति में उन्हें बेचने वालों पर गुस्सा जाहिर किया। एक कंबोडियाई औरत ने अपनी उलझन बताई, "कभी-कभी मुझे बहुत गुस्सा आता है लेकिन समझ नहीं पाती कि किस पर गुस्सा करूँ। शायद मेरी किस्मत में यही बदा था।"

कोलकाता के वेश्यालयों से मुक्त कराई गई लड़कियों ने उन परिवारों पर गुस्सा जाहिर किया जिन्होंने उन्हें बेचा था लेकिन वे ऐसी मुश्किल स्थिति में फँसी थीं कि उन्हें इस गुस्से को शांत करना पड़ता था क्योंकि घर लौटने के सिवा कोई विकल्प न था। अपने घर में यौन दुर्व्यवहार के कारण भाग जाने वाली मुंबई की एक बाल वेश्या ने कहा कि उसे अपने भाई-बहनों की याद बहुत सताती है जिन्हें उसने पाँच साल से नहीं देखा है। उसने बताया, "मैं अपने घर लौटने और माँ से मिलने का सपना देखती रहती हूँ।" उसका यह सपना कभी सच नहीं होगा क्योंकि मुझसे अपनी कहानी कहने के चंद दिनों बाद ही वह टीबी और एड्स के कारण मर गई। वह मात्र सोलह साल की थी।

वेश्यावृत्ति के लिए 'पतित' औरतों को दोष देने के सामाजिक आग्रह को ये औरतें आत्मसात कर लेती हैं। ढाका की एक बाल वेश्या ने अपनी भावनाएँ इस तरह व्यक्त कीं, "मैं अपनी किस्मत से बहुत नाराज हूँ। अगर मेरी माँ ठीक होती तो उसने मेरी शादी कर दी होती और मुझे यह शर्म नहीं झेलनी पड़ती। मेरा जीवन

बरबाद हो गया। मैं कुछ सीखना चाहती हूँ ताकि कमा कर अपनी माँ की सेवा कर सकूँ। मुझसे अब कोई शादी नहीं करेगा। मैं ज्यादा दिन नहीं जिऊँगी लेकिन मरने से पहले मैं रोज पाँच बार सामाज पढ़ती हूँ कि या खुदा जो कुछ हुआ उसके लिए मुझे माफ करना।'' कई औरतें यह नहीं समझ पातीं कि वे आखिर कहाँ खड़ी हैं। वेश्यावृत्ति के अनुभवों ने पहचान के उनके एहसास को हिला कर रख दिया है। कुछ औरतों को सेक्स उद्योग की दुनिया में शांति महसूस होती है, तो कुछ बाहर की दुनिया में जाना चाहती हैं। लेकिन दोनों में से कोई विकल्प आसान नहीं है।

इनमें से कई औरतों की जो छवि मेरे मन में बनी रही वह उनकी ताकत की है। इतनी कम उम्र में यह सब सहना और फिर भी अपने जीवन को आगे बढ़ाना इन एशियाई औरतों की जिजीविषा और ताकत का एहसास कराती है, जिन्हें कमजोर माना जाता है। नॉम पेन्ह में मैं एक 19 वर्षीया लड़की के घर गई जिसे वेश्यालय से मुक्त कराया गया था। अब वह एक गारमेंट फैक्टरी में काम कर रही थी और हर माह करीब 1000 रुपये कमा रही थी। उसने एक और लड़की के साथ एक कमरा किराये पर लिया है। वह हर महीने कुछ बचत कर लेती है। उसने मुझे गर्व के साथ बताया कि वह बचत के पैसे माँ को भेजती है ताकि वह परिवार चला सके। वह एचआइवी से ग्रस्त है लेकिन उसे उम्मीद है कि एक दिन वह इतना कमा सकेगी कि अपनी बहन को पढ़ा सके। अपनी बीमारी के बारे में बात करते हुए वह रो पड़ी और कहा कि किस्मत उसके प्रति अब तक क्रूर रही है। अपने घर में गिनती के सामान के बीच बैठी उस एचआइवी पीड़ित लड़की की, जिसमें अपने शेष जीवन को बेहतर बनाने का भरोसा है, छवि मेरे जेहन में सबसे मार्मिक और गहरी छवि के रूप में अंकित है। यह वेश्यावृत्ति की अक्षम्य क्रूरता को तो उजागर करती ही है, यह इसकी गिरफ्त में फँसी औरतों की क्षमता को भी जताती है जो उन्हें खरीदने वाले मर्दों से उन्हें कहीं ऊँची और शक्तिशाली साबित करती हैं।

औरतों की तस्करी और यौन दासता पर बहस इन सवालों पर ही टिकी रहती है कि औरतें इस उद्योग में क्यों और कैसे आती हैं। यह बेशक आवश्यक सूचना है लेकिन इसके जवाब बहुत स्पष्ट हैं। सेक्स उद्योग के आम बाजार में अगर परेशानहाल परिवारों की गरीब और अशिक्षित औरतें न आएँ तो यह आश्चर्य ही होगा। उद्योग के ग्राहकों का विश्लेषण करने से ज्यादा दिलचस्प जवाब मिलेंगे। लेकिन सेक्स की बिक्री में इस आवश्यक तत्त्व की अब तक अनदेखी ही होती रही है। ऐसा लगता है कि यह धंधा बिना ग्राहकों के चल रहा है। सेक्स के एशियाई खरीदारों में कुछ चमत्कारी गुण हैं जो उन्हें सर्वव्यापी भी बनाते हैं और अदृश्य भी। अनौपचारिक बातचीत में दर्जनों मर्दों ने मुझसे बहुत भरोसे के साथ कहा कि उनके सभी दोस्त और परिचित लोग सेक्स की खरीदारी करते हैं और यह तब तक स्वीकार्य है जब तक यह गुपचुप की जाती है। कहने की जरूरत नहीं कि इनमें से किसी ने खुद

कभी-न-कभी किसी औरत को खरीदा होगा।

एशियाई यौन संहिताएँ औरतों के दमन और कमजोर के शोषण पर आधारित हैं। इस मामले में एशिया भी बाकी जगहों जैसा है। लेकिन एशिया में पाखंड का स्तर ऊँचा है, बल्कि यह बहुत ऊँचा है। सरकारी विमर्श और दैनंदिन जीवन में इस विषय पर चुप्पी छायी रहती है यद्यपि, कम-से-कम मर्दों के बीच यह एक सोचा-समझा रहस्य बना रहता है। वेश्यावृत्ति के मसले को उठाना ठीक नहीं माना जाता और कई हलकों में तो इसके अस्तित्व से ही इनकार किया जाता है। वैसे, इसमें अपवाद भी हैं, पश्चिम के पर्यटकों की उच्छृंखलता के मामले में। साजिश के तहत हो या सोची-समझी अज्ञानता के तहत हो, इस मामले पर चुप्पी तो बरती जाती है लेकिन एशियाई पुरुषों के यौनाचार निजी कर्म नहीं होते। ये पोशीदा तो होते हैं मगर काफी सार्वजनिक भी होते हैं। वेश्यावृत्ति इतने बड़े पैमाने पर होती है कि निजी, या खरीदारी के यौनाचार समाज के अंतर्निहित तत्त्व के सिवा कुछ हो नहीं सकते और वे सामाजिक तथा आर्थिक ढाँचे का खुलासा करते हैं।

गरीबी, विषमतापूर्ण अर्थव्यवस्था, विकृत यौन संहिताएँ और औरतों के साथ भेदभाव दुनिया भर में औरतों के लिए भारी बोझ हैं। एशिया में ये बोझ खास तौर से ज्यादा भारी हैं। कमजोर औरतें खुद को ऐसे जाल में फँसा पाती हैं जिनसे वे निकल नहीं पातीं। अपने अध्ययन के दौरान मैंने जिन लड़कियों और औरतों से बात की, सबसे मैंने यही कहा कि मैं एक किताब लिख रही हूँ ताकि अपने देश के लोगों को बता सकूँ कि औरतों की तस्करी क्या होती है और उनके देश में सेक्स श्रमिक होने का मतलब क्या है। इस पर मुझे कई तरह की प्रतिक्रियाएँ मिलीं। कुछ खुश दिखीं, तो कुछ उदासीन और कुछ ने खुल कर नाराजगी जाहिर की। एक अनुभवी वेश्या ने मुस्कराते हुए सीधा सवाल किया, "इससे मुझे क्या फायदा होगा ?" मुझे कोई जवाब न सूझा, क्योंकि मेरे पास कोई जवाब था नहीं। एक फिलिपीनी औरत ने उन आम औरतों के विचारों को स्वर दिया, "मुझे खुशी है कि आपके देश के लोग हम लोगों के जीवन और नियति के बारे में जानेंगे। मैं अपनी कहानी दूसरों से कहूँ तो शायद वे बुरी बातें दूसरी लड़कियों के साथ न हों जो मेरे साथ हुईं।"

अब एक गारमेंट फैक्टरी में काम कर रही कंबोडियाई औरत ने इसी तरह की बात की, "मैं चाहती हूँ कि सारी दुनिया के लोग जानें कि यहाँ क्या कुछ होता है। मैं चाहती हूँ कि यह सब बंद हो। मैं नहीं चाहती कि जो मेरे साथ हुआ वह मेरी और बहनों के साथ हो।"

लेकिन इस तरह की बुराइयाँ रुकतीं नहीं। ये समाज के सांस्कृतिक और राजनीतिक ढाँचे में गहरे पैबस्त होती हैं। एक सबसे घृणित वाकया मुझे बांग्लादेश की एक गंदी, सँकरी गली में दिखा। इसने मुझे सदमा पहुँचाया क्योंकि मुझे यह

एहसास हुआ कि व्यक्ति कितना शक्तिहीन है कि वह इस विशाल धंधे पर कोई असर नहीं डाल सकता। मैं गलियों की वेश्याओं से बात करने के लिए रुकी थी। वे नितांत गरीब और बदहाल औरतें थीं, जो वेश्यालयों में बाल वेश्याएँ बनी थीं और जब वे बीस से ऊपर की उम्र की हुईं तो उन्हें निकाल बाहर कर दिया गया था। मैं आगे बढ़ने को थी कि फटे कपड़ों में एक औरंत और नौ साल की एक बच्ची ने मेरी सलवार-कमीज पकड़ ली। औरत ने अपनी बेटी को मेरी तरफ बढ़ाया। उस बच्ची की आँखों में मुझे काफी हताशा दिखी। उसकी माँ ने मुझे धीरे से कहा, "कृपया मेरी मदद करो वरना यह बच्ची भी मेरी जैसी हो जाएगी। अपने देश के लोगों से कहो कि वे हमारी मदद करें। क्या तुम्हारी किताब मेरी मदद कर सकती है ? तुम मेरी बच्ची के लिए क्या कर सकती हो ?" मुझमें हिम्मत नहीं थी कि कह सकूँ कि मैं कोई मदद नहीं कर सकती। उसकी बेटी वेश्या बनने को अभिशप्त थी।

यह एक दुखद सच है कि मेरी किताब बांग्लादेश की इस माँ-बेटी के जीवन या उन तमाम औरतों के जीवन पर कोई असर नहीं डालेगी जिनसे मैं मिली। यह उस गरीबी पर कोई असर नहीं डालेगी जिसके कारण किसी लड़की को अपना जीवन बचाने के लिए देह बेचने पर मजबूर होना पड़ता है। यह उन मर्दों को उन भयभीत बच्चियों और औरतों को खरीदने में कोई बाधा नहीं डाल पाएगी जिनके पास अपना शरीर बेचने के अलावा कोई विकल्प चुनने की ताकत नहीं होती। लेकिन मुझे उम्मीद है कि यह पुस्तक उन कई-कई लड़कियों और औरतों की थोड़ी मदद जरूर करेगी, जो वेश्या बनने की राह पर हैं। इन पन्नों पर कही गई कहानियाँ अगर कुछ दकियानूसी विचारों को डिगा सकीं, कुछ चुप्पियों को तोड़ सकीं तो मानूँगी कि इन्होंने कुछ हासिल कर लिया। वेश्यावृत्ति की भर्त्सना की ही जानी चाहिए क्योंकि यह अमानवीय, स्त्री-द्वेषी उपक्रम है। एशिया में वेश्याओं का उपभोग करने वाले जो लोग नैतिकता के ऊँचे सिंहासन पर बैठे हैं उन्हें भी चुनौती दी जानी चाहिए। पुरुषों की इस दुनिया में सेक्स और दासता में स्वाभाविक तालमेल है। एशिया में तो लगता है कि उन्हें जुदा किया ही नहीं जा सकता। यौन दासता पुरुषों के वर्चस्व वाले एशियाई समाज की उपज है। यह उस कुत्सित खेल का हिस्सा है जो पुरुष औरतों के साथ खेलते हैं। यह एशियाई मूल्यों की अपमानित, लांछित और सबसे कड़वी परिणति है। लेकिन यौन दासता की शिकार स्त्रियों को हमेशा के लिए गुमनामी का जीवन जीने और गुमनामी की मौत मरने नहीं दिया जा सकता।

टिप्पणियाँ

1. बेयरर की 'वार इन द ब्लड,' 27।
2. स्क्रोबानेक की 'ट्रैफिक इन वुमेन,' 92।

3. अर्चावानित्कुल की 'ट्रैफिकिंग इन चिल्ड्रन,' 59।
4. वही, 57।
5. ग्रेसी फर्नांडीस की 'रिपोर्ट ऑन द रेस्कु ऑफ कमर्शियल सेक्स वर्कर्स,' 15।
6. फान ऐंड पैटर्सन की 'मेन आर गोल्ड, वुमेन आर क्लॉथ,' 19।
7. जुडिथ आर. वाकोविज़ की 'प्रॉस्टिट्यूशन ऐंड विक्टोरियन सोसाइटी' (कैम्ब्रिज यूनिवर्सिटी प्रेस, 1980); 17, 247।
8. हर्शैटर की 'डैंजरस प्लेज़र्स,' 203।
9. फ्रेडरिक के ग्रिटनर की 'व्हाइट स्लेवरी : मिथ, आइडियोलॉजी ऐंड अमेरिकन लॉ' (लंदन : गार्लैंड, 1990), 168-70।

□□□